D1659991

BASTEI
LÜBBE

BENITO PÉREZ GALDÓZ IM
TASCHENBUCH-PROGRAMM:

13 858 Trafalgar / Die Abenteuer der Pepita González
13 904 Der Aufstand von Madrid / Bailén
14 138 Napoleon in Chamartín / Zaragoza

KLASSIKER DES HISTORISCHEN ROMANS

BENITO PÉREZ GALDÓS

DIE BELAGERUNG VON GERONA

CÁDIZ

ZWEI HISTORISCHE ROMANE

Aus dem Spanischen
von Werner Siebenhaar

BASTEI LÜBBE TASCHENBUCH
Band 14 201

Erste Auflage: April 1999

Sie finden uns im Internet unter
http://www.luebbe.de

Originaltitel: Gerona / Cádiz
Lektorat: Marco Schneiders
Titelbild: Archiv für Kunst und Geschichte, Berlin
Umschlaggestaltung: Karl Kochlowski, Köln
Satz: KCS GmbH, Buchholz / Hamburg
Druck und Verarbeitung: 45691
Groupe Hérissey, Évreux, Frankreich
Printed in France
ISBN 3-404-14201-2

DIE BELAGERUNG VON GERONA

Im Winter 1809/1810 konnten die Dinge in Spanien nicht schlechter laufen. Das wenigste war wohl, daß wir vier Monate nach unserem Sieg in Talavera, der auch nicht viel mehr als ein Unentschieden war, in Ocaña geschlagen wurden. Dann kam es zu einer Situation, die noch beklagenswerter war und in der Junta Central, dem Obersten Rat oder Zentralkomitee, für Aufregung sorgte. In Sevilla geschah etwas, was meine Leser – von denen ich annehme, daß sie Spanier sind – nicht verwundern wird. Es handelte sich darum, daß jeder bestimmen wollte. Das ist wahrlich ein altes Leiden der Spanier, das auch noch in unserem Jahrhundert die gescheitesten Köpfe verdreht, die Dummen anspornt, dem Schwachen Arroganz, dem Bescheidenen Kühnheit verleiht und den Ehrbaren in Schamlosigkeit verfallen läßt. Wie dem auch sei, man stritt sich jedenfalls erbittert untereinander, ungeachtet des mächtigen Feindes, der von allen Seiten auf uns eindrang.

Das war der wirkliche Feind – alles andere nur ekelhafte Zänkereien. Ich kann über diese Absolutisten- oder Republikaner-Aufstände in Zeiten, wo die Zentralmacht über starke Kräfte zu deren Niederschlagung verfügte, wirklich nur lachen. Sie waren nicht mit denjenigen von heute zu vergleichen, aber man darf auch nicht das Riesenheer vergessen, das der Eindringling in unserem Lande zusammengezogen hatte. Mit den Truppen, die Napoleon Ende 1809 nach Spanien geschickt hatte, belief sich dieses Invasorenheer auf dreihunderttausend Mann. Unsere Truppen, verstreut und entmutigt, hatten keinen genialen General, der sie führen konnte. Es mangelte an allem, besonders an Geld. Und in dieser Situation war die Zentralmacht ein Ameisenhaufen von Intrigen jeglicher Art. Ehrgeiz, Ungerechtigkeiten, Niederträchtigkeiten, lächerliche Eitelkeit, Kleingeistigkeit, Intoleranz, Fanatismus, Doppelzüngigkeit und unsinniger Stolz verseuchten diese arme Junta, die auch ohnedem nicht gewußt hätte, wo ihr der Kopf stand. Es kochten die verschiedensten politischen Süppchen, von denen wir in Spanien nie genug kriegen können. Operettengeneräle machten sich stark, waren jedoch nicht in der Lage, auch nur ein Scharmützel zu gewinnen. Es gab zwar auch verdienstvolle Leute sowohl beim Militär als auch unter den Zivilorganen, aber entweder fehlte es ihnen an Einfluß, um sich gegen die Dummheit durchzusetzen, oder sie glaubten tatsächlich, daß Tugend und Talent ausreichend sein würden.

So faßte die Junta gegen März den unklugen Beschluß, den Rat von Kastilien wiedereinzuführen, in den alle anderen Ratsorgane, die damit aufgelöst wurden, aufgehen sollten. Als diesem alten Kadaver wieder Leben eingehaucht wurde, diese unnütze und verschlissene rostige Maschine wieder kreischend in Gang gesetzt wurde, erhielt man einen Eindruck von der Art von Regierung, die künftig herrschen würde. Die Albernheit dieser Ratsmitglieder, die den Josef anhimmelten, hatte nicht ihresgleichen. Seit sie wieder ins Spiel gebracht wurden, begannen sie gegen die zu intrigieren, die sie aus der Abstellkammer wieder hervorgeholt hatten, und behaupteten, die Junta sei ungesetzlich. Unter der Wortführung von Don Francisco Palafox, dem Bruder des Verteidigers von Zaragoza, Don Montijo, der uns auch schon begegnet ist, dem Marquis de la Romana und einigen anderen Paradiesvögeln dieser Art erhoben sie gegen die Junta und das Exekutivkomitee verleumderische Beschuldigungen. Schließlich säten sie auch Zwietracht in der Regentschaft, der letzten Metamorphose dieser nationalen und unfähigen Macht. Dieses Gesindel war nichts anderes als die Absolutistenpartei, die wieder Morgenluft witterte. Damit man von ihr gebührend Notiz nahm, verteilte sie auch Geld unter der Truppe und weckte dort Hoffnung auf eine Militärherrschaft, die aber dann enttäuscht wurde. Nichts von dem war neu in Spanien. Die Meuterei vom neunzehnten März in Aranjuez, die ich – wenn ich mich nicht täusche – schon erwähnt habe, war auch ein Werk dieser Kräfte. Sie versuchten aber nicht nur, die Truppe zu beeinflussen, sondern auch einige Berufsgruppen wie die Lakaien, Pagen und Küchenjungen des königlichen Hauses. In Sevilla rührten sie, wie es ein großer Historiker bezeichnete, den Bodensatz auf und erzeugten Aufruhr in den Straßen. Davon war hier aber nichts zu spüren.

Die miserablen Politiker beschuldigten sich schließlich

gegenseitig der Veruntreuung und Verschwendung von Staatsgeldern, was das Volk erzürnte. Als sich die Junta in Cádiz auflöste, stieß man auf das eklatanteste Beispiel der Selbstbereicherung an öffentlichen Mitteln, das in der modernen Geschichte ans Tageslicht kam. In den Koffern der Patrioten aber – ob sie nun gut oder schlecht, dumm oder klug waren – fand man nichts, denn diesen stand nicht der Sinn danach, in solchen Zeiten in die eigene Tasche zu arbeiten; das gleiche gilt für ihre unmittelbaren Nachfolger einige Jahre später.

Verzeihen Sie, wenn ich mich hier mit diesen Schattenseiten des Epos beschäftige. Das Erstaunliche daran war, daß die Schändlichkeiten der Parteien – und die gab es damals auch, obwohl das heutzutage verschiedentlich angezweifelt wird – die Weiterführung des Krieges nicht verhinderten und den hochherzigen Schwung der Nation, der zu diesen Siegen und Niederlagen unserer Streitkräfte führte, nicht schwächte. Die Zwistigkeiten der Oberen waren nicht in die Volksmassen eingedrungen, die sich eine gewisse natürliche Unschuld bewahrt hatten – wenn auch mit etlichen Untugenden –, so daß die Einheitlichkeit der Gefühle, auf der sich das Nationalbewußtsein gründete, noch beträchtlich war und das hungernde, entblößte und von Flöhen gebissene Spanien den Kampf fortsetzen konnte.

Ich glaube, ich würde meine verehrten Leser langweilen, wenn ich ihnen mein Leben in diesem dunklen Jahre in allen Einzelheiten schildern würde. Dieses neunte Jahr unseres Jahrhunderts hatte mit den großartigen Taten von Zaragoza begonnen und endete mit der Katastrophe von Ocaña und der Verstreuung des spanischen Heeres. Glücklicherweise mußte ich diesem nicht beiwohnen. Anfang des Jahres war ich nämlich in die Mittelabschnitt-Armee eingetreten und wurde dann im August der Division des Herzogs del Parque zugeteilt, mit der ich an den Kampfhandlungen von Talavera teilnahm. Von letzteren will ich nicht viel berichten und möchte hier nur anführen, daß ich am siebenundzwanzigsten und achtundzwanzigsten Juli dort auf der Punete del Arzobispo, der Erzbischofsbrücke, in Stellung war. Es gäbe schon noch einiges über den Feldzug des Herzogs del Parque zu sagen, aber auch damit möchte ich meine Freunde nicht belästigen. Zum Jahresende hin diente ich dann in der Division von Don Francisco Copons, die zusammen mit denen unter Don Tomás Zerain, de Lacy und Zuyas die Übergänge der Sierra Morena sicherte. Man muß nämlich wissen, daß die Franzosen, die äußerst zuversichtlich und durch neue Einheiten verstärkt worden waren, sich anschickten, in Andalusien einzufallen – achtzehn Monate nach der Schlacht von Bailén! Die Streitkräfte, über die wir verfügten, konnten kaum ein Heer genannt werden. Dasjenige des Herzogs von Alburquerque, das einzige, das sich noch in einem guten Zustand befand, konnte den Ansturm der siegesgewohnten Franzosen auch nicht mehr aufhalten und zog sich nach Süden zurück, um die Verteidigung der Zentralmacht zu verstärken.

Was für eine Lage, meine Freunde! Dieses geschah, wie ich bereits anführte, bald nach jenem brillanten und schnellen Feldzug vom Juni und Juli 1808, und die gleichen Orte, die uns siegreich und voller Stolz gesehen hatten, erblickten nun den traurigen Zug der Versprengten von Ocaña, die immer wieder nach hinten schauten in der Furcht, das Hufgedröhn der Kavallerieeinheiten von Vitor, Sebastiani und Mortier zu hören.

»Wer hätte das gedacht«, sagte ich zu Andresillo Marijuan, als wir in einer Schänke von Collado de los Jardines unser Frühstück einnahmen, »daß wir so bald wieder auf dieser Strecke marschieren würden! Es kommt mir so vor, als ob wir erst in Cádiz zum Stillstand kommen werden.«

»Mit Geduld gewinnt man den Himmel«, antwortete er mir. »Ich habe diese Geduld, denn ich lernte sie in den sieben Monaten der Belagerung von Gerona. Noch jetzt kann ich es gar nicht fassen, daß ich noch am Leben bin, Gabriel. Aber sag mir mal, Gabriel, wo hast du denn diese Epauletten gewonnen? Du denkst sicher, ich könne dir nicht das Wasser reichen. Immerhin, dort in Gerona hatten sie mich zu einer Art Feldwebel gemacht, aber jetzt will man diesen Rang nicht anerkennen. Ich werde eine Eingabe bei der Junta machen.«

»Ich habe mir meinen Rang in Zaragoza verdient!« erwiderte ich stolz. »Aber ich muß gestehen, daß ich jetzt nach einem Jahr einen gewissen Zweifel daran hege, ob ich das war, der an diesen wilden Kämpfen teilgenommen hat, oder ob ich dort gestorben bin und jetzt als anderer weiterlebe.«

»Man erzählt ja, daß in Zaragoza und in der Mittelabschnitt-Armee die Ränge so ausgeteilt wurden wie Körner an die Hühner. Freund Gabriel, in Spanien belohnt man doch eigentlich nur die Dümmsten oder diejenigen, die am meisten Aufsehen machen, ohne wirklich etwas getan zu haben. Sag mir doch mal, du Honigkuchen-Leutnant: Habt ihr in Zaragoza wirklich dürre Mäuse und in ranzigem Eselsfett gebratene Fußmattenstücke gegessen?«

Ich lachte über diese im Scherz gestellte Frage, denn seit Marijuan in den letzten Tagen des Jahres bei Almadén del Azogue zu uns gestoßen war, hatte er nicht aufgehört, uns ständig mit erstaunlichen Geschichten über die Leiden und den Hunger in Gerona in den Ohren zu liegen.

»In meinem Tornister«, fuhr der Aragonese fort, »habe ich ein Tagebuch der Belagerung, das der Señor Don Pablo Nomededéu am Ort schrieb. Ich werde es dir zu lesen geben, damit du die Wahrheit erfährst. Aber nun auf, denn ich höre das Signal zum Abmarsch.«

In der Tat, nach einer Stunde Rast nahmen wir den Weg nach Süden wieder auf, und Marijuan sang erneut das Lied, das er seit unserem Wiedersehen trällerte:

Sag mir, Gerona,
ob du dich ergeben willst,
tideldum, tideldum …

In Bailén machten wir halt für die Nacht. Welch traurigen Eindruck jene Felder auf mich machten bei dem Gedanken, daß wir sie nun wieder durchquerten, nachdem wir fast ganz Kastilien in der Hand der Franzosen hinter uns gelassen hatten, die wir doch das letzte Mal, als wir hier waren, so glorreich geschlagen hatten. Wie mir die Erinnerung von damals wieder ins Gedächtnis kam – dieser siegreiche Angriff unter der heißen Julisonne! Jetzt war alles kalt, traurig, still, dunkel. Es schien, als ob über den Feldern und Hügeln von Bailén ein schwerer Schatten hing. Marijuan und ich besuchten gleich den Palast der Familie Rumblar, weil wir glaubten, dort wieder die Gräfin und ihre Familie anzutreffen. Obwohl es schon Nacht war, klopften wir an, in der Gewißheit, herzlich empfangen zu werden. Beim ersten Klopfen antwortete uns das ferne Bellen eines Hundes, aber im Palast selbst war keine Menschenseele zu hören oder zu sehen, so daß wir annehmen mußten, daß das Anwesen verlassen war. Wir klopften aber weiter, und nach einiger Zeit hörten wir auch wirklich eine ärgerliche Stimme aus dem Innenhof:

»Ich komme ja schon. Vermaledeite Burschen. Was wollt ihr denn zu dieser späten Stunde?«

Gift und Galle aus seinem häßlichen Munde speiend, öffnete uns der Gevatter Tinaja, der alte Diener des Hauses, der als Wächter zurückgelassen worden war. Als er uns erkannte, glättete sich seine Stirn, er ließ uns eintreten und bot uns Plätze neben einem Feuer an. Dort erzählte er uns, daß die Familie mit dem größten Teil der Dienerschaft vor den Franzosen nach Cádiz geflohen war.

»Meine Herrin, die Frau Gräfin María, wollte ja hierbleiben«, berichtete er uns, »aber ihre Cousinen aus Madrid, die in aller Eile gekommen waren, verdrehten ihr schier den Kopf. Auch Don Paco hatte große Angst, und auf den Druck der Cousinen, Don Pacos und der drei jungen Damen hin, die alle jammerten, erweichte sich das eiserne Herz der Gräfin, so daß sie der Flucht zustimmte.«

»Ist Señor Don Felipe nicht auch gekommen?« fragte ich, als Tinaja die Besucher erwähnte.

»Don Felipe kam nicht. Man sagt, er sei bei den Franzosen. Seine Schwester, die Frau Marquise, ist ja sehr spanientreu, und Ihr hättet hören sollen, wie sie sich mit ihrer Nichte stritt, die sich über den Lord lustig machte und behauptete, daß kein spanischer General einen Pfifferling wert sei.«

»Ist denn Don Diego nicht gekommen?«

»Nein, mein Herr. Viele Tränen der Mutter und der Schwestern sind schon über das leichtsinnige Leben von Don Diego vergossen worden! Er will Madrid nicht verlassen, wo er sich mit allerlei Gesindel und Franzosen eingelassen hat, die ihn immer mehr in den Abgrund treiben. Es scheint auch, daß er die Señorita Inés nicht heiraten wird, worüber meine Herrin äußerst erzürnt ist. Neulich sprachen sie und ihre Cousinen längere Zeit über ihn, und Don Paco hielt eine Ansprache auf lateinisch. Die Señoritas begannen wieder zu weinen. Danach sprach am Tisch niemand mehr ein Wort. Man hörte nur noch das Kauen, das Geräusch der Gabeln, mit denen alle lustlos herumstocherten, und das Summen der Fliegen.«

»Wann sind sie denn nach Cádiz gegangen?«

»Vor vier Tagen. Die drei Señoritas waren sehr froh darüber, aber Doña María war sehr traurig und in sich gekehrt. Die gute Dame leidet furchtbar unter der anstößigen Lebensweise von Don Diego. Das könnte noch zu ihrem Tode führen.«

Ich konnte dann nichts Interessantes mehr aus diesem guten Diener, der es verdient, erwähnt zu werden, herausbekommen. Nachdem er uns eingeladen hatte, an seinem Abendessen teilzunehmen, bot er uns Unterkunft für die Nacht an, was wir annahmen, da unsere Einheit ja die Nacht über in der Stadt bleiben wollte. Während Marijuan schlief, ging ich allein durch einige nur vom Mond beleuchtete Zimmer. Dabei drang auch ein sanftes Licht in meine Seele. Da war kein Möbelstück, das mir nicht irgend etwas erzählte, und in meiner Vorstellung waren die Zimmer von den bekannten Personen bevölkert. Ein Kissen bewahrte in meiner Vorstellung noch den Eindruck eines Armes, und in den Spiegeln glaubte ich, ab und zu noch eine Reflexion bekannter Gesichter zu sehen.

In einem Zimmer, das zum Garten hinausging, sah ich drei kleine Betten mit schneeweißen Bettdecken. Das Becken war noch voll von geweihtem Wasser. Ich tauchte meine Finger ein, um auf meiner Stirn das Zeichen des Kreuzes zu machen. Bei der Berührung mit dem kalten Wasser lief ein Schauer über meinen Rücken, denn es war mir, als ob ich die Finger berührte, die zuletzt darin eingetaucht worden waren. Ich nahm vom Boden ein Band und einige fettige und parfümierte Papierstücke auf, die davon kündeten, daß an dieser Stelle Haare gekräuselt worden waren. Die Stille in diesen Räumen erschien mir nicht wie die übliche Stille leerer Zimmer, sondern wie diejenige, die in Pausen zwischen einem Dialog herrscht, wenn jemand überlegt, was er auf eine Frage antworten soll.

Ich verließ dieses Zimmer und ging durch weitere, ebenfalls sehr interessante Räume. Schließlich ließ ich mich erschöpft auf einem Sofa nieder, wo ich kurz vor der Morgendämmerung in einen tiefen Schlaf fiel. Das Tageslicht strömte mit blendender Helligkeit herein, als mich Andresito mit seinem katalanischen Liedchen weckte:

Dígasme tú, Girona,
si te n'arrendirás …

In jenen Tagen, den letzten des Monats Januar 1810, erlitt das spanische Heer seine größten Niederlagen. Es war, als ob uns das fast schon angeborene Gespür für eine erfolgreiche Kriegsführung völlig verlassen hatte, so daß unsere Kampftechnik unkoordiniert und zufallsabhängig wurde. In Puerto del Rey griff der französische General Desolles die spanische Division Girona an und zerschlug sie. Die Reste zogen sich nach Navas de Tolosa zurück. Zur gleichen Zeit eroberten feindliche Truppen unter Gazan den Nuradalpaß, und Motier stürmte durch den von Despeñaperros. Der kaiserliche Marschall Victor drang bei Torrecampo vor und fiel über Montoro her. Sebastiani stieß schließlich bei Montizón in unser Gebiet hinein, so daß die Invasion Andalusiens von vier strategisch äußerst günstigen Punkten aus erfolgen konnte. Diese bewundernswerte Kriegskunst bestürzte uns vollends. Als Entschuldigung für die spanische Seite kann man vielleicht vorbringen, daß wir als Oberbefehlshaber den General Juan Carlos Areizaga hatten, der alles andere als ein militärisches Genie war und keine drei Dutzend Namen behalten konnte.

Die Geschicklichkeit einiger unterer Befehlshaber konnte bei der Niedergeschlagenheit der Truppe nicht mehr viel ausrichten, denn diese fühlte sich immer unfähiger, wirksamen Widerstand zu leisten, und sah nicht mehr den Weg des Sieges und der Ehre vor sich, sondern nur noch die Flucht nach Córdoba, Sevilla und auf die Cádiz-Insel. Wirksamen Widerstand trafen die Franzosen nur noch zwischen Venta Nueva und Venta Quemada an, wo Gaspar Vigodel die spanischen Truppen befehligte. Nach tapferer Gegenwehr ordnete aber auch er den geordneten Rückzug an. Kurz gesagt, meine lieben Leser, obwohl es schmerzlich ist, sich daran erinnern zu müssen, kann ich nichts anderes berichten, als daß die Franzosen auf Córdoba vorrückten, während uns auf dem Wege nach Sevilla in ohnmächtiger Wut die Tränen in die Augen traten.

Und was soll ich Ihnen über den Anblick berichten, den uns diese von Meutereien aufgepeitschte und von den Intrigen einer so kleinen wie dreisten Fraktion zerfleischte Stadt bot? Gerne schweige ich darüber, damit solche Häßlichkeiten diese Erzählung nicht noch mehr beeinträchtigen. Schließlich hat sich die Geschichtsschreibung ja schon damit befaßt. Ich möchte auf diese Morastgruben der Historie nur noch Erde werfen, viel Erde.

Jedenfalls bildeten Verschwörer nach der Flucht der Junta Central eine eigene Junta Suprema oder Oberstes Komitee. Der Mob wurde aufgewiegelt und spendete lärmenden Beifall. Man vergaß die Franzosen, die ja fast schon an die Tore klopften, und tat so, als gäbe es keinen anderen Feind als diese unglücklichen Mitglieder der Junta Central. Ja – die politische Leidenschaft, liebe Zuhörer! Ich kenne keine schlimmere und gemeinere Gesinnung als diese, die den Patrioten mit größerem Haß begegnet als den ausländischen Eindringlingen. Ich war entsetzt, die tätlichen Angriffe auf Junta-Mitglieder und die Verwüstung ihrer Häuser mit ansehen zu müssen. Diejenigen, die ihr nacktes Leben vor dem kreischenden Pöbel retten konnten, waren noch glücklich zu preisen. Das war das Schändlichste, was ich je erlebte. Die Junta Central war gewiß nicht von hohem Wert, aber diejenigen, die ihre Fundamente erst in Sevilla und dann auch in Cádiz wie reißende Reptilien zerstörten, nehmen überhaupt keinen ehrenwerten Platz in der Geschichte ein, soviel Staub sie auch aufgewirbelt haben mögen. Ihre geistige Minderwertigkeit läßt sie in den Schatten der Vergessenheit fallen, so daß ihre Namen kein Echo besitzen. Sie gehörten zu dem Pöbel, der das Geschick unseres Landes schon immer seit den ersten Revolutionen belastet hat. Pack ohne Ideal, das sich in den Menschenmassen verloren haben würde wie die Regentropfen im Ozean, wenn die verwerfliche politische Neutralität der ehrbaren, einsichtigen und patriotischen Mehrheit sie nicht ins öffentliche Leben hätte vordringen lassen, wo sie das Land wie etwas behandelten, das ihnen gehörte und mit dem sie machen konnten, was ihnen gerade so gefiel.

Ich möchte dies aber hier nicht weiter ausspinnen, denn das macht mir wahrlich kein Vergnügen. Wir setzten unseren Rückzug fort und erreichten den Hafen Puerto de Santa María, wo wir zwei Tage und zwei Nächte blieben. Dort war es, wo ich schier Unglaubliches über die Belagerung Geronas erfuhr. Hier muß ich den lieben Lesern noch einiges erklären:

Als ich diesen Abschnitt meiner Erzählung begann, in dem wir uns nun befinden, hatte ich eigentlich nur die Absicht, über das Gute zu berichten, was ich in Cádiz erlebte, als wir uns nach dem Eindringen der Franzosen in Andalusien dorthin zurückgezogen hatten. Eine patriotische Pflicht zwingt mich aber dazu, diesen meinen natürlichen Wunsch zurückzustellen und einigen Umständen der Belagerung von Gerona den Vorzug zu geben. Ich schreibe sie hier nieder, obwohl ich sie nur aus zweiter Hand kenne. Ein Freund dieser Tage, der es dann in besseren Zeiten auch weiterhin war, erzählte mir zwei Nächte lang von den wunderbaren Taten, die ich nicht schweigend übergehen kann und darf. Hier trage ich sie Ihnen also vor und unterbreche damit die Schilderung meiner eigenen Erlebnisse, die ich aber bald wiederaufnehmen werde, falls Gott mich am Leben und Sie die Geduld bewahren läßt. Ich schicke hier voraus, daß ich die Erzählung des Andresillo Marijuan ein wenig verändert habe, allerdings keinesfalls in irgendeinem wesentlichen Punkt, denn seine grobe Ausdrucksweise machte mir einige Schwierigkeiten in meinen Schilderungen. Ich führe das hier an, damit sich der Zuhörer nicht wundert, wenn er in der Folge Worte vernimmt, die nicht zu einem einfachen Burschen vom Lande passen. Auch ich hätte mich in jenen Zeiten nicht so ausgedrückt wie jetzt. Sie müssen sich aber vergegenwärtigen, daß ich zu dem Zeitpunkt, an dem ich dieses hier schreibe, bereits mehr als achtzig Lenze zähle – ein nach meiner Meinung ausreichendes Alter, um einiges gelernt zu haben, unter anderem auch, etwas Glanz in eine Beschreibung zu bringen.

DIE ERZÄHLUNG DES ANDRESILLO MARIJUAN

1

Ich kam Anfang Februar nach Gerona und fand Unterkunft bei einem Schlosser in der Calle de Cort-Real. Ende April nahm ich an der Expedition zur Suche nach Lebensmitteln zur Bevorratung der Stadt in Santa Coloma de Farnés teil, und einige Tage nach meiner Rückkehr starb der gute Mann, der mir Unterkunft gewährt hatte, an den Verletzungen, die er während der zweiten Belagerung erlitten hatte. Ich glaube, es war der sechste Mai, das heißt, der gleiche Tag, an dem die Franzosen auftauchten, als ich von meinem Wachdienst im Fort Reina Ana zurückkam und den Señor Mongat tot vorfand, umringt von seinen vier Kindern, die bitterlich weiten.

Diese vier Kinder waren nun doppelte Waisen, weil sie einige Monate vorher schon ihre Mutter verloren hatten. Siseta, oder – wie ihr voller Vorname lautete – Narcisita, die Älteste, war kaum mehr als zwanzig Jahre alt, und die drei Söhne konnten alle zusammen in etwa die gleiche Zahl an Jahren aufweisen. Badoret* war kaum zehn Jahre alt, Manalet** nicht mehr als sechs, und Gasparó hatte gerade erst begonnen zu leben und befand sich noch in der Morgendämmerung des Wortgebrauchs.

Als ich das Haus betrat und die vier bedauernswerten Gestalten sah, konnte auch ich meine Tränen nicht unterdrücken. Señor Cristoful Mongat war ein ausgezeichneter Mensch, ein guter Vater und leidenschaftlicher Patriot gewesen. Aber noch mehr als die Erinnerung an die hervorragenden Eigenschaften des Dahingeschiedenen betrübte mich die Verzweiflung der vier jungen Hinterbliebenen. Ich mochte

* Spitzname für Salvador

** Kosename für Manuel

sie sehr, und da meine gute Laune und Offenheit die Seelen dieser Unschuldigen ansprachen, hatten Badoret, Manalet und Gasparó nach einigen Monaten eine starke Zuneigung zu mir entwickelt. Ich habe hier Siseta nicht erwähnt, denn für sie hegte ich ein seltsames Gefühl von Mitleid und Bewunderung, das ich später noch erwähnen werde. Meine Beschäftigung im Hause des Señor Mongat hatte, als dieser noch lebte, hauptsächlich darin bestanden, mit ihm über den Krieg zu diskutieren, und in zweiter Linie, die Kinder mit allen Arten von Spielen zu unterhalten, wobei ich mit ihnen Szenen des Angriffs, der Verteidigung und der Eroberung eines Grabens nachstellte. Wenn ich zum Wachdienst ging, entweder in Montjuich oder in den Befestigungen von Condestable und Cabildo, waren die drei Jungen – also auch der kleine Gasparó – mir gewöhnlich mit verschiedenen Stecken über der Schulter gefolgt und hatten dabei den Lärm von Pauken und Trompeten oder das Wiehern und Trampeln von Pferden imitiert.

Selbst von tiefem Schmerz über ihren Verlust ergriffen, tröstete ich sie, so gut ich konnte, und am folgenden Tage, nachdem wir Erde auf den guten Schlosser geworfen hatten und die Nachbarn gegangen waren, die ihre Gesichter zu leidenden Mienen verzogen und die armen Waisen laut bejammert hatten – allerdings ohne ihnen irgendeine Unterstützung zu gewähren –, nahm ich Siseta bei der Hand, führte sie in die Küche und sprach zu ihr:

»Siseta ...«

Ich muß hier noch bemerken, daß Siseta ein rundliches und frisches Mädchen war, die – ohne sehr hübsch zu sein – meine Seele in einer seltsamen Art bezauberte und mich alle anderen Frauen vergessen ließ – besonders diejenige, die auf dem Hof von Doña Godina meine Braut gewesen war. Sie kam mir wie ein appetitlicher Apfel vor, so rund und rosig. Sie hatte einen grazilen Gang, wußte sich recht gewandt auszudrücken und sich allen Situationen geschickt anzupassen. Daraus kann man entnehmen, daß Siseta ein Mädchen mit Talent war.

Also – wie ich schon vorstehend angeführt habe, nahm ich sie bei der Hand und sprach:

»Siseta ...«

Ich weiß nicht, was in mir vorging, aber ich stockte eine ganze Weile, bis ich weitersprechen konnte:

»Siseta, du weißt ja, daß ich nun bald vier Monate in eurem Hause bin.«

Das Mädchen nickte zustimmend.

»Ich möchte damit sagen«, fuhr ich fort, »daß ich schon lange euer Brot gegessen, aber auch meines mit euch geteilt habe. Jetzt seid ihr mit dem Tode des guten Señor Cristoful zu Vollwaisen geworden. Habt ihr Land, ein Haus, irgendein Einkommen?«

»Wir haben nichts von dem«, antwortete mir Siseta und starrte traurig auf die Fliesen der Küche. »Wir haben nur das, was hier im Hause ist.«

»Die Werkzeuge sind schon einiges wert«, meinte ich, »und man sollte nicht verzagen, denn Gott wird es schon richten. Hier habt ihr schließlich den Arm von Andrés Marijuan. Hat euer Vater Geld hinterlassen?«

»Nein«, erwiderte sie, »er hat nichts hinterlassen. Während seiner Krankheit konnte er ja nur sehr wenig arbeiten.«

»Gut«, sprach ich, »dann werdet ihr eben von meinem Sold und meinen täglichen Rationen leben. Nur keine Angst! Du wirst die Mutter deiner Brüder sein und ich ihr Vater, denn ich bin entschlossen, mein Schicksal mit deinem zu teilen. Ich bitte dich, laß doch das Weinen! Siseta, ich liebe dich. Du denkst wohl, ich besitze kein Land. Du irrst dich! Du solltest mal die zwei Dutzend Weinstöcke sehen, die ich besitze – und das Haus. Es fehlt ihm zwar das Dach, aber das wird nicht schwer zu machen sein. Das Haus muß ja nicht neu aufgebaut werden. Was ich jetzt gesagt habe, meine ich ernst. Sobald diese Belagerung beendet sein wird – und es kann sich da nur um Tage handeln –, wirst du alles hier aus der Schlosserei verkaufen. Ich werde meinen Abschied aus der Armee nehmen, denn der Krieg wird auch zu Ende gehen. Dann werde ich das Fräulein Siseta mit Gasparó und Manalet auf einen Esel setzen, Badoret an die Hand nehmen und mich mit euch allen auf den Weg machen. Wir werden ins südliche Aragón gehen, denn das ist die beste Gegend der Welt, und uns dort niederlassen.«

Nach dieser kleinen Rede ging ich in die Werkstatt, um mir die Werkzeuge anzusehen, aber diese und das Mobiliar erschienen mir nicht viel wert. Die Waise sagte zu meiner Eröffnung nichts, sondern ordnete alles im Haushalt und reinigte die Zimmer. Die Knaben umringten mich mit ihren Stecken, Keulen und anderem Kriegsgerät, so daß ich ihren Eifer für das Vaterland und den König loben mußte, denn wenn die Franzosen bald den Ring um die Stadt enger ziehen würden, würde Gerona alle seine Söhne nötig haben, auch die kleinsten. Sie luden ihre Phantasiegewehre, legten an, gaben imaginäre Schüsse ab, deren Knall sie nachahmten, so daß die enge Werkstatt davon widerhallte. Als sich ihr martialischer Eifer gelegt hatte, liefen sie wieder zu ihrer Schwester und schauten sie erwartungsvoll an.

»Was gibt es denn zu essen, Siseta?« fragte ich, denn ich verstand diese stumme Frage.

Siseta, die versuchte, ihre Tränen zu verbergen, schaute in die dunklen Tiefen eines Wandschranks, ohne allerdings etwas entdecken zu können.

»Nun, was ist denn das?« sprach ich. »Siseta, warum hast du mir nichts davon gesagt? Ich kann doch zur Kaserne gehen und darum bitten, mir die Ration für morgen auszuhändigen. Und wozu brauche ich die sieben Cuartos, die ich gespart habe? Hör gut zu, mein Mädchen! Es ist sehr wichtig, nicht nur das Notwendige an Lebensmitteln für heute zu beschaffen, sondern auch reichlich Vorräte anzulegen für die Zeit, in der die Lebensmittel in der Stadt knapp werden. Es heißt, daß sie uns jetzt zwei Real pro Tag geben werden. Damit kannst du einiges anfangen. Aber jetzt ist keine Zeit mehr zum Schwatzen, denn diese tapferen Soldaten hier« – womit ich die Knaben meinte – »sterben ja schon vor Hunger. Nimm die sieben Cuartos. Ich werde die Ration holen.«

Ich kam bald mit meinem Brot zurück und sah mit Freuden, wie meine Söhne (ich nannte sie von da ab so) mit Appetit aßen. Siseta war sehr ernst, und während alle kauten, erzählte ich ihnen von den großen Lebensmittellagern, die man in Gerona anlegte, was die hungrigen Kleinen erfreute. Da kam Señor Nomdedéu, der Bewohner des oberen Stockwerks, an unserer Werkstatt vorbei. Er grüßte uns freundlich, drückte uns sein Beileid zum Dahinscheiden des guten Señor Mongat aus und bat mich, ihn in seine Wohnung zu begleiten. Ich berichtete ihm gewöhnlich jeden Morgen, was sich bei unserer Wacheinheit so zugetragen hatte. Diese Besuche bereiteten mir eine doppelte Freude. Zum einen konnte ich erzählen, was ich so erfahren hatte, und zum anderen konnte ich den Erzählungen dieses weisen Mannes lauschen, aus denen ich immer mindestens eine Lehre schöpfte.

2

Señor Don Pablo Nomdedéu war Arzt. Er hatte die fünfundvierzig Lebensjahre noch nicht überschritten, aber die Studien oder andere Belastungen, die ich nicht kannte, hatten ihn vor der Zeit altern lassen, so daß er schon viel älter als ein halbes Jahrhundert aussah. Er war mager, gebeugt und hatte eine gelbe Hautfarbe. Auf seinem Schädel sprossen nur wenige von Silberfäden durchzogene blonde Haare wie Unkraut auf einem unfruchtbaren Boden. Alles an ihm deutete auf vorzeitiges Altern und Schwäche hin, abgesehen von seinem durchdringenden Blick, dem Abbild einer energischen Seele und eines scharfen Verstands. Er lebte friedlich, ohne Luxus, aber auch ohne Armut. Bei seinen Bekannten und Nachbarn war er sehr beliebt. Außerhalb seiner Wohnung widmete er sich den Kranken des Hospitals und innerhalb seiner Wohnung seiner einzigen Tochter, die ebenfalls von einer schmerzhaften und unheilbaren Krankheit befallen war. Aus dem Vorstehenden ist ja schon zu entnehmen, daß Nomdedéu ein Mann von großem Wissen und großer Umsicht war. Er beobachtete alles und interessierte sich für alles. Deshalb fragte er mehr als jeder andere, den ich kennengelernt hatte. Ich hatte nicht gedacht, daß die Weisen auch Fragen stellen würden, die ein ungebildeter Landmann beantworten konnte, aber er erzählte mir so manches Mal, daß die Bücherwissenschaft nichts wert sei, wenn der Wissenschaftler sich nicht mit allen Schichten der Bevölkerung unterhalten würde.

Von seiner Wohnung kann ich nur wenig sagen. Sie war so bescheiden wie ordentlich. Viele Bücher, einige französische Anatomie-Drucke neben anderen von Heiligen und recht viele Rahmen mit unzähligen getrockneten Kräutern hinter Glas. Aber was mich am meisten beeindruckte, wenn ich zur Wohnung des Señor Nomdedéu hinaufstieg, war ein zartes und sensibles Wesen, eine sich verzehrende, dahinwelkende Schönheit, ein trauriges Leben neben dem nach Süden hinausblickenden Fenster, das danach zu streben schien, seine Existenz zu verlängern, indem es die Sonnenstrahlen aufsaugte. Ich spreche hier von der unglücklichen Josefina, der Tochter dieses ausgezeichneten Mannes. Sie kam mir so krank und verwelkt vor wie die trockenen Blumen, die der Doktor hinter Glas aufbewahrte. Josefina war einmal schön gewesen. Einige ihrer Reize waren entschwunden, andere dagegen sublimiert worden in jener Abenddämmerung des Lebens, die die Schatten des Todes erahnen ließ. Da sie unbeweglich in einem Sessel saß, machte sie gewöhnlich den Eindruck absoluter Gleichgültigkeit. Als ihr Vater an jenem Tage, auf den ich mich hier beziehe, mit mir eintrat, reagierte Josefina nicht mit einem einzigen Wort auf seine Zärtlichkeiten, so daß Nomdedéu mir sagte:

»Ihr Leben hängt wie ein Lotblei an einem seidenen Faden.«

Er sprach diese Worte deutlich in ihrer Hörweite aus, denn Josefina war vollständig taub. »Die tiefe Stille, die sie umgibt«, erklärte ihr Vater, »ist ihrer Gesundheit eigentlich zuträglich, denn da ihre Krankheit von einer übergroßen Empfindsamkeit herrührt, dient alles, was die äußeren Eindrücke verringert, der Rast und Erholung, die dieses dahinschwindende Leben noch verlängern können. Ich kann nicht hoffen, sie zu retten, und all meine Bestrebungen bestehen jetzt darin, ihr die Tage zu verschönern, indem ich vorgebe, daß wir von glücklichen Umständen umgeben sind und nicht von Gefahren. Ich würde sie gern aufs Land bringen, aber die Pflicht und Vaterlandsliebe zwingen mich dazu, den Krankenhausdienst nicht aufzugeben zu einer Zeit, wo uns eine Belagerung droht, die schlimmer als die beiden ersten sein wird. Aber Gott wird uns helfen. Der arme Señor Mongat ist also gestorben?«

»Ja, mein Herr«, erwiderte ich. »Und er hat vier unversorgte Waisen zurückgelassen, die auf den Straßen von Gerona um Almosen betteln müßten, wenn ich mich nicht entschlossen hätte, mein Brot mit ihnen zu teilen.«

»Gott wird dir für deinen Großmut danken. Ich werde für die armen Waisen tun, was ich kann. Siseta scheint ein gutes Mädchen zu sein. Sie kommt ab und an zu meiner Tochter herauf. Sag ihr doch, sie möge öfter kommen. Noch heute werde ich meine Haushälterin, Señora Sunita, beauftragen, alles, was bei uns am Tische übrigbleibt, nach unten zu bringen. Aber nun erzähl mir mal: Was hast du bei der Wachtruppe an Neuigkeiten erfahren? Vorher hätte ich jedoch noch gern gewußt, was sich auf dieser Expedition nach Santa Coloma de Farnés zugetragen hat. Bist du auch bis dorthin gekommen?«

»Ja, mein Herr, aber wir haben dabei nichts Besonderes erlebt. Am Nachmittage des vierundzwanzigsten April erblickten wir von weitem Franzosen, aber sie kümmerten sich nicht um uns, da wir wenige waren und nur Wagen mit Lebensmitteln beluden. So konnten wir unter Führung von Don Enrique O'Donnell unbehelligt zurückkehren. Die Schweine* beherrschen die ganze Sagarra, aber die Freischärler setzen ihnen sehr zu, so daß sie viele Leute verlieren und größte Schwierigkeiten haben, sich zu versorgen. Der französische General Pino schickte vor kurzem ein Bataillon auf der Suche nach Lebensmitteln nach San Martín. Dort bat der Oberst den Bürgermeister, am Morgen des nächsten Tages eine gewisse Menge Speck und Schweinefleisch bereitzustellen. Und da das Bataillon müde war, wurden die Soldaten auf die Häuser verteilt. Der Bürgermeister schien sich den Wünschen des Obersten zu fügen, und als es Abend wurde, ging

* So nannten die Katalanen die Franzosen während dieser Invasion (Anm. d. Übers.)

der Ausrufer durch die Straßen und schrie auf katalanisch: ›*Elix nit a las dotse, cade vehi matará son porch!*‹ – Heute nacht um zwölf soll jeder Einwohner sein Schwein töten.«

»Und jeder Einwohner tötete also seinen Franzosen?«

»So ist es wohl gewesen, Señor, denn man erzählte es mir auf dem Wege. Aber ich kann mich dafür nicht verbürgen, obwohl man es den Leuten von San Martín zutrauen kann. Danach sollen sie alle Spuren der Franzosen beseitigt haben, und als der General Pino kam, bewiesen sie ihm, daß *dort niemand gewesen war.*«

»Weißt du, Andrés«, meinte Nomdedéu, »daß mir das wie ein Märchen vorkommt?«

»Märchen oder nicht«, entgegnete ich, »mit solchen Geschichten ermutigt man die Leute. Die ›Schweine‹ sind schon vor Gerona. Heute morgen haben wir sie auf den Anhöhen von Costa-Roja gesehen. Hier in der Stadt sind wir nicht mehr als fünftausendsechshundert Mann. Das ist noch nicht einmal genug, um die Hälfte der Forts zu verteidigen. Und von diesen Männern sind die meisten sehr erschöpft. Wenn Zaragoza, das innerhalb seiner Mauern fünfzigtausend Mann hatte, schließlich doch in die Hände der Franzosen gefallen ist – was kann Gerona da mit fünftausendsechshundert ausrichten?«

»Es werden schon noch mehr werden«, meinte Nomdedéu und schritt mit der nervösen Unruhe, die ihn immer ergriff, wenn über den Krieg gesprochen wurde, durch die Wohnung. »Alle Einwohner von Gerona werden die Waffen ergreifen. Heute werden im Kreuzgang von San Félix Listen ausgelegt zur Einschreibung für die acht Kompanien des ›Cruzada gerundense‹, des Geroner Kreuzzugs. Auch ich wollte mich einschreiben lassen, aber als Arzt, dessen Funktionen nicht ersetzt werden können, haben sie mich nicht genommen. Auch wird heute ein Frauenbataillon gegründet, das unter dem Kommando der Oberstfrau Doña Lucía Fitz-Gerard steht. Kennst du sie? Inmitten der Schmerzen, die man empfindet, wenn man an die Katastrophen denkt, die uns bedrohen, könnte man sich über die begeisterten Vorbereitungen freuen, die die Einwohner dieser Stadt so ermutigen.«

Als wir so miteinander redeten und uns dabei gegenseitig begeisterten, heftete Josefina ihren Blick auf uns mit einem überraschten und erschreckten Ausdruck, denn sie ließ erkennen, daß sie unsere Gesten verstand, als wären es Worte. Ihr Vater bemerkte das, trat an sie heran und beruhigte sie mit Handbewegungen und zärtlichem Lächeln, wobei er mir sagte:

»Die Arme hat sofort verstanden, daß wir vom Krieg sprechen. Das macht ihr große Angst.«

Die Kranke hatte vor sich auf einem kleinen Kiefernholztisch einen großen Papierbogen sowie Schreibfedern und ein Tintenfaß, denn Vater und Tochter kommunizierten meistens über die Schrift miteinander.

Nomdedéu nahm eine Schreibfeder und schrieb:

»Meine liebe Tochter, hab doch keine Angst. Wir sprachen von den Taubenschwärmen, die Andresillo gestern bei Pedret sah. Er sagte, daß er viele abschießen konnte und dir heute nachmittag ein paar bringen wird. Nein, nein, du brauchst nichts zu befürchten – es wird keine Belagerung von Gerona mehr geben. Der Krieg ist nämlich zu Ende! Hast du das nicht gewußt? Diese Nachricht hat der Herr Andresillo hier gebracht. Ach ja, ich habe ganz vergessen, es dir mitzuteilen. Wir haben jetzt Frieden. Wir werden mal sehen, ob du morgen einen Spaziergang nach Mercadal machen kannst. Kommende Woche werden wir nach Castellá fahren. Der Gerichtsschreiber Mansió sagte, daß die Rosenstöcke dort so viele Blüten haben! Und erst die Kirschbäume! In diesem Jahr wird es so viele Kirschen geben, daß wir gar nicht wissen werden, was wir damit machen sollen. Ich habe den Auftrag gegeben, zwei Bienenstöcke mehr aufzustellen, und innerhalb eines Monats wird die Kuh ihr Kalb gebären. Der bunten Henne sind sechs oder sieben Enteneier zum Ausbrüten untergelegt worden. In zehn Tagen werden die Entenküken ausschlüpfen, daß es nur so eine Freude sein wird.«

Nachdem er dies geschrieben hatte, kam Don Pablo wieder zu mir und sagte mir folgendes, wobei er seinen Schmerz zu verbergen suchte:

»Auf diese Weise versuche ich, sie zu täuschen und der

Traurigkeit zu entreißen. Wenn die Arme wüßte, daß mein Landhaus mit all den Pflanzen und den Tieren, die ich besaß, gar nicht mehr existiert … Die Franzosen haben dort keinen Stein auf dem anderen gelassen. Ach, was soll ich machen? Vom Unglück verfolgt, bedroht wie alle Geroner von den Schrecken des Krieges, von Hunger und Elend, muß ich diesem unglücklichen Mädchen einen Frieden vorspiegeln, an den gar nicht zu denken ist, und die Bitterkeit meines zerrissenen Herzens verbergen, indem ich lüge wie ein Marktschreier. Aber das muß eben so sein. Ich bin überzeugt, daß meine Tochter, wenn sie die Wahrheit erfährt, innerhalb kurzer Zeit sterben wird. Dabei möchte ich doch ihr Leben mit allen Mitteln, die mir zur Verfügung stehen, nach Möglichkeit verlängern. Ich bin zuversichtlich, daß Gott und San Narciso die Leiden dieser Stadt eines Tages beenden werden, so daß ich meine Tochter aufs Land mitnehmen kann, was die einzige Medizin ist, die ihr noch Erleichterung schaffen kann.«

Nachdem Josefina die Mitteilung ihres Vaters gelesen hatte, schüttelte sie ungläubig den Kopf und sprach:

»Nun, dann können wir doch morgen nach Castellá gehen.«

»Jetzt stecke ich in der Klemme«, sagte mir Nomdedéu und nahm die Feder in die Hand. »Was soll ich darauf schon antworten?«

Dann schrieb er, ohne zu zögern:

»Töchterchen, hab noch ein wenig Geduld! Obwohl heute die Sonne scheint, wird es morgen regnen. Ich weiß das aus meinen Büchern. Außerdem habe ich zur Zeit viel Arbeit im Krankenhaus.«

Da nahm die Kranke, der das Sprechen wohl zu anstrengend war oder die keine Lust hatte, Wörter zu artikulieren, die sie nicht hören konnte, die Feder in die Hand und schrieb in nervösen Lettern:

»Andrés redet von Schlachten.«

»Nein, nein, Señorita Josefina!« schrieb ich, weil man vor Tauben instinktiv die Stimme erhebt, auch wenn man weiß, daß sie einen nicht hören können.

»Was er mir eben gesagt hat«, schrieb Don Pablo als Antwort, »ist, daß er seinen Abschied nehmen wird, weil man keine Soldaten mehr braucht. Gott sei Dank, daß diese vermaledeiten Kriege aufgehört haben! Töchterchen, heute nachmittag werden einige Freunde herkommen, um die Sardana* zu tanzen und dich ein wenig aufzuheitern. Warum liest du dein Buch nicht weiter?«

Dann legte er ihr ein Buch in die Hände: den ersten Band des ›Don Quijote‹. Sie öffnete es bei dem Lesezeichen und begann zu lesen.

3

Nomdedéu führte mich ans Fenster und sagte:

»Der Gedanke an Krieg und Bombardements macht ihr große Angst. Das ist ganz natürlich, denn ihre Nervenzerrüttung, die diesen jammervollen Zustand hervorgerufen hat, wurde ja von großer Furcht erzeugt. Bei der zweiten Belagerung ist das geschehen, mein lieber Freund. Man kann sagen, daß ich damals schon meine geliebte Tochter, den einzigen Trost, den ich noch auf Erden hatte, verlor. Du weißt doch wohl, daß dieser Barbar Duhesne Mitte Juli vorigen Jahres mit dem arroganten Ausspruch auftrat: ›Am Vierundzwanzigsten komme ich, am Fünfundzwanzigsten greife ich die Stadt an, am Sechsundzwanzigsten nehme ich sie ein, und am Siebenundzwanzigsten vernichte ich sie!‹ Ein Mann, der so daherredet, kann nur ein Narr sein. Er kam auch wirklich und griff an, konnte aber weder etwas einnehmen noch vernichten, es sei denn seine eigene Überheblichkeit, die an diesen Mauern zerbarst. Er hatte neuntausend Mann, und hier drinnen waren kaum zweitausend, einschließlich der Zivilisten, die sich schnell bewaffnet hatten. Duhesne kreiste die Stadt ein und ließ Gräben zwischen Montjuich und den Forts Este und Mercadal ausheben. Am Dreizehnten begann er, uns mit-

* ein katalanischer Reigentanz (Anm. d. Übers.)

leidlos zu bombardieren. Am Sechzehnten griffen sie Montjuich an, aber ohne Erfolg. Das Ultonia-Regiment verteidigte sich mit Bravour ... Nun komme ich zu dem, was ich eingangs sagen wollte. Wie ich schon angedeutet habe, verlor meine Tochter die Gemütsruhe. Vor Angst konnte sie nicht mehr schlafen. Ihre Aufregung und die Nahrungsverweigerung führten fast zu ihrem Tode. Stell dir meinen Schmerz und den meines Neffen vor! Ich hatte nämlich einen Neffen namens Anselmo Quisolx, den Sohn meiner Schwester Doña Mercedes, die in La Bisbal wohnt. Ich weiß nicht, ob du erfahren hast, daß ich mit meiner Schwester verabredet hatte, Anselmo mit Josefina zu verheiraten, was auch den jungen Leuten gefiel, denn einige Monate zuvor hatten sie schon einen regen Briefverkehr begonnen und liebe Worte ausgetauscht. Damals wohnten wir in der Calle de la Neu, ganz in der Nähe des Platzes dort. Am Fünfzehnten haben wir uns im Torweg aufgehalten, weil wir dachten, wir seien dort vor dem Beschuß sicherer. Wir saßen gerade beim Essen mit Anselmo, der einen kurzen Urlaub von seinem Dienst bekommen hatte, um sich über unsere Lage zu erkundigen. Ach, mein Freund Andrés! Welch furchtbarer Tag! Eine Bombe schlug durchs Dach, durchbrach das obere Stockwerk und detonierte unten mit schrecklichem Getöse. Anselmo wurde durch einen Splitter, der ihm in die Brust drang, getötet. Mein Assistent empfing eine tödliche Wunde, und auch die Señora Sumta wurde verletzt, aber glücklicherweise nicht ernst. Ich spürte einen starken Schlag, und nur meine Tochter blieb scheinbar unverletzt. Aber welch eine Zerrüttung ihres Organismus, welche Schädigung ihrer armen Seele! Die schreckliche Explosion, der jähe Tod ihres Vetters und künftigen Ehemanns, der sein Leben auf dem Boden aushauchte, als wir uns um ihn kümmern konnten, und der Brand unseres Hauses waren ein so furchtbarer Schlag für ihre zarte und angegriffene Natur, daß meine Tochter, dieses liebenswürdige, graziöse und aufmerksame Mädchen, aufhörte zu existieren, und der Himmel mir statt dessen diese innerlich leere und jammervolle Kreatur zurückließ, deren Leiden mich mehr schmerzen als sie selbst. Ich muß mit ansehen, wie dieses Leben zwischen Schmerz und Melancholie vergeht, ohne daß es etwas gibt, was sie wiederbeleben könnte. Unmittelbar nach der Katastrophe schien Josefina den Verstand völlig verloren zu haben. Trotz unserer Anstrengungen, sie zurückzuhalten, lief sie auf die Straße und schrie so jammervoll, daß es auch den Hartgesottensten das Herz zerriß. Wir folgten ihr, sagten ihr ständig die zärtlichsten Worte und wollten sie an einen sicheren Ort bringen, an dem sie sich etwas beruhigen konnte. Aber Josefina hörte uns nicht. In ihrem verstörten Hirn herrschte absolute Stille. Ich glaubte, sie würde diesen Schock nicht überleben, aber – ach, Andresillo – sie lebt dank meiner Pflege und meiner medizinischen Kenntnisse weiter. Den ganzen Winter hat sie im Bett verbracht. Du siehst ja, wie sie jetzt ist. Ob sie noch längere Zeit am Leben bleiben wird? Ob diese traurigen Tage einer leeren Existenz noch bis zum Sommer währen werden? Ob ich wohl Gerona in einigen Monaten verlassen kann, wenn wir den Franzosen widerstehen und diese abziehen? Was hat Gott wohl in den kommenden Tagen mit uns vor? Mein armes kleines Mädchen! So unschuldig und schwach muß sie wieder die Schrecken der Belagerung erleiden! Ich weiß nicht, was ich alles darum geben würde, damit diese Situation bald aufhört und ich mit meiner armen Kranken einen Sommer auf dem Lande verbringen kann. Aber stell dir doch mal vor, was man von mir sagen wird, wenn ich Gerona jetzt verlasse! Ich mag gar nicht daran denken. Sie würden mich einen Feigling und schlechten Patrioten schimpfen. Ich weiß nicht, welche von diesen beiden Beschuldigungen mich am meisten schmerzen würde – Feigling oder schlechter Patriot. Nein, hier hat der Señor Nomdedéu, der Krankenhausarzt, seinen Platz – hier in Gerona, neben der Kanone, mit dem Verbandszeug in einer Hand und dem Skalpell in der anderen, um zerschossene Gliedmaßen abzuschneiden, Kugeln herauszuholen, Wunden zu verbinden und Fiebernde sowie Infizierte zu pflegen. Mögen die Granaten und Bomben doch kommen ... Es kann natürlich sein, daß meine Tochter stirbt, daß das schwache Licht dieses Lämpchens erlischt, nicht nur aus Mangel an Öl, sondern auch aus Mangel an Sauerstoff. Sie kann am Schock, an Schwindsucht oder Hunger sterben. Aber was ist denn dagegen zu machen – wenn Gott es so bestimmt hat?«

Bei diesen Worten wandte sich Don Pablo zu der zum Balkon hinausgehenden Fensterscheibe und wischte sich mit einem roten Taschentuch, das so groß wie eine Fahne war, die Tränen ab.

4

Nachdem ich meinen Wachdienst auf dem Gironella-Turm verrichtet hatte, kam ich am Abend zu meiner Unterkunft zurück und erlebte eine Überraschung. Die *Pichota* hatte geworfen, und die Familie, als deren Vorstand ich mich nun stolz ansah, war um drei Wesen angewachsen, die ebenfalls unterhalten werden mußten. Ich weiß nicht, ob ich Ihnen schon von der *Pichota* erzählt habe, einer hübschen braunen Katze mit weißen Flecken, die die drei Knaben abgöttisch liebten. Wenn ich es nicht erwähnt haben sollte, bitte ich um Entschuldigung. Jedenfalls, als ich diese drei winzigen neuen Familienmitglieder, mit denen uns die Katze beglückt hatte, so ansah, sprach ich zu Siseta:

»Zwei von diesen kleinen Pelzbällchen müssen leider in die Oña geworfen werden, denn wir können nicht so viele Kreaturen ernähren. Wenn sie saugen, wird die *Pichota* eine tägliche Milchration verbrauchen, und es heißt jetzt schon, daß die Rationen kleiner werden müssen.«

»Ach, laß sie doch leben«, entgegnete sie mir, »Gott wird schon für alle sorgen – und wenn nicht, sollen sie sich selbst etwas suchen. Es wird schon keinen Mangel an Eßbarem in Gerona geben. Die ›Schweine‹ werden sich mit euch nicht anlegen. Es scheint mir auch, als ob sie es gar nicht mehr wagen werden, die Nasen hier hereinzustecken.«

»Aber nein, sie werden es nicht wagen!« rief ich mit dick aufgetragener Ironie aus. »Sie haben viel zu viel Angst vor uns! Komm doch mal mit mir auf den Gironella-Turm, und du wirst die Ameisen sehen, die da im Osten und Süden herumkriechen. Franzosen in San-Medir, Montagut und Costa-Roja, Franzosen in San Miguel und in den Angeles, und damit es nicht zu langweilig wird, schließlich auch Franzosen in Montelibi, Pau und der Ebene von Salt. Du wirst sehen, mein Schatz. Hier sind wir sechstausendfünfhundert Mann, die noch nicht einmal zur notdürftigsten Besetzung der Verteidigungsstellungen reichen. Und wir haben ein paar Befestigungsmauern ... Mein Gott, man bekommt Angst, wenn man die sieht. Die Mauersteine wackeln, wenn die Eidechsen dort herumkriechen. In ihrer Nähe darf man nicht laut sprechen, weil sie sonst zusammenfallen könnten. Kurz und gut: Ich weiß nicht, was geschehen wird, wenn die Franzosen das Feuer auf uns eröffnen.«

Señora Sumta, die Haushälterin von Don Pablo Nomedeu, die in ihren Mußestunden zu uns herunterzukommen pflegte, um mit uns zu schwatzen, trug ihr Scherflein zu unserem Gespräch bei:

»Andrés hat recht. Die Mauern unserer Forts sind wie aus Zuckerguß. Mein verstorbener Ehemann, Gott sei seiner Seele gnädig, der den Rosellon-Feldzug gegen die Republik der ›Grünen‹ mitgemacht hat, sagte mir damals schon oft: ›Wenn nicht dort San Fernando de Figueras mit seinen Diamantenmauern wäre und hier die Geroner mit ihren Stahlherzen, alle Städte des Ampurdán würden in die Hände des erstbesten Eroberers fallen, der die Grenze überquert.‹ Schließlich kommt es nicht auf die Steine an, sondern auf den Mut der Männer und das Geschick ihres Führers. Señor Andresillo, was haltet Ihr denn von diesem kränklichen Gouverneur, den man uns vor die Nase gesetzt hat?«

»Don Mariano Alvarez de Castro? Er war es doch, der den Franzosen den Montjuich de Barcelona nicht übergeben wollte. Man sagt, er sei ein Mann von großer Willenskraft.«

»So sieht er aber nicht aus«, meinte Señora Sumta. »Als sie ihn uns im Februar herschickten und ich ihn das erste Mal sah, habe ich ihn fast übersehen. Was soll man auch von einem so kleinen Kerl halten? Neulich war ich in seiner Nähe. Stellt Euch vor – er reichte mir noch nicht einmal bis zur Schulter!

Dieser Don Mariano Alvarez de Castro könnte mir als Krückstock dienen. Und habt Ihr sein Gesicht gesehen? Es ist so gelb wie altes Pergamentpapier. Er scheint ja gar kein Blut in den Adern zu haben. Wenn ich da noch an den General Ricardos denke, der so beleibt war, daß er auch längs nicht durch diese Tür hier gepaßt hätte ... Man hatte gleich Vertrauen zu ihm, wenn man sein rundes Gesicht mit den roten Wangen sah.«

»Meine liebe Frau Sumta«, sagte ich lachend, »wenn die Generäle dieselben Aufgaben hätten wie die Ammen, dann könnte man die unscheinbaren und mageren zurückweisen.«

»Nein, Andresillo, so meine ich das nicht«, entgegnete die Matrone. »Ich will damit sagen, daß man ohne eine gewisse eindrucksvolle Erscheinung schlecht befehlen kann. Seht Euch mal Doña Lucía Fitz-Gerard an, die Frau Oberst des Bataillons Santa Barbara. Wenn man dieses stolze Gesicht erblickt und diesen energischen Gang, bekommt man doch Lust, ihr zu folgen und Franzosen zu töten. Aber sag mal, Siseta, hast du dich nicht in das Frauenbataillon Santa Barbara einschreiben lassen?«

»Ich tauge nicht dazu, Señora Sumta«, erwiderte meine künftige Frau, »denn ich habe Angst vor Schüssen.«

»Aber wir im Frauenbataillon schießen doch gar nicht – wenigstens nicht, solange noch Männer da sind. Wir tragen Munition, helfen Verwundeten, geben den Artilleristen Wasser oder machen Meldegänge. Das ist unsere Tätigkeit. Ich habe den Oberen gesagt, daß sie in allem auf mich zählen können – auch beim Tragen der Bataillonsfahne. Aber mal ganz im Ernst, Andresillo, es ist jammerschade, daß wir nicht bessere Befestigungsmauern haben und einen weniger gelben General, der ein paar Handbreiten größer ist.«

Ich lachte über diese Äußerungen der guten Frau Sumta, die so hilfsbereit wie vorlaut war. Siseta und ich nahmen an ihren Aussprüchen auch nicht im mindesten Anstoß und hießen sie gern willkommen – hauptsächlich weil diese Haushälterin des Arztes bei ihren Besuchen immer etwas für die Waisen mitbrachte. Als sie sich um neun Uhr verabschiedete, um nach oben zu gehen, sagte sie noch:

»Ich muß das Fräulein da oben zu Bett bringen. Mein Herr

ist nämlich gekommen und schreibt jetzt in seinem Tagebuch, das wie ein Gesangbuch aussieht und in das er alles einträgt, was während des Tages passiert ist. Ach, mein Herr glaubt im stillen doch noch daran, daß das Mädchen sich erholen wird, aber ich, die ich kein Arzt bin, sage, daß sie es wohl nicht bis zum Herbst schaffen wird ... Wir bemühen uns jetzt, ihr vorzuspiegeln, daß wir in der nächsten Woche nach Castellá fahren werden. Eine schöne Sommerfrische wird uns erwarten! Bomben und noch mal Bomben! Das Mädchen darf von dem, was uns bevorsteht, nichts erfahren. Mein Herr sagt, auch wenn die ganze Stadt brennt und die Häuser in Stücke geschossen werden, soll Josefina davon möglichst nichts wissen. Ich allerdings meine, wenn der Ring enger gezogen wird, wie man sagt, und die Lebensmittel knapp werden ... Aber mein Herr möchte auch nicht, daß Josefina erfährt, daß die Lebensmittel nicht reichen werden. Wenn der Hunger kommt, ist Don Pablo imstande, sich einen Arm abzuschneiden und ihn zu braten, um der Kranken eine ›Hammelkeule‹ vorsetzen zu können. Nun, wir werden ja sehen. Adiós, Siseta. Adiós, Andrés.«

Als wir allein waren, sagte ich zu meiner Zukünftigen, mit Blick auf die drei kleinen Katzen:

»Wollen wir also die drei Infanten von Spanien vorläufig am Leben lassen. Wenn der Hunger nach Gerona kommt, werden Katzen gar nicht mal so schlecht schmecken. Ach, mein liebe Siseta! Wann werden wir diese Stadt verlassen können? Wann wird dieser verfluchte Krieg endlich aufhören? Wann werden wir endlich auf dem Weg zum Hof der Doña Godina sein? Wollte Gott, wir könnten uns in den Schatten meiner Olivenbäume setzen und auf die Zweige schauen, wo das Öl reift!«

Dabei kamen mir trübe Vorahnungen. Aber Siseta vermittelte mir mit ihren christlich geprägten Überlegungen eine gewisse Ruhe.

5

Wenn ich mich richtig entsinne, begannen die Franzosen am 13. Juni mit der Beschießung der Stadt, nachdem sie die Übergabe durch einen Parlamentär gefordert hatten. Ich war zu diesem Zeitpunkt auf dem San-Narciso-Turm beim Galligans-Steilufer und hörte die Antwort von Don Mariano, der ihnen sagte, daß er jeden weiteren Franzosen, der mit irgendwelchen Botschaften käme, mit Kartätschenfeuer empfangen würde.

Sie beschossen uns mit Mörserbomben bis zum Fünfundzwanzigsten. Die Türme San Luis und San Narciso wurden so zerstört, daß wir sie am Neunzehnten aufgeben mußten. Sie besetzten auch das Stadtviertel Pedret an der Ausfallstraße nach Frankreich, und der Gouverneur befahl einen Ausbruch, um zu verhindern, daß dort Batterien aufgestellt wurden. Abgesehen von diesem Ausbruch und der Verteidigung jener beiden Türme gab es bis Anfang Juli keine bemerkenswerten Kampfhandlungen. Erst dann begannen die beiden Seiten erbittert um den Besitz von Montjuich zu kämpfen. Die Franzosen vertrauten darauf, daß sie mit der Eroberung dieser Festung alles in ihre Hände bekommen würden. Können Sie sich vorstellen, daß sich in diesem Festungsgürtel nur neunhundert Mann unter der Führung von Don Guillermo Nash befanden? Die Kaiserlichen hatten mehrere Batterien aufgestellt, unter anderem eine mit zwanzig Geschützen großen Kalibers, mit denen sie die Festung ununterbrochen beschossen. Die Verteidiger wehrten die Angriffe der Franzosen mit Kanonenkugeln ab, die mit Gewehrkugeln gefüllt waren. Zweimal stürmten die ›Schweine‹ heran, bis sie sich sagten: ›Jetzt nicht mehr!‹ und sich zurückzogen. Diese Versuche hatten sie zweitausend Mann gekostet. Ich kann mir aber nicht den kleinsten Teil an dieser Verteidigung zuschreiben, denn ich wohnte ihr nur in aller Ruhe vom Gironella-Turm aus bei.

Den ganzen Monat Juli über legten die Franzosen Gegenbefestigungen an, um sich der Stadt in Gräben und Gängen zu nähern. Da sie einsahen, daß sie sie im kühnen Ansturm nicht nehmen konnten, setzten sie nun alles daran, die Lebensmittelversorgung zu unterbrechen. Das machte sich in unseren sowieso schon recht gepeinigten Mägen bald bemerkbar.

In der Wohnung von Siseta konnte man sich noch einigermaßen durchschlagen, mit meinen Rationen und den Gaben aus dem Haushalt von Don Pablo Nomdedéu. Ich aß manchmal zwei Tage lang selbst nichts von meinen Rationen, aber der Soldat, mit einem Bissen hier und da, hält sich ja auch durch den Geist aufrecht, der sich wer weiß wovon ernährt. Wenn ich mich zum Ausruhen für einige Stunden oder auch nur Minuten in die Schlosserei zurückzog, bereitete es mir eine große Freude, Siseta dort wirken zu sehen. Teilweise machte sie das Unmögliche doch noch möglich. Das Porzellan und die Bestecke wurden blitzblank gehalten. In den Schränken standen Schüsseln, Krüge und dergleichen und erwarteten die Lebensmittel, für die sie geschaffen worden waren, die es aber im Haushalt nicht mehr gab. Die Möbel, die schon so alt und hinfällig waren, daß sie kaum als Feuerholz getaugt hätten, erlangten durch das ständige Putzen des Mädchens den Glanz aus der Zeit, als sie neu waren.

»Schau, mein Goldstück«, sagte ich zu ihr, »ich nehme an, daß zu uns ja doch kein Besuch außer Doña Sumta und Señor Nomdedéu kommt. Warum reibst du dir an diesem wurmstichigen Mahagoni und gesprungenem Kiefernholz die Finger wund? Warum müssen auch diese zerschlissenen Vorhänge noch blendend weiß sein, ebenso wie diese alten Tischdecken, auf die leider doch nicht mehr Fettflecke von gebratenen Fasanen geraten werden?«

Ich lachte und machte mich auch ein wenig lustig über sie, aber dennoch zog eine geheime Befriedigung in mein Herz, wenn ich den Fleiß derjenigen erblickte, die ich als Lebensgefährtin ausersehen hatte. Eines Tages, nachdem wir wieder über solche Dinge gesprochen hatten, ging ich nach oben zum Herrn Nomdedéu und fand diesen äußerst beunruhigt an der Seite seiner Tochter, die wieder im ›Quijote‹ las.

»Andrés«, sagte er zu mir und versuchte, dabei ruhig und ausgeglichen auszusehen. »Die Lebensmittel werden langsam knapp, und die Franzosen lassen kein Pfund Saubohnen herein. Ich bin entschlossen, alles, was sich mir bietet, zu jedem Preis zu kaufen, damit es meiner Tochter an nichts fehlt. Aber wenn es gar keine Nahrungsmittel mehr gibt – was soll ich dann machen? Ich habe schon einige Hühner organisiert, aber die Tiere sind so mager, daß sie nur für ein paar Wochen reichen werden. Weißt du schon, daß man jetzt anfängt, die Pferde zu schlachten? Schöne Aussichten! Alvarez hat verkündet, daß die Stadt sich nicht ergeben wird, und Plakate anbringen lassen, auf denen jeder mit dem Tode bedroht wird, der auch nur von Kapitulation spricht. Ich möchte ja auch nicht, daß wir kapitulieren – aber was mache ich mit meiner Tochter? Wie soll ihre schwache Konstitution die Belastungen einer unerbittlichen Belagerung aushalten? Wie wird sie ohne gesunde und nahrhafte Kost weiterleben können?«

Die Kranke warf das Buch auf den Tisch, und das Geräusch schreckte den Vater auf, in dessen Gesicht ich las, wie er aufkommendes Entsetzen durch simulierte Freude unterdrückte.

In diesem Augenblick brachte Frau Sumta das Essen für das Fräulein. Als diese das harte schwarze Brot sah, schob sie es mit einer Handbewegung von sich.

Der Vater versuchte zu lächeln und schrieb sogleich:

»Wie dumm bist du doch! Dieses Brot ist nicht schlechter als das von gestern und vorgestern – es ist sogar besser. Es ist schwarz, weil ich den Bäcker gebeten habe, es mit einer Medizin zu mischen, die ich ihm gab und die dir sehr gut tun wird.«

Während sie das las, tranchierte er ein halbes Huhn – besser gesagt ein halbes Huhnskelett, auf dessen Knochen nicht viel mehr als eine gelbe Haut haftete.

»Ich weiß nicht, wie ich sie davon überzeugen soll, daß sie eine appetitliche Mahlzeit vor sich hat«, sagte er mir mit tiefem Schmerz in der Stimme, aber peinlichst bemüht, ein Lächeln auf den Lippen zu zeigen. »O mein Gott, verlaß mich nicht!«

Da sprach die hinter dem Sessel der Kranken stehende Haushälterin:

»Señor, ich wollte es ja nicht sagen, aber nun kann ich doch nicht schweigen: Von den fünf Hühnern, die uns noch bleiben, sind drei gestorben und die restlichen zwei krank.«

»Ist denn das möglich? Die Heilige Jungfrau stehe uns bei!« rief der Arzt und nagte an einem Hühnerknochen, in der Hoffnung, daß seine Tochter dadurch zur Nachahmung angereizt würde. »Sie sind also einfach gestorben? Und ich hatte doch erwartet ... Man sagt ja, daß alles Geflügel in der Stadt stirbt. Seid Ihr zur Plaza de las Coles gegangen, liebe Frau Sumta, um zu schauen, ob es irgendein frisches und wohlgenährtes Huhn gibt?«

»An Federvieh und Fleisch allgemein habe ich weiter nichts als ein paar getötete Eulen gesehen.«

»Gott, steh uns bei! Was sollen wir bloß tun?«

Während er dies sagte, knabberte er an dem Knochen und setzte dabei eine befriedigte Miene auf, um der Kranken damit zu zeigen, wie gut es ihm schmeckte. Aber nachdem Josefina von dem trockenen Tier gekostet hatte, schob sie auch dieses angewidert von sich. Don Pablo, der sich nicht mehr die Zeit nahm, seine Worte aufzuschreiben, da ihm in seiner Angst um das Heil der Tochter nun die Geduld dazu fehlte, schrie:

»Was, du willst das nicht? Aber das ist doch ein köstliches Hühnchen. Vielleicht ein wenig mager, aber jetzt bevorzugt man magere Hühner. Das schreibt die Hygiene vor, und den Köchen kommt jetzt kein fettes Federvieh mehr in den Topf.«

Josefina aber hörte das alles nicht, wie zu erwarten war, schloß die Augen und schien eher schlafen als essen zu wollen. Don Pablo stand auf, schritt im Zimmer auf und ab und faltete die Hände.

»Andrés«, sagte er zu mir, »du mußt mir helfen, etwas zu finden, was ich meiner Tochter geben kann – Hühner, Enten, Tauben. Gibt es denn kein Federvieh mehr in Gerona?«

»Alles ist schon gegessen worden«, bestätigte Señora Sumta mit Nachdruck. »Heute morgen, als ich zu meiner Einheit ging – denn ich gehöre ja jetzt der zweiten Kompanie des Santa-Barbara-Bataillons an –, beklagten sich alle Militärs über den Mangel an Fleisch, und die Frau Oberst Doña Luisa meinte, daß wir bald Mäuse essen müßten.«

»Geht doch zum Teufel mit euren Bataillonen und Obersten! Mäuse essen! Nein, nein, meine arme Kranke darf keinen Mangel an gesunder Kost erleiden! Versucht es doch noch einmal. Ich werde für ein Huhn sein Gewicht in Gold zahlen!«

Dann wandte er sich an mich und sprach:

»Man erzählt, daß ein Lebensmittel-Konvoi unter Führung eines gewissen General Blake erwartet wird. Hast du etwas darüber gehört? Mir hat es der Verwalter Don Carlos Beramendi selbst gesagt, obwohl er auch meinte, daß solch ein Konvoi wohl kaum ungeschoren hier durchkommen könnte. Sie warten offenbar in Olot mit zweitausend Lasttieren. Es ist schon alles vorbereitet für einen Ausbruch unter Don Blas de Fournás, um die Franzosen abzulenken. Ach, wenn solch eine Lebensmittel-Karawane doch bald mit frischem Mehl und etwas Fleisch kommen würde! Andernfalls werden wir einer schrecklichen Epidemie nicht entgehen können, denn die schlechte Ernährung bringt etliche Krankheiten, die durch den Unrat in der Stadt noch verschlimmert und schneller übertragen werden. Mein Gott, ich möchte doch gar nichts für mich selbst! Ich würde mich damit begnügen, auf der Straße einen blanken Knochen, den man den Hunden vorwirft, aufzuheben und daran zu lutschen, aber es soll meiner lieben Tochter nicht an einem Stück Weizenbrot und einer Scheibe Fleisch fehlen ... Andrés, wenn du sehen würdest, wie es jetzt im Krankenhaus zugeht! Der Gouverneur hat angeordnet, daß die besten Nahrungsmittel den verwundeten Offizieren und Soldaten gegeben werden. Das finde ich ja eigentlich auch richtig, denn diese haben die beste Behandlung verdient. Heute morgen habe ich das Essen aufgeteilt. Du hättest mal sehen sollen, was es da noch an Hühnerflügeln und Brustfleisch gab! Ich war sehr versucht, die Hand auszustrecken und heimlich eine Hühnerkeule in die Tasche zu stecken, um sie meiner Tochter zu bringen. Ich habe lange mit meinem Gewissen gekämpft. Schließlich sagte ich mir: ›Herr, verzeih mir, was ich jetzt tun werde!‹ und beschloß, doch etwas zu nehmen. Ich streckte meine zitternden Finger nach einem der bereitgestellten Teller aus. Als ich aber das Fleisch berührte, schrie mich wieder das Gewissen an, so daß ich die Hand zurückzog. Dann dachte ich an den bejammernswerten Zustand meines Töchterchens und setzte zu einem neuen Versuch an. Schon hatte ich eine Keule in den Fingern, als mich ein verwundeter Offizier sah. Ich errötete vor Scham und sagte: ›Herr Offizier, es besteht kein Zweifel daran, daß dieses Fleisch ausgezeichnet ist. Ihr könnt es ohne Befürchtung kochen ...‹ Dann ging ich mit ruhigem Gewissen, aber leeren Händen nach Hause. Doch jetzt zu etwas anderem, Freund Andrés: Ich habe gehört, daß die Festung Montjuich sich ergeben muß.«

»Ja, so sieht es aus, Don Pablo. Der Gouverneur hat den sechshundert Männern von Don Guillermo Nash Beförderungen und Prämien in Aussicht gestellt, aber selbst das scheint nichts zu helfen. Die Männer sind völlig erschöpft, und wenn sie sich noch eine Woche halten können, wäre das ein größeres Wunder als die Fliegen des San Narciso vor sechshundert Jahren.«

»Heute morgen habe ich jedenfalls gehört, daß die Leute im Fort am Ende seien, daß der Gouverneur Alvarez ihnen aber befohlen habe, weiterzukämpfen – als ob diese armen Kerle aus Eisen wären! Die Franzosen haben neunzehn Batterien gegen diese Festung eingesetzt ... Da kann man sich vorstellen, was dort den Leuten von Don Guillermo Nash aufs Haupt fällt!«

»Das brauche ich mir gar nicht vorzustellen, Don Pablo«, erwiderte ich. »Das sehe ich doch alles vom Gironella-Turm aus mit an. Es gibt ja keine Möglichkeit, den Bombenregen von ihnen abzuwenden.«

Die Kranke erhob sich von ihrem Sessel und trat auf uns zu.

»Mein Töchterchen«, sagte Nomdedéu, obwohl er wußte, daß sie ihn nicht hören konnte. »Deine Bereitschaft, aufzustehen und deine Beine zu gebrauchen, zeigt mir, daß es dir schon viel besser geht. Ein paar Spaziergänge in der Umgebung der Stadt werden dir gewiß guttun. Ach, Andrés« – wendete er sich an mich –, »ich würde zehn Jahre meines Lebens geben, um zehn Spaziergänge mit meiner Tochter auf dem Weg nach Salt machen zu können! Viele Monate lag sie hilflos danieder. Jetzt braucht sie Bewegung, um die tödliche Schläfrigkeit abzuschütteln.«

Josefina lief leichtfüßig im Raum herum, und ihre Wangen röteten sich.

»Oh, welche Freude!« rief Don Pablo aus. »Im ganzen vergangenen Jahr bist du nicht so viel gegangen wie in diesen drei Minuten. Schau doch mal, Andrés, wie sie wieder Farbe bekommt! Das Blut zirkuliert, und die Gliedmaßen besitzen wieder Kraft und Geschicklichkeit, die stumpfen Pupillen glänzen, und ein gesunder Atem dringt aus der bedrückten Brust.«

Mit diesen Worten umarmte mein medizinischer Freund seine Tochter und küßte sie.

»Hier, mein guter Marijuan«, sagte er dann, »hast du den Beweis, das ich recht hatte. Alle sagten: ›Der Don Pablo Nomdedéu, der ein so guter Arzt ist, wird seine Tochter dennoch nicht heilen können.‹ Aber ich sagte: ›Doch, ihr Schwarzseher. Der Don Pablo Nomdedéu, der gar kein so guter Arzt ist, wird seine Tochter sehr wohl heilen!‹ Meiner Tochter geht es jetzt besser, und mit einigen Monaten Sommerfrische in Castellá ...«

Die Kranke zeigte tatsächlich eine gewisse Lebhaftigkeit. Auf die Gesten ihres Vaters hin machte sie energische Zeichen, die ich nicht verstand. Der Verlust des Gehörs hatte dazu geführt, daß sie meist vergaß, sich in Worten auszudrücken. Dafür hatte sie unbewußt Mimik und Gestik der Taubstummen angenommen. Manchmal kam es zu Mißverständnissen, und wenn sie sich dann nicht verstanden fühlte, setzte sie instinktiv doch wieder die Zunge ein, aber die Worte kamen recht undeutlich, schnell und unharmonisch.

»Ich möchte mich ankleiden«, sagte sie.

»Wozu, mein Kind?«

»Fahren wir heute nachmittag nicht nach Castellá? Im Hof stehen doch zwei Pferde. Ich habe sie gesehen.«

Nomdedéu schüttelte den Kopf.

»Eines der Pferde«, sagte er zu mir, »gehört mir, das andere meinem Nachbarn Don Marco, der sie zum Schlachter bringen will.«

Josefina lief zum Fenster, das zum Hof hinausging, um gleich wieder zurückzukommen.

»Ich will ausgehen ... Straße!« rief sie energisch.

»Kind«, entgegnete Don Pablo und machte erklärende Zeichen. »Du weißt doch, daß es geregnet hat. Der Boden ist aufgeweicht und schlammig. Du wirst dich da nicht wohl fühlen. Nimm meinen Arm, damit wir einige Schritte zur Küche machen und dann wieder hierher in den Salon.«

Josefina konnte ihre Enttäuschung nicht verbergen und schaute traurig auf die Straße hinunter.

»Das ist eine verzwickte Lage für mich«, sagte der Doktor zu mir und zupfte an seiner Stirnlocke.

Das unglückliche Mädchen schaute durch das Fenster und rief:

»Wie schön – der Himmel!«

»Du hast recht«, erwiderte der Vater. »Aber es ist besser, wenn du dich wieder in den Salon setzt. Warum ißt du nicht etwas? Vielleicht einen dieser Krapfen hier?«

Josefina lief wieder zu ihrem Sessel, ließ sich dort hineinfallen und schob die Leckerbissen von sich, die ihr Vater ihr anbot. Dann bewegte sie den Kopf von einer Seite zur anderen, schloß die Augen und sprach folgende Worte, die auf das Herz des Vaters fielen wie Bomben auf eine belagerte Stadt:

»Krieg in Gerona! ... Wieder Krieg in Gerona!«

Ohne ihr zu widersprechen, setzte sich der Vater neben seine Tochter und weinte bitterlich.

6

Zwei Tage nach den Vorgängen, die ich hier geschildert habe, ergab sich Montjuich. Was konnten die vierhundert Mann, die einmal neunhundert gewesen waren und wohl bald alle nicht mehr leben würden, schon noch ausrichten? Am zwölften August bestand die Besatzung nur noch aus drei- bis vierhundert Mann, von denen einige keinen Arm und andere keine Beine mehr hatten. Montjuich war ein Haufen von Leichen, und es war unbegreiflich, wieso Alvarez darauf beharrte, daß es sich noch verteidigen könne. Er dachte, daß alle so seien wie er, aber das war ein Irrtum, denn nachdem Gott Don Mariano aus diesem widerstandsfähigen Teig geformt hatte, sagte er: »Genug, daraus wird keiner mehr gemacht.«

Nachdem die wenigen Kanonen, mit denen man noch schießen konnte, unbrauchbar gemacht worden waren, ergab sich also die Festung, und am Nachmittag jenes Tages sahen wir dann, wie die Überlebenden der Garnison zum Krankenhaus zogen. Alle wollten wir Luciano Anció sehen, den Trommler, der, selbst nachdem er ein Bein verloren hatte, immer noch das Abfeuern von Mörserbomben auf der Feindseite mit Trommelwirbel begleitete. Aber Luciano Anció war beim Trommeln gestorben. Es war ein Jammer, diese Leute zu sehen. Ich sagte zu Siseta, die mit den drei Knaben auf den San-Pedro-Platz gekommen war:

»Bald werde ich wie diese verstümmelten Männer sein, Siseta, denn da sie jetzt Montjuich haben, werden sie als nächstes den Gironella-Turm angreifen, dessen Mauern noch nicht gefallen sind.«

Die Franzosen warteten nicht bis zum nächsten Tag, um die Stadt selbst anzugreifen, die nach dem Fall der großen Festung natürlich ungeschützter war. Noch am Abend begannen sie, die Batterien um die Stadt herum zu verteilen, und schon in kurzer Zeit waren zahllose Feuerschlünde von allen Seiten, vom Berg und von der Ebene, auf die Mauern von San Cristóbal und die Puerta de Francia gerichtet. Der Gouverneur, der nur zu gut die Schwäche dieser Mauern kannte, ordnete Schanzarbeiten wie in Zaragoza an – Barrikaden in den Straßen sowie Brustwehren, Gräben und Erdwälle an den schwächsten Punkten.

Zu diesen Arbeiten wurden die Frauen und die Alten eingesetzt. Ich ging mit meinen drei Knaben zum San-Pedro-Platz, wo sie viel Lärm machten, ohne etwas zu bewirken.

Gegen Abend kehrten sie mit mir wieder nach Hause zurück, schmutzig und mit zerrissener Kleidung.

»Hier bringe ich dir diese drei Caballeros«, sagte ich zu Siseta, »damit du sie wieder herrichten kannst.«

Sie wurde bei ihrem Anblick zornig und wollte sie schlagen. Ich hielt sie aber mit den Worten zurück:

»Wenn sie zur Schanzarbeit gegangen sind, dann doch nur deshalb, weil der Gouverneur Don Mariano Alvarez de Castro es befohlen hat. Die drei sind gute Patrioten. Ich glaube, daß die Barrikade in der Calle de la Barca ohne ihre Hilfe heute nicht fertig geworden wäre. Siehst du den Lehm auf dem Kopf von Gasparó? Er wollte auch mit Hand anlegen, kletterte auf die Brustwehr und fiel in den Graben, wo wir ihn völlig verdreckt herausholen mußten.«

Da gab ihm Siseta einige Klapse auf einen gewissen Körperteil und schärfte ihm dabei ein, nicht mehr an Schanzarbeiten teilzunehmen.

»Siehst du die Striemen, die Manalet auf der rechten Wange und Schläfe hat?« fuhr ich fort. »Die erhielt er, als er dem Gouverneur, der zusammen mit der ganzen oberen Führungsebene die Arbeiten inspizierte, zu sehr in die Quere kam. Diese Knaben waren nicht damit zufrieden, den hohen Herrn aus der Nähe zu betrachten, sondern sprangen so vor seinen Füßen herum, daß er nicht weitergehen konnte. Ein Adjutant verscheuchte sie, aber sie kamen zurück wie die Fliegen des San Narciso, bis die Offiziere dessen müde wurden und Ohrfeigen austeilten. Eine davon traf deinen Bruder Manalet.«

»Was sind das doch für Bengels!« rief Siseta aus. »Alle sehnen das Ende der Belagerung herbei, um wieder leben zu können. Ich jedoch fiebere dem Tag entgegen, an dem endlich wieder Schule ist.«

Unterdessen blickten die drei Miniaturpatrioten mit funkelnden Augen nach allen Seiten. Sie schauten ihre Schwester an, und vor allem meine Hände, und warteten darauf, daß ich etwas aus meinen Taschen holen würde.

»Siseta«, sagte ich, »gibt es denn nichts zu essen? Schau doch, wie diese drei Generalkapitäne mich mit den Augen verschlingen. Aber wirklich – wie können sie denn dem Vaterland dienen, wenn sie nichts in den Magen bekommen?«

»Es ist doch nichts da«, antwortete das Mädchen mit einem traurigen Seufzer. »Was du in der letzten Woche gebracht hattest, ist verbraucht, und seit zwei Tagen hat die Señora Sumta mir schon keine Krume mehr gebracht, denn offenbar fehlt es da oben jetzt auch an Eßbarem. Bringst du denn heute nichts?«

Als einzige Antwort schaute ich auf den Boden. Eine längere Zeitlang verharrten wir in tiefem Schweigen, ohne zu wagen, uns anzublicken. Ich hatte nichts mitgebracht.

»Siseta«, sprach ich schließlich, »ich muß gestehen, daß ich heute nichts mitbringen konnte. Du mußt wissen, daß sie uns nur noch halbe Rationen geben, und ich habe schon zwei oder drei im voraus bezogen, weil ich sagte, sie seien für einen Kranken. Heute morgen hat mir ein mitleidiger Kamerad ein Stück Brot abgegeben ... und warum soll ich es leugnen – ich habe es vor Hunger verschlungen.«

Zum Glück für uns alle kam in diesem Augenblick Señora Sumta herunter und brachte uns einige Stücke Brot und andere Essenreste.

7

So verging Tag um Tag, und zu den von der Belagerung hervorgerufenen Leiden kam nun noch die sommerliche Hitze, die uns das Leben noch schwerer machte. Da alle mit der Verteidigung und den dazu gehörenden Arbeiten beschäftigt waren, kümmerte sich keiner um den Unrat, der sich in den Straßen ansammelte, oder um die eingestürzten Häuser, unter deren Trümmern Leichen von Menschen und Tieren lagen. Auch waren alle besorgt über den ständig größer werdenden Mangel an Lebensmitteln. Jeden Tag wurde die angekündigte Hilfe sehnlichst erwartet, aber sie kam nicht. Bei Nacht kamen zwar einige Männer unter großen Schwierigkeiten in die Stadt geschlichen, aber den ganzen Monat August über tauchte kein Nahrungsmittel-Konvoi auf. Welch ein Monat! Unser Leben drehte sich um eine Achse, deren zwei Pole aus Kämpfen und Hunger bestanden. Die Verteidiger an den Mauern und Wällen mußten ständig schießen und auf dem Posten sein, denn der Mangel an Kämpfern ließ keine Ablösung mehr zu. Außerdem gewährte uns der Gouverneur, der ja ein Feind des Ausruhens war, keinen Schlaf. Es schliefen also nur noch die Toten.

Weil ich ständig im Einsatz war, konnte ich denn auch in diesem Hochsommermonat meine geliebten Knaben und Siseta acht Tage lang nicht sehen, so daß sie schon dachten, ich sei gestorben. Als ich sie dann endlich wieder aufsuchte, erkannten sie mich zuerst kaum, weil mich die Anstrengungen, die Schlaflosigkeit, der Hunger und die ständige Nervenanspannung stark in Mitleidenschaft gezogen hatten.

»Siseta«, sprach ich und umarmte sie, »ich lebe ja noch, obwohl es vielleicht nicht so aussieht. Wenn ich an die große Anzahl meiner Kameraden denke, die gefallen sind, glaube ich fast, daß mein armer Körper eigentlich unter diesen weilt, und was ihr hier seht, nur noch ein Gespenst ist, das den Leuten Furcht einflößt. Aber wie steht es bei euch mit den Lebensmitteln?«

»Von dem Geld, das du mir gegeben hattest, habe ich etwas Pferdefleisch gekauft. Einiges haben wir auch von oben bekommen, weil das Fräulein dieses Fleisch nicht essen will. Señor Nomdedéu wird vor Sorge fast verrückt, wie ich sehe. Gestern war er hier und hat Hühnerhäute mit Stroh ausgestopft, um seiner Tochter vorzutäuschen, daß er frische Hennen kaufen konnte. Dann gibt er ihr Pferdefleisch und hält ihr gelehrte Vorträge, damit sie einige Stücke davon zu sich nimmt. Frau Sumta ging gestern mit ihrem Gewehr hinaus und kam mit den Worten zurück, daß sie unzählige Franzosen getötet habe. Die drei Knaben haben mich in diesen acht Tagen nicht zur Ruhe kommen lassen. Kannst du dir vorstellen, daß sie gestern auf das Dach der Kathedrale gestiegen sind, wo der Gouverneur zwei Kanonen hat aufstellen lassen? Ich weiß nicht, wie sie da hinaufgekommen sind, wahrscheinlich über das Dach des Kreuzgangs. Aber hör mal, da kommt doch gestern Manalet mit vor Stolz geschwellter Brust und berichtet, daß ihn eine Gewehrkugel am rechten Arm gestreift habe! Auf die Wunde hatte er ein Stück Papier geklebt. Badoret humpelte. Ich möchte den Kleinen hier zurückhalten, aber es gelingt ihm immer wieder, mir zu entfliehen und mit seinen Brüdern zu gehen. Gestern brachte er ein Bombenstück von der Größe einer halben Tasse. Darin waren Reiskörner, die er in der Gosse aufgesammelt hatte … Und du, hast du Neuigkeiten gehört? Werden denn wirklich noch Nahrungsmittel aus Olot kommen? Señor Nomdedéu denkt an nichts anderes mehr. Nachts, wenn er irgendein Geräusch auf den Straßen hört, steht er auf, geht ans Hoffenster und ruft: ›Nachbarin, ich glaube, die Leute, die da gerade vorbeigekommen sind, haben von der Hilfslieferung gesprochen.‹«

»Was ich dir sagen kann, Siseta, ist, daß am nächsten Morgen ein Trupp von uns einen Ausfall zur Angeles-Einsiedelei durchführen wird, um die Franzosen für einige Zeit abzulenken, wenn auf der anderen Seite der Konvoi hereinkommt.«

»Gebe Gott, daß das gutgeht!«

In diesem Augenblick erschallten laute Stimmen auf der Straße. Ich öffnete die Tür und sah einige Kameraden, die aus den umliegenden Häusern traten, da sie wie ich durch Stimmen und Laufgeräusche aufgeschreckt worden waren. Auch Frau Sumta erschien mit dem Gewehr über der Schulter. Sie machte ein Gesicht, als käme sie von einem Jahrmarktsfest.

»Jetzt ist die Hilfslieferung gekommen!« sprach die Kriegerin und stellte ihr Gewehr auf den Boden.

Sofort tauchte am oberen Fenster der Oberkörper von Herrn Nomdedéu auf. Er konnte seine Freude nicht unterdrücken und schrie:

»Endlich ist Hilfe gekommen! Freut euch, Bürger von Gerona! Señora Sumta, kommt doch schnell herauf, damit Ihr mir alles erzählen könnt. Ist der Konvoi wirklich schon hereingekommen? Bringt sofort alles mit, was Ihr bekommen könnt, zu jedem Preis, den man verlangt!«

Einer meiner Kameraden meinte darauf:

»Der Konvoi ist ja noch gar nicht in die Stadt gekommen, und man weiß auch nicht, wann er kommen wird.«

»Jedenfalls hört man aus der Gegend von Bruñolas heftiges Feuer. Das ist ein Zeichen, daß Don Enrique O'Donnell dort mit den Franzosen kämpft.«

»Señora Sumta«, rief Don Pablo von oben, »kommt herauf, um bei meiner Tochter zu bleiben, damit ich mich erkundigen kann, was sich so tut. Laßt aber diesen Militärkram draußen und bindet Euch eine Schürze um. Kümmert Euch schon mal um das Feuer und stellt Wasser in den Töpfen auf. Ich werde dann die sechs Kartoffeln schälen und alles Notwendige in der Küche vorbereiten, während Ihr Lebensmittel einkauft.«

Dieses Gespräch setzte sich nicht fort, denn es wurde Alarm geblasen, und wir liefen zu unseren Posten an der Mauer, wo wir zu unserer Freude das Feuer der Franzosen hörten, die von O'Donnell und Llauder in ihren rückwärtigen Stellungen angegriffen wurden. Um denen zu helfen, die zu unserer Hilfe kommen wollten, schossen wir aus allen Rohren und Gewehrläufen. Dazu gab es an verschiedenen Punkten kleine Ausbrüche zur Störung des Feindes, um so das Hereinkommen des Konvois zu erleichtern. Während sich in Richtung Bruñolas ein erbitterter Kampf entwickelte, bei dem die Franzosen ins Hintertreffen gerieten, zogen von Salt her zweitausend Lasttiere unter dem Schutz von viertausend Mann unter General Don Jaime García Conde in die Stadt ein.

Welch ungeheure Freude! Welch einen Sturm der Begeisterung diese Hilfe bei den Bewohnern von Gerona auslöste! Mit den ersten Sonnenstrahlen rannten alle auf die Straße, um die beladenen Maultiere anzustarren. Wären sie intelligente Kreaturen gewesen, hätte man sie nicht freundlicher empfangen können. Es war schon heller Tag, als ich in die Calle de Cort-Real einbog. Dort begegnete ich Siseta, den drei Knaben und Don Pablo Nomdedéu. Wir umarmten uns und teilten uns unsere Freude mehr mit Gesten als mit Worten mit.

»Gerona ist gerettet worden!« riefen wir aus.

»Sollen die ›Schweine‹ jetzt doch die Schlinge anziehen!« schrie Don Pablo. »Zweitausend Lasttiere! Da haben wir für ein Jahr zu essen!«

»Ich habe es ja gesagt«, fügte Siseta hinzu. »Von irgendwoher mußte doch einfach etwas kommen.«

An jenem und den folgenden Tagen herrschte freudiges Treiben auf der Plaza. Die Franzosen beschossen uns nur sporadisch, denn sie waren damit beschäftigt, die Positionen wieder zu besetzen, die sie bei unseren Ablenkungsgefechten aufgegeben hatten. Was aber die Truppenverstärkung betraf, so kamen wir nach der ersten Euphorie auf den Gedanken, daß die viertausend Mann des Generals Conde von dem, was sie uns an Lebensmitteln gebracht hatten, auch wieder einen großen Teil selbst essen würden. Das ist und bleibt das Dilemma aller belagerten Orte! Wenige Münder zum Essen bedeuten auch wenige Arme zum Kämpfen. Eine große Anzahl von Armen läßt dagegen auf eine große Anzahl von Mündern schließen. Wenn wir wenige sind, wird uns der Gegner besiegen. Sind wir aber viele, wird uns der Hunger in die Knie zwingen. Auf diesem Konflikt beruht im Grunde jede Kunst der Belagerung.

Das sagte ich auch zu Don Pablo, einige Tage nach der Ankunft der zweitausend Lasttiere, und bemerkte, daß die Lebensmittel bald wieder knapp werden würden. Darauf antwortete er mir:

»Ich habe mir jetzt einen großen Nahrungsmittelvorrat angelegt. Wenn die Belagerung aber noch lange dauert, wird auch der erschöpft sein. Man erzählt sich jedoch, daß Alvarez einen Plan hat, um uns von diesen Kanaillen zu befreien. Du weißt ja, daß es ihnen gelungen ist, mit Kanonenschüssen Breschen bei Santa Lucía, bei den Alemanes und San Cristóbal zu schlagen. Jeden Tag müssen wir mit einem Angriff rechnen. Werden wir diesem Ansturm widerstehen können, Andrés? Ich werde wie alle anderen an der Verteidigung einer solchen Bresche mitwirken. Doch was können wir unglücklichen Zivilisten gegen Angriffe eines erbarmungslosen und kampferprobten Feindes schon ausrichten?«

Von diesem Tag bis zum fünfzehnten September, für den Don Mariano einen äußerst kühnen Ausbruch befohlen hatte, sprach man von nichts anderem als von den Vorbereitungen für Alvarez' großen Plan, und die Mönche, die Frauen und sogar die Kinder redeten von den Heldentaten, die sie zu vollbringen, und von den Gefahren, denen sie zu trotzen gedachten, mit so fieberhafter Ungeduld, als ob ein Festtag bevorstünde. Ich riet Siseta, mit den anderen Frauen an den Vorbereitungen teilzunehmen, aber sie, die sich für Heldentaten nicht begeistern konnte, antwortete mir mit einem Lächeln, daß sie dazu nicht tauge. Wenn man sie aber zur Teilnahme an der Schlacht zwänge, würde sie irgendeinen Franzosen mit der großen Zange aus der Schlosserei töten.

Der Ausbruch vom Fünfzehnten hatte kein anderes Ergebnis, als die Franzmänner zu ermutigen. Da sie ungeduldig wurden, endlich in die Stadt einzudringen, griffen sie die Verteidigungslinien an verschiedenen Punkten mit vier mächtigen Formationssäulen von je zweitausend Mann an. In Gerona war an jenem Morgen die Begeisterung und Erregung so groß, daß wir sogar vergaßen, daß es wieder keinen Bissen Brot gab.

Die Soldaten bewahrten ihre Gemütsruhe, aber die Zivilisten verfielen in eine Art Rausch. Die Mönche strömten aus ihren Klöstern und fragten, an welchen Stellen die größte Gefahr drohe. Die würdigen Herren der Stadt, unter denen sich so manche befanden, die sich schon in der vorherigen Belagerung hervorgetan hatten, liefen mit ihren Jagdflinten umher, und man konnte ihren aufgeregten Gesichtern entnehmen, daß sie glaubten, alles in die Hand nehmen zu müssen. Die Teilnehmer des Geroner Kreuzzugs waren weniger großspurig und versuchten in ihrer vernünftigen Art, der Truppe ein Beispiel an ruhiger Entschlossenheit zu geben. Die Damen des Frauenbataillons Santa Barbara gönnten sich keine Ruhe, rannten hin und her, um jedermann zu beweisen, daß sie die Seele der Verteidigung seien. Die Kinder brüllten, weil sie dachten, auf diese Weise erwachsen zu wirken, und die Alten, die vom Gouverneur nicht zur Verteidigung herangezogen wurden, schüttelten ungläubig und verächtlich den Kopf und gaben zu verstehen, daß ohne sie ja doch nichts laufen würde.

Die Nonnen öffneten die Tore ihrer Klöster und brachen für einige Zeit Gitter und Gelübde, um ihre jungfräulichen Zellen, die noch nie von Männerfüßen betreten worden waren, für Verwundete zur Verfügung zu stellen. Einige zogen in Gruppen zum Gouverneur, um ihre Dienste zur Verfügung zu stellen, weil das nationale Interesse die strengen Regeln ihrer frommen Institutionen vorübergehend außer Kraft gesetzt hatte. Es gab keine Gottesdienste mehr, denn die Priester wie die Küster hatten sich den Verteidigern angeschlossen. Das ganze Leben, vom religiösen bis zum häuslichen, war also verändert, so daß auch die Stadt ein anderes Gesicht angenommen hatte. Kein Schornstein rauchte mehr, und alle Funktionen des öffentlichen Lebens, von den höchsten bis zu den niedrigsten, waren unterbrochen.

Das Erstaunliche war, daß bei dieser überquellenden Spontaneität des Geroner Gemeinsinnes keine Verwirrung entstand, denn es herrschte eine gewisse Disziplin und Bereitschaft zur Unterordnung. Der Gouverneur hatte es nämlich verstanden, diese mit strengen Anordnungen durchzusetzen. Er ließ keine Abweichungen von diesen Anordnungen zu und bestrafte jeden, der sich von seinem Posten unerlaubt entfernte.

Die Glocken läuteten Sturm. Das besorgten Knaben, weil die Glockenläuter zur Verteidigung gebraucht wurden. Als Kontrast zu diesem Glockengeläut schossen die Franzosen seit dem frühen Morgen aus allen Kanonenrohren. Trommler liefen mit martialischen Rhythmen durch die Straßen, und die Parabolfeuer begannen, den Himmel zu durchkreuzen. Alles war perfekt organisiert, und jeder wußte, was er zu tun hatte. Ohne daß die Bewohner ihre Stadt verlassen hatten, wurden sie ihrem Schicksal überlassen, denn niemand kümmerte sich mehr um ein brennendes Haus, ein einstürzendes Dach oder um die von dem schrecklichen Bombardement zerstörten Haushalte. Die Mütter nahmen ihre Säuglinge und legten sie neben eine Mauer oder einen Schutthaufen, um den Auftrag ausführen zu können, den sie vom Frauenbataillon Santa Barbara erhalten hatten. Abgesehen von denjenigen, in denen sich Kranke befanden, waren alle Häuser verlassen, und Barrikaden aus Möbeln, Matratzen und Haushaltsgeräten versperrten die Plätze und Straßen.

8

Ich war im Santa-Lucía-Kloster, mit vielen anderen Soldaten und Zivilisten. Dort stieß ich auch auf Don Pablo Nomdedéu, der mir sagte:

»Andrés, meine Funktion als Arzt und meine Pflicht dem Vaterland gegenüber zwingen mich heute, mich von meiner Tochter zu entfernen. Ich habe Señora Sumta inständig gebeten, im Hause zu bleiben, aber dieses Mannweib drohte damit, mich beim Gouverneur als schlechten Patrioten anzuzeigen, weil ich darauf bestünde, sie vom Dienst für das Vaterland abzuhalten. Schau mal, da ist sie zwischen den Artilleristen. Sie wäre in der Lage, ganz allein eine Zwölfer-Kanone zu bedienen, wenn man sie ließe. Die gute Siseta ist zu meiner armen kranken Tochter hinaufgegangen. Ich habe ihr gesagt, daß sie ein schönes Geschenk bekommen würde, wenn sie es fertigbrächte, meine Tochter so zu unterhalten, daß sie von den Ereignissen nichts merkt. Obwohl sie die Kanonenschüsse ja nicht hören kann, wird das sehr schwierig sein. Ich habe alle Fenster mit Brettern zugenagelt, damit sie nichts sieht, und die Lampe angezündet unter dem Vorwand, daß ein starker Sturm mit Donner und Blitzen aufziehen würde. Wenn nicht gerade eine Bombe oder Granate in der Nähe einschlägt, merkt sie wahrscheinlich nichts. Lieber Gott, schütze mein Haus vor dem Beschuß des Feindes! Wenn du mir den einzigen Trost, den ich noch auf Erden habe, nehmen mußt, gib ihr einen sanften Tod, und laß sie in ihrer letzten Sekunde nicht die grausame Agonie des Schreckens erleben! Möge sie in den Himmel kommen, ohne die Schrecken der Hölle kennengelernt zu haben! Halte bitte im Augenblick ihres Dahinscheidens Dämonen von ihr fern!«

Frau Sumta drängelte sich mit Ellbogenstößen zu uns hindurch und rief ihrem Herrn zu:

»Was macht Ihr denn hier wie ein Sonntagsspaziergänger ohne Gewehr, Flinte, Pistolen oder Säbel? Ihr habt also nur die Instrumente, um Arme oder Beine abzuschneiden?«

»Ich bin Arzt und kein Soldat«, entgegnete er. »Meine Waffen sind das Arztbesteck, meine Ausrüstung Binden und Salben, und mein einziger Sieg besteht darin, Einbeinige zu machen, die sonst Leichen sein würden. Wenn es aber ganz schlimm kommen sollte, werde auch ich ein Gewehr nehmen und mit der einen Hand Franzosen töten und mit der anderen Hand verwundete Spanier versorgen.«

Im Santa Lucía hatten wir einen der tapfersten Männer dieses Krieges als Kommandeur, einen Iren mit Namen Don Rodulfo Marshall, der nach Spanien gekommen war, um unsere heilige Sache zu verteidigen. Ob nun Abenteurer oder nicht, in Anbetracht seiner Tapferkeit hätte Marshall ein Spanier sein müssen. Er war von kräftiger Statur, korpulent, mit fröhlichem Gesicht und blitzenden Augen – etwa so wie Don Juan Coupigny, den wir in Bailén kennengelernt hatten. Er beherrschte unsere Sprache nicht sehr gut, und obwohl sein Kauderwelsch uns manchmal zum Lachen reizte, war es doch deutlich genug, um sogleich verstanden zu werden. Schließlich kam es ja nicht so sehr darauf an, daß er das spanische Wortgut lädierte, sondern die Franzosen, was auch so manches Mal geschah.

Sie hätten sehen sollen, wie diese Angriffssäulen der Franzmänner heranstürmten. Man hatte den Eindruck, es wären hungrige Wölfe, die uns nicht besiegen, sondern fressen wollten. Sie stürzten sich blind in die Bresche. Zweimal gelang es ihnen, einzudringen und uns aus unseren Stellungen zu werfen, aber Gott wollte, daß wir *sie* hinauswarfen. Wie wir das schafften? Dies kann ich Ihnen nicht sagen. Ich weiß nur, daß uns der eigene Tod nicht mehr kümmerte, womit ja wohl alles gesagt ist. Auch unser oberster Befehlshaber, der Gouverneur Don Mariano, tauchte plötzlich auf. Aber denken Sie nicht, daß er uns etwa eine Ansprache über Siegeswillen, Vaterland, König und Religion hielt. Nichts davon. Er stellte sich in die erste Verteidigungsreihe auf der Mauer und teilte Säbelhiebe an die Franzosen aus, die die Mauern erklimmen wollten. Gleichzeitig sagte er uns: »Die Truppen hinter euch haben den Befehl, auf euch zu schießen, wenn ihr auch nur einen Schritt zurückweicht!« Sein finsterer Blick machte uns mehr Angst als der Feind. Als einer seiner hochgestellten Begleiter ihm riet, sich nicht unnötig in Gefahr zu begeben, antwortete er ihm: »Kümmert Euch um Eure eigenen Pflichten und nicht um meine. Ich gehe dorthin, wo es notwendig ist!«

Dann ging er zu einem anderen Punkt, an dem er glaubte, persönlich auftreten zu müssen. Dieser Mann besaß eine gewisse Aura, die unseren Kampfeswillen anstachelte. Die Franzosen starben wie die Fliegen am Fuß der Bresche – aber auch unsere Leute wurden zu Dutzenden dahingemäht. Ich kann mich entsinnen, wie ein lieber Kamerad an der Brust verwundet wurde und in einem Augenblick der höchsten Bedrängnis, des heftigsten Feuers und des erbittertsten Kampfes neben mir zu Boden fiel. Es war einer dieser Momente, in denen eine geringe Steigerung der gewaltigen Anstrengungen der einen oder anderen Seite entscheiden würde, ob die Mauer in unserer Hand bleiben oder in die der Franzosen fallen würde. Der unglückliche Bursche versuchte, wieder aufzustehen, aber es gelang ihm nicht. Zwei Nonnen eilten herbei und trugen ihn von dort weg.

Unser größter Verlust war aber der unseres Kommandeurs Don Rodulfo Marshall. Ich hatte die Ehre, ihn im Kampfgetümmel an der Bresche in meinen Armen aufzufangen, und werde nicht vergessen, was er kurz darauf sagte, als er sterbend auf der Straße lag: »Ich sterbe für eine gerechte Sache und für ein tapferes Volk!«

Als dieses geschah, konnten wir aus den Bewegungen der Franzosen entnehmen, daß sie den Gedanken aufgegeben hatten, an dieser Stelle in die Stadt einzudringen. Und sie taten gut daran, denn wir wurden bei jedem Ansturm immer entschlossener, sie nicht durchbrechen zu lassen. Wenn wir sie mit Schüssen nicht aufhalten konnten, metzelten wir sie mit der blanken Waffe nieder, und wenn das nicht ausreichte, hatten wir immer noch die aus der Mauer herausgeschossenen Steine, um sie ihnen auf die Köpfe zu werfen. Als die Kampfhandlungen an der Mauer bei Santa Lucía zu Ende gingen, konnten wir wegen des dichten Pulverdampfs und Rauchs, der die ganze Stadt und ihre Umgebung einhüllte, nichts mehr erkennen. Dazu kam der Donner von zwölfhundert französischen Kanonen, die von den verschiedensten Punkten aus Feuer und Verderben auf die Stadt spien. Dieser Lärm war mit keinem anderen zu vergleichen. Die Mauer war mit Toten bedeckt, über die wir pietätlos schritten, um zu anderen Stellen zu gelangen. Unter den Opfern befanden sich auch mutige Frauen, die zusammen mit den Soldaten und bewaffneten männlichen Zivilisten ihren letzten Atemzug aushauchten. Señora Sumta war heiser vom vielen Schreien, und Don Pablo Nomdedéu, der unzählige Steine geworfen hatte, wies etliche Wunden an den Fingern auf. Dies hielt ihn aber nicht davon ab, die Verwundeten zu versorgen, wobei er von vielen Frauen, darunter auch einige Nonnen, und zwei oder drei Mönchen, die zum Waffengebrauch nicht taugten, unterstützt wurde.

Ein Knabe kam hüpfend auf mich zu, grüßte mich schon von weitem und schwenkte einen Stock, an dessen Spitze der letzte Fetzen seiner katalanischen Mütze hing. Es war Manalet.

»Wo bist du denn gewesen?« fragte ich ihn. »Lauf schnell nach Hause und schau, wie es dort aussieht. Sag, daß es mir gutgeht.«

»Ich gehe jetzt nicht nach Hause! Ich will nach San Cristóbal.«

»Was willst du denn inmitten des Feuers dort machen?«

»Die Mütze hat drei Einschüsse«, sagte er stolz und zeigte mir die zerfetzte Kopfbedeckung. »Als das geschah, hatte ich sie auf dem Kopf – denk bloß nicht, daß sie da auf dem Stock war, Andrés. Ich habe sie erst nachher dort aufgespießt, damit die Leute die Löcher sehen können!«

Und deine Brüder?«

»Badoret ist bei den Alemanes. Er sagte mir vor kurzem, daß er allein Tausende von Franzosen mit Steinwürfen getötet hat. Ich war in San Cristóbal. Dort sagte mir ein Soldat, daß er keine Kugeln mehr habe. Ich sollte ihm Kirschkerne bringen. Ich konnte zwanzig finden.«

»Was ist mit Gasparó?«

»Gasparó geht immer mit Badoret. Er war auch bei den Alemanes, obwohl ihn Siseta zu Hause einschließen wollte. Er ist durch die Hintertür entwischt. Wir waren eben zusammen und haben in dem Abfallhaufen in der Calle del Lobo etwas zu essen gesucht, aber wir haben nichts gefunden. Hast du etwas, Andrés?«

»Es gibt also nichts mehr zu essen in Gerona? Hier nimmt man nur noch Pulverdampf zu sich. Weißt du, wo der Gouverneur jetzt ist?«

»Eben habe ich ihn noch gesehen. Es sah so aus, als hätte er sich auf den Weg zum Calvario gemacht. Wir sind mit anderen Jungen dort langgegangen, und als wir ihn sahen, haben wir uns in einer Reihe aufgestellt und gerufen: ›Hoch Seine Majestät der Gouverneur Don Mariano!‹ Aber er hat uns nicht geantwortet. Nicht einmal angesehen hat er uns.«

»Was für eine Unhöflichkeit! Solch respektable Leute nicht zu grüßen!«

»Dann ging Badoret in die Capuchinas hinein, weil die Tür offenstand. Dort liegt übrigens ein toter Soldat mit einem Stück Kohl in der Hand. Wenn du es mir erlaubst, nehme ich ihm das Gemüse weg.«

»Den Toten nimmt man nichts weg, Manalet. Wollen wir doch mal abwarten, ob sie uns jetzt nicht etwas geben werden, wo wir die Franzosen geschlagen haben.«

Die Frauen trugen die Verwundeten weg und verteilten auch einige Stücke Schwarzbrot und ein wenig Wein an die Unverletzten. Auf der Ebene vor uns sahen wir, wie sich die Franzosen zurückzogen, und konnten ein Gefühl des Stolzes nicht unterdrücken, angesichts der Tatsache, ein solch kolossales Ergebnis mit so geringen Mitteln erreicht zu haben. Es schien wirklich ein Wunder zu sein, daß so wenige Männer hinter Mauern, deren Steine man mit den Händen herausreißen konnte, sich gegen ein Heer kampferprobter Krieger behauptet hatten. Wir waren ausgehungert, die Franzosen brauchten keinen Mangel leiden. Wir hatten kaum Artillerie, sie schossen aus zweihundert Rohren auf unsere Stellung. Aber sie hatten keinen Don Mariano Alvarez in ihren Reihen, der ihnen befahl zu sterben und dessen Anblick allein ein Gefühl, das ich nicht beschreiben kann, in der Truppe erzeugte. Neben seiner Tapferkeit und Selbstlosigkeit war in ihm etwas, das Furcht einflößte. Niemand wagte es, sich vor diesem Mann auch nur das geringste Anzeichen von Feigheit anmerken zu lassen. Wir sagten, daß der Amboß und der Hammer, mit denen Gott das Herz des Don Mariano geschmiedet hatte, danach für keine anderen mehr benutzt worden waren.

Manalet verschwand aus meiner Sicht. Bald darauf sah ich ihn aber wieder mit etlichen anderen Knaben, alle barfuß, schmutzig, zerzaust und in zerrissener Kleidung dahinziehen. Darunter war auch sein Bruder Badoret. Dieser zog Gasparó hinter sich her, der sich an seine Schultern und den Gürtel klammerte. Alle machten einen zufriedenen Eindruck, besonders Badoret, der einige Kirschen an seine Begleiter verteilte.

»Hier nimm, Andrés«, sagte mir der Junge und gab auch mir eine Kirsche. »Du mußt ja noch den ganzen Tag aushalten. Nimm noch eine und teile die übrigen an deine hungrigen Kameraden aus. Weißt du, wie ich an die Kirschen gelangt bin? Als ich mit Gasparó die Calle del Lobo entlanglief, sah ich die Tür des Capuchinas-Klosters offenstehen. Die ist doch sonst immer geschlossen. Gasparó schrie unentwegt nach Brot. Ich gab ihm ein paar Klapse, damit er endlich aufhörte, und drohte ihm, das dem Gouverneur zu erzählen. Aber als ich die geöffnete Tür des Klosters sah, sagte ich mir: ›Hier muß es doch was geben.‹ Also ging ich hinein – erst in den Innenhof und dann in die Kirche. Dort ging ich zum Chor und dann einen langen Korridor entlang mit vielen kleinen Zimmern auf beiden Seiten. Es war niemand da. Ich suchte überall nach etwas Eßbarem, fand aber nur einige Kerzenstümpfe und zwei oder drei Seidendeckchen, die ich kaute, um zu sehen, ob ich etwas Saft herausquetschen könnte. Ich wollte schon wieder auf die Straße hinausgehen, als ich hinter mir hörte: ›Pst, Pst!‹ Als ich mich umdrehte, sah ich aber nichts. Da habe ich vielleicht Angst bekommen, Andrés, große Angst! Am Ende des Korridors war ein großes Bild vom Teufel mit einem langen grünen Schwanz. Ich dachte, das war der Teufel, der mich gerufen hatte, und begann zu rennen. Aber ich konnte den Ausgang nicht mehr finden und rannte in dem verflixten Korridor hin und her. Und immer wieder war da dieses ›Pst, Pst‹ ... Dann hörte ich plötzlich eine Stimme sprechen: ›Junge, komm doch hierher!‹ Nachdem ich mich eine Weile umgeblickt hatte, erkannte ich eine weiße Hand und ein zerfurchtes Frauengesicht hinter einem Gitter. Ich verlor die Angst und ging dorthin. Die Nonne sagte zu mir: ›Hab keine Angst, ich muß dir etwas sagen.‹ Ich ging an das Gitter und antwortete: ›Verzeiht, gute Frau, ich habe Euch im ersten Moment für den Teufel gehalten!‹«

»Das wird eine arme kranke Nonne gewesen sein, die nicht mit den anderen das Kloster hatte verlassen können.«

»So war es. Die Señora redete weiter: ›Junge, wie bist du denn hier hereingekommen? Gott schickt dich mir, damit du mir einen großen Dienst erweist. Die Klostergemeinschaft hat diesen Ort verlassen. Ich bin krank und gebrechlich. Sie wollten mich mitnehmen, aber es war schon spät, so daß sie mich hier zurückließen. Ich habe große Angst. Ist die ganze Stadt schon abgebrannt? Sind die Franzosen schon eingedrungen? Eben habe ich geträumt, daß die Franzosen alle Nonnen im Schlachthof abgestochen und dann gegessen haben. Traust du dich, jetzt zum Alemanes-Fort zu gehen und meinem Neffen Alonso Carrillo, Hauptmann im Ultonia-Regiment, diesen Brief hier zu bringen? Wenn du das tust, gebe ich dir diesen Teller voll Kirschen hier und dieses halbe Brot.‹ Ich nahm den Brief. Sie sagte mir, wie ich aus dem Kloster hinauskommen könnte, und ich lief los. Gasparó kreischte immer mehr, aber ich sagte ihm: ›Wenn du nicht endlich aufhörst, stecke ich dich in eine Kanone, damit du als Kugel zu den Franzosen geschossen wirst, die dich in einen Topf stecken und kochen werden, um dich zu essen ...‹ Dann gelangte ich zum Alemanes-Fort. Welch ein Feuerhagel! Das hier war nichts dagegen. Die Kanonenkugeln kamen dort herunter wie ein Vogelschwarm. Aber denkst du etwa, ich hätte Angst gehabt? Ha! Gasparó weinte und kreischte weiter, aber ich zeigte auf die Bomben und die Mündungsfeuer der Gewehre und sagte zu ihm: ›Schau doch mal, wie schön das ist. Jetzt gehen wir auch Kanonen abschießen!‹ Aber als wir zu einer Batterie kamen, packte mich ein Soldat beim Kragen und warf mich hinaus.

Ich fiel auf einen Haufen toter Soldaten. Da kam der Gouverneur mit einer großen schwarzen Fahne, die er schwenkte, und rief: ›Wer nicht tapfer ist, den lasse ich aufhängen!‹ Ich stellte mich vor ihn hin und antwortete: ›Das ist gut!‹ Dann wollten mich wieder Soldaten wegjagen, und die Frauen, die die Verwundeten verbanden, schimpften mich aus, weil ich solch einen kleinen Jungen dorthin gebracht hatte ... Was für ein Beschuß! Die Kugeln kamen wie die Fliegen, eine nach der anderen ... Die Franzosen wollten eindringen, aber wir haben sie nicht gelassen.«

»Du hast mitgekämpft?«

»Ja, die Frauen und die Zivilisten warfen Steine auf die Franzmänner, die die Mauer heraufklettern wollten. Ich setzte Gasparó auf eine Kiste, die mit Pulver und Kanonenkugeln gefüllt war, und warf ebenfalls Steine auf die Franzosen. Und was für große Steine! Einer hat mindestens sieben Zentner gewogen! Der traf einen Franzosen und hat ihn in der Mitte durchgeschlagen. Das hättest du sehen sollen! Da waren viele Franzosen, die heraufkommen wollten. Wenn du den Gouverneur gesehen hättest, Andresillo. Don Mariano und ich kämpften Seite an Seite – immer da, wo es am dringendsten war. Ich weiß schon gar nicht mehr, was ich alles gemacht habe, Andrés. Vor lauter Rauch konnte ich dann nichts mehr sehen. Und erst der Lärm! Ich bin jetzt noch ganz taub davon. Ich habe die Angreifer angeschrien und Napoleon allerlei deftige Namen gegeben. Ich weiß zwar nicht, ob sie mich bei dem Lärm gehört haben, aber sie sind vor mir geflohen! Wir haben die Stellung gehalten. Der Gouverneur sagte mir, er sei zufrieden. Nein, zu mir hat er das ja nicht gesagt, sondern zu den anderen ...«

»Hast du den Brief abgegeben?«

»Ich suchte den Señor Carrillo, fand ihn aber erst, als alles vorbei war. Ich überreichte ihm den Brief, und er gab mir ein Geschenk für die Nonne. Dann fiel mir Gasparó wieder ein, und ich rannte zu der Stelle, wo ich ihn zurückgelassen hatte. Er war aber nicht mehr da. Nun bekam ich große Angst und schrie immerzu nach ihm. Schließlich fand ich ihn zusammengekrümmt unter einem Karren. Er hatte die Fäustchen vor dem Mund und schaute ängstlich durch die Radspeichen. Ich lief mit ihm zu den Capuchinas zurück. Aber bei all der Aufregung und dem Wirrwarr vergaß ich das Geschenk, das mit der Herr Carrillo für die Nonne gegeben hatte. Sie schalt mich und glaubte, ich hätte den Brief gar nicht hingebracht, so daß sie mir die Kirschen und das Brot nicht geben wollte. Gasparó blutete an einem Zeh, und die Nonne wickelte ihm etwas darum, aber die Kirschen wollte sie mir nicht geben. Schließlich wurde doch alles gut, denn der Señor Carrillo kam selbst. Mit den Kirschen und dem halben Brot habe ich dann zugesehen, daß ich aus dem Kloster kam.«

»Bring den Kleinen jetzt nach Hause, damit sich deine Schwester endlich um ihn kümmern kann«, befahl ich ihm, denn ich sah, daß der arme Gasparó immer noch am Fuß blutete.

»Nachher«, antwortete er mir. »Ich habe ein paar Kirschen für Siseta aufgehoben.«

»Jungs«, rief Manalet, der sich von seinen Begleitern entfernt hatte und von der Straße kam, »auf der Calle de Ciudadanos schreitet der Gouverneur mit vielen Leuten und Fahnen entlang. Der Bischof lacht, und die Nonnen weinen. Gehen wir dorthin!«

Wie ein erschreckter Vogelschwarm liefen die Knaben davon und befreiten die Mauer von Santa Lucía von ihrem kindlichen Übermut. Ich blieb den ganzen Tag über dort. Die Frauen brachten uns Brot und Fleisch, das verfault war und stank. Weil es aber nichts anderes gab, verschlangen wir es, ohne Ekel zu zeigen, damit Don Mariano nicht zornig wurde.

Als der Abend anbrach, machte ich mich auf den Weg von Santa Lucía zum Condestable und traf Don Pablo Nomdedéu in der Schusterstraße, wo etliche Verwundete auf dem Boden lagen.

»Andrés«, rief er mir zu. »Ich konnte noch nicht nach Hause gehen. Was hat sich dort wohl ereignet? Ich glaube nicht, daß eine Bombe auf unsere Straße gefallen ist. Wieviel Verwundete, mein Gott! Der Tag ist für uns siegreich verlaufen, hat uns aber auch viel Blut gekostet. Eben ist der Gouverneur hier gewesen und hat den armen Verwundeten erklärt, daß die Verteidiger, Soldaten wie Zivilisten, heute die größten Helden des Altertums übertroffen haben!«

»Ihr habt wohl schon viele Verwundete versorgt?«

»Massen, und es sind längst noch nicht alle. Meine Helfer und ich, wir zerreißen uns schier, doch es ist immer noch nicht genug. Mehr können wir aber nicht tun. Ich wünschte, ich hätte hundert Hände, um das alles bewältigen zu können! Auch ich bin verwundet. Eine Kugel hat mich am linken Arm getroffen, aber das ist nicht so schlimm. Ich habe mir einen Lappen darumgewickelt und kann mich weiter nicht darum kümmern ... Wie wird es wohl meiner armen Tochter ergangen sein?«

»Bald werden wir es wissen, Don Pablo. Die Nacht kommt. Wenn diese Verwundeten hier erste Hilfe empfangen haben, könnt Ihr doch für kurze Zeit nach Hause gehen. Auch ich hoffe, daß ich mich für eine Stunde zurückziehen kann.«

9

Als ich gegen zehn Uhr zu unserem Hause kam, war Don Pablo immer noch nicht dort gewesen. Ich stellte das Gewehr ab und eilte gleich nach oben, um mich zu erkundigen, wie es Siseta und dem Fräulein ging. Ich traf die beiden im Salon. Josefina saß wie niedergestreckt in ihrem Sessel und hatte die Augen erwartungsvoll auf die Tür geheftet. Siseta kniete an ihrer Seite und hielt die Hände der Kranken in den ihrigen. Auf diese Weise versuchte sie, Josefina zu beruhigen, da sie ja nicht mit ihr sprechen konnte.

»Gott sei Dank, daß du kommst«, rief Siseta aus. »Was für einen Tag wir hier verbracht haben! Wo sind denn Don Pablo, Frau Sumta und meine drei Brüder?«

Ich berichtete ihr, daß alle wohlbehalten waren, worauf sie fortfuhr:

»Die Señorita wollte unbedingt auf die Straße gehen, und ich mußte mit ihr kämpfen, um sie zurückzuhalten. Sie weiß, was vorgeht. Obwohl sie die Kanonenschüsse nicht hört, fährt sie immer zusammen, wenn einer erschallt, auch wenn er weit weg ist. Vorhin hat sie schrecklich geweint, ist mir in die Arme gefallen und hat ständig nach ihrem Vater gerufen. Die Arme weiß sehr wohl, daß wir Krieg in Gerona haben. Auch ich habe große Angst gehabt ... Stell dir nur vor: Wir hier allein ... Jeden Augenblick fürchtete ich, daß das Haus zusammenfallen würde. Aber das Schlimmste war, daß Männer hier eingedrungen sind! Ich möchte mich gar nicht daran erinnern, Andrés. Es war gegen zwei Uhr, und es schien, als ob der Beschuß geringer werden würde, als sechs oder sieben Verteidiger zu uns heraufkamen. Einige waren in Uniform, andere nicht, aber alle hatten Gewehre. Als sie uns sahen, lachten sie über unsere Furcht und durchsuchten dann das Haus. Sie sagten, sie würden alle Lebensmittel mitnehmen, weil die Truppe Hunger habe. Das Fräulein starb fast, als sie die Männer sah. Im Scherz legten sie noch ihre Gewehre auf uns an! Es waren grobe Kerle, aber sie taten uns nichts zuleide, abgesehen von dem großen Schrecken. Sie nahmen alles mit, was sie in der Küche und der Speisekammer fanden. Ach, Andrés! Sie haben sich Don Pablos gesamten Vorrat unter die Nägel gerissen! Heute abend haben wir keine Krume Brot mehr. Wie diese Strolche lachten, als sie all die guten Sachen in einen großen Sack steckten! Ich bat sie, uns doch wenigstens etwas übrigzulassen, aber sie legten wieder ihre Gewehre auf mich an und sagten, daß die Truppe es nötiger brauche – aber auch, daß Frau Sumta ihnen erzählt habe, daß die Speisekammer hier voll sei.«

Meine Herzensdame hatte noch nicht geendet, als Don Pablo eintrat. Aber weil er sich seiner Tochter nicht mit dem verletzten Arm zeigen wollte, ging er zuerst in ein anderes Zimmer, um sich zu verbinden und etwas zurechtzumachen. Sofort ging ich zu ihm und erzählte, was vorgefallen war.

»Gott und die Heilige Jungfrau mögen uns beistehen!« rief er bestürzt aus. »Sie haben also meine Wohnung geplündert! Schuld daran ist diese vermaledeite und schwatzhafte Sumta, die überall herumerzählt, ob wir was zu essen haben oder nicht. Und meine Tochter? Die Arme wird gemerkt haben, daß sie sich im Krater eines Vulkans befindet. Alle Komödien, um sie vom Gegenteil zu überzeugen, sind dann wohl nutzlos. Nun müssen wir aber dringend etwas Eßbares suchen. Meine Tochter stirbt vielleicht vor Schrecken, aber ich will nicht, daß sie an Hunger stirbt!«

»Es gibt keine Nahrungsmittel mehr in Gerona – und erst recht nicht zu dieser Tageszeit«, erwiderte ich.

»Was für eine Katastrophe! Wie war das nur möglich?« sagte er verzweifelt, während ich ihm die Wunde verband und ihm eine andere Jacke gab. »Oh, wie mir mein Arm weh tut! Das darf ich mir aber nicht anmerken lassen. Andrés, geh nicht weg. Ich brauche deine Hilfe ... Wir müssen unbedingt etwas zu essen finden!«

Er trat auf seine Tochter zu, und diese zeigte ihm ihre Freude, ihn wiederzusehen, indem sie ihn zärtlich umarmte. Dann aber verrieten ihre Augen Entsetzen, und sie rief händeringend aus:

»Blut!«

»Warum sagst du das?« fragte der Vater bestürzt. »Du wunderst dich über die Blutflecke auf meiner Hose und Weste? Ja ... ein paar Tropfen ... Aber laß mich dir erklären. Weißt du, daß ich auf die Jagd gegangen bin?«

Das Mädchen hörte natürlich nichts.

»Ich bin auf der Jagd gewesen«, schrieb Don Pablo auf ein Blatt Papier. »Der Richter und Don Pedro ließen keine Entschuldigung gelten und nahmen mich mit aufs Feld. Da habe ich drei Kaninchen geschossen.«

Die Kranke aber schlug die Hände vor das Gesicht und schrie:

»Krieg in Gerona!«

»Was redest du da von Krieg? Wir haben heute nur ein heftiges Gewitter gehabt! Ich habe mir eine andere Jacke angezogen, weil ich ganz durchnäßt war. Hast du heute brav gegessen?«

»Sie hat nichts zu sich genommen«, antwortete Siseta. »Andrés hat Ihnen doch gewiß schon erzählt, daß Strolche die Wohnung geplündert haben.«

Plötzlich hörten wir von unten Lärm. Das war nicht der

Lärm von Bomben und Granaten, sondern der von schreienden und stampfenden Kindern, die in die untere Wohnung gekommen waren. Señor Nomdedéu wollte nachschauen, aber da kam auch schon ein Kinderschwarm zu uns herauf in den Salon. Sie stießen sich gegenseitig herum und kreischten in den höchsten Tönen. Zwei von ihnen trommelten mit Stecken auf alten Töpfen herum und andere imitierten Trompetenstöße. Dazu hüpften sie und vollführten allerlei Kapriolen. Es hörte sich an wie ein Ausflug von jungen Teufeln.

Ich brauche wohl nicht zu erwähnen, daß an der Spitze dieser wilden Horde Manalet und Badoret waren. Der letztere zog noch Gasparó hinter sich her, so wie ich ihn an der Mauer gesehen hatte. Alle fuchtelten mit ihren Stecken herum, die anscheinend Gewehre oder Säbel darstellen sollten. Die Sitzfläche eines alten Korbstuhles, die sie an einer Schnur durch das Haus schleiften, diente als Trophäe, und einige zerfetzte Körbe auf den Köpfen, geschmückt mit alten Federn, waren als Helme gedacht.

Don Pablo errötete vor Zorn und brüllte die Schlingel dermaßen an, daß sie fast ihre kriegerische Begeisterung vergaßen.

»Verflixte Bengel, sofort raus hier!« schrie er. »Was ist denn das für ein unverschämtes Benehmen? In dieser Weise in meine Wohnung einzudringen!«

Siseta, die ebenfalls über diese Frechheit entrüstet war, griff Manalet beim Arm, als er an ihr vorbeikam, und begann auf ihn einzuprügeln. Auch ich nahm an der Verteidigung der Wohnung teil und teilte nach links und rechts Ohrfeigen aus. Dann aber bemerkten wir, daß die Kranke die wilden Kinder freundlich betrachtete und lächelte, als ob ihre Seele großen Gefallen an diesem Schauspiel fände. Ich machte Don Pablo darauf aufmerksam, der augenblicklich für die Störenfriede eintrat und Siseta zurückhielt, die weiterhin auf Manalet einschlug.

»Laßt sie doch«, meinte Nomdedéu, »denn meiner Tochter scheint diese wilde Jagd zu gefallen. Seht doch, wie sie lacht, wie sie begeistert klatscht! Also gut, ihr Knaben, macht euren Unsinn weiter!«

Bei diesen Worten stellte sich Don Pablo mitten im Zimmer auf und fuchtelte mit den Armen. Welch ein Lärm, welch ein Durcheinander! Die Schlingel fühlten sich dadurch natürlich angefeuert und wurden so wild, daß sie schließlich doch gebremst werden mußten, denn unten auf der Straße blieben einige Leute erstaunt stehen.

»Wo bist du denn den ganzen Tag gewesen?« rief Siseta aus und packte Badoret. »Und der Kleine blutet ja am Fuß! Komm mal her, du kleiner Vagabund. Das werde ich euch ankreiden! Wartet nur, bis wir wieder unten bei uns sind. Was hast du denn mit deinem Hemd gemacht, du Teufel von Manalet?«

»Auf der Ballestería-Straße wurden Verwundete zusammengetragen. Man hatte keine Binden. Da zog ich mein Hemd aus und gab es als Verbandzeug.«

»Warum habt ihr denn so viele ungezogene Jungen mitgebracht?«

»Das sind unsere Freunde«, erwiderte Badoret. »Wir sind beim Capitol gewesen, wo man uns etwas Wein gegeben hat. Siseta, hier habe ich fünf Kirschen für dich!«

»Meinst du, ich werde die aus deinen verdreckten Händen nehmen und essen? Komm doch mal her, Gasparó. Dieser arme Kleine wird überhaupt nichts gegessen haben. Was ist denn mit seinem Fuß passiert?«

»Weißt du, Schwester, da kam eine Kanonenkugel auf uns zugeflogen«, erklärte Badoret. »Wenn Gasparó nicht schnell zur Seite gesprungen wäre, hätte er nur noch einen halben Körper gehabt. So hat es ihn nur am kleinen Zeh erwischt. Du hättest mal sehen sollen, wie tapfer er gewesen ist! Er stellte sich unter die Kanone, beobachtete die Franzosen, die die Mauer heraufklettern wollten, und bedrohte sie mit seiner Faust! Mein Bruder hat Mut. Kein Franzose legte sich mit ihm an.«

»Ich werde dir das Fell bei lebendigem Leibe abziehen!« rief Siseta aus. »Warte nur, bis wir unten sind. Jetzt müssen aber diese kleinen Kanaillen hier schnellstens weg!«

»Nein, sie sollen noch etwas bleiben«, widersetzte sich Don Pablo. »Das sind doch recht witzige Kerlchen. Schaut doch mal, wie belustigt Josefina ist. Badoret, ich möchte nur, daß ihr nicht solchen schrecklichen Lärm macht. Tanzt und marschiert nur durch das ganze Haus, jedoch ohne zu schreien, damit sich die Nachbarn nicht empören. Aber sag mal, Manalet, habt ihr etwas zu essen mitgebracht?«

»Ich habe hier fünf Kirschen«, erwiderte Badoret stolz und schüttelte sie aus seinem Hemd heraus.

»Gib sie mir, ohne daß es meine Tochter sieht. Bringt mir alles, was ihr an Eßbarem bei euch habt. Ich gebe euch Geld, damit ihr Pulver kaufen könnt.«

»Der Panet hier hat vier Kirschen«, entgegnete Manalet.

»Na, dann her damit!«

»Und ich habe noch ein Stück Brot von dem übrig, was mir die Nonne gegeben hat.«

»Pepet«, sagte ein anderer der Schlingel, »rück doch mal die halbe Gurke raus, die du dem toten Soldaten abgenommen hast!«

»Hier ist ein Stück Stockfisch«, warf ein anderer ein und präsentierte seine Beute.

»Und ich habe hier noch einen rohen Hühnerkopf«, mischte sich ein Dritter ein.

Da kamen dann auch noch andere Nahrungsmittel zum Vorschein, wie Kohlblätter, die die Abdrücke der schmutzigen Hände ihrer großzügigen Spender trugen, rohe Erbsen, die von geschickten kleinen Händen aus Sacklöchern gepult worden waren, einige Speckstücke, Spritzkuchenkrumen, ein paar Mohrrüben und zwei oder drei Mandelkuchenstücke, die Bißspuren trugen, und noch einige andere Reste, die so freigebig geboten wie freudig angenommen wurden. Plötzlich hörte man die Frau Sumta von unten heraufkommen. Don Pablo zeigte ihr schnell das Gemisch von Nahrungsmittelresten und sagte zu ihr:

»Könnt Ihr aus alldem ein Abendessen für die Kranke zubereiten? Sie muß unbedingt in dem Glauben gelassen werden, daß wir noch reichlich Vorräte haben!«

»Was soll man damit schon anfangen, Herr. Das wird ja noch nicht einmal die Katze fressen! Es ist doch genug zu essen in Eurer Wohnung!«

»Verdammtes Mannweib! Alles haben sie uns genommen.

Verfluchte Soldaten sind gekommen und haben alles geplündert! Wenn Ihr Euren losen Mund gehalten und Euch nicht mit Eurem Geschwätz bei dem Pack angebiedert hättet, wären wir jetzt nicht in dieser schrecklichen Zwangslage! Ich will gar nicht mehr davon reden. Bereitet also ein Abendessen daraus, und morgen wird Gott Rat schaffen. Ihr habt wohl das Kochen schon verlernt? Das Gewehr hätte in Euren Händen explodieren sollen, damit Ihr von Eurer Besessenheit kuriert werdet! Nun aber schnell in die Küche. Pfui, Ihr stinkt ja nach Schießpulver!«

Die Knaben, die, wie alle in ihrem Alter, die ganze Hand nehmen, wenn man ihnen den kleinen Finger reicht, steigerten ihr wildes Treiben noch. Sie tanzten um das vor der Kranken stehende Tischlein herum und begnügten sich nicht mehr damit, die Gegenstände im Zimmer nur zu begaffen, sondern begrapschten alles, besonders, da Josefina über diese Frechheiten nicht erzürnt war, sondern lachte. Durch Zeichen gab sie ihrem Vater zu verstehen, daß er den unverschämten Besuchern ein Abendessen bereiten solle, worauf Don Pablo nicht ohne einen Funken Ironie entgegnete:

»Ja, Sumta bereitet ihnen gerade ein opulentes Mahl zu.«

Vater und Tochter kommunizierten dann eine Weile in einer Art miteinander, die nur sie verstehen konnten, bis die Kranke laut und deutlich sprach:

»Nein, man kann mich nicht davon überzeugen, daß kein Krieg in Gerona herrscht! Mein lieber Vater, Ihr wart nicht auf der Jagd, sondern habt Verwundete gepflegt, und diese Knaben, die so begeistert Soldaten spielen, ahmen das nach, was sie gesehen haben.«

»Was du dir doch so zusammenreimst!« meinte Nomdedéu. »Das ist aber ein gutes Symptom. Seit einem Jahr hat sie nicht so viele zusammenhängende Worte mehr gesprochen. Man sieht, daß das Treiben dieser Kerlchen sie angeregt hat. Andrés und Siseta – wollen wir doch alle lachen und uns vergnügt zeigen!«

Auf diese Empfehlung des Hausherrn hin brachen wir alle in Lachen aus und wurden dabei von dem kindlichen Chor kräftig unterstützt. Dann setzte sich Don Pablo neben seine

Tochter, nahm die Feder und begann, ihr etwas aufzuschreiben, das er in der Zeichensprache nicht richtig ausdrücken konnte. Ich stellte mich hinter seinen Stuhl und las:

»Meine liebe Tochter. Du hast recht, es herrscht Krieg in Gerona. Ich wollte es dir nicht sagen, um dich nicht zu erschrecken. Da du es aber erraten hast, brauchen wir uns nicht mehr zu verstellen. Ich ging natürlich nicht zur Jagd, denn so etwas hätte mir ferngelegen. Ich werde dir nun berichten, was vorgefallen ist, damit du über diesen großen Tag Bescheid weißt. Ja, die Franzosen haben Gerona erneut eingekreist. Vor einiger Zeit ist ein Heer von zweihunderttausend Mann unter der Führung Napoleons in Spanien eingefallen.«

Nachdem Josefina diese abrupte Aufklärung gelesen hatte, schaute sie uns alle fragend an, um die Bestätigung dieser Tatsachen zu erhalten. Wir mußten nicht erst vom Vater aufgefordert werden, bekräftigend zu nicken. Dann fuhr der Vater fort:

»Du mußt wissen, daß wir hier einen Gouverneur mit Namen Mariano Alvarez de Castro haben, der, als er die Franzosen kommen sah, Maßnahmen traf, daß nicht ein einziger Franzmann am Leben bleiben wird, um Bericht zu erstatten. Er richtete es so ein, daß uns ein spanisches Heer von fünfhunderttausend Mann, das in Aragón stand und keine Feindberührung hatte, von Montelibi her genau in dem Augenblick zu Hilfe kam, als die Franzosen uns auf der anderen Seite angriffen. Im Morgengrauen eröffneten sie das Feuer. Von der Alemanes-Mauer sah man Napoleon auf einem weißen Pferd und mit einem riesigen Federbusch-Helm auf dem Kopf. Die Franzosen griffen an ... Oh, meine Tochter, du hättest es sehen sollen! Unsere Soldaten stellten sich ihnen erbittert in den Weg, und da zur selben Zeit das spanische Heer von fünfhunderttausend Mann wie Hagel über sie herfiel, wußten die armen ›Schweine‹ nicht mehr, welchen Heiligen sie noch anflehen sollten. Schließlich, mein Töchterchen, haben wir sie so geschlagen, daß sie alle auf dem Weg nach Frankreich sind, mit dem Kaiser an ihrer Spitze. Damit wird der Krieg zu Ende gehen, und bald werden wir unseren König Ferdinand wieder bei uns haben.«

Josefina schaute uns wieder an, bevor sie diesem Märchen Glauben schenkte.

»Ich habe dir all das nicht erzählen wollen«, sagte Don Pablo, »um dich nicht zu beunruhigen, aber der Jubel in der Stadt ist so groß, daß er auch dir, die du so zurückgezogen lebst, nicht verborgen bleiben kann. Wie diese Knaben hier ziehen die Erwachsenen durch die Stadt und geben ihrer Freude Ausdruck. Stell dir vor, in den vergangenen Tagen haben die Franzosen keine Lebensmittel durchgelassen, aber heute haben wir alles im Überfluß, denn außer dem, was noch kommen wird, haben wir die Rationen des Feindes erbeutet. Das sind, wenn ich richtig informiert bin, Tausende von Ochsen, Millionen Mehlsäcke, Abertausende von Hühnern, Eiern und so weiter ... Wir können jederzeit nach Castellá fahren ...«

»Ja, gleich morgen«, erwiderte Josefina eifrig.

»Natürlich, gleich morgen«, schrieb Don Pablo nieder. »Wir haben alles erreicht, was wir wollten, und nie hat Gerona eine fröhlichere Zeit erlebt. Die Leute sind regelrecht verrückt vor Freude. Überall wird gesungen und getanzt. Die Menschen beglückwünschen und umarmen sich. Da heute nachmittag Nahrungsmittel im Überfluß hereingekommen sind, habe ich dir schon mal einiges mitgebracht, aber da dein Magen noch schwach ist, glaube ich, daß du nur sehr kleine Portionen zu dir nehmen darfst. Ich habe meinen Kollegen Don Pedro im Krankenhaus gefragt, und er hat mir geantwortet, daß du dich mit verschiedenen Lebensmitteln ernähren mußt – von jedem nur sehr wenig. Wie Hippokrates anordnet, müssen auf ein und demselben Teller Rauchfleischstückchen, Kirschen, Teigstückchen, *cicer pisum* – das sind Kichererbsen – und Mandelstücke liegen, zusammen mit jener Pflanze, die die Wissenschaft *Beta vulgaris latifolia* nennt, und die wir allgemein unter dem Namen Mangold kennen. Letztere besitzt große Heilkraft, wenn sie mit etwas Gebäck, Nüssen und sogar ein wenig Stockfisch gemischt wird. Also iß tüchtig, damit wir morgen, wenn schönes Wetter herrscht, nach Castellá fahren können. Doch da fällt mir gerade ein, daß das vielleicht ein wenig schwierig sein wird, weil die Junta alle

Zugtiere und Wagen beschlagnahmt hat, um einen großen Festzug zu Ehren dieses unvergleichlichen Triumphs zusammenzustellen. Es kann sich aber nur um zwei oder drei Tage handeln. Du mußt dir heute abend mal das Feuerwerk ansehen. Um dich etwas aufzumuntern, werden Siseta und Andrés mit diesen Knaben hier die Sardana und andere schöne Tänze aufführen. Das werden wir nun jeden Abend so machen, damit auch unser Haus an dem allgemeinen Jubel teilhat. Da du ja nichts hörst, lassen wir die Musikinstrumente weg. Du kannst das Signal geben, wann unser Fest beginnen soll. Ich werde jetzt einen Augenblick in die Küche gehen und die Zubereitung dieses köstlichen Mahls, mit dem wir Siseta und Andrés sowie diese lieben Knaben hier erfreuen werden, überwachen.«

An mich und Siseta gewandt sprach er dann:

»Es hilft nichts. Ihr müßt einfach ein wenig tanzen, auch wenn euch in der jetzigen Situation nicht gerade nach Sardanas zumute sein wird. Mit diesem Tanzen, meine lieben Freunde, verrichtet ihr ein Werk des Mitleids. Es gibt so viele Arten, das heilige Evangelium zu praktizieren!«

10

Der Zuhörer wird es nicht glauben, aber Siseta und ich brachten es fertig, an diesem schrecklichen Abend zu tanzen – zu einer Zeit, als etliche Gebäude in der Stadt brannten und sich an vielen Stellen Szenen der Verzweiflung und des Jammers abspielten. Wir bildeten einen Kreis mit acht Knaben und tanzten – ja, wir tanzten trotz unseres Elends, um diesem besorgten Vater einen Gefallen zu tun. Aber wir tanzten schweigend, ohne Musik, und unsere Figuren und Sprünge hatten etwas Trauriges und Düsteres an sich. Unsere an die Wand geworfenen Schatten erinnerten an einen Geistertanz. Die einzigen Geräusche neben denen unserer Füße waren das Rascheln von Sisetas Röcken, das Zittern des Bodens und eine leise Melodie, die Badoret zwischen den Zähnen summte, wobei er auch Andeutungen machte, die Flöte und die Trommel zu spielen.

In meinem Innern mußte ich erbittert mit mir kämpfen, um meinen Körper dazu zu zwingen, diese grausige Komödie weiterzuspielen. In Siseta ging ähnliches vor, wie sie mir später erzählte.

Schließlich ließen mich aber die geistigen Anstrengungen des Tages und die ungeheure körperliche Erschöpfung ausrufen: »Nun kann ich aber nicht mehr!« worauf ich mich nahezu atemlos auf einen Stuhl fallen ließ. Siseta folgte meinem Beispiel.

Aber Josefina, die uns mit einem unbeschreiblichen Vergnügen anschaute, bat uns, doch weiterzutanzen, und gab uns durch entsprechende Blicke zu ihrem Vater zu verstehen, daß wir unhöfliche Faulenzer seien. So flehte uns denn der Arzt wieder mit eindringlichen Worten an, für das Seelenheil seiner Tochter weiterzutanzen. Was konnten wir also anderes tun? Wir tanzten wie Verrückte zweiten und dritten Grades. Endlich gab es eine Gelegenheit zum Ausruhen, denn das vorhin so scheinheilig gelobte Abendessen wurde serviert. Dazu hielt der Arzt einen gelehrten Vortrag über die Heilkraft dieses abscheulichen Gemisches, das in winzigen Portionen auf neun oder zehn Tellern auf dem Tisch erschien. Das alles war eine makabre Farce, die das Herz einschnürte, und Don Pablo, dieser unglückliche Vater, ausgezehrt, mit starken Ringen um den Augen, gelb im Gesicht und mit zitternden Händen, schien dem Grabe entstiegen zu sein, um seiner Tochter Gesellschaft zu leisten. Siseta weinte heimlich, und einige der Knaben konnten vor Müdigkeit die Augen nicht mehr offenhalten, so daß sie die Glieder ausstreckten und dort einschliefen, wo sie sich gerade befanden.

»Don Pablo«, sagte ich zu dem Arzt. »Wir können nicht mehr weitertanzen, denn wir glauben selbst schon, daß wir verrückt sind.«

»Meine Kinder«, entgegnete er, »mein Herz ist von Schmerz zerrissen. Ich muß ständig mit mir kämpfen, um die Tränen zu unterdrücken. Armes Gerona! Wirst du morgen noch bestehen? Werden deine stolzen Häuser morgen noch vorhanden und deine Einwohner noch am Leben sein? Ich würde ja am liebsten selbst den fortschreitenden Tod meiner Geburtsstadt beweinen und meine arme Tochter pflegen! Was es mich an Kraft kostet, diese Komödie zu spielen! Es gibt aber keinen anderen Weg. Die Arme läßt sich verhältnismäßig leicht täuschen, und da ihre Krankheit nichts anderes als eine starke Zerrüttung der Seele ist, müssen eben Pflaster, Stärkungsmittel und so weiter für ihre Seele angewandt werden. Wahrscheinlich haben wir ihr heute abend damit das Leben gerettet. Könnt ihr euch vorstellen, welche Wirkung ein trauriges oder unangenehmes Ereignis bei einer so zarten geistigen Konstitution hinterläßt? Das ist wie der Unterschied zwischen Leben und Tod. Wenn es mir nicht gelingt, unsere Ängste vor meiner Tochter zu verbergen, wird ihr Zustand so verschlimmert, daß der kleinste Vorfall ihr Todesurteil sein kann – so wie ein Windstoß eine Kerze ausbläst. Es ist also unbedingt erforderlich, diese arme Lampe vor dem Wind zu schützen und ihr den Sauerstoff zu geben, den sie braucht. Deshalb mache ich mit allen Mitteln weiter. Vielleicht kann ich sie auf diese Weise doch noch retten. Ich bitte euch, habt Erbarmen und verschafft ihr ein wenig Ablenkung! Schaut doch, wie sie lacht, wie diese Röte in ihre Wangen steigt! Die Vorstellung, daß Gerona voller glücklicher Menschen ist und sie bald Castellá wiedersehen wird, kräftigt ihre Seele und haucht ihr neues Leben ein. Heute haben wir uns gut gehalten, aber was wird morgen sein? Wenn es jeden Tag weniger zu essen gibt, wie es ja vorauszusehen ist, wenn Hunger und Krankheiten uns überfallen und Bomben in der Nähe oder sogar hier einschlagen – welche Komödie sollen wir ihr dann noch vorspielen? Möge Gott mir in seiner unendlichen Gnade beistehen!«

»Ich bin fast tot vor Müdigkeit«, sprach ich, als ich sah, daß es Josefina nach weiteren Tänzen gelüstete. »Außerdem ist es schon spät, und ich muß wieder zu meinem Posten gehen.«

Siseta konnte sich auch nicht mehr auf den Füßen halten, und Señora Sumta lag auf dem Boden und schnarchte. Dieses Geräusch ihrer Nasenhöhlen hörte sich wie eine Imitation des

Kanonendonners an. Badoret, der vom Tanzen und Nachahmen der Musikinstrumente müde geworden war, schlief auf der Stelle wie die meisten anderen Knaben. Don Pablo sah ein, daß er von uns nichts Unmögliches verlangen konnte, und beeilte sich, dem Willen der Kranken, die von einer Art fieberhafter Schlaflosigkeit befallen war, wenigstens dadurch zu entsprechen, daß er zusammen mit vier wachen Knaben in der Zimmermitte zu tanzen begann. Als ich den Salon verließ, sah ich noch, wie der arme alte Mann recht ungeschickt und müde Pirouetten drehte und Kapriolen vollführte. Aber seine Tolpatschigkeit brachte die Kranke zum Lachen, so daß er sich verpflichtet fühlte, seine Qual fortzusetzen. Er machte Sprünge, hob die Arme im Takt, schwenkte mal die Hände, mal einen Fuß, beugte sich nach vorn und nach hinten und führte noch viele andere groteske Gesten und Figuren aus, die mich zu einer anderen Zeit zu schallendem Lachen gereizt haben würden. Dazu floß der Schweiß über sein ausgemergeltes Gesicht, das er zu allerlei Fratzen verzog, die aber unter den Anstrengungen und den starken Schmerzen seines Armes eher zu jammervollen Grimassen wurden. Ich hatte nie ein Schauspiel gesehen, daß mich so traurig machte.

11

Das Vorstehende wiederholte sich einige Tage lang. Danach änderte sich die Sachlage. Die Franzosen waren durch den erbitterten Widerstand vom 19. September, dem sie in dieser Art noch nie begegnet waren, entmutigt worden. Da ihr Ansturm an allen Punkten der Mauer, die sie übersteigen wollten, zerschellt war, wagten sie keine Angriffe mehr. Sie hatten ganz einfach Angst vor der Widerstandsfähigkeit der Verteidiger bekommen und waren sich der Unmöglichkeit bewußt geworden, Gerona mit Waffengewalt zu erobern. Also blieben sie in ihrem Belagerungsring in der Absicht, uns auszuhungern. Am 26. September kam Marschall Augercan, der sich in den Kriegen der Republik und im Rosellon hervorgetan hatte, mit etlichen Truppen zur Verstärkung des Feindes. Der Einkreisungsring wurde so dicht, daß nicht mal eine Fliege in die Stadt gelangen konnte. Es braucht wohl nicht erwähnt zu werden, daß die wenigen Lebensmittel, die sich noch in der Stadt befanden, bald aufgebraucht waren. Der Gouverneur scherte sich aber offenbar nicht darum, denn stündlich beharrte er mehr auf seinem Grundsatz, daß Gerona sich nicht ergeben würde, solange er lebe, auch wenn die Hälfte der noch lebenden Einwohner an Hunger oder an den vom Hunger erzeugten Krankheiten sterben würde.

An Hilfe von außen war nicht mehr zu denken, sie hätte denn aus der Luft kommen müssen. Wir hatten auch nicht mehr die Möglichkeit, an der Mauer den Tod zu finden, weil die Franzosen sich ja nicht mehr die Mühe machten, uns anzugreifen. Also mußte man die Arme verschränken und auf den Tod warten, während man das Bild des unerschütterlichen Don Mariano Alvarez vor sich hatte, dessen lebhafte Augen nie ruhten und stets nach Anzeichen von Entmutigung und Feigheit Ausschau hielten. Wir waren gefangen in den stählernen Klauen seines Charakters. Keine Klage und keinen Seufzer durften wir vor ihm ausstoßen, keine Bewegung machen, die ihm nicht gefiel – ja, nicht einmal zu verstehen geben, daß wir die Freiheit, das Leben, die Gesundheit liebten. Mit einem Wort: Vor ihm hatten wir mehr Angst als vor allen französischen Armeen zusammen.

In der Bresche zu sterben, ist nicht nur heldenhaft, sondern in gewisser Weise auch befriedigend. Eine Schlacht berauscht wie Wein, so daß angenehme Dämpfe in den Kopf steigen und in unserem Hirn den Gedanken an die Gefahr unterdrücken. Aber auf den Straßen zu sterben ist grauenhaft. In dieser finsteren Agonie erleichtert kein tröstlicher Gedanke die Seele, die sich gegen diesen elenden Körper auflehnt, der ihr entgleitet. Im Kampf ermutigt der Anblick des Kameraden, beim Hungern stört er. Das ist wie bei einem Schiffbruch, denn bei diesem muß die schwimmende Planke, bei Nahrungsmittelknappheit das rettende Stückchen Brot mit anderen geteilt werden.

Es kam der Monat Oktober, und alles war aufgebraucht – das Mehl, das Fleisch, das Gemüse. Es waren nur noch einige Säcke mit Weizenkörnern da, die nicht gemahlen werden konnten. Warum sie nicht gemahlen werden konnten? Nun, weil wir die Pferde geschlachtet hatten, die gewöhnlich die Mühlen drehten. Es wurden zwar Menschen dazu eingesetzt, aber die waren vom Hunger so entkräftet, daß sie bei dieser Arbeit umfielen. Also gab es nur die Möglichkeit, diese Körner wie die Tiere zu essen: roh und mit Schalen. Einige Leute zermahlten sie zwischen Steinen und machten Tortillas daraus. Es waren auch noch ein paar Esel als dringend benötigte Lastenträger übriggeblieben. Für sie gab es natürlich auch kein Futter mehr, so daß die armen Tiere sich gegenseitig die Mähnen abfraßen. Man mußte sie schlachten, ehe sie vor Hunger verendeten. Schließlich war selbst dieses Eselfleisch, das so etwa das unschmackhafteste aller Fleischsorten ist, verbraucht. Viele Einwohner hatten Gemüse in Innenhöfen, in Balkontöpfen und auf aufgerissenen Straßen gesät, aber es kam zu keiner Ernte. Alles starb – Mensch und Natur. Alles war unfruchtbar in Gerona, und unter den Einwohnern begann ein scheußlicher Krieg ums Überleben. Das Animalische kam überall zum Vorschein. Hätte es unter uns eine Gruppe von beträchtlich Stärkeren gegeben, wir anderen wären alle gejagt und verschlungen worden.

Ich litt die schlimmsten Qualen, nicht nur meinetwegen, sondern auch wegen der unglücklichen Siseta und ihrer drei Brüder, denen es an allem fehlte. Die Knaben kamen allerdings ganz gut zurecht, denn sie streiften umher, suchten, schnüffelten wie die Hunde und trieben immer wieder etwas auf. Siseta aber, die arme Siseta, hatte keine andere Hilfe als mich, und ich wurde beinahe verrückt bei der Suche nach etwas, das ihr Leben verlängern konnte. Es gab zwar noch einige wenige Lebensmittel zu ungeheuren Preisen auf dem Markt, und im Fluß Oña wurden Winzlinge gefangen, die mehr Insekten als Fischen ähnelten. Auf den Dächern versuchte man mit allerlei Tricks, Vögel zu fangen, und ab und zu gelang es manchen, noch etwas Maultier- oder Hundefleisch aufzutreiben. Dazu brauchte man aber Geld, viel Geld – und wir besaßen keines.

Don Pablo Nomdedéu brauchte seine gesamten Ersparnisse auf, um seiner Tochter ein paar Bissen zu verschaffen. So mußte er zum Beispiel für ein Huhn sechzehn bis zwanzig Peseten an Bauern zahlen, die sich unter tausend Gefahren und Schwierigkeiten doch noch ab und zu in die Stadt schleichen konnten. In diesen Tagen des großen Mangels kam Señora Sumta nicht mehr in Sisetas Wohnung. Die Knaben schauten mit großen Augen auf die Treppe, ob von dort oben vielleicht etwas zu ihnen käme, was ihre Mägen füllen könnte. Der Tag war nicht weit, an dem Badoret, Manalet und Gasparó auf den Straßen und in den Trümmern der Häuser überhaupt nichts mehr fanden. Überall jagte man sie weg. Dürr und fast nackt, flößten mir die drei tiefes Mitleid ein. Sie blieben jetzt stundenlang bei Siseta sitzen, schweigend und ernst, schwach und gebrochen wie Greise. Nur die glänzenden, großen schwarzen Augen zeugten noch von Leben. Siseta schaute sie so wenig wie möglich an, um den Rest an Gemütsruhe nicht zu verlieren.

Einmal konnte ich sie drei Tage lang nicht besuchen, weil es mein Dienst nicht zuließ. Als ich sie wiedersah, fand ich sie in der eben beschriebenen Situation.

Ich bewunderte das Verständnis dieser armen Jungen, daß sie uns nicht mit Wünschen nach Nahrung belästigen konnten, die wir nicht hatten. Nur Gasparó, der an seinen Fäusten kaute und seine Tränen trank, war natürlich weit weniger einsichtig. Dann kam ein Augenblick, in dem Siseta ihren Schmerz nicht mehr unterdrücken konnte. Sie brach in Tränen aus und lief verzweifelt durch die Wohnung, in der Hoffnung, daß ihr doch noch etwas Eßbares in die Hände fallen würde. Ich konnte das nicht mit ansehen, ging hinaus, wurde dort aber wieder von meiner großen Liebe zu diesen Unglücklichen hineingezogen, konnte es wieder nicht aushalten und so fort. Meine Gedanken rasten hin und her, auf der verzweifelten Suche nach einem Ausweg.

Dann kam mir eine rettende Idee.

»Siseta«, sagte ich zu meiner Herzensdame, »seit Tagen

habe ich die *Pichota* schon nicht mehr gesehen, aber ich glaube, daß sie sich hier irgendwo mit ihren drei Jungen aufhält.«

»Oh«, antwortete sie mir traurig, »weißt du denn nicht, daß Don Pablo der Katzenfamilie den Garaus gemacht hat? Arme *Pichota!* Er sagt, Katzenfleisch schmecke ausgezeichnet, aber ich glaube, ich würde eher verhungern, als die Katze zu essen.«

»Ist die *Pichota* denn tot? Ich weiß nichts davon. Und was ist mit den drei Jungen?«

»Ich wollte es dir nicht sagen. In den drei Tagen deiner Abwesenheit kam Don Pablo verschiedentlich herunter. Eines Tages kniete er vor mir nieder und bat mich flehentlich, ihm ein wenig Nahrung für seine Tochter zu geben, denn er habe überhaupt nichts mehr und auch kein Geld, um noch etwas zu kaufen. In diesem Moment sprang eines der Katzenjungen auf meine Schulter. Der Arzt griff schnell zu und steckte den jungen Kater in seine Rocktasche, wo er ihn festhielt. Am folgenden Tage kam er wieder und bot mir die Möbel seines Wohnzimmers an, damit ich ihm ein anderes Katzenjunges gebe. Ohne auf meine Antwort zu warten, ging er erst in die Küche und dann in das dunkle Schlafzimmer, wo er sich auf die Lauer legte. Als er wieder zu mir kam, mußte ich ihm die Kratzwunden, die er im Gesicht hatte, mit Salbe bestreichen. Auch das dritte Junge verschwand auf diese Art. Seitdem läßt sich die *Pichota* nicht mehr im Hause sehen. Ich glaube, sie hat verstanden, was vorgefallen ist, und befürchtet, daß es auch ihr an den Kragen gehen könnte.«

Siseta und ich beteten flehentlich, daß Gott uns doch auf einem seiner geheimnisvollen Wege Nahrung schicken möge. Wir beteten und beteten, aber Gott schickte nichts.

12

Ich dachte über die verschwundene Katze nach, als Señor Nomdedéu herunterkam. Sein Anblick war noch abgezehrter als sonst, und seine Augen hatten den gütigen Ausdruck verloren. Seine Kleidung war unordentlich und verschlissen. Er trug seine Jagdflinte und ein großes Jagdmesser.

»Siseta«, sagte er brüsk und vergaß, mich zu grüßen, obwohl wir uns ja einige Tage nicht gesehen hatten. »Ich kann mir vorstellen, wo diese verflixte *Pichota* ist.«

»Wo denn, Don Pablo?«

»Auf dem Dachboden am Ende des Innenhofs, der zur Aufbewahrung von Heu und Getreide diente, als ich noch ein Pferd hatte.«

»Vielleicht ist sie aber woanders«, meinte Siseta in dem großmütigen Bestreben, das arme Tier zu retten.

»Nein, nein. Mir kann man nichts vormachen. Die *Pichota* kann mich nicht täuschen. Heute morgen sprang sie durch das Fenster der Speisekammer und raubte mir einen Fleischrest, den ich dort aufgehoben hatte. Welch ein Grauen! Frißt das Fleisch ihres eigenen Jungen! Dieses Tier müssen wir erlegen! Siseta, ich habe dir schon einen großen Teil meiner Möbel für die Katzenjungen gegeben. Jetzt habe ich keine anderen Wertsachen mehr als meine medizinischen Bücher. Willst du sie für die Katze nehmen?«

»Señor Don Pablo, ich will weder die Möbel noch die Bücher haben. Fangt die *Pichota* und gebt meinen Brüdern etwas von dem Fleisch ab!«

»Nun gut«, antwortete Nomdedéu. »Andrés, würdest du an der Jagd auf diese Bestie teilnehmen?«

»Ich glaube nicht, daß dazu eine militärische Ausrüstung notwendig ist«, erwiderte ich.

»Da bin ich anderer Meinung. Gehen wir!«

Badoret und sein älterer Bruder wollten uns folgen, aber Siseta hielt sie zurück. So stiegen dann nur der Arzt und ich zum Dachboden empor. Wir gingen vorsichtig hinein, aus

Furcht, das rasende kleine Raubtier könnte uns anspringen, denn der Hunger und der Überlebensinstinkt hatten es wohl in einen Zustand außergewöhnlicher Wildheit versetzt. Don Pablo schloß die Tür von innen, damit uns die Katze nicht entwischen konnte. Wir waren nun von völliger Dunkelheit umgeben, denn das schwache Licht, das durch eine Dachluke einfiel, konnte das Tageslicht nicht ersetzen. Eine Vielzahl von Gegenständen, meist alte und beschädigte Möbelstücke, versperrte einen großen Teil des Raumes. Über uns schwebten große Spinnweben mit dem Staub eines Jahrhunderts. Als unsere Augen sich an das wenige Licht gewöhnt hatten, durchforschten wir dieses Dickicht, konnten aber nichts entdecken. Ich äußerte meine Zweifel gegenüber Don Pablo, aber er antwortete:

»Ja, sie ist hier. Ich habe sie doch vor einem Moment hier hineinschleichen sehen.«

Wir verschoben einige leere Kisten, beschädigte Stühle und ein kleines Faß. Plötzlich hörten wir das Geräusch eines Körpers, der sich im Hintergrund des Raumes bewegte. Es war die *Pichota,* die ihre Verfolger mit leuchtenden Augen musterte.

»Siehst du sie?« rief der Arzt. »Hier, nimm die Flinte und erschieß sie!«

»Nein«, entgegnete ich lachend, »hier im Halbdunkel kann man nicht zielen. Ein Gewehr hat da keinen Zweck. Stellt Euch hierher und gebt mir das Messer!«

Die beiden Pupillen blieben unbeweglich, und diese grüngoldenen Punkte wurden mir allmählich unheimlich. Dann erkannte ich den Körper des Tieres. Die schwarzen und braunen Flecken auf gelbem Untergrund verschwammen vor meinen Augen, so daß der Körper die Ausmaße eines Tigers annahm. Ich hatte Angst, warum soll ich es leugnen? Ich bereute es schon, mich zu einem solch gefährlichen Unterfangen bereit erklärt zu haben. Don Pablo hatte aber noch mehr Angst als ich und klapperte mit den Zähnen.

Wir hielten kurz Kriegsrat. Das Ergebnis davon war, daß wir keine andere Möglichkeit hatten, als die Initiative zu ergreifen. Doch als wir all unseren Mut zusammengenommen hatten, hörten wir ein dumpfes Schnarren, und Laute, die von der Entschlossenheit der kleinen Bestie kündeten, ihr Leben unter dem Einsatz aller Kräfte zu verteidigen. In ihrer Sprache rief uns die Katze zu: »Mörder meiner Kinder, kommt nur her, ich werde euch gebührend empfangen!«

Pichota, die bisher in der Haltung der Sphinx ausgeharrt hatte, krümmte sich jetzt und legte den Kopf auf die Vorderpfoten. Ihre Augen sandten zwei bläuliche Strahlen aus. Sie schien die Stirn zu runzeln. Dann hob sie den Kopf, strich mit den Pfoten über ihren starken Backenbart und sprang zu einer anderen Stelle, wo sie sich sprungbereit aufstellte. Die Kraft in den Hinterbeinen dieser Tiere ist immens, und von ihrem Posten aus konnte sie uns jederzeit anspringen. Ich bemerkte, daß sie ihre Blicke mehr auf Don Pablo als auf mich richtete.

»Andrés«, sprach er, »wenn du Angst hast, werde ich sie angreifen. Es ist doch eine Schande, daß ein so kleines Tier zwei Männern solche Furcht einflößt. Ja, Señora *Pichota,* wir werden dich verspeisen!«

Es war, als ob das Tier diese drohenden Worte verstanden hätte, denn der Doktor hatte noch nicht ganz geendet, als sie ihn mit unglaublicher Wucht ansprang und sich an seinem Hals und seiner Schulter festkrallte. Der Kampf war kurz, denn das Tier hatte seine ganze Kraft in den Sprung gelegt. Ich eilte zur Verteidigung meines Freundes, und die Katze fiel zu Boden, aber nicht ohne zuvor ein Stück Haut des guten Doktors mitzureißen und meine rechte Hand zu lädieren. Dann rannte sie blitzschnell hin und her. Als sie mich kurz darauf ansprang, hatte ich die Geistesgegenwart, sie mit der Spitze des Jagdmessers zu empfangen, was dem ungleichen Kampf ein Ende setzte.

»Dieses Tier war ja wilder, als ich dachte«, meinte Don Pablo und ergriff den zuckenden Körper.

»Señor Nomdedéu«, entgegnete ich, »laßt uns jetzt die Beute wie Brüder teilen.«

Der Arzt zog eine Grimasse und zeigte damit an, daß er nicht einverstanden war. Dann wischte er sich das Blut vom Hals und sprach in einem aggressiven Ton, der mir völlig neu war:

»Was soll denn das heißen – teilen? Siseta hat mir die *Pichota* für meine Bücher überlassen. Weißt du eigentlich, daß meine Tochter gestern überhaupt nichts gegessen hat?«

»Wir sind alle Kinder Gottes«, erwiderte ich, »und auch Siseta und die anderen in der unteren Wohnung müssen essen, Señor Don Pablo.«

Nomdedéu kratzte sich den Kopf, verzog Mund und Nase, packte das Tier am Nacken und sprach:

»Andrés, mach mich nicht wütend! Siseta und ihre Brüder, diese Schlingel, können von dem Zeug leben, das sie auf der Straße finden. Aber meine kranke Tochter braucht besondere Pflege. Ich muß nicht nur an morgen, sondern auch an übermorgen und den Tag danach denken. Wenn ich dir jetzt die halbe Katze gebe, was soll meine Tochter dann in ein paar Tagen essen? Andrés, sei doch vernünftig! Du findest für die Bengel doch bestimmt etwas in der Umgebung. Die sind schon zufrieden, wenn sie an einem Knochen lutschen können. Rühr aber bitte die *Pichota* nicht an!«

So füllte sich das Herz dieses gütigen und hilfsbereiten Mannes mit Egoismus, nach dem Gesetz der großen Menschheitskatastrophen, in denen – wie beim Schiffbruch – der Freund keinen Freund mehr hat und auch gar nicht mehr weiß, was die Worte Nächstenliebe und Mitleid bedeuten.

Als ich Don Pablo so reden hörte, regte sich auch in mir das egoistische Gefühl der Selbsterhaltung, so daß ich in ihm einen Konkurrenten um die rettende Planke sah.

»Señor Nomdedéu«, rief ich in aufwallendem Zorn. »Ich habe gesagt, daß die Katze geteilt wird, und dabei bleibt es!«

Als der Arzt diese entschlossenen Worte hörte, blickte er mich einige Sekunden lang feindselig an. Seine Lippen zitterten, aber er sagte kein Wort. Dann erblaßte er, und stieß mich jäh mit aller Kraft zurück. Ich fühlte, wie mir das Blut in den Kopf schoß. Meine Nerven waren zum Zerreißen gespannt; ich ballte die Fäuste und hielt sie dem Arzt so vors Gesicht, daß ich dieses berührte. Dabei schrie ich:

»Die Katze soll also nicht geteilt werden? Nun, um so besser, dann nehme ich sie eben ganz! Was geht mich denn das

Fräulein Josefina an mit ihren lächerlichen Wehwehchen? Gebt ihr doch Spinnweben zu essen!«

Nomdedéu fletschte die Zähne und stürzte sich, ohne mir zu antworten, auf die am Boden liegende Katze. Ich tat das gleiche, so daß unsere Hände gegeneinanderstießen. Einen Moment rangen wir miteinander. Dann schlug ich ihm beide Fäuste ins Gesicht, und er blieb liegen, so daß ich in den ungeteilten Besitz der Beute gelangte.

»Lump!« schrie er. »Du willst mir also rauben, was mir gehört? Na, warte mal ab!«

Ich nahm das Jagdopfer und wollte gehen, aber Don Pablo eilte – oder besser gesagt, sprang wie ein Kater – zu der Stelle, wo die Flinte lag, ergriff sie, richtete den Lauf auf meine Brust und rief mit zitternder Stimme:

»Andrés, du Kanaille, laß sie fallen, oder ich knalle dich ab!«

Ich blickte mich um auf der Suche nach dem Jagdmesser, aber der Arzt hatte es schon in seinen Gürtel gesteckt. Also rannte ich zur Tür des Dachbodens, konnte sie aber nicht öffnen. Eine unüberwindliche Furcht ergriff mich, und ich sprang ohne zu überlegen auf die leeren Kisten und Möbelstücke, hinter denen sich eben noch die Katze versteckt hatte. Ich stieß mit dem Kopf gegen Dachbalken, so daß Staub, totes und lebendiges Ungeziefer und anderer Unrat von zwei Jahrhunderten herunterfielen.

»Barbar«, schrie ich von oben, »das wirst du mir bezahlen!«

Nomdedéu folgte mir mit dem Gewehr. Ich sprang von einem Ende des Raumes zum anderen wie ein Affe, und er blieb mir stets auf den Fersen. Es war eine wahnsinnige Verfolgungsjagd in den Schluchten und Labyrinthen des Dachbodens.

Dann fiel ein Schuß, und Don Pablo streckte die Nase erwartungsvoll in die Luft, um zu sehen, ob er mich getroffen hatte. Glücklicherweise war das nicht der Fall.

»Ha, Ihr habt mich nicht getroffen«, rief ich in wilder Freude und schickte mich an, auf meinen Feind hinunterzuspringen.

Der aber zog sofort sein Jagdmesser und schrie:

»Komm nur, komm! Du Schuft, der du meine Tochter verhungern lassen willst! Laß die *Pichota* fallen! Gib sie her, du Elender!«

Ohne darauf zu warten, ob ich seiner Aufforderung nachkommen würde, kam er mit gezücktem Messer auf mich zu. Wieder begann die Hetzjagd in diesem Miniaturgebirge mit Sprüngen, Krachen, Aufprallen. Er schrie, und ich brüllte zurück, bis ich völlig erschöpft in einen Bretterhaufen fiel, der mir die weitere Flucht verwehrte. Ich fühlte mich schwach und feige. Ich war unfähig, mit dieser Furie in Menschengestalt, in die sich der sanfteste und großmütigste Mann, dem ich bisher begegnet war, verwandelt hatte, zu kämpfen.

» Señor Don Pablo«, rief ich ihm zu. »Nehmt die Katze. Ich kann nicht mehr. Ihr seid ja zu einem Tiger geworden!«

Ohne mir darauf zu antworten, ergriff er den Tierkörper, den ich fortgeschleudert hatte, öffnete die Tür und verschwand.

Langsam ebbte die Erregung dieser schrecklichen Viertelstunde ab. Ich konnte mich kaum aufrecht halten, stieg zu Sisetas Wohnung hinunter, und als diese mich so verdreckt, voller Spinnweben und Staub erblickte, schrak sie zurück. In wenigen Worten berichtete ich ihr von dem Vorfall. Die Knaben hörten erschreckt zu.

»Heute gibt es nun nichts mehr zu essen«, sagte ich ihnen bekümmert. »Ich werde noch mal auf die Straße gehen und versuchen, eine mitleidige Seele zu finden.«

Siseta umarmte ihre Brüder und weinte bittere Tränen der Verzweiflung. Ich lief mit zusammengeschnürter Kehle auf die Straße hinaus und schwankte dort wie ein Betrunkener ohne Ziel herum, das Hirn voller brodelnder, krimineller Gedanken.

13

Auf dem Wege begegnete ich obdachlosen Familien, die in Gruppen mitten auf der Straße saßen, Gesäß und Füße im Straßenschmutz, über den Köpfen schmutzige Decken und Matten als notdürftigen Schutz gegen Sonne und Regen. Einer riß dem anderen trockene Gemüsestrünke, stinkende kleine Fische aus der Oña, angefaulte Bohnen oder Tierknochen aus den Händen. In ihrer Not verfolgten die Hungernden jeden unglücklichen Hund in Gerona, dem es gelungen war, am Leben zu bleiben. Diese bedauernswerten Wesen waren intelligent genug, und versteckten sich in den unzugänglichsten Winkeln. Einigen gelang es sogar, die Verteidigungsmauern zu erklettern und zu überspringen und auf die französischen Linien zuzulaufen, wo sie von den feindlichen Truppen, die sich über solche Anzeichen unserer Not diebisch freuten, jubelnd empfangen wurden. Überall, auf Dachböden und in Kellern, verteidigten sich Katzen mit Krallen und Zähnen gegen diese vom Überlebenswillen getriebene Menschheit.

Die Soldaten erhielten ihre Ration trockener, minderwertiger Weizenkörner, aber die Einwohner der Stadt bekamen nichts mehr. Sie mußten allein versuchen, sich zu ernähren. Jagen und Angeln nach dem kleinsten Getier war die wichtigste Beschäftigung. Die militärischen Aktivitäten waren längst eingestellt, und unsere einzige Aufgabe bestand darin, Bomben und Granaten zu empfangen. Wir konnten diese Grüße kaum noch erwidern. In verschiedenen Stadtteilen bat ich um Almosen für arme Waisen, aber die Leute schauten mich entrüstet an, und einige warfen mir sogar vor, daß ich doch noch verhältnismäßig gut aussähe, obwohl ich nur noch Haut und Knochen war.

Auf der Calle de Ciudadanos und der Plaza del Vino sah ich mehrere Kranke, die man zum Sterben aus den Kellern nach oben getragen hatte, weil man fürchtete, angesteckt zu werden. Ihr Leiden beschrieben die Ärzte als ein »durch

Kriegseinwirkung hervorgerufenes Nervenfieber«, das durch andere Krankheiten hervorgerufen und durch die mangelnde Hygiene und den Hunger verschlimmert wurde. Bei der Truppe wurden alle Geißeln des menschlichen Körpers »traumatisches Fieber« genannt.

Ohne es zu wollen, wurde ich immer wieder von meinem eigentlichen Vorhaben, der Suche nach Nahrung, abgehalten. Hier bat man mich, beim Wegtragen eines Kranken zu helfen, dort, Erde auf Leichen zu schaufeln. Ich verspürte den Wunsch, mich wie andere einfach in die Gosse fallen zu lassen, um dort auf den Tod zu warten, aber das Beispiel einiger starker Charaktere zwang mich dann immer wieder, doch noch auf den Füßen zu bleiben. In der Calle de la Zapatería Vieja befreite ich zusammen mit anderen etliche Geistliche, Alte und Kinder aus verschütteten Kellern, wofür wir ein paar Brot- und Dörrfleischstücke erhielten. Die anderen verschlangen ihren Anteil auf der Stelle, aber ich hob diesen Schatz auf und erlangte dadurch wieder die moralische Kraft, die ich bereits verloren geglaubt hatte.

Die Forsa-Gasse, die von der alten Schuhmacherei zur Kathedrale führt, war wie eine grauenhafte Schlucht, in der einige menschliche Wesen auf jemanden warteten, der sie entweder rettete oder erschlug. Mit einem Trupp unter Führung von Don Carlos Beramendi, einem Mann von großem Verdienst, der sich am liebsten gevierteilt hätte, um die Leiden der Stadt etwas zu verringern, betraten wir diese Gasse und schleppten die Leute zur Freitreppe der Kathedrale, wo die Luft nicht so verpestet war wie in der engen, schaurigen Gasse. Die Kathedrale selbst war völlig überfüllt, so daß die Stadt sich immer mehr in ein Notlazarett unter freiem Himmel verwandelte. Oben auf der Freitreppe erschien Don Mariano Alvarez und gab Anweisungen zur Pflege der Verwundeten. Sein Antlitz war das einzige in ganz Gerona, das nicht das Stigma der Niedergeschlagenheit und Traurigkeit trug. Er hatte den gleichen Ausdruck wie in den ersten Tagen der Belagerung. Gleich wurde er von etlichen Leuten umringt, unter denen ich zu meiner Überraschung Don Pablo Nomdedéu entdeckte. Die Menge bejubelte Alvarez, der kein Wort sprach und weder Ablehnung noch Freude über diese Ovation erkennen ließ. Die Freitreppe bot mit den darauf liegenden unglücklichen Menschen einen furchtbaren Anblick, und die Hochrufe auf den Gouverneur übertönten die Schmerzensschreie und Klagen. Von weitem war ersichtlich, daß viele in dem Gefolge des Oberbefehlshabers von diesem entsetzlichen Anblick erschüttert waren. Offenbar sprachen sie Don Mariano bezüglich des Nahrungsmittelmangels an, denn man hörte eine Proteststimme, die ausrief: »Mein Herr, wenn nichts mehr da ist, essen wir eben Holz!«

In diesem Augenblick tauchte Don Pablo, der sich etwas von dem übrigen Gefolge entfernt hatte, an meiner Seite auf.

»Holz essen!« schnaubte er. »Das sagt man so, aber tut es nicht. Andrés, ich freue mich, dich hier zu treffen. Wie fühlst du dich denn – und wie geht es Siseta und den Knaben?«

Obwohl der Groll in meiner Seele langsam abflaute, drohte ich Nomdedéu mit der Faust.

»Ach, du bist noch wütend auf mich wegen des Vorfalls von heute morgen?« sprach er. »Mein lieber Andrés, in solchen Fällen ist man nicht mehr Herr seiner selbst. Ich war von Entsetzen ergriffen, und danach habe ich mich meines barbarischen Verhaltens geschämt. Hier geht es ums Überleben, und der vermaledeite Selbsterhaltungstrieb läßt den Menschen zu einem wilden Tier werden. Daß ich imstande gewesen bin, einen meiner Nächsten zu töten, ist schwer verständlich, nicht wahr? Ach, mein Freund! Der Gedanke, daß mich meine Tochter um Nahrung bitten würde und ich ihr nichts geben könnte, erstickte in mir die Vaterlandsliebe und die Menschlichkeit allgemein, so daß in mir nur noch das Tier übriggeblieben war. Andrés, wir sind doch nur noch elende Wesen. Unwürdiges Menschengeschlecht, was bist du denn eigentlich? Ein Magen – und nicht mehr. Man könnte sich schämen, ein Mensch zu sein, wenn man sieht, wie die gesellschaftlichen Bindungen verschwinden und nur noch der nackte Trieb regiert. Hier sehe ich nun, daß die Anzahl der Verwundeten und Kranken ungeheure Ausmaße angenommen hat. Wir haben heute eine Inventur der noch vorhandenen Arzneimittel durchgeführt. Daraus hat sich ergeben, daß wir noch nicht einmal mehr den zehnten Teil von dem besitzen, was für einen Tag erforderlich wäre. Sieh doch nur, wie schrecklich diese mit Körpern übersäte Kathedralentreppe aussieht!«

Und tatsächlich, die hundert zur Kathedrale führenden Stufen boten den Anblick eines grauenhaften Amphitheaters, ein konzentriertes Bild der Leiden dieser heroischen Stadt.

Gouverneur Alvarez stieg an der Spitze seines Gefolges weiter hinunter.

»Señor«, sprach ihn Nomdedéu an und wandte mir den Rücken zu. »Ich habe vergessen, Euer Gnaden mitzuteilen, daß die vorhandenen Medikamente noch nicht einmal für den zehnten Teil der Kranken und Verletzten ausreichen.«

Don Mariano Alvarez blickte den Arzt mit steinernem Gesicht an. Ich sah ihn zum ersten Mal aus der Nähe, und seine Worte werden mir für immer unvergeßlich bleiben. Das blasse, ausgetrocknete Gesicht mit der unbewegten Miene, die funkelnden Augen, die weißen Haare, die schlanke, sehnige Figur – alles vermittelte den Eindruck einer unerschütterlichen, stählernen Statue.

»Nun, dann verbraucht doch erst einmal die vorhandenen Medikamente«, erwiderte er, »und behelft Euch danach so gut es eben geht.«

Dieser Ausdruck »so gut es eben geht« war typisch für ihn. Damit schloß er die meisten Ansprachen und Ermahnungen ab. Man erzählte auch, er habe seinem Gefolge gesagt: »Wenn wir den Angriffen der Franzosen nicht mehr standhalten können und sie in die Stadt eindringen, dann sterben wir eben alle, und danach geht es weiter, *so gut es eben geht.*«

»Aber, Señor«, entgegnete Don Pablo, »die Kranken können doch nicht warten. Wenn sie nicht gepflegt werden ... Man kann sie unter diesen Umständen vielleicht noch einen Tag am Leben erhalten – oder auch zwei ...«

Alvarez blickte kühl auf dieses Amphitheater des Jammers, wandte sich dann wieder dem Arzt zu und sprach:

»Keiner von denen beklagt sich doch bei mir. Bald werden wir Hilfe bekommen. Die Stadt wird sich nicht aus Mangel an Medikamenten ergeben, Herr Nomdedéu! Könnt Ihr denn nicht selbst etwas herstellen, das die Schmerzen der Kranken und Verwundeten lindert?«

»O ja, ich habe schon getan, was mir nur irgend möglich war«, antwortete der Mediziner und fuhr dann – ermutigt durch ein Murmeln im Gefolge, aus dem man mehr Zustimmung zu den Worten des Arztes als zu denen des Gouverneurs entnehmen konnte – fort: »Ich bin aber überzeugt, daß Gerona genug für die Religion, das Vaterland und den König getan hat. Jetzt ist die Grenze der Widerstandsfähigkeit erreicht worden. Von diesen bedauernswerten Menschen noch mehr zu verlangen, würde bedeuten, alle zum Tode zu verurteilen!«

Alvarez schwenkte den Stock in seiner Rechten und sagte mit unbewegtem Gesicht zu Don Pablo:

»Ihr scheint mir ein ausgemachter Feigling zu sein. Wenn wir keine Lebensmittel mehr haben, dann werden wir Euch und Euresgleichen essen, und danach verteidigen wir uns weiter, so gut es eben geht!«

Niemand sagte ein Wort, so daß man das Summen der Fliegen hören konnte. Nomdedéu schaute sich zu mir um und versuchte dadurch, seine Bestürzung zu verbergen. Es blieb ihm dann nichts mehr anderes übrig, als das Gefolge zu verlassen. Lange Zeit danach konnte er noch kein Wort herausbringen. Er war leichenblaß und zitterte – ein Anzeichen, daß ihn die Worte des Gouverneurs zu Tode erschreckt hatten.

»Andrés«, sagte er mit leiser Stimme zu mir, packte mich dabei am Arm und zog mich in Richtung der Plaza de San Félix. »Dieser Mann wird uns alle zugrunde richten. Ich bin Patriot, jawohl, ein durch und durch überzeugter Patriot, aber alles hat seine Grenzen, und dieses Gerede, daß wir uns gegenseitig auffressen werden, ist doch nun wirklich unerträglich.«

»Ja, die Beharrlichkeit des Don Mariano wird dazu führen, daß wir uns gegenseitig verschlingen«, entgegnete ich, »aber was mich angeht, solange ich weiß, daß dieser Mann noch lebt, werde ich lieber mein eigenes Fleisch essen, als vor ihm von Kapitulation zu sprechen.«

»Seine Standfestigkeit ist übermenschlich«, meinte der

Arzt. »Ich bewundere sie und beglückwünsche uns, daß wir an der Spitze einen Mann haben, von dem man noch nach vielen Jahrhunderten reden wird. Ja, wenn ich allein auf der Welt wäre, Andrés! Wenn ich nur für mich selbst zu sorgen hätte und bloß meine Krankenhausbesuche machen und mich um die Verwundeten auf der Straße kümmern müßte, würde ich zu Don Mariano gehen und ihm sagen: ›Señor, wir dürfen uns nicht ergeben, solange noch ein einziger am Leben ist, der sich vom Fleisch der anderen ernähren kann!‹ Aber meine Tochter kann doch nichts dafür, daß eine Nation eine andere niederzwingen will ... Dennoch beugen wir das Haupt vor dem Willen Gottes, der in diesen Tagen von dem unerbittlichen Don Mariano Alvarez personifiziert wird, der tapferer als Leonidas, patriotischer als Horaz, energischer als Scaevola und würdiger als Cato ist. Er ist ein Mann, der dem eigenen Leben und dem der anderen keinen Wert beimißt und dem außer der Ehre nichts wichtig ist. Im September fragte Don Vives, der Führer der Ultonia-Einheit, der sich auf einen kleinen Vorstoß ins feindliche Lager vorbereitete, Don Mariano, wo er denn wieder von den spanischen Linien aufgenommen werden würde. Der Gouverneur antwortete ihm: ›Auf dem Friedhof!‹ Stell dir vor, er sagte: ›Auf dem Friedhof!‹ Das heißt doch nichts anderes als siegen oder sterben, und da ein Sieg gegen die Franzosen unmöglich ist, weil sie in der Übermacht sind, bleibt also nur eine Möglichkeit. Da kommen einem doch die Worte aus der Kehle: ›Hoch Gerona und Ferdinand der Siebente!‹ Man kann sich schon all die Geschichten vorstellen, die darüber noch geschrieben werden und in denen uns höchstes Lob zuteil werden wird. Ich aber möchte rufen dürfen: ›Hoch Spanien, und es lebe Josefina!‹ Wenn doch meine Tochter den rauchenden Trümmern dieser Stadt und dem riesigen Haufen unserer Leichen in strahlender Gesundheit entsteigen würde – meine geliebte Tochter, die Spanien, Frankreich, Europa oder den Mächten des Nordens und des Südens niemals etwas zuleide getan hat!«

Darauf hielt der Arzt an, um Verwundete auf der Straße zu untersuchen, und ich machte mich auf den Weg zu Siseta, um ihr die paar Lebensmittel zu bringen.

14

Fast gleichzeitig mit mir kam Badoret ins Haus. Er hatte sich aufgerafft, um einen Streifzug zur Plaza de las Coles, dem Kohlplatz, zu machen und kam so fröhlich und vergnügt zurück, als habe er Eßbares für acht Tage auftreiben können.

»Was gibt es denn, Badoret?« fragten Siseta und ich.

Er antwortete nicht, sondern öffnete die Fäuste, um uns einige Kupfermünzen zu zeigen. Dann schloß er sie wieder und tanzte wie besessen im Wohnzimmer herum.

»Woher hast du denn die? Hast du sie irgendwo gefunden?« fragte Siseta erzürnt, denn sie vermutete offenbar, daß der Schlingel in ein Haus eingedrungen war, um sich an fremdem Eigentum zu vergehen.

»Man hat sie mir für die Maus gegeben. Andrés, eine Maus so groß wie ein Maultier! Als ich damit zur Plaza kam, kaufte sie mir ein Alter für drei Real ab.«

»Um sie zu essen?« rief Siseta entsetzt aus.

»Natürlich«, erwiderte Badoret und gab uns schließlich das Geld. »Du hättest sie ja nicht gewollt, also habe ich sie verkauft.«

»Weißt du, Andrés«, klärte mich Siseta auf, »als du weg warst, gingen die vermaledeiten Schlingel in den Hof und betraten durch die Tür neben dem Brunnen das Haus des Domherrn Juan Ferragut, das leersteht, wie du ja wohl erfahren hast. Nach kurzer Zeit kamen sie mit einer riesigen Ratte zurück. Was für Pfoten, was für ein Schwanz!«

»Das Fleisch dieses intelligenten Tieres«, sagte ich und gab Siseta die wenigen Lebensmittel, die ich mitgebracht hatte, »ist gar nicht mal so schlecht, wie die vielen, die in Gerona davon schon essen, mir erzählt haben. Fürs erste wollen wir uns aber mit dem, was ich hier mitgebracht habe, begnügen. Mit Gottes Hilfe werden wir dann weitersehen.«

Wir aßen also jeder ein paar Krumen, die eher den Zähnen etwas Arbeit gaben als dem Körper Nahrung. Ich schlief gleich danach auf dem Boden ein. Als ich aufwachte, rief Siseta aufgeregt:

»Gasparó geht es schlecht. Er hat aufgehört zu weinen und ist wie besinnungslos. Sein kleiner Körper ist ganz heiß und zittert. Kommt der Señor Nomdedéu nicht bald?«

Ich schaute mir den Kleinen an, und sein Anblick erschreckte mich, denn ich zweifelte nicht daran, daß er von dem Fieber befallen war, dem täglich etliche Einwohner der Stadt zum Opfer fielen. Dennoch versuchte ich, seine Schwester zu trösten, indem ich ihr versicherte, daß diese Symptome nicht so wie die seien, die ich ständig auf den Straßen sah. Siseta aber schenkte dieser frommen Lüge keinen Glauben, denn sie wußte, daß der Zustand ihres kleinen Bruders ernst war. Mit der größten Natürlichkeit trug sie mir auf, sofort Medikamente zu beschaffen. Offenbar dachte sie in ihrer Angst gar nicht mehr an die katastrophale Lage der Stadt. Ich mußte ihr immer wieder so schonend wie nur möglich erklären, daß es keine Medikamente gab, worauf das arme Mädchen in helle Verzweiflung geriet.

Eine Stunde später kam Don Pablo Nomdedéu, und wir riefen ihn sofort um Hilfe für den kleinen Gasparó.

»Armer Gasparó!« war sein Kommentar, als der den Jungen sah. »Ich habe ja schon gesagt, daß die Kinder mit den uns verbliebenen Nahrungsmitteln nicht alt werden.«

»Aber mein Bruder wird doch überleben, nicht wahr, Don Pablo?« meinte Siseta schluchzend. »Ihr, der Ihr ein so guter Arzt seid, werdet ihn doch heilen können!«

»Meine Tochter«, entgegnete der Mediziner kalt, »schaut Euch doch mal draußen auf den Straßen um, und Ihr werdet sehen, was die guten Ärzte unter diesen Umständen noch wert sind. Was wir hier in Gerona atmen, ist keine Luft mehr. Das ist eine unsichtbare, vom Tod infizierte Materie. Es grenzt an ein Wunder, daß überhaupt noch jemand am Leben ist. Wir haben einen stahlharten Gouverneur, der den Kranken und Geschwächten befiehlt, erbitterten Widerstand zu leisten. Don Mariano Alvarez sieht im menschlichen Körper nur ein Ding, mit dem man die Friedhöfe füllt, und das zu nichts nütze ist, wenn es nicht mehr kämpfen kann. Er legt nur Wert auf den unsterblichen Geist und richtet seine Aufmerksamkeit auf das ewige Leben, das wir mit unseren armseligen Augen nicht sehen können. Er verachtet uns alle. Ja, die Größe dieses Mannes erschreckt mich. Er ist mir so haushoch überlegen. Er kann den Entbehrungen und den Krankheiten widerstehen, solange noch ein Tropfen Blut in seinen Adern fließt, denn bei ihm scheint die Seele nicht am Körper zu hängen. Und wenn er ohne zu essen nicht widerstehen könnte, würde er Teile von sich selbst essen ... Aber jetzt müssen wir sehen, was wir mit dem armen Gasparó machen können, meine Tochter. Ich glaube, du mußt ihn auf der Plaza del Vino beerdigen, wo eine große Grube gegraben worden ist, denn wenn wir seinen armen Körper hierbehalten, kann er die Atmosphäre dieses Hauses noch mehr verseuchen, als sie es ohnehin schon ist.«

»Für Euch ist er also schon gestorben?« fragte Siseta entsetzt.

»Siseta, in dem Zustand, den wir jetzt erreicht haben, ohne Lebensmittel und Medikamente, beschränkt sich unsere Aufgabe darauf, die Luftverpestung zu reduzieren. Wenn wir ein paar Tassen guter Fleischbrühe, ein bißchen Weißwein sowie ein Brechmittel hätten, glaube ich, daß wir dieses Kind auf den Weg der Besserung bringen könnten – aber das ist unmöglich, weil nichts von dem vorhanden ist. Diejenigen, die jetzt sterben dürfen, sind noch glücklich zu schätzen. Falls ich das Leben meiner Tochter nicht retten kann, werde ich mich an der Mauer aufstellen, wenn die Franzosen wieder angreifen, um heldenhaft zu sterben ... Armer Gasparó, wie gern würde ich dich pflegen, wenn ich einen winzigen Hoffnungsschimmer sähe! Siseta, es wäre furchtbar, wenn meine Tochter erfahren würde, daß sich ein Sterbender in ihrer Nähe befindet! Wenn Gasparó weint oder jammert, mußt du dafür sorgen, daß er aufhört! Denk daran!«

Dann ging er hinauf. In unseren Augen hatte er schon alle Anzeichen eines Verrückten.

Siseta zerhackte ein Möbelstück, machte Feuer, erwärmte Wasser und wandte jedes Mittel an, das ihr gerade in den Sinn kam: warmes Wasser als Getränk, auf Umschlägen und zum

Abreiben. Als der kleine Kranke ruhiger wurde, glaubte sie an eine Besserung und sagte mit unverhohlener Freude:

»Andrés, ich glaube, es geht ihm besser. Er ist eingeschlafen. Meine Mutter sagte mal, daß das Wasser aus der Oña die beste Medizin der Welt sei und daß sie mit Wasser alle Krankheiten bekämpfe. Siehst du, wie ruhig er ist? Wenn er aufwacht, wird er mit seinen Brüdern spielen wollen. Aber wo sind die Schlingel denn? Badoret, Manalet!«

Siseta rief mehrmals nach ihnen, aber die Knaben kamen nicht. Sie waren wieder im Haus des Domherrn.

Ich ging zu Don Pablo hinauf, um mich nach seiner Tochter zu erkundigen, und fand sie so entkräftet und entstellt vor, daß ich sie zunächst für tot hielt. Es war schon fast Nacht, und der Doktor saß bei einer Kerze und schrieb in seinem Tagebuch.

»Andrés«, sagte er zu mir, »es freut mich, daß du mir Gesellschaft leisten willst. Nimmst du mir das von heute vormittag noch übel? Du bist doch ein braver Bursche und verstehst es, dich der fürchterlichen Lage anzupassen. Es gibt jetzt keine Freunde und keine Geschwister mehr. Wenn du den Teller mit der Nahrung meiner Tochter anrühren würdest, würde ich dich wohl töten ...«

»Und die Señorita Josefina«, fragte ich, »glaubt sie immer noch, daß Feste in Gerona gefeiert werden und sie morgen nach Castellá fahren kann?«

»Ach nein, die Illusion konnte ich nur bis zum folgenden Tage aufrechterhalten. Ihr Seelenzustand ist furchtbar. Ich kann nichts mehr vor ihr verbergen. Komödien wie neulich sind jetzt völlig nutzlos. Sie weiß nun alles genau, dank der Schwatzhaftigkeit dieser verflixten Frau Sumta, der ich gern jedes Haar einzeln ausreißen möchte. Stell dir bloß vor, Andrés, als ich an einem der letzten Abende unterwegs war, um Kranken auf den Straßen zu helfen, da hat doch diese Sumta, die nicht nur neugierig wie die meisten Frauen ist, sondern so wißbegierig wie ein zehnjähriges Kind, in dem Wunsch, weitere Einblicke in die militärische Lage unserer Stadt zu gewinnen, aus dem Schrank meines Büros mein Tagebuch herausgeholt und vor meiner Tochter gelesen! Josefina wollte natürlich wissen, was die Sumta da so eifrig las, und dieses dumme Weib erlaubte es ihr auch und gab noch ihre Kommentare zu den von mir aufgeschriebenen Ereignissen und Katastrophen. Als ich zurückkam, war meine Tochter bei den letzten Seiten angelangt, und ihre empfindliche Seele glich einem Trümmerhaufen. Diese Lektüre hatte sie gleichzeitig angeregt und erschlagen. In ihrem Herzen kämpften Bewunderung für die Heldentaten mit dem Grauen. Ach, was hatte ich für Mühe, ihr dieses unglückselige Tagebuch zu entreißen! Die Arme machte die ganze Nacht kein Auge zu. Ich konnte sie nicht mehr beruhigen. Die Unglückliche lief von einem Ende der Wohnung zum anderen wie eine Wahnsinnige und lobte den Mut und die Seelengröße von Don Mariano Alvarez, unserem Gouverneur. Dann wieder überfiel die Angst sie so sehr, daß sie mich bat, sie in den tiefsten Winkel des Kellers zu führen, damit sie das Dröhnen der Kanonenschüsse nicht mehr ertragen und die Flammen nicht mehr sehen müßte. Ihr empfindliches Nervensystem geriet aus den Fugen und erzeugte einmal eine fieberhafte Aktivität und dann wieder ungeheure Niedergeschlagenheit. Ihre Taubheit, die doch eigentlich zu ihrer Gemütsruhe beitragen sollte, wurde zu einer wahren Qual, weil sie Geräusche vernahm, die nur in ihrem Hirn existierten, und ihre geistigen Schreckensgebilde peinigten sie mehr als es die Wirklichkeit hätte tun können. Armes, bedauernswertes Wesen! Bei jeder neuen Krise hatte ich furchtbare Angst, daß sie sterben würde. Ihr Leben war wie ein Faden, der sich immer mehr anspannte und zu reißen drohte. Auch ich wurde fast wahnsinnig, mußte mich aber zu der Erkenntnis durchringen, daß die Wissenschaft und alle Bemühungen hier nichts ausrichten konnten, so daß ich die Stirn senkte, die Hände faltete und auf Gottes Schiedsspruch wartete. Nach einigen Tagen waren aber alle Symptome der Nervenzerrüttung verschwunden, außer der Furcht – einer Furcht, die sie zum letzten Stadium der Depression geführt hat, so daß sie nun dem Tode geweiht ist. Siehst du dieses Gesicht, diese Sehnsucht nach Schlaf, diese Durchsichtigkeit, die zu den Vorboten des Todes gehört? Es kommt mir vor, als läge dort nur noch ein Abbild, das mir durch ein Wunder des

Himmels zum Trost meiner Augen für das Hinscheiden meiner geliebten Tochter gelassen wurde.«

Nach langem, traurigem Schweigen fuhr er fort:

»Andrés, morgen wird die Sonne wieder aufgehen. Morgen ist ein neuer Tag. Morgen werden wir ein neues Heute haben, das heißt neue Sorgen. Wir werden sehen, welche Brotkrume uns Gott für den kommenden Tag bereitgestellt hat. Wie dem auch sei, meine Tochter wird morgen eine Mahlzeit auf diesem Tische haben, koste es, was es wolle!«

Danach schrieb er weiter in seinem Tagebuch.

Als ich wieder zu Siseta kam, fand ich sie ruhiger, getäuscht durch die scheinbare Besserung des armen Kleinen. Ihre Hauptsorge war jetzt die Abwesenheit von Badoret und Manalet, die trotz der späten Stunde immer noch nicht zurückgekehrt waren. Da wir ja wußten, daß sie sich im Nebenhaus herumtrieben, sprachen wir nicht mehr darüber. Ich ging schließlich wieder zu meinem Posten, und wurde die ganze Nacht über von Phantasien und Vorahnungen geplagt, die mich nicht schlafen ließen.

15

Am folgenden Tage ereignete sich nichts Bemerkenswertes. Der Zustand Gasparós veränderte sich nicht. Badoret und Manalet waren nach langer Abwesenheit voller Schrammen, blauer Flecke und kleiner Bißwunden zurückgekehrt – zufrieden mit dem Lohn ihrer Jagd. Trotz dieser finanziellen Unterstützung war es aber an diesem Tag noch schwieriger, Nahrung aufzutreiben. Siseta verlor immer mehr von ihrer Robustheit. Über die Sorgen in der Wohnung meiner Lieben war ich in meiner Verteidigungsstellung schließlich doch noch in einen bleiernen Schlaf gefallen, aus dem ich durch einen Fußstoß, der auch nicht angenehmer war, aufgeweckt wurde. Als ich die Augen öffnete, sah ich den Regimentstrommler Felipe Muro vor mir, der mich wie folgt anredete:

»Es ist eine Bombe auf das Haus des Domherrn Ferragut in der Calle de Cort-Real gefallen. Das Dach ist eingestürzt. Ich habe es mit eigenen Augen gesehen, Andrés. Dein Freund, der Arzt Don Pablo Nomdedéu, kam aus seinem Haus gerannt und schrie, als er das Nachbarhaus so lädiert sah. Glücklicherweise brannte es nicht. Siehst du dir das mal an?«

Wie gerne wäre ich zum Ort dieser neuen Katastrophe geeilt, aber der Befehl hielt mich an der Alemanes-Mauer noch für einige Stunden fest. Mit großer Sorge wartete ich auf den Zeitpunkt, an dem ich endlich zu meinen Lieben in der Calle de Cort-Real gehen konnte. Als ich schließlich dort eintraf, sah ich zu meiner Beruhigung, daß unser Haus noch stand, obgleich es etwas bedroht war, weil es keine Stütze auf der Seite des eingestürzten Nebenhauses mehr hatte, dessen Fassade auf der Straße lag. Im Geiste dankte ich Gott, daß er unser Haus verschont hatte, und lief zu Siseta, die ich in der Werkstatt am Bett ihres kleinen Bruders antraf, genau so, wie ich sie am Abend vorher verlassen hatte. Die Niedergeschlagenheit des armen Mädchens war so groß, daß ich es nicht wagte, sie mit nutzlosem Trost zu beruhigen.

»Siseta«, sagte ich nur, »wir müssen uns Gottes Willen fügen. Wie geht es denn deinem Bruder?«

Sie antwortete mir nicht, und es bedurfte auch keiner Antwort, denn ich erkannte sofort, daß der Kleine im Sterben lag. Sie selbst befand sich in einem solch jammervollen Zustand, daß sie sich nur noch mit fast übermenschlicher Anstrengung am Bett ihres Brüderchens aufrecht halten konnte, um seiner Agonie beizuwohnen. Ohne den Schmerz wäre Siseta durch Schlafmangel und Erschöpfung auf der Stelle umgefallen, aber sie schien über sich selbst hinausgewachsen zu sein.

»Hat denn der Señor Nomdedéu deinem Bruder nicht auf irgendeine Weise Pflege angedeihen lassen?« fragte ich sie.

»Nein«, antwortete sie. »Don Pablo Nomdedéu sagte nur, daß man hier nur noch Erde darüberschütten könnte.«

»Ist es denn möglich, daß er nicht irgendein Medikament gebracht hat? Wenn er gewollt hätte, wäre es ihm gelungen, noch etwas aufzutreiben.«

»Er sagte, es gäbe keine Medikamente mehr.«

»Sag mal, hat denn Gasparó irgend etwas zu sich genommen?«

»Nein, nichts. Mit den Münzen, die die Knaben gestern brachten, konnten wir ein ganz kleines Stück Dörrfleisch kaufen, das ich auf unser Regal legte. Heute morgen kam Don Pablo, kniete sich vor mir nieder und flehte mich weinend an, ihm dieses Stück Dörrfleisch zu geben. Als ich nicht wollte, drohte er, mich zu töten, und nahm es.«

»Du hast also auch nichts zu essen gehabt? Oh! Jetzt muß ich aber diesem Schurken von Don Pablo das Handwerk legen. Sind wir denn für den Lebensunterhalt seiner Tochter verantwortlich? Und deine Brüder?«

»Ich weiß nicht, wo sie sind«, erwiderte Siseta. »Gestern abend sind sie nicht nach Hause gekommen.«

»Aber Siseta!« rief ich entsetzt aus. »Sind sie nicht in das Haus des Domherrn gegangen, das heute früh eingestürzt ist?«

»Ich weiß nicht, ob sie dort hineingegangen sind ... Heute morgen habe ich einen großen Lärm gehört und dachte, unser Haus sei getroffen worden, so daß ich mich auf Gasparó warf und mich in Gottes Hände gab. Als der Lärm aufgehört hatte, blickte ich nach oben und sah, daß das Dach noch an seinem Platze war. Die Leute schrien auf der Straße, und man konnte vor Staub kaum atmen. Nein, nein, es ist doch unmöglich, daß meine Brüder bis heute morgen in diesem Haus gewesen sind. Ich glaube, sie sind zum Markt gegangen, um dort ihre Beute zu verkaufen.«

Jedes Wort, das sie sprach, war wie ein Strohhalm, nach dem sie griff, um nicht völlig zusammenzubrechen. Kalter Schweiß bildete sich auf ihrer Stirn. Auf dem Boden sitzend, stützte sie sich mit beiden Händen auf. Mit ihrer Leichenblässe und dem erloschenen Blick, bot diese verschmachtende Pflanze einen jammervollen Anblick, ohne daß man ihr etwas Wasser geben konnte.

In diesem Augenblick kam Señor Nomdedéu polternd die Treppe herunter. Als er mich sah, rief er sogleich aus:

»Oh, Andresillo! Wie freue ich mich, dich zu sehen! Ich nehme an, du hast etwas mitgebracht. Du bist ja so großzügig und vergißt deine Freunde nicht.«

»Nichts habe ich, Herr Doktor. Und wenn ich etwas hätte, dann wäre es nicht für Euch! Jeder muß jetzt so gut es geht für sich selbst sorgen.«

»Was bist du doch für ein Witzbold! Nun, du hast doch sicher ein paar Weizenkörner. Hast du nicht etwas für mich, Siseta? Haben deine Brüder nichts gebracht? Oh, meine Freunde! Gibt es denn nichts für mich Unglücklichen, der mit ansehen muß, wie seine Tochter vor Hunger stirbt? Andrés, Siseta«, fügte er dann hinzu und kniete sich vor uns hin, »habt Mitleid mit mir! Alles, was ihr hier auf der Erde opfert, wird euch im Himmel vielfach vergolten! Ihr wißt doch: Hier gibt es ein Prozent und dort hundert für eins. Andrés, Siseta, liebe Freunde, die ihr Nahrungsmittel im Überfluß habt, helft einem armen Bettler! Ich habe nichts mehr. Meine Bücher sind längst verkauft, und aus den Pflanzen, die ich über zwanzig Jahre sammelte, habe ich ihr eine Suppe gekocht. Mir bleiben nur noch die giftigen Kräuter und meine unvergleichliche Phyllopoden-Sammlung, die ich euch verkaufen kann ... Habt ihr wirklich nichts für mich? Das kann doch nicht sein. Ihr versteckt es nur. Ihr wollt mich täuschen. Das kann ich nicht hinnehmen. Nein, das kann ich nicht hinnehmen!«

So verfiel Señor Nomdedéu von bitterer Verzweiflung in eine Wut, die uns sehr erschreckte.

»Señor Nomdedéu«, entgegnete ich, entschlossen, diesen unangenehmen Gast zu entfernen, »wir haben wirklich nichts mehr! Ihr seht doch, der arme Gasparó stirbt, und wir können ihm noch nicht einmal ein Glas Wasser mit etwas Wein geben. Laßt uns doch in Frieden, oder wir werden zornig!«

»Das werden wir ja sehen! Ich gehe nicht weg von hier, ohne etwas Eßbares mitzunehmen! Ihr versteckt etwas vor mir! Meine Tochter kann es nicht mehr lange aushalten. Gerona muß sich ergeben. Ja, es muß sich ergeben, auch wenn Don Mariano Alvarez heute morgen gesagt hat: ›Wenn die Stadt anfängt, Schwäche zu zeigen, werde ich dagegen ankämpfen, so gut es eben geht!‹ Ich weiß nicht, worauf er noch wartet. Gewiß, die Stadt liegt nicht völlig danieder. Was der Gouverneur tun müßte, wäre, die Schurken zu bestrafen, die die Lebensmittel stehlen und ihre Mitmenschen der Not aussetzen. Auch ihr gehört zu denen, jawohl! Eure Schränke sind voller Nahrungsmittel. Mindestens zehn Unzen Dörrfleisch und etliche Erbsen versteckt ihr da! Das ist Diebstahl, ein Verbrechen an den Mitmenschen. Siseta, Andrés, meine Freunde, ich habe doch auch schon alle meine Bilder verkauft. Möchtet ihr das Hündchen haben, das meine verstorbene Frau auf Leinwand stickte, als sie noch zur Schule ging? Ja, wollt ihr es? Ich gebe es euch, obwohl es für mich einen unersetzbaren Schatz darstellt, den ich nie weggeben wollte. Ich gebe euch diese Stickerei, wenn ihr mir dafür das gebt, was ihr im Küchenschrank habt.«

Wir öffneten den Küchenschrank und zeigten ihm, daß er leer war. Aber selbst das konnte ihn nicht überzeugen. Er befand sich offenbar in einem Rauschzustand oder Delirium. Beim Sprechen versagte ihm manchmal die Zunge, er zitterte am ganzen Körper, Freude und Trauer, Resignation und Drohung zeichneten sich in schnellem Wechsel auf seinen Zügen ab.

Als ich aufstand, um ihn zum Verlassen der Wohnung zu zwingen, drohte er mir mit den Fäusten und rief in einem undefinierbaren Tonfall:

»Elende, Räuber, die dem Nächsten die Mittel zum Leben vorenthalten! Ich werde das tun, was der Gouverneur sagt. Nein, Andrés, Siseta! Meine Tochter wird nicht sterben. Das arme Mädchen wird nicht sterben, denn wenn es gar nichts mehr gibt, werden wir euch essen, und danach werden wir weitersehen.«

Als er sich endlich zurückgezogen hatte, sagte mir Siseta:

»Andrés, ich weiß nicht, ob ich noch viel länger als Gasparó leben werde. Bitte, suche meine Brüder. Wenn Gott beschlossen hat, daß an diesem Tage alles zu Ende geht, dann soll es eben so sein. Wir sind gute Christen und geben unser Leben in Gottes Hand.«

16

Ich verschob meinen Gang zum Markt, wo ich mich nach Lebensmitteln umsehen wollte, und lief zum zerstörten Haus des Domherrn Juan Ferragut, der in den ersten Tagen der Belagerung aus Gerona geflohen war, um an einem sicheren Ort Unterschlupf zu finden. Obwohl dieser Veteran der Lehrbrigaden Christi keinen Platz in meiner Erzählung einnimmt, muß ich hier doch angeben, daß er ein sehr gelehrter Mann war, der unermüdlich Münzen sammelte, Ruinen längst vergangener Jahrhunderte untersuchte, Inschriften entzifferte und den Spuren der Römer auf unserem Boden eifrig nachging. Seine numismatische Sammlung war im ganzen Land berühmt, ebenso seine zahlreichen Vasen, Lampen, alten Rüstungen und seltenen Bücher. Die große Liebe zu diesen Gegenständen hatte ihn aber nicht von seiner Flucht abhalten können. Er ließ die römische und karolingische Geschichte zurück, um den eigenen Körper zu retten. Die Bombe hatte dann ihre eigenen Absichten mit dem Museum gehabt.

Man gelangte durch eine kleine Tür, die die beiden Innenhöfe verband, in das verlassene Haus. Diese Tür stand gewöhnlich offen, weil die Bewohner dieses Hauses Wasser aus unserem Brunnen geschöpft hatten. Als ich den Hof betrat, stellte ich fest, daß er nun größtenteils überdacht war, denn Balken und Teile des Daches waren so heruntergefallen, daß er schräg abgedeckt wurde. Dieses Zufallsdach konnte offenbar durch die geringste Erschütterung, vielleicht durch eine laute Stimme, zum Einsturz gebracht werden. Ich tastete mich vorsichtig zum Treppenaufgang vor, der infolge des Einsturzes der Hausfront und des Daches unter freiem Himmel lag. Am Boden befand sich ein Wirrwarr von Möbeln, Mauerstücken, Glasscherben und tausend Fragmenten künstlerischer Kostbarkeiten – ein chaotisches Gemisch der Geschichte, das kein Wissenschaftler mehr ordnen konnte. Einer der Treppenflügel war weggebrochen, so daß man zum Aufsteigen sehr gewagte Sprünge machen mußte. Von unten sah man das Innere eines Schlafzimmers, das dem Domherrn gehört haben mußte. Dieses Zimmer, in dem die meisten Möbel unbeschädigt waren, ähnelte einer Puppenstube, der man das Dach abgenommen hatte. Das Bett des Domherrn war jedoch ziemlich lädiert, die dicken Pfosten teilweise zersplittert, und das verrutschte Deckbett ließ die Marmorarme einer Christusstatue erkennen. Zwischen den Trümmern sah ich zwei glänzende Augen, die mich betrachteten. Obwohl ich es plötzlich mit der Angst zu tun bekam, untersuchte ich, was das wohl sein könnte. Es waren die Brillengläser des guten Domherrn.

Da ich einen Aufstieg für unmöglich hielt, rief ich am Fuße der Treppe, um zu sehen, ob mir die Jungen vielleicht antworten würden. Ich rief noch einmal mit aller Kraft meiner Lungen: »Badoret, Manalet!« Aber niemand antwortete. Dann durchsuchte ich das ganze untere Stockwerk auch in den unzugänglichsten und gefährlichsten Winkeln ab und fand schließlich die Mütze eines der Jungen. Dies war aber noch kein ausreichender Beweis, daß sie sich unter den Trümmern befanden. Dann aber, als ich schon wieder dem Ausgang zustrebte, hörte ich ein schrilles Pfeifen. Es schien von dem noch vorhandenen Teil des Daches zu kommen. Ich wartete ab, und nach einer kurzen Pause hörte ich es erneut. Schließlich erblickte ich auf dem Dach eine Gestalt, die sich nach vorn beugte, um zu schauen. Es war Badoret.

Der Junge legte seine Hände als Trichter an den Mund und schrie:

»Manalet, Achtung!«

Dann hörte ich ihn noch lauter schreien:

»Da kommen sie! Da kommt Napoleon mit der ganzen kaiserlichen Garde und allem Gefolge!«

Dann verschwand er, und ich blieb verwundert stehen in Erwartung Napoleons mit der ganzen kaiserlichen Garde. Tatsächlich kamen auch einige Gestalten affenartig die stark beschädigte Treppe herunter. Sie sprangen von Stufe zu Stufe über Balkenteile und Lücken, wobei sie kreischten, quiekten und schnatterten, sich gegenseitig stießen und Pirouetten drehten.

Zuerst kam der Anführer, der seiner Stellung entsprechend größer und eindrucksvoller als seine Kumpane war, unter denen sich auch recht kleine Exemplare befanden. Unter anderen Umständen wäre ich vor solch einem wilden, von oben auf mich einstürmenden Schwarm entsetzt zurückgewichen. Die Bewegungen ihrer langen schwarzen Schwänze waren wellenartig, und ihre funkelnden Gagataugen schauten mißtrauisch. Diese unheimliche, ekelhafte Horde raste an mir vorbei und gelangte zum Hof. Ich konnte ihnen kaum mit den Augen folgen. Durch eine kleine Türöffnung in einer Wand verschwanden sie schließlich wie ein Wasserstrahl in einem Abgrund.

Ich hatte diese Türöffnung vorher nicht gesehen, denn sie befand sich in einem Winkel und wurde außerdem vom Hof her durch zwei Fässer verdeckt. Ich ging darauf zu und schrie hinein:

»Manalet, bist du da?«

Zuerst hörte ich nichts, außer einem entfernten Rascheln, das offenbar von den Pfoten der ›kaiserlichen Garde‹ auf trockenem Gras erzeugt wurde. Dann glaubte ich, Schmerzensschreie zu hören, die ich aber als Echo meiner eigenen Schreie abtat. Als sie sich jedoch wiederholten, beschloß ich, mich in diesen dunklen Schlund vor mir hineinzuwagen.

Im ersten Augenblick konnte ich nichts erkennen, aber dann machte ich die Umrisse von Bütten, Fässern, alten Kisten, Pferdegeschirren, Karren und tausend anderen Gegenständen aus, die aus der Dunkelheit auftauchten, je mehr sich meine Augen an diese gewöhnten. Der Raum war wenig einladend, und die Bütten machten auf mich einen drohenden Eindruck. Ich glaubte in ihnen gewisse Monster zu erkennen, die meine Alpträume bevölkerten, und erwartete mit gesträubten Nackenhaaren, jederzeit von schleimigen Pranken mit Schwimmhäuten gepackt zu werden. Meine Schritte verursachten das gleiche Geräusch, das ich vorhin vernommen hatte, und ich bemerkte, daß ich auf einer dicken Lage von trockenem Gras schritt, das offenbar für Haustiere ausgelegt worden war.

Mit einem Mal stellte ich fest, daß etwa tausend Pfoten in

diesem trockenen Grase raschelten. Mir standen die Haare zu Berge! Aber warum eigentlich, denn es konnte sich doch nicht um Löwen, Tiger, Schlangen oder andere gefährliche Tiere handeln. Jedenfalls hatte ich Angst, eine grauenhafte Angst, die mir das Blut in den Adern gefrieren ließ, mich stumm machte und lähmte. Ich wollte fliehen und versank in dem trockenen Gras. Ich schaute mich um, und mein Entsetzen verstärkte sich, als ich die kaiserliche Rattengarde überall um mich herum sah, bereit, mich mit der Wut wilder Bestien anzuspringen.

Im nächsten Moment fühlte ich auch schon Bisse und Kratzer an den Fußknöcheln, den Beinen, den Schenkeln, den Händen, der Brust und den Schultern. Ekelhaftes Getier! Ihre schwarzen, glänzenden Kugelaugen weideten sich an der Angst ihres Opfers, und ihre spitzen Schnauzen bissen gierig in meinen Körper. Ich brüllte, stampfte mit den Beinen, schlug mit den Armen um mich, aber der weiche Untergrund machte eine Verteidigung fast unmöglich. Ich ruderte verzweifelt, um aus diesem Meer von Heu herauszukommen, aber ich kam kaum voran. Die vom Hunger angetriebene Meute wurde immer kühner und gieriger. Was konnte ein einziges dieser ekelhaften Viecher schon gegen einen Menschen ausrichten? Nichts! Aber was war ein Mensch gegen Tausende von ihnen, wenn der Hunger sie dazu zwang, sich zusammenzuschließen, um die Krone der Schöpfung anzugreifen? Ich war hilflos und rief in höchster Not:

»Badoret, Manalet, helft mir!«

Endlich fühlte ich festen Boden unter meinen Füßen und konnte mit einigen Schlägen die rasenden Angriffe abwehren. Ich rannte von einer Seite zur anderen, doch sie folgten mir. Ich stieg auf eine Tonne, aber im gleichen Augenblick waren sie auch schon oben. Ihre Strategie war bewundernswert. Sie errieten meine Bewegungen, noch bevor ich sie ausführte. Wenn ich von einer Stelle zu einer anderen sprang, kamen sie mir zuvor und empfingen mich am neuen Ort. Sie feuerten sich gegenseitig mit einem wilden Grunzen an, das mir kalte Schauer über den Rücken jagte. Es hörte sich so an, als ob all diejenigen von ihnen, die noch nicht zu mir vorgedrungen waren, in rasender Gier und Wut mit den Zähnen knirschten.

»Oh, du schreckliche Kreatur! Mit welch bewundernswerten Fähigkeiten hat dich die Vorsehung ausgerüstet, damit du dich gegen den Menschen behaupten, gegen eine übermächtige Kraft verteidigen, Hindernisse bewältigen und deine ungeheure Nachkommenschaft sowohl im Schoße der Erde als auch unter freiem Himmel, in unbewohnten Gegenden wie in Städten ernähren kannst! Die Vorsehung hat dich zum Allesfresser gemacht, damit du überall Nahrung findest. Sie machte dich zum Nager, damit du rasch alles verschlingen kannst, was du nicht mitschleppen kannst. Dir ist Geschwindigkeit verliehen worden, damit du fliehen kannst, Geschmeidigkeit, damit das Geräusch deiner hinterlistigen Bewegungen kaum wahrnehmbar ist, ein feines Gehör, um die Gefahren schnell zu erkennen, scharfe Augen, um die zu deinem Schaden getroffenen Maßnahmen durchschauen zu können, und einen außergewöhnlichen Instinkt, um emsiger Überwachung und Verfolgung entgehen zu können. Außerdem besitzt du die Fähigkeit der Anpassung an die Zivilisation und die Wildnis, reiche Kenntnisse der Beschaffenheit von Labyrinthen, und weißt, dir zwischen und unter Wänden Zugang zu neuen Welten zu schaffen. Du bist ein geschickter Baumeister, der sich Unterschlüpfe an den unzugänglichsten Stellen baut, und ein großer Seefahrer, der lange Strecken im Wasser zurücklegen kann, wenn dein Abenteuergeist dich dazu treibt, Lagunen und Flüsse zu überqueren. Du nistest dich in den Schiffsrümpfen ein, um die Ladung zu verschlingen, und stürzt dich in das Wasser der Bucht, um an Land zu kommen, wenn man dich verfolgt. Du bist ein fähiger Mechaniker und beherrschst die Kunst, zerbrechliche und zarte Gegenstände zu transportieren – eine Kunst, die dem Menschen nicht gegeben ist. Du bist ein so ausgezeichneter Geograph, daß es kein Land gibt, das du nicht schon erforscht hast, keine Gegend, in die du nicht schon deine Pfoten gesetzt, keine Frucht, die du nicht schon gekostet hast und keinen Handelsartikel, in dem du nicht schon den Abdruck deiner Zähne hinterlassen hast. Du bist ein guter Geologe und kühner Bergarbeiter, denn wenn du spürst, daß du über der Erde auf keine Sympathien stößt, gräbst du dich in Tiefen, wo nie eine menschliche Lunge geatmet hat, und baust Stollen und Gewölbe, aus denen du auf Beutezügen von einem Haus zum anderen gelangst. Du kannst Gärten, Landgüter und fruchtbare Täler zu deinem Nutzen vernichten. Und schließlich bist du auch ein großer Krieger, der tausend Tricks zur Verteidigung gegen natürliche Feinde kennt, der in Tagen des Hungers mächtige Heere zusammenstellt, die den Menschen angreifen. Diese Heere bekriegen sich gegenseitig, wenn ein anderer Feind nicht bekämpft werden kann, und die widerstandsfähigere Rasse überlebt dann auf Kosten der niederen.

Du hast einen ausgeprägten Gemeinschaftssinn und paßt dich den Landschaften und Regionen an, um mit dem auszukommen, was vorhanden ist. Du hast vor nichts Respekt. Auf dem Frisiertisch der eleganten Dame machst du dich über die Duftwässer her, im Haus des Apothekers über die Medikamente. In der Kirche zernagst du die Reliquien der Heiligen und in den Theatern die Staffagen für die erhebendsten Schauspiele. Du besitzt auch künstlerische Ambitionen – ein Bild von Murillo oder Rafael zernagst du zum Frühstück –, und wenn es dir gefällt, in die Häuser von Gelehrten und Antiquaren einzudringen, so tust du das, was man in gebildeten Kreisen als löbliche Tätigkeit ansieht – du verschlingst Bücher.«

Nachdem ich meine Furcht ein wenig unterdrückt hatte, ergriff ich einen in Reichweite befindlichen Gerätestiel und teilte von meinem nun relativ festen Standplatz auf der Tonne wuchtige Schläge nach allen Seiten aus, wobei ich meine übelriechenden Feinde mit allen beleidigenden Vokabeln der spanischen Sprache bedachte.

Wenn ich durch diese Maßnahme auch noch keinen entscheidenden Vorteil erringen konnte, so erreichte ich doch wenigstens, daß die kleinen Ratten – die zugleich die unverschämtesten waren – eingeschüchtert wurden, so daß nur noch die großen damit fortfuhren, ihre Zähne in mich zu schlagen. Diese großen Krieger boten mir aber bessere Ziele, so daß ich allmählich die Oberhand gewann.

Als ich mich vom Gros der ›kaiserlichen Garde‹ (denn diesen Namen möchte ich beibehalten) befreit sah, fühlte ich mich so erschöpft, daß ich mich auf den Boden fallen ließ.

»Wenn sie mich noch einmal angreifen«, sagte ich mir, »werden sie mir den Garaus machen.«

17

Aber nicht alle Krieger des gegnerischen Heeres hatten das Schlachtfeld verlassen. Da war zum Beispiel einer vor mir, der seinen achtungsgebietenden Wanst über den Boden wälzte – der Größte, der Stärkste und, warum soll ich es nicht zugeben, der Schönste von allen. Er heftete den funkelnden Strahl seiner schwarzen Pupillen auf mich, spitzte die Ohren, richtete die Schnauze witternd auf und krümmte die Krallen. Seine Nackenhaare waren gesträubt und der dicke, nackte Schwanz drohend erhoben.

»Ah, du bist das, *Napoleon!*« rief ich aus, als ob dieses furchterregende Nagetier meine Worte verstehen könnte. »Ich erkenne dich! Du bist der Größte und Stärkste von allen; derjenige, der an der Spitze der wilden Meute die Treppe herunterstürmte. Alter und Masse sind die Pfeiler der Überlegenheit, die du zur Schau trägst, aber du bist ein Egoist. Elender, du bist dick, und deine Brüder sind mager. Was sie aufspüren, frißt du allein, und wenn du nichts anderes hast, verschlingst du die Kleinen, die dir folgen und stolz sind, einen so tapferen General zu haben. Warum schaust du mich so an? Glaubst du, ich habe Angst vor dir? Angst vor einem Unratverschlinger? Der Mensch, die Krone der Schöpfung, der alle Tiere beherrscht und sich nur von den edelsten ernährt, der soll vor einem miserablen Nager wie dir erzittern?«

Ich lief auf ihn zu, aber er verschwand unter einem Bretterhaufen. Ich stieß die Bretter auseinander, aber er entwischte geschickt, und ich verlor ihn aus den Augen. Diese Verfolgung hatte mich in den großen Abstellraum geführt, und ich bemerkte, wie meine vierbeinigen Gegner zwischen den Bütten und dem übrigen Gerümpel von einer Seite zur anderen huschten. Ich bin überzeugt, daß es Tausende waren. In einer Ecke stand ein kleines, tonnenartiges Gebilde, das einem Bienenkorb ähnelte und mit einer großen Fliese oder Platte abgedeckt war. Ein Geräusch erregte meine Aufmerksamkeit. Die große Fliese wurde etwas angehoben, und aus dieser Öffnung tauchte ein Finger auf. Dann hörte ich eine kindliche Stimme dumpf aus dem Inneren schallen:

»Andrés, ich sehe dich. Ich bin's, Manalet! Sind die Kanaillen schon verschwunden? Ich habe mich hier verbarrikadiert, damit sie mich nicht fressen. Hast du etwas zu essen?«

»Nein, aber du kannst jetzt herauskommen und brauchst keine Angst mehr zu haben«, antwortete ich.

»Die sind immer noch hier. Ich höre doch ihre Pfoten. Das sind Hunderttausende. Gestern waren es noch nicht so viele. Napoleon ist heute morgen wiedergekommen und hat Nachschub mitgebracht. Hier ist ein Feuerstein und eine Zunderbüchse. Zünde einen kleinen Grashaufen an, und du wirst sehen, wie sie weglaufen! Sei aber vorsichtig, daß du nicht alles in Brand steckst!«

Er reichte mir die erwähnten Utensilien, und ich entzündete einen kleinen Heuhaufen. Als der Schein der Flamme die Gewölbe und Mauern beleuchtete, stoben die Ratten erschreckt auseinander, so daß wir endlich von ihnen befreit waren. Wohin sie sich flüchteten, blieb mir ein Rätsel.

»Jetzt sind sie weg«, rief ich ihm zu, »du kannst herauskommen!«

Erst sah ich die vier Ecken einer schwarzen Priestermütze, und unter dieser das triumphierende Lächeln von Manalet.

»Wenn du nicht gekommen wärst«, sagte er erleichtert, »was wäre wohl aus mir geworden?«

»Eine seltsame Kopfbedeckung hast du!« rief ich lachend aus.

»Ich habe meine Mütze verloren, und da es ziemlich kalt war … nun, du siehst ja selbst.«

»Und was ist mit Badoret?«

»Der ist auf dem Dach. Hör mal, was uns passiert ist. Gestern jagten wir zusammen, konnten *Napoleon* aber nicht ergreifen. So nennen wir nämlich die größte und hinterlistigste Ratte. Als es dunkel wurde, durchstreiften wir die Zimmer dieses verlassenen Hauses und stießen auf ein Bett. Was für ein Bett, Andresillo! Es war das des Domherrn. Da es viel schöner und bequemer als unseres war, krochen wir dort hinein. Aber wir konnten nicht einschlafen, denn bald hörten wir das Geräusch von Zähnen und Krallen … Das waren diese Kanaillen, die die Bibliothek anknabberten. Wir standen wieder auf und bewarfen sie mit den Büchern und vielen kleinen Tonfiguren, die der Domherr dort aufbewahrt hatte. Aber glaubst du, wir hätten eine fangen können? Sie flüchteten sich auf den Dachboden, stürmten in den Hof und dann wieder zurück. Wir verfolgten sie die ganze Zeit, ohne eine einzige Ratte fangen zu können. Dann sagte mir Badoret: ›Ich werde auf den Dachboden steigen und sie dort bedrohen, damit sie wieder hinunterlaufen. Du stellst dich hinter die Tür dieses Abstellraums und empfängst sie mit Stockschlägen. Da muß doch die eine oder andere ins Gras beißen!‹ So machten wir es denn auch. Ich stieg hier hinunter, und von oben rief mir Badoret zu: ›Achtung, Manalet, sie kommen!‹ Es waren jedoch so viele, daß ich umfiel. Ich machte ein Feuer, so daß alle davonstoben. Sie kamen aber gleich wieder zurück, als die kleine Flamme erlosch. Ach, Andrés, du kannst dir gar nicht vorstellen, wie verängstigt ich war. Eine biß mich hier und die andere dort, und immer mehr stürzten sich auf mich. Ich begann zu weinen, denn ich glaubte, ich würde Siseta, dich, Gasparó und die anderen nie mehr wiedersehen. Aber paß auf, was ich tat, um zu entkommen: Ich betete mindestens acht Vaterunser. Dann plötzlich, ich hatte gerade geendet mit ›und erlöse uns von dem Übel‹, gab es einen fürchterlichen Knall. Ich dachte, das Ende der Welt sei gekommen. Was glaubst du wohl, was das war? Ein Riese hatte sich hierherbequemt, um mich zu retten!«

»Hat der Riese denn auch gesprochen?«

»Ja, natürlich. Nachdem er mehrmals mit den riesigen Füßen um sich getreten hatte, brüllte er mit donnernder Stimme: ›Kanaillen, laßt von Manalet ab!‹ Ich wollte fliehen, fand aber den Ausgang nicht mehr. Ich lief hin und her und wurde fast verrückt. Wieder betete ich zu allen Heiligen, daß sie mich retten mögen. Es geschah aber nichts. Sie wollten mich nicht herausholen. Dann kam auch ›Napoleon‹ mit seinem Gefolge, denn du mußt wissen, daß sie durch das Loch unter diesem Weinfaß da zum Speicher in der Calle de la Argentería überwechseln und auch zum Fluß und den Straßen an der Plaza de las Coles. Weil sie nirgendwo etwas zu fressen finden, rennen sie hin und her. Sie griffen mich also wieder an, und diesmal halfen mir selbst achtzehn oder neunzehn Vaterunser nichts. Es gelang mir, ein Feuer zu entzünden, und sie ließen mich in Ruhe, solange eine Flamme da war. Ich hatte aber so große Angst, daß ich in das Faß stieg und es mit der großen Fliese abdeckte. Ich fragte im stillen: ›Werde ich hier wohl ein paar Jahre bleiben müssen, lieber Gott?‹ Ich dachte an Siseta und die anderen. Ach, Andrés, ich wäre hier gestorben, wenn du nicht gekommen wärst!«

»Dann wollen wir doch schleunigst von hier verschwinden!« sprach ich und nahm ihn bei der Hand. »Suchen wir erst einmal Badoret, und dann ab nach Hause! Ich muß schon sagen, ihr seid ziemliche Feiglinge, daß ihr euch von diesen Viechern so einschüchtern laßt. Habt ihr welche zum Markt gebracht?«

»Was hätten wir denn hinbringen sollen? Du wirst schon sehen, wie schwer das ist. Wir müßten ein paar Dutzend fangen. Aber wenn du uns hilfst ... Andresillo, der ›Napoleon‹ ist mindestens neun Real wert. Wenn wir den fangen könnten ...«

Wir tasteten uns langsam zum Ausgang vor und verließen diese Schreckenskammer. Endlich draußen, zeigte sich Manalet über die Zerstörungen äußerst erstaunt.

»Sieh mal, was der Riese angerichtet hat, der zu deiner Rettung kam, Manalet!« scherzte ich. »Jetzt wollen wir deinen Bruder suchen.«

»Vom anderen Hof aus kann man auf einer kleinen Treppe hinaufsteigen«, sagte er. »Wie das Haus aussieht! Ich dachte mir schon, daß der Riese viel zertrümmert haben muß, um den Ratten angst zu machen!«

Wir stiegen auf der besagten kleinen Treppe hinauf, konnten Badoret aber in keinem Zimmer des beschädigten Hauses entdecken. Schließlich fanden wir ihn in einem Bett in der Dachkammer. Wir weckten ihn auf, und er führte uns in die Bibliothek, wo er noch einige Lebensmittel entdeckt haben wollte.

»Ja, Señor Don Andrés«, sagte er ernst und nahm einen Schlüssel aus einer Tasche seiner zerlumpten Hose. »Ich habe da etwas Feines!«

Er öffnete die Schublade einer mit Elfenbein und Perlmutt verzierten Kommode. Das erste, was ich sah, war eine große Anzahl von alten Kupfer- und Silbermünzen, die – nach allem, was ich von den Sammlungen des Domherrn Ferragut gehört hatte – aus der Römerzeit stammen mußten. Badoret schob etliche andere Gegenstände beiseite und zeigte uns ein Jesuskind aus Mandelölteig, wie ihn die Nonnen zubereiteten.

»Das ist ein Geschenk der frommen Schwestern für den Domherrn«, erklärte er und nahm den Körper aus gebackenem Teig heraus.

»Den werden wir Siseta bringen«, meinte ich. »In der Not darf man das Eigentum des Nachbarn essen. Aber rührt keine von diesen Münzen an, Jungs!«

Dem Jesuskind fehlte schon ein Bein, das Badoret gegessen hatte. Ich konnte auch nicht verhindern, daß sich Manalet an dem anderen vergriff.

»Hast du noch was?« fragte ich Badoret.

»Ja«, erwiderte er, »wenn der Señor Andrés einige uralte Manuskripte und ein Fäßchen mit erstklassiger Tinte haben will, so kann ich ihm dienen.«

Auf dem Boden lagen die von den Ratten heruntergezogenen und angeknabberten Manuskripte und Inkunabeln, die der berühmte Geistliche in so vielen Jahren mit viel Fleiß zusammengetragen hatte. Aus einem federgezeichneten Plan der Via Romana Ampurdanesa hatte Badoret sich einen Dreispitz gefaltet.

»Hier habe ich eine Puppe, die ich heute nachmittag zur Mauer tragen werde, um zu sehen, was die Franzosen dazu sagen«, triumphierte er und präsentierte eine Renaissancefigur, deren kostbare Verzierungen auch dem Nichtkenner Bewunderung abringen konnten. »Durch dieses Loch da in der Ecke zwängten sich einige Rattengeneräle aus den nebenliegenden Häusern, und um ihnen den Rückweg abzuschneiden, habe ich es mit dem Kopf dieser Marmorstatue, die unter dem Sessel liegt, verstopft.«

Und tatsächlich, ein Engelskopf steckte in einem Loch im Boden. Zur besseren Abdichtung war Papier hineingestopft, auf dem man die schönen von den Benediktinermönchen des Mittelalters gemalten Buchstaben erkennen konnte.

»Du hast all die Herrlichkeiten zerstört, die der Señor Ferragut hier zusammengetragen hatte«, schalt ich. »Hättet ihr nicht statt dessen etwas zum Markt tragen können?«

»Das werden wir schon noch tun, Freund Andrés«, wollte mich Badoret beruhigen. »Wie geht es denn meinem Bruder, Señor Don Gasparó? Ich werde ihnen allen etwas Schönes mitbringen. Der Kopf des Jesuskinds ist für den Kleinen, der Körper für Siseta, ein Arm für die Señorita Josefina und der andere für Don Pablo. Wollen wir doch mal sehen, ob wir ›Napoleon‹ nicht schnappen können! Gestern abend kam er herangeschlichen und wollte ein Stück Kerze wegtragen. Er hätte es auch geschafft, wenn ich ihn nicht mit der Geige vertrieben hätte.«

Auf dem Boden lag die zersplitterte Stradivari-Violine des guten Ferragut. Manalet nahm sie auf, um – wie er sagte – ein Boot daraus zu bauen …

»Andrés«, warf Badoret ein, »der ›Napoleon‹ ist hinterhältig und gefährlich. Der läßt sich wohl nicht fangen, denn er weiß mehr als wir alle zusammen. Wenn er mit seinem Gefolge kommt, gibt er allen Befehle … Immer, wenn sie etwas finden, frißt er es und verjagt die anderen. Auch wenn man Stöcke, Tonfiguren, Statuen, Bilder, Münzen, Bücher, Geigen und so weiter nach ihm wirft, kann man ihn nicht töten – noch nicht einmal verletzen! Ich werde dir auch sagen, warum. Du glaubst, ›Napoleon‹ sei eine Ratte. Da täuschst du dich aber! Er ist nämlich der leibhaftige Teufel. Du glaubst mir nicht? Nun, dann hör mal gut zu: Gestern abend, als Manalet hinuntergegangen war, legte ich mich in das Bett des Domherrn, und als ich die Augen zumachte, spürte ich einen Biß im Finger. Ich schüttelte die Hand, und der Schmerz ließ nach. Dafür zwickte es mich jetzt in einem anderen Finger. Ich hatte fürchterliche Angst! Als ich mich umdrehte, sprang mir ›Napoleon‹ auf die Brust. Jede Pfote war so schwer wie der Turm von San Félix. Er drückte mich regelrecht aufs Bett, so daß ich nicht mehr atmen konnte. Ich hielt vor Angst die Augen geschlossen, wollte ihn andererseits aber auch sehen und sagte mir: ›Soll ich die Augen öffnen oder nicht?‹ Manchmal sagte ich mir: ›Ich öffne sie jetzt!‹ Aber dann sprach meine innere Stimme wieder: ›Nein, lieber nicht!‹ Aber ich wollte ihn schließlich doch sehen und öffnete die Augen. Er kauerte mit den Hinterbeinen auf meiner Brust und hatte die Vorderbeine gehoben. Dabei starrte er mich an. Seine Augen waren wie zwei Monde. An den Enden seiner schwarzen Haare glühten Funken, und seine Barthaare waren so lang, daß sie gewiß bis zum Kloster der Monjas Descalzas reichten. Der Schurke leckte sich mit seiner roten Zunge, die so groß war wie die ganze Calle de Cort-Real, zufrieden die Lippen. Ich wollte aufspringen, aber ich konnte nicht. Ach, ich Unglücklicher! Ich wollte nach Siseta rufen, brachte aber keinen Laut hervor. Dann fiel mir etwas ein, und ich rief: ›Weg mit dir, du Höllenhund!‹ Da sprang das Riesentier schnaubend von meiner Brust. Ich rannte hinter ihm her und schrie: ›Verschwinde, im Namen Gottes!‹ Es lief vom Schlafzimmer zur Bibliothek und von der Bibliothek zum Schlafzimmer zurück, bis es … du wirst es nicht glauben – explodierte! Ich will sagen, es sprang gegen die Wände und das Dach, und alles stürzte zusammen. Das war ein schrecklicher Lärm. Bumm, Bumm – und die Mauern fielen … Das Bett, die Möbel, alles fiel hinunter und landete auf dem Hof. Ich kroch hinter einen Schrank und betete, bis meine Zunge ganz trocken wurde. Ich war schweißgebadet. Erst als der Morgen graute, kroch ich wieder hervor. Dann stieg ich auf den Dachboden und wühlte in dem Kram, der nicht zertrümmert war. Dort stieß ich wieder auf ›Napoleon‹ mit seiner kaiserlichen Garde. Ich bedrohte sie, und sie zogen sich über die Treppe nach unten zurück. Ich rief nach Manalet, aber er antwortete nicht. Daraufhin ging ich in das Arbeitszimmer des Domherrn und stöberte herum, bis ich schließlich das Jesuskind aus Mandelteig fand. Dann muß ich im Bett eingeschlafen sein, wo ihr mich gefunden habt.«

»Nun aber nach Hause! Eure Schwester ist äußerst besorgt, weil ihr schon so lange weg seid.«

»Langsam, Freund Andrés«, entgegnete Badoret, der ältere der beiden Jungen. »Schau doch mal, was ich hier vorbereitet habe. Siehst du diesen Waschtrog? Den lege ich umgekehrt auf den Boden und stütze ihn am Rand mit einem Stock hoch. An der Spitze des Stocks befestige ich einen Faden. Unter dem Trog deponiere ich einige Fleischstücke von toten Rattenjungen, die ich auf der Treppe gefunden habe. Wir werden sie vorher etwas anbraten, damit der Duft weit durch die Gegend zieht. Diese Vorrichtung nehmen wir mit auf den Hof und stellen uns mit dem Faden in der Hand hinter die Treppe. Dann entzünden wir ein Feuer im Abstellraum. Alle werden herauskommen, mit dem großen ›Napoleon‹ an der Spitze. Der wird sie zu unserer Vorrichtung führen, die Spanien repräsentiert. Sie werden sich an den Fleischstücken gütlich tun und sagen: ›Was für eine schöne Eroberung wir gemacht haben!‹ Anschließend ziehen wir am Faden, und Spanien fällt auf sie drauf, so daß sie gefangen sind!«

18

Gesagt, getan. Wir nahmen den Waschtrog, trugen ihn zum Hof, und im Nu war die Falle gebaut, mit dem Faden am Stock und dem Köder darunter. Spanien lag auf der Lauer. Jetzt fehlte nur noch die französische Invasion.

Badoret schlich mutig zum Abstellraum. Nach kurzer Zeit kam er zurück und flüsterte:

»Sie kämpfen gegeneinander. Komm mal her, das muß man gesehen haben!«

Manalet und ich schlichen zur Türöffnung und erblickten tatsächlich die kolossale Schlacht. Ich wußte ja, daß dieses energische und unternehmungslustige Tier sich in der Verzweiflung gegen die eigene Art wendet, aber ein derartiges Schauspiel hatte ich noch nie gesehen. Die Ratten stürzten sich rasend aufeinander und vollführten entsetzliche Tänze, wobei sie die scharfen Zähne mitleidlos in den Gegner schlugen. Dieser Kampf war mehr als eine Explosion des Hasses und Hungers von Einzelwesen, es war der Zusammenprall von grauen Massen nach einem gewissen, schon militärisch zu nennenden Instinkt, den einige Tierarten in hohem Maße besitzen.

»Die Ratten hinter dem Faß«, erklärte Badoret, »stammen von der anderen Seite der Oña. Sie sind durch den Fluß geschwommen, um hierherzukommen, und haben Verbündete in der Gemeinde San Félix. Auf der anderen Seite stehen die Ratten von der Plaza de las Coles. Sie sind fetter und tapferer. Ihr Führer ist ›Napoleon‹.«

»Dann darf man diejenigen, die durch den Fluß geschwommen sind, wohl als Engländer bezeichnen«, meinte ich, »und die aus der Gemeinde San Félix repräsentieren die Leute aus dem Norden. Mir scheint, Frankreich siegt, das heißt die Ratten von der Plaza de las Coles.«

Ihr Knurren und Quieken schwoll zu einem grauenhaften Lärm an. Die Unebenheiten des Geländes erlaubten den Heeren nicht, umfassende Strategien anzuwenden. Wenn es einem Schwarm gelang, eine leere Kiste zu erobern, wurden sie geschickt von hinten angegriffen und wieder aus ihrer Position geworfen. Es bildeten sich wimmelnde Stoßkeile, die die feindlichen Linien durchbrachen. Diese formierten sich aber wieder zu Phalanxen, und über den blutenden Kadavern trampelten Tausende von Pfoten in wilder Hast. Die Kleinsten wurden von der schieren Wucht der anderen hochgeschleudert, und ihre hellen Bäuche stellten eine Abwechslung in dem grauen Gewühl der erbitterten Schwadronen dar. Nach kollektiven Zusammenstößen kam es wieder zu Einzelkämpfen, und Ströme von Blut tränkten den Boden. Wer würde den Sieg erringen? Die Ratten von der Plaza de las Coles beherrschten das Faß, stellten sich dort triumphierend, aber keuchend vor Erschöpfung auf und beobachteten, wie die

Reste des Heeres von San Félix und der anderen Seite der Oña in die hintersten Winkel des Abstellraumes flüchteten.

»Badoret, Manalet«, bemerkte ich dazu, »Frankreich hat also gesiegt. Seht ihr, sie beherrschen schon das schöne Italien. Wie ihre Feinde nach Norden fliehen! Es ist aber noch nicht zu Ende. Seht ihn euch an, wie er sich die Lefzen leckt und mit dem großen, glänzenden Schwanz wedelt, wie er das eroberte Territorium und die Bewegungen seiner desorganisierten Feinde betrachtet! Er schätzt das Terrain ab und sieht die Bewegungen der anderen voraus, um ihnen zuvorzukommen. Wartet mal ab, nachdem er sich etwas ausgeruht und an seinem Triumph erfreut hat, wird er wieder von seinem Thron herabsteigen. Riesige, begeisterte Schwärme umgeben ihn, und dort im Norden hört man das Zähneknirschen von Zehntausenden. Neue Bataillone bereiten sich vor. Der Kampf wird weitergehen. Wenn ich das richtig sehe, strebt der Perfide danach, die ganze Unterwelt von Galligans bis zur Steinbrücke und beide Ufer der schönen Oña zu beherrschen. Hört ihr, wie sie ihre gierigen Krallen am Boden wetzen? In ihren Augen funkelt die Kampfeslust. Die schreckliche Stunde naht, und der Oger, dessen Blutgier nie befriedigt ist, wird die Söhne des Nordens verschlingen. Die armen Mütter haben ihre Kinder nur dafür geboren. Seht mal, wie sie sich jetzt wieder sammeln. Der Oger steigt majestätisch von seinem Thron herab. Bei seinem Anblick schöpfen die Schwachen Kraft, und die Schüchternen drängen sich in die vorderen Linien. Schon stoßen sie wieder aufeinander, und die wilde Schlacht beginnt von neuem.«

Wir rückten etwas näher heran und beobachteten, wie sie sich zerfleischten. Diejenigen, die Frankreich repräsentierten, gewannen wieder an Boden. Die Ratten aus San Félix, der Oña und dem Matadero verteidigten sich erbittert, aber schließlich konnten sie dem Ansturm ihrer Feinde, die mit ihren schwarzen Schnauzen alles vor sich zerfleischten, doch nicht widerstehen. Wenn es nur der Hunger war, der sie zum Kampf getrieben hatte, so war dieser längst vergessen, denn die ausgemergelten Soldaten dachten nicht daran, sich den Wanst mit den Kadavern der Besiegten zu füllen. Der Eroberungswille trieb sie ihren Feinden entgegen, über die zahlreichen Kadaver bis zu der Tonne, die wie ein Fels aus dem Schlachtengetümmel herausragte.

Die Zuhörer werden mich wohl für einen Lügner halten, zumindest aber, daß ich übertreibe. Sie werden denken, daß mein durch die Leiden und Entbehrungen in Mitleidenschaft gezogenes Hirn sich diese Schlachten zu seiner eigenen Unterhaltung ausdachte, um das Weltgeschehen auf die tierische Ebene zu übertragen. Ich schwöre aber heilige Eide, daß alles, was ich hier erzähle, wahr ist. Dazu gehört auch, daß Badoret, als er sah, wie sich die Ratten gegenseitig vernichteten, ein Grasbüschel anzündete, das etwas abseits lag, so daß nicht alles in Flammen aufging. Beißender Qualm zwang uns zum Rückzug.

»Jetzt wird keine Ratte drinnen bleiben«, meinte Badoret. »Ihr beide, Andrés und Manalet, nehmt einen Stock und schlagt kräftig zu, wenn sie herauskommen. Mit jedem Streich wird ein Regiment fallen. Ich werde mich um die Falle kümmern. Wenn irgendeine andere Ratte als der große Kaiser sich dem Köder nähert, jagt sie mit Fußtritten weg. Nur Seine Majestät darf in die Falle geraten!«

Bald spuckte die dunkle Öffnung des Abstellraums Ströme dieser Bestien aus. Sie liefen in verschiedenen Richtungen auf den Hof, die Treppe hinauf oder in ein Loch hinein. Nicht wenige näherten sich unserer Vorrichtung, die für uns unser geliebtes und unglückliches Spanien darstellte. Badoret gebot uns Schweigen und sagte:

»Da kommt er! Tretet beiseite und laßt Seine Majestät durch!«

Und in der Tat, das schönste und größte dieser Biester erschien in der Türöffnung des Abstellraums. Es blickte mit seinen schwarzen Punktaugen nach allen Seiten und schwang den großen nackten Schwanz besonders elegant. Dann öffnete es die Schnauze, zeigte seine Elfenbeinzähne und kratzte in einer majestätischen Geste mit der rechten Vorderpfote über den Boden. So schritt Seine Majestät einige Zeitlang zwischen seinen Untertanen daher. In der Mitte des Hofes entdeckte der Rattenkaiser jenen ungewöhnlichen Apparat, den wir dort aufgestellt hatten. Er kam heran und beäugte ihn von allen Seiten, offenbar erstaunt über den seltsamen Anblick und angezogen von dem verlockenden Duft des Köders. Ich flüsterte Manalet ganz leise zu:

»Dieser Kaiser wird zu intelligent sein, um sich so leicht täuschen zu lassen.«

»Wer weiß, Andresillo«, antwortete mir der Junge. »In seinem Siegesrausch wird er denken, es gäbe für ihn keine Fallen. Also könnte es sein, daß er hineintappt.«

›Napoleon‹ ging entschlossen auf den Köder zu. Obwohl er sehr vorausschauend war und einen scharfen Blick besaß, waren ihm die Siege zu Kopf gestiegen. Er glaubte an sich und seinen glücklichen Stern und stürzte sich auf Spanien. Badoret zog am Faden, der Stock, der den Waschtrog an einer Seite stützte, brach weg, und der Bottich krachte herunter.

»So, du Oberschurke, du hinterhältiges Biest!« schrie Badoret und sprang vor Freude in die Luft. »Jetzt wirst du mir alles bezahlen!«

»Den bringen wir lebendig zum Markt«, meinte Manalet. »Dort wird man uns neun Real für seinen Wanst geben. Nicht einen Cuarto weniger, Badoret!«

19

Es gelang den Jungen, den ›Eroberer Europas‹ zu fesseln. Sie wollten ihn wie angekündigt zum Markt bringen, aber ich griff mir das Tier mit den Worten:

»Wenn ihr weitermacht, werden euch noch andere respektable Größen in die Hände fallen, die ihr zum Markt bringen könnt. Den ›Napoleon‹ brauche ich. Fangt statt dessen ›Saint-Cyr‹, ›Duhesme‹, ›Verdier‹ und ›Augerau‹!«

Nachdem sie weitere Gefangene gemacht hatten, begaben sie sich zum Markt.

Als ich die kleine Pforte zwischen dem Hof des Ferragut-

Hauses und dem unsrigen durchschritt, traf ich Señor Nomdedéu.

»Halt doch mal einen Augenblick an, Andrés«, sagte der Arzt, »denn ich brauche deine Hilfe. Aber was hast du denn da für ein Prachttier? Wieviel willst du dafür haben?«

»Das verkaufe ich nicht«, antwortete ich stolz.

»Ich muß das Tier unbedingt haben«, sprach er in resolutem Ton und hielt mich am Arm fest. »Weißt du, daß Gasparó gestorben ist? Auch meine Tochter liegt im Sterben, das heißt, sie will sterben. Aber ich erlaube es ihr nicht, nein Señor! Ich bin entschlossen, das zu verhindern!«

»Das geht mich nichts an, Don Pablo«, erwiderte ich. »Wie geht es denn Siseta?«

»Siseta? Die stirbt auch. Ihr Tod hat aber keine große Bedeutung, denn sie hat ja keinen Vater mehr, den sie hinterlassen würde. Gibst du mir jetzt die riesige Ratte?«

»Ihr macht wohl Witze? Geht doch durch diese Pforte, dahinter gibt es noch mehr von diesen Viechern.«

»Oh, welch ekelhafter Ort!« rief der Arzt aus. »Aber was hast du denn da noch – ein Jesuskind aus Mandelölteig? Gib es mir, Andrés, gib es mir! Zucker, mein Gott, Zuckerware! Zucker! Welch himmlische Fügung!«

»Das kann ich Euch auch nicht geben, denn es ist für Siseta bestimmt.«

Der Doktor wurde bleich, bleicher als ich es war, und starrte mich wütend an. Seine Lippen bebten, und mit zuckenden Händen fuhr er sich über den nackten gelben Schädel. Einerseits bemitleidete ich ihn, andererseits verabscheute ich seine übermächtige Selbstsucht und den gierigen Blick, mit dem er das Jesuskind ohne Beine, das ich unter dem Arm trug, musterte.

»Andrés«, herrschte er mich an, »ich muß dieses Zuckergebäck haben! Gibst du es mir?«

Ich musterte Señor Nomdedéu. Er trug keine Waffen – genau wie ich.

»Wenn du es mir nicht gibst, Andrés«, fuhr er fort, »bin ich bereit, mein Seelenheil zu opfern, um es dir wegzunehmen!«

Ohne mir Zeit zu lassen, eine Abwehrstellung einzunehmen, stürzte sich der Arzt auf mich, so daß ich zu Boden fiel. Er umklammerte meine Schultern mit seinen Händen, die aus Stahl zu sein schienen, und ich spürte seine spitzen Fingernägel in mein Fleisch eindringen. Ich wehrte mich nach Kräften, und es gelang mir auch, mich aufzurichten. Die Kräfte des Arztes waren erstaunlich, hielten aber nicht lange an. Er hatte seine ganze Energie in den Sprung gelegt, während ich mit meinen Kräften haushielt. Was für eine Situation! Ich wollte, ich könnte sie vergessen, für immer aus meiner Erinnerung löschen! Ich drückte Don Pablo zu Boden, wie er es zuvor mit mir getan hatte. Ich war nun auch kein Mensch mehr, sondern eine wilde Bestie, die nicht wußte, was sie tat. Alles Edle und Schöne, was den Menschen auszeichnet, war von mir abgefallen, und nur die brutalen Instinkte des Urmenschen waren geblieben. Ja, meine lieben Zuhörer, ich war so niedrig wie jene ekelhaften Biester, die ich vorher beim Verschlingen ihrer eigenen Brüder beobachtet hatte. Ich hatte unter meinen Händen – Krallen wäre der passendere Ausdruck – einen unglücklichen Alten, den ich mitleidlos auf den harten Boden drückte. Ein grausamer Urtrieb stieg aus den Eingeweiden in mein Hirn, und zum ersten und auch einzigen Mal genoß ich diese Brutalität. Aber ich war nicht mehr ich selbst. Es war ein anderes Wesen in mir, das seine Hände um den dünnen Hals des Mediziners krallte und ihn würgte, bis er die Arme spreizte, die Augen schloß und bewegungslos dalag. Nomdedéu atmete nicht mehr.

Keuchend und zitternd stand ich auf. Ich war nicht in der Lage, einen klaren Gedanken zu fassen. Ohne Reue schaute ich auf den Unglücklichen, der leblos vor mir lag. Das verstümmelte Jesuskind aus Teig war zu Boden gefallen, und ›Napoleon‹, der sich während des Kampfes befreit hatte, packte es mit seinen scharfen Zähnen und flüchtete. Den an seinem Schwanz befestigten Bindfaden zog er hinter sich her.

Ich wartete einen Moment, aber Nomdedéu fing nicht wieder an zu atmen. Mein Zorn ließ nach, und wie sich in dunklen Wolken eine Lücke bildet, durch die ein Sonnenstrahl dringen kann, so öffnete sich in meinem Geist ein Spalt, durch den das verdrängte Gewissen einen Funken seines göttlichen

Lichtes sandte. Ich fühlte, wie sich meine Brust zusammenschnürte. Wie gelähmt stand ich da. Ich wußte nicht mehr, ob ich überhaupt ein Mensch war, und konnte nicht begreifen, wie ich mich zu einer solchen Tat hatte hinreißen lassen können. Aus Angst vor meinem eigenen Schatten rannte ich davon.

Ich erreichte den anderen Hof, und als ich in unser Haus trat, sah ich Siseta bewegungslos auf dem Boden liegen. Neben ihr lag die Leiche von Gasparó, und im Hintergrund des Zimmers war noch eine dritte Person.

Es war Josefina, die sich heruntergeschleppt hatte, da sie die Einsamkeit nicht mehr ertragen konnte. Ich untersuchte Siseta, der plötzlich die Tränen aus den Augen rannen. Bei ihrem Anblick packte mich ein gewaltiger Schauer, eine ungeheure Beklemmung, die ich nicht beschreiben kann, und mein Gewissen, das mir eben nur einen Strahl geschickt hatte, überfiel mich nun mit blendender Helle. Ein tiefer Seufzer stieg in mir auf, aber ich konnte nicht weinen. Ich rang die Hände, schlug mir an den Kopf, heulte vor Verzweiflung und stieß dann einen Schrei aus, den meine zerrüttete Seele nicht zurückhalten konnte.

»Siseta, ich bin ein Verbrecher! Ich habe Señor Nomdedéu getötet! Ja, ich habe ihn umgebracht! Ich bin eine wilde Bestie. Er wollte mir ein Stück Zuckergebäck wegnehmen, das ich für dich bestimmt hatte.«

Siseta antwortete mir nicht. Sie war wie betäubt und unfähig, ein Wort zu artikulieren. Die Erschöpfung und der tiefe Schmerz hatten sie in einen Zustand versetzt, der dem Wahnsinn nahe war. Josefina kam herbei, zog mich an der Jacke und radebrechte:

»Andrés, hast du meinen Vater gesehen?«

»Don Pablo«, erwiderte ich zitternd, als ob mich der Engel der Gerechtigkeit verhörte. »Nein, nein, ich habe ihn nicht gesehen – doch, da hinten ist er … Er ist in den Nebenhof gegangen.«

Um die furchtbaren Vorstellungen, die auf mich einstürzten, abzuschütteln, wandte ich mich Siseta zu und fragte sie:

»Siseta, meine Geliebte, ist der kleine Gasparó wirklich tot?

Armer kleiner Junge! Und du, wie geht es dir? Kann ich etwas für dich tun? Ach, laß uns fliehen. Laß uns aus diesem Hause und aus Gerona fliehen und nach Almunia gehen, wo wir im Schatten unserer Olivenbäume ausruhen können. Ich will nicht mehr hierbleiben!«

Ein außergewöhnlicher Lärm unterbrach meine Rede. Ich hörte Trompetengeschmetter und Trommelwirbel. Das war die Aufforderung an alle Kämpfer, zu den Verteidigungsmauern zurückzukehren. Siseta hob langsam den Arm und zeigte auf die Straße.

»Ja, ja, ich höre es«, rief ich. »Don Mariano will, daß alle diese Gespenster sich noch einmal zusammenreißen und einen Ausbruch unternehmen oder den Angriff der Franzosen abwehren. Wir werden sterben. Ich begrüße den Tod, Siseta. Adiós. Hier kommen auch die Knaben. Siehst du sie?«

Es waren wirklich Badoret und Manalet, die mit den Worten hereinkamen:

»Schwester Siseta, dreizehn Real, wir bringen dreizehn Real! Hast du ›Napoleon‹ schon zubereitet? Wo ist denn ›Napoleon‹?«

Ich schulterte mein Gewehr und lief durch die Straßen zu meiner Stellung. Mein erschöpfter Körper wollte mir kaum noch gehorchen. Dennoch lief ich immer weiter. Ich war wie blind und erkannte keinen mehr. Wie im Fieber fragte ich mich: »Bin ich jetzt wahnsinnig? Lebe ich denn überhaupt noch?« Das war ein unerhörter Zustand des Körpers und des Geistes. Ich erreichte die Alemanes-Mauer, legte an, feuerte und kämpfte wie ein Automat gegen die heranstürmenden Franzosen. Ich schrie mit den anderen und bewegte mich wie die anderen als Rad einer großer Maschine. Das war aber nicht wirklich ich, der das alles tat. Es war die Maschine, die mich antrieb und niemals stillstand. Es war mir völlig gleichgültig, ob ich lebte oder starb. Das nennt man wohl Heldentum. Manchmal ist es ein aktiver, mit Absicht erzeugter Impuls, und manchmal ein blinder Automatismus, ein Eintauchen in den allgemeinen Strom, eine passive Kraft, eine mechanische Auslösung der Muskelbewegungen, ein frenetisches Wirbeln des Herzens, das zerspringen will, ein Brodeln des Blutes, das nach einer Wunde schreit, um aus ihr herausströmen zu können.

Von diesem Heroismus war ich ergriffen, ebenso wie viele andere Burschen, die seit Tagen nichts gegessen hatten und deren Heldentum niemand bewunderte, weil keine Zeit für Bewunderung vorhanden war. Ich glaube, keiner kämpft so gut wie Todgeweihte.

Da war auch Don Mariano Alvarez, der seine Drohung wiederholte:

»Denkt daran, daß die Reihen hinter euch den Befehl haben, auf euch zu schießen, wenn ihr zurückweicht!«

Aber wir brauchten diesen Dorn, den uns der unbeugsame Gouverneur in den Rücken trieb, gar nicht, um uns ständig nach vorn zu wenden, und da wir es gewohnt waren, dem Tod ins Gesicht zu blicken, konnte uns dieser ständige Begleiter nicht mehr schrecken.

So paradox es klingen mag: Die Erschöpfung ließ uns immer weiterkämpfen. Wir sprachen wenig und schlugen uns ohne Schreie oder Gesten der Bravour, ganz so, als würden wir eine normale Tätigkeit ausüben. Niemals gab es ein bescheideneres Heldentum. Wir ahmten unwillkürlich die Haltung von Don Mariano Alvarez nach, an dessen kraftvoller und übermenschlicher Natur die anstürmende Wut des Feindes zerschellte wie die gierigen Wogen an der unbeweglichen Klippe.

Von mir kann ich nur sagen, daß ich mich voller Verzweiflung, unter der Geißel des Gewissens und mit Abscheu gegen mich selbst in diesen Sturm stürzte, der dem Zustand meiner Seele gleichkam. Dieser Vergleich drängte sich mir blitzartig während des Kampfgeschehens auf. Ich war innerlich und äußerlich zu einem Teil dieser so schrecklichen wie sublimen Atmosphäre geworden. Um mich herum erreichten andere Leben eine nie geahnte Höhe oder wurden jäh ausgelöscht. Ich lege hier Zeugnis ab von diesem meinem inneren und äußeren Kampf. Einmal schwoll der Lärm in meinen Ohren zu einem gewaltigen Crescendo an, ein anderes Mal hörte ich ihn gar nicht mehr. Ich lege Zeugnis ab, wie alles, absolut alles, die Stadt, die anstürmenden feindlichen Reihen, Himmel und Erde, vor unseren Augen zu einem ungeheuren Wirbel verschwammen. So wie sich der Geist von der kochenden, schwindelerregenden Umwelt lösen kann, so schwebte für uns über allem die unerschütterliche Figur des Don Mariano Alvarez, dessen Augen Blitze ausstrahlten, die unsere Seelen erhellten. Ich fühlte mich plötzlich beflügelt, und als ich blutüberströmt zur Erde fiel, schrie ich:

»Gott sei Dank, daß ich nun sterben kann!«

Ein Zivilist, der, weil er keine Waffe hatte, sich mit dem Schleudern von Steinen begnügen mußte, riß das Gewehr aus meinen kraftlosen Händen, nahm meinen Posten ein und brüllte:

»Machen wir ein Ende! Endlich habe ich ein Gewehr!«

20

Zuerst stieg man auf mir herum, unter anderem, um das Kampfgeschehen besser überblicken zu können, aber dann fühlte ich die Berührung von weichen Händen. Es kam mir vor, als ob Vögel des Himmels sich auf meinen geschundenen Körper setzten und mir wunderbare Erleichterung brachten. Diese Hände gehörten Nonnen.

Sie gaben mir zu trinken und versorgten meine Wunden. Aus der Ferne hörte ich die Bemerkung: »Der Arme wird bald diese Welt verlassen.«

Ich wußte nicht mehr, wo ich war, und kann auch nicht sagen, wieviel Zeit verstrich. Ich erinnere mich nur, daß ich einmal die Augen aufschlug und mich von finsterer Nacht umgeben sah. Am Himmel funkelten ein paar traurige Sterne in weißem Licht. Da überfielen mich ungeheure Schmerzen. Glücklicherweise verschwand dann alles wieder aus meinem Bewußtsein. Nur ab und zu nahm ich noch etwas wie in einem Traum wahr. Einmal erkannte ich, daß wieder gekämpft wurde. Die Nonnen kamen wieder, und ihre Bemühungen waren für mich ein großer Trost. Ich sprach nichts –

ich konnte ja nicht sprechen, aber dann veranlaßte mich doch etwas, mit äußerster Kraftanstrengung nach Worten zu ringen. Unter den vielen Gestalten, die ich um mich herum in verschiedenen Richtungen laufen sah, erblickte ich Badoret.

Badoret trug den Körper eines kleinen Jungen, dessen Arme und Beine leblos hinunterhingen, auf den Schultern. So hatte er seinen kleinen Bruder immer getragen, als dieser noch lebte, und so trug er auch dessen Leiche. Es gelang mir, ihn zu rufen. Er schaute erstaunt auf die niedergestreckten Körper, entdeckte mich dann und rief seinerseits.

»Andrés, du stirbst auch?«

»Wo trägst du denn den Körper deines kleinen Bruders hin?«

»Ach, Andrés, man hat mich beauftragt, ihn in die Grube auf der Plaza del Vino zu legen, aber ich möchte ihn nicht zu all den anderen werfen und behalte ihn nun bei mir. Er weint und kreischt ja nun nicht mehr.«

»Was macht denn deine Schwester?«

»Siseta rührt sich nicht. Sie spricht und weint auch nicht mehr. Wenn wir sie ansprechen, antwortet sie nicht.«

Ich wollte ihn noch nach Josefina fragen, hatte aber keine Kraft mehr. Die Welt verschwamm wieder vor meinen Augen. Der letzte Eindruck war der von Badoret mit seiner traurigen Last auf den Schultern.

Ein traumatisches Fieber ergriff mich. Alles, was zu meinem jetzigen Zustand geführt hatte, erlebte ich nochmal. In meiner Phantasie erschien Siseta mit ihrem kleinen Bruder in den Armen, und ich sagte zu ihr:

»Meine Liebste, wir können uns nun nicht mehr in den Schatten der Olivenbäume setzen, die ich in Almunia besitze, denn mein Gewissen verfolgt mich ständig. Ich muß fliehen, bis ich einen fernen Ort finde, wo es mich nicht finden kann. Ich werde nie mehr in dein Haus kommen, denn dort liegt auf dem Boden ausgestreckt Don Pablo Nomdedéu, den ich getötet habe, weil er mir das Gebäck nehmen wollte. Ich gehe dorthin, wo mich kein Mensch sieht. Gib mir deine Hand. Adiós.«

Da merkte ich, daß ich die Hand einer Nonne küßte.

Andere Male fühlte ich die Berührung eines Armes und

schrie: »Ah, Ihr sei es also, Señor Don Pablo Nomdedéu! Wir sind beide gestorben und befinden uns nun im ›anderen Leben‹ – mit dem Unterschied, daß Ihr in den Himmel kommt und ich direkt in die Hölle. Hier, wo wir jetzt sind, zwischen diesen dunklen Wolken, gibt es keinen Haß und keine Rache mehr. Es bedrückt mich sehr, Euch getötet zu haben, und ich bitte Euch um Verzeihung. Ich hätte Euch das Gebäck geben sollen? Nein, Don Pablo, das konnte ich nicht tun – und werde es auch nie! Ihr wollt es mir immer noch abnehmen, jetzt, wo wir doch von den Lasten des Körperlichen befreit sind und durch diese Gegend schweben, wo es keinen Lärm, kein Licht und auch sonst nichts mehr gibt? Selbst hier treffen wir zusammen, um uns zu streiten? Das geht doch nicht an. Setzt Euren Weg fort, und ich werde dasselbe tun. Ich habe mich nur gewehrt, und eine wilde Bestie, die in mich eingedrungen war, tötete Euch. Das war bestimmt dieser infame ›Napoleon‹! Ach, warum wollte ich mich bloß des Körpers dieses wilden Dämons bemächtigen? Ja, ich sehe dich jetzt wieder vor mir … Ich gehe ja schon. Du brauchst mich nicht zu rufen! Ich hätte nicht gedacht, daß du hier in diesen Weiten, wo es kein Geräusch, kein Licht, absolut gar nichts gibt, noch vor mir auftauchen würdest. Mach doch diese kleinen schwarzen Augen zu, schlage deine Zähne nicht wieder in mich hinein und berühre mich nicht mit diesem schlangenähnlichen Schwanz! Ich wußte ja, daß ich dir verfallen war, als du unter dem Waschtrog begraben wurdest. Du hast mich mit deinem höllischen Willen dazu getrieben, einen guten Freund, vorbildlichen Vater und großen Patrioten zu ermorden. Die himmlischen Erzengel haben mich wie einen Hund von der Pforte zum Paradies gejagt, und jetzt bin ich auf dem Weg nach unten. Adiós, Nomdedéu. Ich sehe Euch schon da oben leuchten. Aber Euer Glanz erhellt die Dunkelheit nicht, in der ich mich befinde. Mich versengen die Flammen deines feurigen Atems, höllischer ›Napoleon‹. Ich ersticke daran. Oh, was für ein Durst! Kann mir niemand ein Glas Wasser geben?«

Ein Glas berührte meine Lippen. Eine Nonne gab mir Wasser.

Ich verfiel immer wieder in die gleichen Delirien. Einmal

waren sie unerträglich, ein andermal angenehm, bis ich dann doch wieder in den Vollbesitz meiner Sinne gelangte. Ich sah den Himmel über mir, um mich herum viele Leute und an einer Seite einen Mönch. Ich hörte keine Kanonenschüsse mehr, und diese Stille kam mir merkwürdig vor.

»Mein Sohn«, sprach der Mönch, »geht es dir jetzt endlich besser? Diese Wunde an der Brust ist nicht tödlich. Wenn es in Gerona wieder Medikamente gibt, wirst auch du, wie so viele andere, wieder gesund werden.«

»Was geschieht denn jetzt, Pater? Was ist denn heute für ein Wochentag, und welchen Monat haben wir?«

»Heute ist der neunte Dezember, der Tag eines großen Unglücks.«

»Was für ein Unglück?«

»Don Mariano Alvarez ist krank, und die Stadt wird sich ergeben.«

»Krank?« rief ich überrascht aus. »Ich glaubte doch, Don Mariano könnte weder krank werden noch sterben. Sterben ist etwas für uns, aber er ...«

»Auch er wird sterben. Heute hat er das Bewußtsein verloren, und sein Stellvertreter Juan Bolivar hat das Kommando übernommen. Seitdem Don Mariano im Bett liegt, glaubt keiner mehr an eine erfolgreiche Verteidigung. Es sind nur noch tausend Mann verfügbar, und die sind auch schon krank. Momentan berät die Junta, ob die Stadt heute übergeben werden soll. Ich fürchte, die Verzagten, die kapitulieren wollen, werden überwiegen. Es ist eine Schande. Es gibt hier zu viele Leute, die nur ans Essen denken.«

»Pater«, flehte ich ihn an, »wenn es hier irgend etwas gibt, was man sich zwischen die Zähne schieben kann – und wenn es ein Stück Holz wäre –, gebt es mir! Ich kann es nicht mehr aushalten!«

Der Mönch gab mir etwas. Was es war, weiß ich nicht mehr. Ich verschlang es sofort. Dann fragte ich ihn: »Euer Hochwürden, leistet Ihr hier den Sterbenden Hilfe? Ich möchte eine große Sünde beichten, obwohl mich Gott in seiner unermeßlichen Güte noch am Leben läßt. Aber mit dieser großen Last kann ich nicht weiterleben. Alle hier werden denken, daß Don

Pablo Nomdedéu an Hunger oder vor Angst gestorben ist. Das stimmt aber nicht. Ich gestehe hiermit, daß ich ihn getötet habe, weil er mir ein Stück Zuckergebäck wegnehmen wollte.«

»Mein Sohn«, erwiderte der Mönch, »entweder bist du noch im Delirium oder du verwechselst den Señor Nomdedéu mit einem anderen, denn ich bin sicher, ihn heute gesehen zu haben. Er wird nicht müde, Verwundeten und Kranken Hilfe zu leisten.«

»Was? Ist das denn möglich?« rief ich überrascht aus. »Don Pablo Nomdedéu, diese Zierde der Ärzteschaft, ist noch am Leben? Pater, diese Nachricht ist zu schön, um wahr zu sein. Ich dachte, der Doktor wäre tot, und ließ ihn auf dem Hof zurück. Ich kann mir nur vorstellen, daß er wiederauferstanden ist, damit seine arme Tochter keine Waise wird. Pater, kennt Ihr auch Siseta, die Tochter des Señor Cristoful Mongat? Wißt Ihr vielleicht, ob sie noch lebt?«

»Von diesem Mädchen kann ich dir leider nichts sagen. Ich weiß nur, daß das Haus, in dem Señor Mongat und Señor Nomdedéu gewohnt haben, heute von einer Bombe zerstört worden ist. Ich glaube, daß sich alle Bewohner retten konnten, bis auf einen, den man noch nicht finden konnte.«

»Ach, wenn ich doch aufstehen könnte, um dorthin zu laufen!« rief ich aus. »Aber es scheint mir, daß ich an diese vermaledeite Lagerstatt gefesselt bin. Wo bin ich denn überhaupt?«

»Du bist in dem Bett, in dem Periquillo del Roch starb, der Assistent von Don Francisco Satué, der, wie du wohl weißt, Dekan des Gouverneurs ist. Als Periquillo gestorben war, hat man dich hier hineingelegt, und gestern sagte Señor Satué, daß du sein Assistent werden sollst.«

»Könnt Ihr vielleicht in Erfahrung bringen, wie es der armen Siseta geht? Mein Herz sagt mir, daß sie noch am Leben ist und ich also kein Witwer bin.«

»Bist du denn mit ihr verheiratet?«

»Mit dem Herzen. Siseta wird meine Frau werden, wenn ich am Leben bleibe. Aber Ihr seid Euch sicher, daß Señor Nomdedéu nicht gestorben ist?«

»So ist es offenbar, denn man sieht ihn in der Stadt. Er

gleicht jedoch eher einem Toten als einem lebendigen Menschen.«

»Ja, höre ich denn richtig? Don Pablo bewegt sich wirklich?«

»Ja, obwohl er lahmt.«

»Und er kann die Augen öffnen und schließen?«

»Ja, seine hellblauen Augen suchen die Verwundeten im Schatten der Ruinen.«

»Und er spricht wirklich?«

»Ja, mit seiner glucksenden Stimme.«

»Ist er denn der gleiche wie vorher oder nur ein Abbild, der Geist von Don Pablo aus der anderen Welt, der nur so tut, als könne er Verbände anlegen?«

»Er ist es wirklich, wenn auch so verändert, daß man ihn kaum noch erkennt.«

»Oh, welch große Freude ich empfinde! Er ist also wiederauferstanden?«

»Du brauchst nicht daran zu zweifeln, daß er lebt. Aber ich muß dir gestehen, daß ich nicht sicher bin, ob er noch bei klarem Verstand ist.«

Den ganzen Tag über konnte ich mich nicht bewegen, obwohl es mir von Stunde zu Stunde besserging. Die Wißbegierde fraß mich schier auf. Ich wollte vom Schicksal der Meinen hören, und wenn auch die Gewißheit, daß ich nicht der Mörder des Doktors war, mich sehr beruhigte, machte es mir doch große Sorge, daß ich nicht wußte, wo sich Siseta aufhielt. Ich erfuhr, daß die Stadt kurz vor der Kapitulation stand und die Junta mit dem französischen General Blas de Fournas verhandelte. Diese Nachricht stürzte die Gespenster, die mit dem Gewehr im Anschlag an den zerstörten Mauern Wache hielten, in Verzweiflung, so daß der wahre Grund von Fournas' Erscheinen in der Stadt verschwiegen werden mußte.

Wie ich weiter hörte, verschlechterte sich der Zustand des Gouverneurs Alvarez von Stunde zu Stunde, so daß er an diesem neunten Dezember die Sterbesakramente erhielt. Aber selbst in diesem Zustand beharrte er darauf, daß die Stadt sich nicht ergeben solle. Viele Patrioten wollten die Nachrichten von einer bevorstehenden Kapitulation nicht glauben, denn dieser Gedanke, sich dem Fremden auszuliefern, erzeugte mehr Furcht und Schrecken als Hunger und Tod. Viele hegten noch die verzweifelte Hoffnung, es würde Hilfe kommen.

Gegen Nachmittag ging das Gerücht um, die ›Schweine‹ würden am nächsten Tage in die Stadt einziehen, worauf die Patrioten zum Haus des Gouverneurs eilten. Das Gebäude war arg in Mitleidenschaft gezogen, und selbst die Zimmer, in denen sich der heroische Patient aufhielt, waren beschädigt. Dort, zwischen den Ruinen und den durchlöcherten Wänden, diskutierten sie lange und baten Seine Exzellenz, doch wieder das Kommando zu übernehmen.

Man sagte, daß Don Mariano die Stimmen trotz seines Deliriums erkannte, sich aufrichtete und befahl, weiterhin Widerstand zu leisten. Wir, die Verwundeten und die Kranken, die noch am Leben waren, umgeben von zehntausend Leichen; wir, die wir uns von ekelhaften Tieren und Substanzen ernährten, die man gar nicht aussprechen kann, wollten unseren Führer behalten, einen im Delirium befindlichen, seiner Sinne beraubten Mann, der auch im Fieberwahn Heldentum und Beständigkeit repräsentierte.

Am folgenden Tage konnte ich einige Schritte machen, doch mehr war vorerst nicht möglich. Wie gern wäre ich zum Haus von Siseta gegangen, aber die Nonnen, die mich so liebevoll pflegten, hinderten mich daran. Der Capitán Don Francisco Satué kam zu mir und teilte mir mit, daß er sich entschlossen habe, mich anstelle des verstorbenen Periquillo del Roch zu seinem Assistenten zu machen. Ich dankte ihm und nahm mir die Freiheit, ihn zu fragen:

»Capitán, wißt Ihr vielleicht, wo Siseta ist? Ich glaube, Ihr kennt doch Siseta, die Tochter des Señor Cristoful Mongat?«

Satué antwortete nicht und drehte mir den Rücken zu, so daß schreckliche Zweifel in mir aufkamen. Ich fragte alle, die in meine Nähe kamen, aber niemand sprach von etwas anderem als der Kapitulation. Kapitulieren! Das erschien unmöglich, wo doch an den Straßenecken noch die Plakate des Don Mariano mit der Aufschrift klebten: ›Jeder, der das Wort Kapitulation in den Mund nimmt, ist auf der Stelle zu erschießen.‹

Wie ich hörte, hatten die Franzosen eine Frist von einer Stunde zur Aushandlung der Kapitulation gesetzt, aber unsere Junta bat um einen Waffenstillstand von vier Tagen und versprach, zu kapitulieren, wenn nach deren Ablauf die Hilfe nicht gekommen sein sollte, auf die wir seit November warteten. Dem wollte aber der Marschall Augereau nicht stattgeben. Nach vielen Botschaften von einem Lager zum anderen wurden die Bedingungen unserer Übergabe für sieben Uhr abends am zehnten Dezember unterzeichnet.

In dieser Abmachung, wie in allen, welche die Franzosen in diesem Kriege aushandelten, wurden Versprechungen gemacht, die dann nicht eingehalten wurden – so zum Beispiel: die Würde der Einwohner und der katholischen Religion zu wahren, Leben und Gut der Besiegten zu schonen. All dies wurde unter Trommelwirbel in einem Kommandeurszelt unterzeichnet. Dann aber befahl die große Ratte in Paris, diese Abmachungen zu ignorieren.

»Was für ein Ende!« rief Pater Rull aus, der mir während des Fiebers Beistand geleistet hatte. »Nach einem erbitterten, siebenmonatigen Widerstand muß es nun so enden! Dafür hat man also Fußmatten kauen müssen, obwohl ja schon Discorides gesagt hat, daß das Espartogras bestimmte Nährstoffe enthält. Oh, wenn Alvarez nur nicht krank geworden wäre! Wenn dieser Mann aus Eisen sich von seiner Lagerstatt erheben könnte, um mit dem Stab in der Rechten zu erscheinen … Weißt du schon, Andrés, daß die Garnison morgen mit militärischen Ehren in die Gefangenschaft nach Frankreich marschieren muß? Ich glaube, daß man euch vor die Kutsche des Napoleon spannen will, wenn er spazierenfahren möchte … Die ›Schweine‹ werden um acht Uhr dreißig hier erscheinen. Es heißt, daß sie sich nicht in den Häusern einquartieren wollen, sondern in den Kasernen. Glaubst du das? Man wird sehen, daß sie ihr Wort nicht halten. Ich glaube, daß sie die Einwohner der wenigen Häuser, die noch stehen, auf die Straße werfen werden, um sich darin einzunisten. Nun frage ich dich: Was werden sie mit uns Mönchen machen? Mein Freund, mit Gerona fällt ganz Spanien, und mit Alvarez' Siechtum schwinden Würde und Tapferkeit der Spanier. Don

Mariano Alvarez de Castro, der Schrecken Frankreichs, er lebe hoch!«

Da die Hauptpunkte der Kapitulation bekannt waren, machten die bewaffneten Zivilisten und die Soldaten ihre Waffen unbrauchbar oder warfen sie in den Fluß. Im Morgengrauen gingen diejenigen, die noch gehen konnten – und das waren die wenigsten –, durch das Areny-Tor und legten einige hundert Waffen nieder – wenn diese alten Werkzeuge und zerlegten Gewehre überhaupt noch Waffen genannt werden konnten. Wir Verwundeten und Kranken blieben in der Stadt und mußten mit ansehen, wie die ›Schweine‹ einzogen. Da sie uns nicht im Kampf besiegt, sondern nur durch den Hunger bezwungen hatten, sahen wir sie mit Verachtung an, denn die eigentlichen Sieger waren doch wir.

Der Wahrheit halber muß ich berichten, daß die Franzosen uns mit einem gewissen Respekt betrachteten. Als sie an den zahlreichen Kranken und Verletzten vorbeikamen, boten sie uns Brot und Wein an. Viele wollten das nicht annehmen, aber schließlich war der Selbsterhaltungstrieb doch so groß, daß wir das, was sie uns in den Stunden nach ihrem Einzug gaben, annahmen. Den ganzen Tag über kamen Wagen mit Lebensmitteln herein. Sie wurden an den Plätzen San Pedro und Del Vino aufgestellt, und jeder konnte sich dort eine Ration abholen. Essen! Wir fühlten, wie der Körper nach langer Abwesenheit wieder zurückkehrte, um als Stütze für die Seele zu dienen. Man wunderte sich, wieder klar sehen zu können, ohne Nebel vor den Augen zu haben; wieder Beine und Hände zu besitzen, mit denen man sich bewegen und von einem Ort zum anderen gehen konnte. Die Gesichter nahmen langsam wieder einen normalen menschlichen Ausdruck an, und das Entsetzen, daß wir auch nach der Übergabe den Franzosen noch einflößten, verschwand allmählich.

Spendet mir Beifall, meine lieben Zuhörer, denn es gelang mir, zwanzig Schritte hintereinander zu machen, mit der rechten Hand auf einen Stock gestützt und mich mit der linken an Häuserwänden haltend. Glauben Sie ja nicht, daß das Gehen in Gerona in jenen Tagen eine einfache Angelegenheit gewesen wäre, denn die Straßen waren voller Löcher, Erdhaufen,

Trümmer und Leichen. An vielen Stellen versperrten die Trümmer ganze Gassen, so daß man auf allen vieren über diese Hindernisse kriechen mußte, ständig in der Gefahr, in stinkende Pfützen zu fallen. Die Reise über diese Berge, durch diese Seen und Flüsse, waren für mich so ermüdend, daß ich mich nach einer kurzen Strecke immer wieder auf einen Stein setzen mußte, um Atem zu schöpfen. Jetzt, da die Gedanken sich nicht mehr auf Verteidigung und Überleben konzentrieren mußten und sich das schreckliche Kriegsfieber gelegt hatte, rief der Anblick von so vielen Toten Entsetzen hervor. Ich mußte vor diesen grauenhaften Bildern oft die Augen schließen, denn so manches Mal glaubte ich, in einer kalten Hand die von Siseta und in einem aus Trümmern herausragenden Stück Stoff ihr Kleid oder ihre Haube zu erkennen.

21

Als ich endlich die Calle de Cort-Real erreichte, sah ich, daß das Haus, das meine Lieben beherbergt hatte, fast völlig zertrümmert war. Nachbarn erzählten mir, daß Señor Nomdedéu und seine Tochter in der Calle de la Neu untergekommen seien, aber man wüßte nicht, wo sich Siseta und ihre Brüder aufhielten. Bestürzt über diese Auskunft, machte ich mich auf die Suche nach dem Arzt, und die erste Person, die mir begegnete, war Frau Sumta, die mir einschärfte, ja keinen Lärm zu machen, weil ihr Herr schlafe.

»Jetzt ist alles umgekehrt, Andresillo«, berichtete sie mir, »denn Señorita Josefina hat sich erholt, und ihr Vater ist so krank, daß er bald sterben wird, wenn Gott sich seiner nicht erbarmt.«

Plötzlich hörten wir die Stimme von Don Pablo. Er rief aus einer nahe gelegenen Wohnung: »Laßt ihn hereinkommen, Señora Sumta! Ich bin wach. Andrés, lieber Freund. Komm hierher!«

Ich ging also zu dieser Wohnung, in der mich Don Pablo,

der im Bett lag, freudig umarmte und sagte: »Welche Freude du mir machst, Andrés! Ich hatte geglaubt, du seist tot! Komm her, tapferer Jüngling und umarme mich noch einmal! Wie steht es denn mit deiner Gesundheit? Was macht der Magen? Du darfst ihn jetzt nach all den Entbehrungen nicht überlasten! Hast du Appetit? Ich rate dir dringend zur Mäßigung. Hast du Verletzungen? Na, die werden wir kurieren ... Sag, was du brauchst, mein Junge.«

Verwirrt drückte ich ihm meinen Dank für soviel Aufmerksamkeit aus und fügte hinzu, daß ich ihn für den großmütigsten und christlichsten aller Sterblichen ansah, der mir mit Umarmungen und Aufmerksamkeiten die Schläge vergalt, die ich ihm versetzt hatte.

»Señor«, fügte ich hinzu, »ich hatte gedacht, ich hätte den besten aller Menschen getötet, und konnte nicht mit der großen Bürde leben, die auf meinem Gewissen lastete. Ich sehe nun, daß Ihr alles verzeiht und Eure Arme dem öffnet, der Euch beinahe umgebracht hätte.«

»Es ist alles verziehen, denn ich, der ich nicht davor zurückschreckte, dir das Leben wegen eines Stück Zuckergebäcks zu nehmen, habe weit größere Schuld auf mich geladen. Bei solchen Vorkommnissen darf die Frage der Verantwortlichkeit gar nicht gestellt werden. Der fürchterliche Zustand, in dem wir uns beide befanden, entschuldigt uns vor den Augen Gottes. In solchen entsetzlichen Momenten setzt sich der Selbsterhaltungstrieb über alle Gesetze hinweg. Unser Charakter, das Ergebnis von ererbten und anerzogenen Fähigkeiten, sowie die angenommenen Gewohnheiten werden dann hinweggeschwemmt von der Gier, die Grundbedürfnisse zu befriedigen. Ich kann von mir sagen, daß ich einfach nicht wußte, was ich tat. Das Bild meiner armen Tochter verwirrte meinen Geist. Und es gab weder Freunde noch Mitmenschen für mich. Solche Bindungen reißen, wenn der brutale Instinkt übermächtig wird. Wenn ich damals ein Stück Brot im Munde eines anderen sah, erschien mir das wie eine Ungerechtigkeit, die mein Egoismus nicht tolerieren konnte. Ach, was waren das doch für grausame Leiden! Welch schändlichen Moralzustand, welche Erniedrigung des freiesten Wesens auf der Erde sie doch erzeugten! Eine gewisse Entschuldigung kann ich ja noch vorbringen: Ich wollte doch nichts für mich selbst, sondern alles für sie. Ohne die übergroße Liebe zu meiner Tochter hätte ich mich ganz bestimmt in eine Ecke unseres Hauses gehockt und auf den Tod gewartet, ohne die geringste Anstrengung zur Rettung meines Lebens zu unternehmen.«

»Señorita Josefina hat den Belastungen ja offenbar besser als wir widerstanden.«

»Viel besser«, bestätigte Nomdedéu. »Schau mich an. Ich sehe doch schon aus wie eine Leiche. Sie aber ist völlig verwandelt und scheint nun all die Gesundheit zu besitzen, die mir fehlt. Das macht mich glücklich, Andrés. Aber hör zu, wie es dazu gekommen ist. Als du mich im Hof des Domherrnhauses zurückgelassen hast, dauerte es ziemlich lange, bis ich wieder bei Sinnen war. Das war natürlich Folge des gewaltigen Schlages und meiner großen Erschöpfung. Ich weiß nicht, welche mitleidigen Hände mich dann zur Straße trugen, wo ich wieder völlig zu mir kam. Mein erstes Gefühl war eine große Verwunderung, noch am Leben zu sein. Ich schleppte mich bis zu unserem Haus. Meine Tochter traf ich in Sisetas Wohnung an. Die Unglückliche erkannte mich fast nicht mehr wieder. Sie war vor Kraftlosigkeit dem Tode nahe. Mein Gott! Ich wollte sterben, wenn der Tod die Erinnerung dieser Stunden hätte auslöschen können. Im Geiste sagte ich mir: ›Allmächtiger, es wäre besser, wenn ich leblos auf den Fliesen des Domherrnhauses liegengeblieben wäre, als so etwas mit ansehen zu müssen!‹ Ach, Freund Marijuan, frag nicht weiter danach! Ich kann nur sagen, daß meine Tochter wenig später, als ich von einer meiner Expeditionen auf der Suche nach Nahrung zurückkam, verschwunden war.«

»Und Siseta?« fragte ich besorgt.

»Auch Siseta fand ich nicht mehr vor«, entgegnete Don Pablo traurig. »Das machte mir jedoch zu der Zeit keine solche Sorge wie das Verschwinden meiner Tochter. Aber laß mich fortfahren. Keiner der Nachbarn konnte mir sagen, wo meine Tochter geblieben war, und ich rannte wie ein Wahnsinniger durch die Stadt auf der Suche nach ihr. So kam es, daß weder sie noch ich in unserem Haus waren, als es zerstört wurde. Ich frage dich: Was glaubst du wohl, wo meine angebetete Josefina sich aufhielt? Auf dem Gironella-Turm, der letzten Bastion unserer glorreichen Verteidiger! Du wirst dich wundern, warum meine Tochter sich just an diesen Ort begeben hatte. Das kam so: Als sie allein im Hause saß, konnte sie es vor Hunger und Sorge nicht mehr aushalten und lief auf die Straße. Sie klapperte ganz Gerona nach einer Kleinigkeit zu essen ab, aber niemand kümmerte sich um sie. Dadurch wurde ihre Verwirrung immer größer, und sie wollte ihrem Leben ein Ende setzen. Aber statt dessen mobilisierte sie alle ihre Kräfte, um diese Situation zu bewältigen. Es erscheint unglaublich, aber so war es. Jetzt verstehe ich, daß es für Menschen mit großer Furcht nichts Heilsameres gibt, als unvermittelt einer großen Gefahr ausgesetzt zu werden, ohne Hilfe von anderer Seite. Jedenfalls geriet Josefina inmitten des Chaos auf den Weg zu den Forts, wo sie sich sicherer glaubte. Der Anblick zahlloser Leichen, die ihren Weg versperrten, rief großes Entsetzen in ihr hervor, aber schlimmer war wohl das Kampfgeschehen, dessen Zeugin sie dann wurde. Als die Arme zurücklaufen wollte, war das unmöglich geworden. Es war kurz vor unserem Rückzug, und der Feind feuerte aus allen Rohren. Ach, die Wege des Schicksals sind unerforschlich! Hätte ich gewußt, an welchen Orten meine Tochter sich aufhielt, so hätte ich erklärt: ›Meine Tochter wird sterben, wenn sie einem Kampf beiwohnen muß!‹ Es war aber nicht so, Andrés. Wie sie mir später erzählte, fühlte sie plötzlich eine ungeahnte Energie in ihren Gliedern, die wie durch ein Wunder ihre Schwere verloren hatten. Sie schwamm in Tränen, fand jedoch einige Frauen, denen sie so leid tat, daß sie ihr etwas zu essen gaben. Dann wurde sie mit den Frauengruppen mitgerissen, die Pulver zu den Verteidigungslinien trugen. Sie schlief zwei Nächte auf freiem Feld. Señora Sumta entdeckte sie bei der Alemanes-Mauer, wo sie drei Stunden lang an der Verteidigung teilnahm, bis die Garnison sich von dort zurückzog. Du kannst dir wohl vorstellen, was in dieser Zeit alles auf den Geist des armen Mädchens einstürzte. Jedenfalls hat sie dadurch wider Erwarten Energie und Kraft erlangt, wogegen ich infolge der ungeheuren physischen und geistigen Leiden meine Gesundheit völlig eingebüßt habe. Ich würde keine zwei Cuartos dafür geben, daß ich am kommenden Sonntag noch am Leben sein werde. Aber die Freude, die mich erfüllt, wenn ich sehe, wie sich der Organismus meiner geliebten Tochter erholt hat, läßt mich den Gedanken an meinen eigenen Tod ertragen. Was mich aber sehr belastet und mit großer Traurigkeit erfüllt, ist die Überzeugung, daß ich ein miserabler Arzt bin. Ja, Andrés, ich glaubte, viel zu wissen, und jetzt muß ich erkennen, daß ich fast nichts weiß. Da hatte ich doch nach dem Studium von Hunderten von Büchern als Therapie die größtmögliche Vorsicht und Abschirmung vor allen Aufregungen für meine Tochter gewählt – und das war genau das Entgegengesetzte von dem, was ich hätte tun sollen! Dafür hatte ich nun mehr als dreißig Jahre studiert! Wie trügerisch die medizinische Wissenschaft doch sein kann! Sie entzieht ihre Wahrheiten dem, der am eifrigsten danach strebt! Wenn mir das jemand gesagt hätte! Ich habe nichts unversucht gelassen, meine Tochter vor der Wirklichkeit abzuschirmen, und fürchtete, daß sogar die Luft ihr Schaden zufügen könnte, und Gott hat sie mit den schlimmsten Gefahren und Anblicken gestärkt. Ich wollte sie vor schrecklichen Eindrücken schützen, die nach meiner Ansicht ihre zarte Seele zerbrechen würden, aber gerade diese Erschütterungen haben sie zu einem widerstandsfähigen menschlichen Wesen gemacht. Ein Schock war die Ursache ihrer Krankheit, und ein Schock hat sie geheilt. Diese Erkenntnis macht mich ganz verrückt. Bis jetzt hatte ich nicht gewußt, daß eine Krankheit eine andere Krankheit heilen kann, und ich werde mit tausend Fragen über diesen dunklen Punkt sterben … denn ich werde sterben, Andrés. Darin irre ich mich nicht.«

Danach streckte er sich im Bett aus und seufzte. Ich antwortete ihm wie folgt: »Señor Don Pablo, Euch ist jetzt nach vielen Leiden der Trost zuteil geworden, daß Eure Tochter nicht nur am Leben geblieben ist, sondern daß sie sich jetzt einer Gesundheit erfreut, die sie vorher nicht besaß. Ich dagegen weiß nicht, ob meine angebetete Siseta und ihre beiden Brüder noch leben.«

Als er das hörte, rollte sich der Arzt in seinem Bett unruhig von einer Seite auf die andere, richtete sich schließlich auf und stieß mit verzerrtem Gesicht hervor: »Frag mich nicht nach Siseta und ihren Brüdern!« Dabei machte er eine Geste, als ob er ein lästiges Insekt verscheuchen wollte. »Ich weiß nichts von ihnen. Andrés, es wäre besser, wenn du mich jetzt in Frieden lassen würdest.«

Frau Sumta, die inzwischen wieder hereingekommen war, tippte sich mit dem Finger an die Stirn und schaute ihren Herrn mitleidig an. Damit wollte sie mir andeuten: ›Mach dir nichts daraus. Mein Herr hat den Verstand verloren.‹

Ob das nun stimmte oder nicht, jedenfalls bereiteten mir seine Worte große Sorge. Ich befragte ihn erneut, aber er streckte Arme und Beine aus wie eine Leiche und gab vor, mich nicht zu hören – vielleicht hörte er mich auch wirklich nicht.

Da kam Josefina herein und bekundete große Freude, mich wiederzusehen. Ich war überrascht über die Lebhaftigkeit ihrer Augen, ihre rosige Gesichtsfarbe und die Grazie ihrer Bewegungen. Nachdem sie mir mit einem freundlichen Lächeln auf die Komplimente geantwortet hatte, die sie von meinen Lippen abgelesen hatte, fragte sie mich nach Siseta.

»Ach«, antwortete ich und deutete ihr mit Gesten meine große Besorgnis an. »Siseta ist verschwunden, Señorita. Ich weiß nicht, wo sie ist.«

»Dann wollen wir sie suchen«, erwiderte Josefina entschlossen.

»Oh, vielen Dank, Señorita Josefina … Ich kann mich zwar eigentlich nicht mehr auf den Füßen halten, aber wenn Ihr mich begleiten wollt, dann werde ich daraus neue Kräfte schöpfen.«

Im Haus waren jetzt reichlich Nahrungsmittel vorhanden, die unter den Leuten, die dort eine Unterkunft gefunden hatten, verteilt wurden. Auch ich bekam eine beträchtliche Portion. Als ich am Arm Josefinas hinausging, fühlte ich mich schon so gekräftigt, daß ich mich nicht mehr mit einer Hand an den Häuserwänden stützen oder alle zehn Minuten setzen mußte, um Atem zu schöpfen.

22

Wo sollten wir Siseta suchen? Wo nur? »Siseta!« riefen wir überall, wo wir hinkamen, vor Ruinen, an den Türen unzerstörter Häuser, auf Plätzen, vor Befestigungsmauern und vor Schuttbergen, aber keine bekannte Stimme antwortete uns. An mehreren Stellen der Stadt waren französische Soldaten damit beschäftigt, Erde auf die Leichen zu schütten, die in die großen Gruben gelegt worden waren. Tausende von Körpern verschwanden so für immer aus der Sicht der Lebenden ... »Oh«, rief ich in heller Verzweiflung aus, »wenn sich nun Siseta darunter befindet?«

Ich hätte mit meinen Händen alle Massengräber durchwühlen wollen, um mich zu vergewissern, daß das geliebte Wesen nicht darin war. Dann klapperten wir sämtliche Krankenhäuser und Lazarette ab, aber auch dort fanden wir keine Spur von Siseta und ihren Brüdern. Wir fragten bei Nachbarn und Bekannten, aber niemand konnte uns auch nur den kleinsten Hinweis geben. So durchforschten wir jeden Winkel bis zum Mercadal. Ich schaute in die wirbelnden Fluten des Flusses, ob ich vielleicht dort den Körper meiner Liebsten erblicken würde. Ich fragte alle Spanier, die uns begegneten, und in meiner Seelenpein sogar Franzosen, die mich aber nicht verstanden. Beide Nationen konnten mir keine Informationen liefern. Ich stieg auf Dächer und in Keller hinunter, suchte in gleißendem Licht und undurchdringlicher Dunkelheit. Aber den Strahl ihrer Augen, der für mich heller als alles Licht war, konnte ich nirgends entdecken.

Als wir in die Nähe der Brücke des heiligen Franziskus von Assisi kamen, glaubte ich in einer jammervollen Knabengestalt Manalet zu erkennen. Und tatsächlich, er war es! Seine Kleidung bestand nur noch aus undefinierbaren Lumpen, aus denen seine nackten Arme und Beine herausragten. Sein Gesicht war ähnlich einem Totenschädel, die Hände schwarz vor Schmutz, sein Hals blutverschmiert und die Beine voller Wunden. Sein verstörter Blick entsetzte mich. Ich rief ihn mit einer lebhaften Hoffnung, aber auch mit tiefem Schmerz im Herzen. Er sah sich erstaunt um, erkannte mich und lief herbei, um sich in meine Arme zu stürzen. Die Tränen strömten aus seinen Augen. Nachdem der erste Moment der Überraschung und Freude verflogen war, schien ihn der Anblick von Josefina an meiner Seite stark zu beunruhigen. Seine Augen nahmen einen erschreckten Ausdruck an, und er machte einen Schritt zurück. Ich hielt ihn fest und bot allen Mut auf, ihn nach seiner Schwester zu fragen.

»Siseta ist nicht mehr unter uns«, erwiderte er. »Ihr braucht sie nicht mehr zu suchen. Sie ist mit Gasparó gegangen. Die beiden ...«

Bei diesen Worten zeigte er auf die Erde.

Ein Schmerz durchfuhr mich wie ein Schwert. Dennoch gab ich mich mit dieser vagen Auskunft nicht zufrieden und lief ihm nach, da er sich losgerissen hatte. Aber ich war noch zu unsicher auf den Beinen, um ihn einholen zu können. So mußte ich mit dem schrecklichen Zweifel zurückbleiben. Die Worte, die ganze Art des unglücklichen Jungen deuteten ein Geheimnis an, das ich nun nicht würde ergründen können.

»Señorita Josefina«, sprach ich zu meiner Begleiterin und versuchte, ihr so gut es ging meine Verzweiflung verständlich zu machen. »Wir werden nichts erreichen. Gehen wir also zur Calle de Neu zurück.«

Auf dem Wege blieben wir dann traurig und entmutigt auf der Brücke stehen und sahen die Leute aus beiden Richtungen vorbeigehen, viele davon wie ich auf der Suche nach Angehörigen und Freunden, von denen sie im Tumult der letzten Tage getrennt worden waren. Die Massengräber, die nun zugeschippt wurden, tilgten alle Spuren, so daß viele Mütter, Väter, Ehefrauen und Ehemänner für immer im ungewissen über das Schicksal ihrer Lieben bleiben mußten.

Bei der Brücke setzten wir uns nieder. Josefina sah mich schweigend an und teilte meine Bestürzung. Ich rief den Himmel an, da ich es leid war, die Erde und die Menschen anzurufen. Da gab mir die Tochter des Arztes einen leichten Stoß und deutete auf das Flußufer. Auf der Rückseite der Plaza de las Coles befand sich ein Haus, dessen Fundamente im Wasser lagen. Zuerst fiel mir nichts daran auf, aber sie zeigte weiter dorthin und richtete meine Aufmerksamkeit auf das Dach, von dem ein Strick herunterhing. Und an diesem Strick sah ich Badoret hinuntergleiten! Sofort rief ich seinen Namen, und der Junge, der mich gehört hatte, grüßte mich mit einer Handbewegung. Nachdem er sich auf einen Balkon abgeseilt hatte, sprang er auf einen anderen in Richtung Brücke. Die hervorstehenden Traufen, die Erker und Balkons an dieser Uferfassade ermöglichten ein solches Fortkommen ohne größere Gefahr. Schließlich erreichte uns Badoret, und ich mußte feststellen, daß sein Anblick noch bedauernswerter als der seines Bruders war.

»Andrés«, fragte er mich keuchend, »sind die Franzosen schon einmarschiert?«

»Ja«, antwortete ich ihm. »Wo hast du denn gesteckt, daß du das nicht weißt? Bist du von den Toten auferstanden?«

»Gibt es denn jetzt etwas zu essen?«

»Aber natürlich, alles, was du willst. Weißt du, wo Siseta ist?«

»Siseta schläft seit gestern. Möchtest du sie sehen? Wir wollten sie aufwecken, aber es ging nicht.«

»Aber wo habt ihr sie denn hingebracht?«

»Was gibt es denn zu essen? Wir haben ›Napoleon‹ wiedergesehen. Wieviel würden wir wohl jetzt für ihn bekommen?«

»Zum Teufel mit ›Napoleon‹! Führe mich lieber zu deiner Schwester.«

»Sie ist auf dem Dachboden.«

»Auf dem Dachboden?«

»Ja, dort haben wir sie hingebracht, weil Señor Nomdedéu sie umbringen wollte.«

»Sie umbringen? Du bist ja nicht bei Sinnen!«

»Ja, er wollte sie essen!«

Ich konnte das Lachen nicht unterdrücken, obwohl mir eigentlich nicht danach zumute war.

»Señor Nomdedéu hatte den Verstand verloren«, fuhr er fort, »und wollte uns alle essen.«

»Nun, du scheinst mir auch nicht ganz bei Sinnen zu sein«, erwiderte ich. »Aber jetzt bring mich schnell zu Siseta!«

»Für dich wird es nicht so einfach sein, dorthin zu gelangen … Vom Haus des Domherrn muß man auf das Dach des Drogisten in der Calle de la Argentería, aber von dort gelangt man nicht auf die Straße, weil die Haustür verschlossen ist … Man muß in den Keller hinunter, von wo man bis zu einem ausgebrannten Haus am anderen Ende kommt. Über die Dächer gelangt man dann zu den Balkons am Fluß. Wenn es dir gelingt, die Tür des Drogistenhauses in der Calle de la Argentería bei der Plaza de las Coles zu öffnen, wirst du leichter zu uns finden.«

»Gehen wir also dorthin«, sagte ich entschlossen. »Wenn dieser Herr Drogist uns die Tür nicht aufschließen will, schlagen wir sie eben ein.«

Glücklicherweise machte man mir keine Schwierigkeiten, das besagte Haus zu betreten. Ich ließ Josefina in der Nähe der Calle de la Neu, stieg auf das Dach des Drogistenhauses und kletterte unter großen Anstrengungen mit Badorets Hilfe von einem Dach zum anderen, bis wir den nicht eingestürzten Teil des Dachbodens vom Haus des Domherrn erreichten. In einer miserablen Dachkammer, in der früher die Haushälterin des Domherrn gehaust hatte, fand ich Siseta bewegungslos auf einer zerschlissenen Decke liegen. Ich sprach sie mit lauter Stimme an und richtete sie auf ihrem Lager auf. Die Unglückliche öffnete die Augen, erkannte mich aber anschließend nicht. Ich war froh, daß sie noch lebte, aber als ich sie genauer betrachtete, kamen mir Zweifel, ob sie am Leben bleiben würde, und ich dachte nur noch daran, ihr jede Art von Pflege angedeihen zu lassen. Wie betäubt durchstreifte ich das Haus, ohne genau zu wissen, was ich eigentlich suchte. In einigen Zimmern stieß ich auf Knaben im Alter von acht bis zwölf Jahren, in denen ich die Freunde von Badoret und Manalet erkannte, sie sich auf all ihren Streifzügen begleitet hatten. Der Zustand dieser armen Jungen war katastrophal. Einige lagen schon tot auf dem Boden, und die anderen schleppten sich durch die Bibliothek, ohne sich aufrecht halten zu können. Einer kaute an einem Buch, ein anderer an einer Espartogras-Fußmatte.

»Was ist denn hier geschehen?« fragte ich Badoret.

»Ach, Andrés, wir kommen hier nicht heraus. Seit zwei Tagen sind wir hier eingeschlossen. Zur Seite unseres eingestürzten Hauses können wir nicht, denn dort ist alles voller Trümmer. Wir haben nichts zu essen und wissen auch nicht, wo wir etwas bekommen können ... Heute morgen haben Manalet und ich einen Weg nach draußen gesucht. Er ließ sich auf die Calle de la Argentería hinunter und ich dort, wo du mich gesehen hast. Aber ich kann nun vor Hunger und Durst nicht mehr. Ich glaube, ich falle gleich tot um.«

Nach diesen Worten legte sich Badoret auf den Boden und schloß die Augen. Einige seiner Kameraden weinten und riefen nach ihren Müttern. Der Anblick dieses Elends schnürte mir die Kehle zusammen. Wild entschlossen, schnell Abhilfe zu schaffen, gelangte ich über das Dach zu Nachbarhäusern, wo ich um Hilfe schrie. Man hörte mich schließlich, und einige Nachbarn folgten mir mit etlichen Lebensmitteln an den Ort des Jammers.

Die erste Person, mit der wir uns intensiv beschäftigten, war Siseta, die nicht richtig zu sich kam und mir deshalb große Sorgen machte. Nach vielen Versuchen erkannte sie mich endlich wieder. Ich mußte alle meine Überredungskünste aufbieten, damit sie etwas Nahrung zu sich nahm, denn sie dachte immer noch, wir würden ihr Fleisch von ekelhaften Tieren und allerlei Unrat geben. Nachdem sie etwas im Magen hatte, erwachten ihre Lebensgeister allmählich. Badoret erholte sich schneller, so daß er nach einer halben Stunde seinen Freunden schon wieder Mut zusprechen konnte. Für einige kam die Hilfe zu spät, so daß wir ihren armen Müttern, die die Kinder schon verzweifelt gesucht hatten, nur noch ihre Leichen übergeben konnten.

»Siseta ist ja nun endlich zu sich gekommen«, meinte Badoret, während er ein halbes Brot verschlang. »Ich hatte schon gedacht, wir würden ›Napoleon‹, ›Sancir‹, ›Agujeron‹ und den anderen Rattengenerälen, die sich hier herumtreiben, als Futter dienen! Aber Pauet atmet nicht mehr, und Siso, der so wütend auf die ›Schweine‹ war, liegt leblos in der Bibliothek, mit einem halben Buch in der Hand und der anderen Hälfte im Bauch. Ich wünschte, ich könnte den verfluchten Don

Pablo Nomdedéu auch so sehen, denn er wollte uns ja kochen. Er hatte schon den Topf mit Wasser und Salz bereit. Josefina sollte uns zum Frühstück bekommen ... Die ›Schweine‹ haben Gerona nun also doch eingenommen ... Don Mariano hatte doch versichert, daß wir sie nicht hereinlassen würden! Ich hab's ja schon immer gesagt: Viel Gerede und nichts dahinter.«

»Nun reg dich mal ab und erzähle mir lieber, warum ihr eure Schwester hierhergebracht habt.«

»Das mußt du Señor Nomdedéu und Señora Sumta fragen. Wir brachten Siseta sieben Real, die wir auf dem Markt bekommen hatten. Siseta hatte den Gasparó in den Armen und weinte. Ein Mann kam herein und befahl uns barsch, den Kleinen zu beerdigen. Siseta gab unserem kleinen Bruder dann viele Küsse, und ich nahm ihn auf die Schulter, um ihn zum Massengrab zu tragen, aber ich brachte es nicht übers Herz, so daß ich ihn den ganzen Tag über mit mir herumtrug ... Manalet legte ihn schließlich doch in eine Grube, und wir warfen Erde auf ihn, aber dann wollten wir ihn doch noch einmal sehen und scharrten die Erde weg ... Ach, Andresillo, schließlich hat man ihn uns abgenommen, und wir haben ihn nicht wiedergesehen. Als wir ins Haus zurückgekommen waren, kam Don Pablo herein und fing an zu jammern. Er sagte, man habe ihm sämtliche Knochen gebrochen. Dann bat er Frau Sumta um eine Kleinigkeit zu essen, doch diese seufzte und jammerte bloß. Josefina lag derweil am Boden und saugte an ihren Fingern. Don Pablo fing an zu schreien, rief alle Heiligen an, traktierte uns mit Fußtritten und brüllte uns an: ›Los raus, holt meiner Tochter etwas zu essen!‹ Nachdem uns Gasparó abgenommen worden war, kauften wir für die sieben Real ein schwarzes, harten Brot und gaben es Siseta. Da hättest du mal die Augen von Don Pablo sehen sollen! Siseta ist aber auch zu dumm! Sie sagte, sie wolle das Brot doch nicht haben. Wir sollten es statt dessen Josefina geben. Ich gab aber die Hälfte Manalet, und wir begannen zu essen. Die Sumta stürzte auf mich zu und nahm mir meine Hälfte ab. Manalet hatte sich schon alles mit Gewalt in den Mund gesteckt. Da rannte Nomdedéu wie ein Wiesel nach oben und kam gleich darauf mit einem großen Messer zurück. Er brüllte uns an: ›Wenn ihr schon so unverschämt seid, uns nichts zu geben, ihr Teufel, dann werden wir eben *euch* essen!‹ Ich lachte, aber Manalet zitterte und brach in Tränen aus. Darauf beruhigte ich ihn: ›Sei doch nicht so dumm – eher fressen wir *ihn* auf, wenn sich das überhaupt lohnt, denn er ist ja nur noch Haut und Knochen. Bei der Sumta würde sich das schon eher lohnen, denn die ist noch recht fett.‹ Daraufhin bedrohte mich die Alte mit den Fäusten, und Don Pablo schrie wieder: ›Ja, wir werden sie essen! Warum eigentlich nicht?‹ Dann umarmte Josefina ihren Vater, und der weinte wie ein Schloßhund und streichelte sie wie ein kleines Kind. Armer Don Pablo! Er tat mir nun schon wieder leid. Er wiegte seine Tochter in den Armen wie einen Säugling und sagte: ›Señora Sumta, bringt ihr doch eine Tasse Fleischbrühe.‹ Ich mußte lachen und warf ein: ›Na, wenn Ihr schon in die Küche geht, Frau Sumta, dann könnt Ihr mir auch gleich ein paar gebratene Rebhühner bringen. Mehr will ich gar nicht, denn ich bin ja bescheiden!‹ Da wurden die beiden äußerst wütend. Der Arzt schrie: ›Señora Sumta! Wenn Ihr meiner Tochter nicht auf der Stelle eine Fleischbrühe bringt, werde ich Euch töten!‹ Wenn du ihn doch bloß gesehen hättest, Andrés! Seine Augen sprühten Funken, und mit den wenigen gelben Haaren auf seinem Schädel sah er wie ein Dämon aus … Da hörte ich meine Freunde auf der Straße rufen, und ich ging zu ihnen hinaus. Als wir dann durch die Calle de Ciudadanos kamen, sah ich, daß Manalet uns folgte. Er rief von weitem: ›Badoret, komm schnell zurück. Don Pablo will uns alle umbringen!‹ Hast du schon mal einen Kater gesehen, der die Zähne fletscht, sich krümmt und zum Angriff bereit macht? So war Don Pablo. Er ließ seine Tochter auf dem Boden liegen, kam mit dem Messer auf uns zu und trat meine Schwester. Dann sah es wieder so aus, als ob er sich selbst umbringen wollte. Immerfort schrie er dazu: ›Ich will dem Menschengeschlecht ein Ende bereiten!‹ Meine Freunde waren stumm vor Schreck, und ich nahm eine Zange, um sie ihm an den Kopf zu werfen. Er aber sprang vorher mit dem Messer auf die Straße und brüllte weiter, er wolle dem ganzen Menschengeschlecht ein

Ende bereiten. Manalet zog mich am Arm und forderte mich auf, mit Siseta rasch von dort zu verschwinden. Gesagt, getan. Wir waren zwölf. Die Größten von uns hoben meine Schwester hoch und trugen sie zum Haus des Domherrn. Manalet, dem vor Angst die Zähne klapperten, ging voraus und rief: ›Schnell, schnell! Er verfolgt uns mit dem Messer! Als es uns nach einigen Anstrengungen gelungen war, Siseta hier hinaufzuschleppen und auf diese Bettstatt zu legen, fühlten wir uns sicherer. Wir sprachen sie immer wieder an, aber sie antwortete uns nicht. Dann fiel uns ein, daß wir etwas zu essen für sie auftreiben mußten. Aus Angst, Don Pablo zu begegnen, blieb uns nur der Weg über die Dächer, aber der war uns zu gefährlich. Wir saßen also in der Falle. Die Nacht brach an, und wir kamen fast um vor Hunger. Pauet und Siso kletterten auf die Dächer und aßen die dortigen Grasbüschel und Moosflecken. Ich stieg in den Abstellraum hinunter. Keine Spur von ›Napoleon‹ und seiner Rattenarmee. Sie waren wohl alle zum Lager der Franzosen auf der anderen Seite der Oña gezogen, wo es zu fressen für sie gab ... Es vergingen zwei weitere Tage, und wir hatten immer noch nichts zu essen. Ach ja, ich habe noch etwas vergessen. Wir hörten nämlich, wie eine Bombe in das Haus einschlug, in dem wir und Nomdedéu samt seiner Tochter gewohnt hatten. Ich sagte zu mir: ›Da kommt ein Unglück nach dem anderen. Wenn es wenigstens den Nomdedéu erwischt hat!‹ Verzweifelt schrien wir um Hilfe, aber niemand kümmerte sich darum. Meine Freunde verloren den Mut, und Siso sagte, er würde nun seine Hände essen. Ich führte die Ärmsten in die Bibliothek und gab ihnen die Erlaubnis, sich den Bauch mit den Büchern vollzuschlagen. Einigen hat es das Leben gerettet. Was für ein Tag und eine Nacht, Andrés! Meine Schwester antwortete uns gar nicht mehr, so daß Manalet meinte: ›Bruder, ich werde versuchen, vom Dach auf die Straße zu kommen, damit Siseta nicht vor Hunger stirbt.‹ Wir begutachteten von unserem Dach aus die Balkone und Fenstergitter und prüften, ob Manalet irgendwo hinuntersteigen konnte. Dann machte sich Manalet auf den Weg – ich weiß nicht wie. Ich glaube, er tastete mit den Füßen nach Vorsprüngen und Nägeln an den Hauswänden und hielt sich mit den Händen an den Gittern fest. Mir gelang es schließlich auch, hinunterzukommen, dort, wo du mich gesehen hast. Mehr gibt es eigentlich nicht zu erzählen.«

»Nun gut, Badoret, ihr habt also eure Schwester aus Angst hierhergebracht. Ich bin zwar nicht davon überzeugt, daß Don Pablo euch wirklich töten wollte, um euch anschließend zu essen, aber das Leiden seiner Tochter hatte ihn derart verwirrt, daß man ihm so manche Grausamkeit zutrauen konnte. Jetzt haben wir aber, Gott sei Dank, diese Schrecken überstanden, denn die Belagerung ist beendet, und es gibt wieder genug Lebensmittel in Gerona.«

Als der Abend kam, gaben Siseta, ihre beiden Brüder und ihre dem Tod entronnenen Freunde schon keinen Anlaß zur Besorgnis mehr, und am darauffolgenden Tage brachte ich sie alle in ein Haus in der Calle de la Barca, wo man uns Asyl gewährte.

23

Auch ich erholte mich immer mehr, und nach einigen Tagen meldete ich mich bei meinem Vorgesetzten Don Francisco Satué, der mir eine schlechte Nachricht mitteilte.

»Mach dich für eine Reise fertig«, befahl er mir und gab mir eine Uniform mit Wehrgehänge und Degen, die meinen neuen hohen Funktionen entsprach.

»Aber wo reisen wir denn hin, Señor Capitán?«

»Nach Frankreich, du Dummkopf«, herrschte er mich an. »Weißt du denn nicht, daß wir jetzt Kriegsgefangene sind?«

»Señor, ich war überzeugt davon, daß uns die Franzosen in Ruhe lassen würden!«

»Das tun sie auch, solange die meisten von uns krank sind. Aber sofort nach unserer Genesung werden sie uns nach Perpignan bringen. Sie haben uns nicht zuletzt hiergelassen, weil der Gouverneur zu krank ist, um auf einem Munitionswagen transportiert zu werden.«

»Hoffentlich ist er es in zehn Monaten noch!«

»Was äußerst du da für einen schrecklichen Wunsch, du Barbar!« schrie er drohend.

»Nein, Señor Capitán, ich wünsche unserem geliebten Gouverneur Don Mariano Alvarez de Castro ja die beste Gesundheit, aber daß sie uns nach Perpignan bringen wollen, ist fast so schlimm wie das, was wir bis jetzt durchgemacht haben. Doch wenn sie es so wollen, kann ich mich nicht dagegen auflehnen. Mit meinen Anführern würde ich nicht nur nach Perpignan, sondern auch bis ans Ende der Welt gehen, besonders wenn uns der Gouverneur begleitet.«

So sprach ich und machte mir selbst Mut dabei, aber in Wirklichkeit schreckte mich die Vorstellung, ein Kriegsgefangener zu sein, über dessen Aufenthaltsort die Franzosen nach Belieben bestimmen konnten. Wehe dem, der in Kriegszeiten sein Herz an Personen und Orte hängt, die er wegen der Wechselfälle von Sieg oder Niederlage verlassen muß!

Als ich später wieder an die Lagerstatt von Siseta trat, kamen mir fast die Tränen. Ich verkündete ihr die traurige Nachricht mit folgenden Worten:

»Mein Goldschatz, ich bin ganz erschüttert. Schon bald werde ich als Kriegsgefangener mit all den anderen Soldaten vom Gouverneur bis zu dem Geringsten nach Frankreich gehen! Ach, wenn ich dich doch mitnehmen könnte, Siseta! Aber mein Vorgesetzter, der Stadthauptmann Don Francisco Satué, ist der größte Schürzenjäger von Katalonien, und ich habe Angst vor ihm. Ich möchte, daß du dich während meiner Abwesenheit mit deinen Brüdern zum Hof der Doña Gedina begibst. Dort ist auch meine Mutter, und ihr könnt in der Landwirtschaft helfen und auf mich warten, bis es Gott gefallen wird, mich zurückkehren zu lassen.«

Siseta machte mir Mut und Hoffnung. Sie empfahl mir, mein Schicksal mit Gemütsruhe zu tragen und auf die Vorsehung zu vertrauen. Schließlich sagten wir uns, daß es doch kein so großes Unglück sei, wenn ich nach Frankreich ginge. Siseta wollte sich unterdessen auf den Hof der Doña Gedina zurückziehen. Die Frage war nur, wie sie dorthin kommen sollte. Wir hatten doch überhaupt keine Mittel, und Siseta und ihre Brüder waren nach all den Mühen nun auf die öffentliche Mildtätigkeit angewiesen. Aber Gott würde die Mittellosen doch nicht verlassen. Auf irgendeine Weise würde schon Hilfe kommen – aber wie und wann? Das geht aus der Fortsetzung meiner Erzählung hervor.

Zunächst wollte ich jedoch Don Pablo Nomdedéu besuchen, denn als ich vom Sattler kam, wo ich das Wehrgehänge meines Herrn hatte reparieren lassen, erfuhr ich, daß es dem Arzt noch schlechter ging. Obwohl ich ja von meinen Knaben so viel Schreckliches über Don Pablo gehört hatte, war er doch ein enger Freund gewesen, so daß ich ihn noch einmal sehen wollte. Auf dem Weg dahin wurde ich aber von einer aufgeregten Menschenmenge aufgehalten. Was war geschehen? Würde es etwa zu einer vierten Belagerung kommen? Das war es aber nicht. Offenbar hatten die Franzosen beschlossen, sich nach einigen Tagen nicht mehr an die Vereinbarungen der Kapitulation zu halten, nachdem sie es zuvor nur recht widerwillig getan hatten. Das berichtete mir jedenfalls Pater Rull, den ich in der Menge erblickt hatte.

»Es ist eine Schande«, rief er. »Und ein Kaiser, der solche Sachen macht, ist ein Schurke! Ja, ein gemeiner Schurke! Sollen die Franzosen das ruhig hören! Ich senke die Stimme nicht, nein Señores! Ich sage, was ich denke, und nehme es nicht zurück. In den Kapitulationsbedingungen heißt es, daß die Ordensgeistlichen nicht behelligt werden dürfen, aber jetzt wollen sie uns nach Frankreich bringen. Sind die Orden denn ein Spielball der Politik? Sind wir denn Schulkinder, daß man uns heute dies und morgen das erzählt?«

»Auch ich werde nach Frankreich gehen müssen, Pater Rull«, entgegnete ich. »Trösten wir uns also gegenseitig. Mönche und Soldaten teilen jetzt das gleiche Schicksal. Eine Bürde trägt sich leichter auf zwei Schultern als auf einer.«

»Nun denn, meine Söhne, gehen wir dorthin, wo sie uns hinführen, und ertragen wir ihre Grausamkeiten mit Geduld, wie uns unser Herr Jesus Christus lehrt. Was wollen wir denn sonst tun? Seht ihr, das sind die Folgen einer Kapitulation, wenn man noch eine ganze Weile hätte aushalten können! Also dann, ab nach Frankreich! Aber vertraut nicht auf das

Wort der ›Schweine‹. Wir hatten fast auf die Einhaltung der Kapitulationsabmachungen vertraut, als heute morgen ein französisches Offizierchen in unserem heiligen Hause auftauchte und uns barsch befahl, uns für morgen früh zum Abmarsch nach Frankreich fertigzumachen, weil seine Majestät der Kaiser es in Paris so angeordnet habe. Augenscheinlich fürchten sie uns so sehr wie die Soldaten. Aber sagt mir, was wird ohne die Mönche wohl aus Gerona werden?«

Jeder antwortete dem Pater nach Lust und Laune – der eine zornig, der andere ernst und bedächtig, aber alle, die wir dem Pater zugehört hatten, kamen zu dem Schluß, daß dies eine bodenlose Frechheit des Kaisers der Franzosen war. Als ich mich von dort zurückzog, hielt der gute Mönch einen Vortrag über die vorherrschende Stellung, die die religiösen Orden in den Verträgen der Nationen eingenommen hatten.

Endlich gelangte ich zu dem Haus, in das Señor Nomdedéu nach der Zerstörung seines bisherigen Domizils gezogen war. Schon auf der Türschwelle merkte ich, daß es mit der Gesundheit des Arztes noch schlechter bestellt sein mußte, denn seine Tochter und Frau Sumta machten traurige Gesichter. Letztere sprach mich wie folgt an: »Andresillo, sprich zu meinem Herrn nicht von Siseta oder den Jungen, denn immer wenn wir ihre Namen erwähnen, fällt er fast in Ohnmacht.«

Josefina fragte mich nach den Meinen, und ich konnte ihr mit den Augen verständlich machen, daß es meiner Braut und ihren Brüdern nach einer Reihe schlimmer Erlebnisse nun besserginge.

»Allen geht es besser, nur meinem Vater nicht«, erwiderte das junge Mädchen traurig.

Dann trat ich zu dem Kranken, der mich wohlwollend empfing. An seinem Bett stand ein Mann, den ich kannte. Es war einer der Notare von Gerona.

Offenbar machte Don Pablo sein Testament. Sein Anblick bestürzte mich. Die Lampe seines Lebens hatte nur noch sehr wenig Öl. Die letzte Flamme flackerte aber kurz vor dem Erlöschen noch einmal auf und versetzte uns mit ihrer Helligkeit in Erstaunen. Einige Male erlahmte seine Geisteskraft, doch zuweilen schwang sie sich zu wahren Höhenflügen auf. Phasen absoluter Schweigsamkeit und fieberhaften Redeflusses wechselten einander ab.

Als ich herangetreten war, antwortete er nur mit einsilbigen Lauten, die er unter großen Schwierigkeiten hervorpreßte. Aber nach kurzer Zeit wurde er munter und ließ keinen der Umstehenden mehr zu Wort kommen.

»Du willst mir weismachen, daß ich nicht sterben werde? Irrtum, lieber Freund. Nur ein Wunsch deines guten Herzens. Gott hat mir schon das Urteil vorgelesen, und danach besteht nicht mehr der geringste Zweifel. Ich habe meine Aufgabe erfüllt. Jetzt bin ich überflüssig.«

»Señor, reißt Euch doch von solchen Gedanken los!« rief ich aus und gab mich zuversichtlich. »Das geht doch nicht, daß jetzt, wo Gerona frei von Hunger und Tod ist, der beste Mann der Stadt von uns geht! Erhebt Euch von diesem Bett, damit wir uns die zerschossenen Verteidigungsmauern, die zertrümmerten Forts, die eingestürzten Häuser ansehen können, die Zeuge unseres Heldentums sind. Wir müssen jetzt alle die Trägheit überwinden – auch Ihr, Don Pablo!«

»Trägheit ja, aber die meine ist die letzte und endgültige, die des Wanderers, der sich nach einer anstrengenden Tagesstrecke atemlos an den Wegesrand fallen läßt, weil er nicht mehr weiterkann. Trägheit sehr wohl – aber die beste von allen, weil sie zum sanftesten, zum beruhigendsten aller Träume führt – dem Tod. Ach, wie erschöpft ich mich fühle! Grenzt es denn nicht an ein Wunder, daß nach all den körperlichen und geistigen Leiden überhaupt noch ein Lebenshauch in mir ist? Ich kann dir nur sagen, Andrés, daß die Schwierigkeiten, die ich überwinden mußte, nie ein Ende nahmen. In der letzten Zeit suchte und entwickelte ich Fähigkeiten in mir, die ich vorher nie besessen hatte. In wenigen Tagen veränderte ich mich vollkommen, lernte Gefühle und Leidenschaften kennen, die mir vorher gänzlich unbekannt waren. Es war, als ob mehrere verschiedene Charaktere von mir Besitz ergriffen. Ich bin erstaunt über meine Taten und begreife jetzt, über welch unermeßlichen Schatz von Hilfsmitteln der Mensch verfügen kann, wenn er es nur versteht, sie anzuwenden. Meine arme Tochter hat die Belagerung wider Erwarten überlebt. Als die Gesunden und Kräftigen zusammenbrachen, fand sie, die Kranke und Schwache, einen Weg der Rettung. Das ist der Lohn für meine liebevolle Aufmerksamkeit und kolossalen Anstrengungen. Der Anblick meiner geliebten Tochter entschädigt mich für all meine Leiden, stimmt mich aber auch traurig, weil ich mich jetzt von ihr trennen muß. Gott will es so, denn nun braucht sie ja meine ständige Pflege nicht mehr, da ihr auf wunderbare Weise eine Kraft zuteil geworden ist, die sie durchs Leben bringen wird, so daß meine müden Hände, die nun der Erde geweiht sind, sie nicht mehr stützen müssen.«

»Señor Don Pablo«, sprach ich und unterdrückte meine Traurigkeit, »verscheucht doch diese trüben Gedanken! Sie sind die einzige Ursache Eurer Krankheit. Laßt Euch doch von Señora Sumta ein paar Rippchen bringen, verspeist sie zur Ehre Gottes, und Ihr werdet sehen, daß der Tod Euch noch viele Jahre verschonen wird.«

»Mit Rippchen ist es nicht mehr getan, mein Freund. Mein Körper verweigert jede Nahrung und möchte nur noch sterben. Auch meine Seele verlangt immer mehr danach, diese Welt zu verlassen.«

»Denkt doch mal daran, wie ausgezehrt und erschöpft so mancher andere schon war, und doch ist er wieder auf die Beine gekommen und erfreut sich jetzt bester Gesundheit. So ist es zum Beispiel Siseta ergangen, die wir schon alle aufgegeben hatten, und die dank der Güte Gottes gesund und munter ist.«

»Was, Siseta lebt?« rief Nomdedéu erregt.

»Ja, mein Herr, ihr und ihren Brüdern geht es gut.«

»Bist du dessen sicher?«

»Vollkommen!«

»Hat sie keine Wunden an ihrem zarten Körper – keine Schlagspuren an ihrem Kopf, tiefe Kratzwunden in der Haut? Fehlt ihr kein Arm, Bein, Finger oder ein anderes Körperteil?«

»Nein, Señor, ihr Körper ist unbeschädigt«, entgegnete ich bestimmt. »Jedenfalls habe ich nichts Gegenteiliges feststellen können.«

»Und die Knaben, diese verspielten, ungebärdigen Schlingel – sind die auch gesund und munter?«

»Auch die, Herr Doktor, und alle wollen Euch sehen und Euch auf ihre Weise – mit Springen und Lärmen – ihren Respekt erweisen.«

»Oh, Gott sei gelobt!« rief der unglückliche Doktor aus.

Er betete, wie man aus seiner Haltung entnehmen konnte. In ruhigem Ton sagte er dann: »Du hast mir eben einen unbeschreiblichen Trost gebracht mit diesen Nachrichten über die Familie des verstorbenen Señor Mongat, denn die grausame Ungewißheit, ob ich diesen Knaben und dem gütigen Mädchen nicht ein Leid zufügte, als ich nach dem Vorfall mit dem Gebäck in ihre Wohnung eingedrungen war, hat mich furchtbar gequält. Meine Tochter war nämlich nahe daran, vor Entkräftung zu sterben. Deshalb bat ich Señora Sumta, uns etwas zu essen zu bringen, aber sie antwortete, daß nichts mehr da wäre. Ich flehte Gott an, er möge mir doch etwas vom Himmel schicken, aber auch er wollte mir nicht helfen. Siseta war dort, und dann kamen auch die Knaben herein und machten Lärm. Die Vitalität dieser wendigen Körper weckte in meiner Seele ein Gefühl, das ich nicht beschreiben kann. Nein, dieses Gefühl ist eine entsetzliche Anomalie des menschlichen Wesens und kann nur für kurze Zeit und an Tagen der höchsten Not auftreten. Ich starrte auf die Knaben und ihre Schwester und fühlte ein erdrückendes Verlangen, sie aus dem Kreis der Lebenden verschwinden zu lassen. Warum, mein Freund? Auch das kann ich nicht sagen, weil ich es selbst nicht verstehe. Du mußt nicht glauben, daß ich plötzlich kannibalische Gelüste verspürt hätte – nein, das ist es nicht. Es ist ein Gefühl, das mit dem Neid verwandt ist, Andrés – aber viel, viel stärker. Es war der zum Extrem geführte Egoismus; der Wunsch, das eigene Überleben über die Existenz aller anderen Mitglieder des Menschengeschlechts zu stellen; ein brutales Verlangen, mich an die Spitze des zerstörten Planeten zu stellen und alle anderen Wesen in den Abgrund zu schleudern, so daß nur noch ich und meine Tochter übrigbleiben würden; ein heißer Wunsch, alle Hände abzuhacken, die sich an das Floß klammern wollten, auf dem wir beide auf den aufgepeitschten

Wellen schwammen. Dir zu beschreiben, wie ich in diesem Moment die beiden Brüder und das arme Mädchen haßte, wäre schwieriger, als die Schrecken der Hölle zu schildern. Jeder Atemzug meiner Mitmenschen erschien mir wie ein Raub, etwas, das die Überlebenschance von mir und meiner Tochter gefährdete. Da teilten sich diese Unverfrorenen vor meinen Augen ein Stück Brot, das doch mit allem Korn und allem Wasser der Erde mir zum Geschenk geschaffen worden war! In dieser Phase des Egoismus verstand ich nicht, daß das Universum mit seinen tausend Welten, mit seinen unerschöpflichen Mitteln und Wundern für mich und Josefina sowie für alle anderen existiert.«

Der Doktor hielt erschöpft inne, und ich, der ihn von Gedanken abbringen wollte, die ihm mehr als seine physischen Leiden schaden konnten, entgegnete ihm: »Verscheucht doch diese unnützen Vorstellungen, die Euch das Gehirn verbrennen, Don Pablo! Siseta und ihren Brüdern geht es doch gut, und ich versichere Euch, lieber Freund, daß Ihr sie nicht gegessen habt. Warum noch weitere Gedanken daran verschwenden?«

»Schweig, Andrés, und laß mich fortfahren«, sagte er mit Bestimmtheit. »Es sind keine unnützen Vorstellungen, denn die Gefühle, von denen ich hier berichte, haben in mir wirklich Gestalt angenommen. Ich muß zugeben, daß ich mir der entsetzlichen Metamorphose meines Geistes, denn anders kann ich es nicht bezeichnen, bewußt wurde und mir sagte: ›Nein, das bin doch nicht ich! Oh, mein Gott, warum hast du zugelassen, daß ich ein anderer geworden bin?‹ Welch entsetzliche Szenen spielten sich vor mir und in meinem Geiste ab! Diese Bengel aßen doch wirklich, Andrés! Sie führten Brotstücke zum Mund, und hatten die Kühnheit, in meiner Gegenwart einen Teil davon ihrer Schwester anzubieten. Wie sollte ich, der ich von zahllosen Dämonen geplagt wurde, das tatenlos mit ansehen? Als ich erblickte, wie sie mit ihren Zähnen in das kostbare Brot bissen, wie sie es so schamlos hinunterschluckten, verdoppelte sich mein Haß auf sie, und ich drohte, alle meine Mitmenschen umzubringen. Andrés, du Freund meines Herzens, ich holte ein Messer und lief auf sie zu, wie jemand, der Fliegen mit einer Klatsche töten will. Ich bedrohte die Knaben, Siseta und Señora Sumta. In meinem Wahnsinn spürte ich aber immer noch ein menschliches Gefühl, das mich im letzten Moment von meinem unmenschlichen Verlangen zu töten abhielt. Die Jungen, die aus der Wohnung gerannt waren, kamen mit gleichaltrigen Spielkameraden zurück, und ihre Schreie und das provokante Lachen entflammten meinen Zorn. Von dem Zeitpunkt an sah ich nur noch rote Schatten. Ich wollte in alle Körper stechen, die mich umgaben. Ich glaube, daß ich auf die Straße lief, wo ich eingebildete Gestalten reihenweise erstach und zerhackte. Ich schrie tausend Ungereimtheiten und betrachtete mit satanischer Freude die in meiner Phantasie grausam zugerichteten Körper. Dann suchte ich die Einsamkeit und verfluchte alle, denen ich begegnete. Aber die Einsamkeit wurde mir nie zuteil, denn alle meine eingebildeten Opfer tauchten wieder lebend vor mir auf und machten mir die Atemluft, das Licht und alle anderen Schätze des Lebens auf dieser weiten Welt streitig ... Ich weiß nicht, was aus mir geworden wäre, wenn mich nicht einige Mönche in der Calle de Ciudadanos aufgehoben und fortgetragen hätten. Ach, mein Freund, in mein Hirn, das nur noch aus einer brodelnden Masse bestand, als ob es über einem Feuer gekocht würde, drangen Worte ein wie: ›Was für ein Jammer! Da ist nun der gute Doktor Nomdedéu verrückt geworden!‹ Als meine Seele das vernahm, schien sie das verlorene Gleichgewicht wiedererlangen zu wollen. Dann hörte ich die Mönche sagen: ›Wollen wir ihm doch ein wenig von dem gekochten Sesselleder geben. Vielleicht richtet ihn das ein wenig auf ...‹ Ich fragte sie nach meiner Tochter, und sie antworteten mir, daß sie von keiner Tochter etwas wüßten. Dann erholte und beruhigte ich mich ein wenig und wollte zu unserem Haus zurückgehen. Auf dem Wege fiel ich aber zu Boden und verlor das Messer. Eine Nonne geleitete mich schließlich zum Haus. Dort waren weder meine Tochter noch Siseta, die Knaben oder Señora Sumta. Die Nonne gab mir ein paar geröstete Korken, die ich aber nicht hinunterbrachte, und ich fragte sie nach meiner Tochter. Alles, was geschehen war, kam mir wie ein Traum vor. Aber obwohl ich letzten Endes begriff, daß ich nicht die ganze Menschheit getötet hatte, war ich doch davon überzeugt, daß einige meiner Mitmenschen meiner Raserei zum Opfer gefallen waren. Das war ein unerträglicher Gedanke. Ich rief aus: ›Pablo Nomdedéu, warst du es denn wirklich, der solche Schandtaten vollbracht hat?‹«

»Nun aber Schluß damit, mein Freund«, unterbrach ich ihn, als ich bemerkte, daß den guten Doktor die Erinnerung übermannte. »Später werdet Ihr uns mehr von diesen seltsamen Erlebnissen erzählen. Jetzt müßt Ihr ein wenig schlafen. Inzwischen kann Señora Sumta die besagten Rippchen zubereiten.«

»Schweig, Andrés, und versuche nicht, mir irgend etwas vorzuschreiben«, entgegnete er. »Ich werde schlafen, wenn ich es für richtig halte. Laß mich meine Geschichte zu Ende erzählen. Sie dauert nun nicht mehr lange. Die Pfleger im Krankenhaus gaben mir ein paar Kleinigkeiten zu essen, so daß ich genügend Kraft bekam, um mich auf die Suche nach meiner Tochter zu machen. Du weißt ja schon, wie ich sie endlich fand und was danach geschah. Ich sah mich dann selbst verwundert Kranke pflegen, die offenbar weniger krank als ich waren, und Verwundete, die an ihren Körpern nicht so schwere Wunden hatten wie ich auf der Seele. Ach, Andrés, der alte Nomdedéu war bis ins Innerste getroffen. Die mit soviel Geduld ertragenen Leiden sind die Ursache meiner Krankheit, an der ich bald zugrunde gehen werde. Ich bin selbst erstaunt, daß ich so viel aushalten konnte, und kann nicht verschweigen, daß ich die Kraft von hundert Männern aufbringen mußte. Ein einzelner Mensch hätte das nicht bewältigen können. Don Mariano Alvarez de Castro hatte es da wesentlich leichter. Sein Widerstand nährte sich von der Aussicht auf Ruhm und Dank des Vaterlandes. Ich hatte nur jammervolle Bilder und ein Schicksal vor mir, das niemals Bewunderung erregen würde. Die Anstrengung war groß, die Nervenbelastung ungeheuer. Deshalb ist der Faden gerissen, und ich gehe dahin, meine lieben Freunde. Ich habe genug getan. Derjenige, der glaubt, mehr als ich getan zu haben, möge sich melden.«

Josefina und Señora Sumta weinten, während ich versuchte, den Doktor mit liebevollen Worten zu trösten, als er zu sprechen aufgehört hatte. Etwas später kamen auch Siseta und ihre Brüder, worüber sich der Kranke sehr freute. Alle streichelte er, und anschließend ließ er ihnen eine ausgezeichnete Mahlzeit zubereiten. Dann schlief er ein. Als es Abend wurde, kam der Notar wieder, den Don Pablo zu der Zeit bestellt hatte, und drei enge Freunde des Arztes. Don Pablo rief uns alle zu sich und erklärte, er werde jetzt sein Testament machen. Die meisten seiner weltlichen Güter vermachte er natürlich seiner Tochter Josefina, aber mit einigen Ausnahmen, die ich Ihnen hier aufführen will, damit sie die Großzügigkeit dieses ausgezeichneten Mannes verstehen lernen. Siseta und ihren Brüdern vermachte er vierundzwanzig Korkeichen, die er bei Olot besaß. Außerdem sollte den dreien, im Falle von Josefinas Tod ohne Nachkommenschaft, deren gesamtes Erbteil zufallen. Beiden jungen Frauen empfahl er zusammenzubleiben, um die Freundschaft und enge Bindung fortzusetzen, die im Laufe von Josefinas Krankheit entstanden waren. Der Besitz des Arztes war nicht sehr groß, denn der Hof in Castellá, der von den Franzosen verwüstet worden war, stellte keinen hohen Wert mehr dar, und der Rest bestand aus einigen Gruppen von Korkeichen, die über verschiedene Gegenden verstreut waren, so daß die Erben zunächst einmal mehrere Reisen würden unternehmen müssen, um festzustellen, wieviel Kork daraus zu gewinnen wäre. Auch mir und Señora Sumta vererbte er etwas, obwohl mein Erbteil eher symbolisch war, denn es bestand aus dem Tagebuch der Belagerung, von seiner Hand und Feder geführt. Die Haushälterin erbte alle Möbel und Wäschestücke, die man aus dem beschädigten Hause noch retten konnte.

Nach Abschluß des Testaments wurden dem Kranken die Sterbesakramente erteilt, worauf Don Pablo sehr erschöpft liegenblieb und nur noch selten unter großer Anstrengung sprach, wobei er uns verwundert anschaute. Er schloß die Augen und fiel in einen unruhigen Schlaf. Mit Ausnahme von Manalet, der auf dem Boden schlief, wachten wir alle, um ihm sofort Hilfe oder Handreichungen leisten zu können, aber der arme Kranke brauchte unsere Hilfe nicht mehr lange. Kurz vor dem Morgengrauen öffnete er die Augen, rief seine Tochter zu sich, umarmte sie zärtlich und sagte ihr: »Du bleibst also hier, meine geliebte Tochter, und ich muß gehen. Ob wir uns noch einmal wiedersehen werden? Wenn nicht, wäre die Ewigkeit die Hölle für mich ... Josefina, komm, folge mir. Zieh dir den Mantel an und laß uns gehen! Meine Tochter wird sich von mir nicht trennen. Nachdem wir zusammen die großen Leiden überstanden haben, sollen wir nun auseinandergehen? Nein, Josefina. Wir gehen zusammen nach Castellá. Dort werden wir im Garten den Gurken beim Wachsen zusehen und uns nicht mehr um das kümmern, was in Gerona geschieht. Schau, wie groß die Tomaten schon sind und wie rot die Paprikaschoten ... Siehst du, da kommt die Henne ›Pintada‹ mit ihren achtzehn Küken. Darunter sind sechs Entlein – das sind die Lustigsten von allen. Wenn sie zum Teich kommen, kann die Henne soviel gackern, wie sie will – schwapp, springen sie ins Wasser. Sieh doch, wie die ›Pintada‹ Angst hat und sie ruft ... Aber sie ... Ja, wenn du willst ... Liebe Tochter, die Birnbäume sind beladen mit Früchten. Einige sind schon reif. Was machen denn die Pfirsiche? Es scheint mir, daß die Ziege das Rübenkraut gefressen hat ... Aber brrrr – da ist doch ›Discorides‹, der Maulesel vom Nachbarn Mansió! Wie der sich über unseren Garten hermacht. He, weg da! Ich nenne ihn ›Discorides‹, weil er so ernst und melancholisch ist. Der große Weise des Altertums wird mir verzeihen ... Hast du die Tauben gesehen, Josefina? Sehen wir doch einmal nach, ob die Ratten wieder ein paar Eier gefressen haben ... Hallo, Nachbar Mansió, Euer ›Discorides‹ verwüstet unseren Garten! Bindet ihn doch gefälligst an! ... Der hört mich offenbar nicht ... Wie soll er sich auch darum kümmern, wenn er seiner Enkeltochter die Nase putzt? Komm doch mal her, kleine Pauleta. Nimm Josefinas Hand, und wir gehen die Kuh melken. Wie hübsch ist doch das Kälbchen! Geh nicht so dicht heran, denn neulich hat es den Nachbarn mit dem Horn gestoßen ... Josefina, bring doch mal den Melkeimer. Mansió sagte doch, daß ich nicht melken könne, aber ich werde ihm und allen anderen Nachbarn zeigen, daß ich es besser als sie mache! Keine Angst, ›Esmeralda‹, ich werde dir nicht weh tun! Plitsch, platsch … Die Stalluft gefällt mir sehr, Tochter … Jetzt kommt die sanfte, liebevolle und schweigsame Nacht, an deren Busen meine Seele ausruhen kann. Hörst du die Frösche, wie sie sich grüßen: ›Wie geht es euch denn? Und dir?‹ Hör doch mal, wie die Grillen das Thema von gestern abend wieder anstimmen. Hörst du den zweisilbigen geheimnisvollen Ruf des Kuckucks? Da kommen auch die Bauern von den Feldern zurück. Wie die Ochsen ihr Maul heben und dem Stall zustreben! Hör doch die Gesänge der Tagelöhner und Kinder, die hungrig zum Hof zurückkommen. Schau, wie sie die Großmutter umringen, die den Topf auf das Feuer gestellt hat. Aus den Schornsteinen steigen schlanke Rauchsäulen in den Himmel, und ein sanfter Wind kommt von den Bergen herunter und bewegt die Blätter der grünen Ulmen, der dunklen Eichen, der melancholischen Weiden und dieser schlanken Schwarzerlen, deren blanke Blätter im letzten Sonnenstrahl glänzen … Die Dunkelheit senkt sich langsam herab, und der weite Himmel über uns bietet ein Meer zum Träumen. Vergebens versuchen wir, bis zu seinem Ende zu blicken. Oh, laß uns immer hierbleiben, Josefina, an diesem köstlichen Ort! Jetzt ist alles ruhig. Von weitem hört man das zufriedene Meckern der Schafe. Der Kuckuck, die Grillen und die Frösche haben anscheinend immer noch keine befriedigende Antwort auf die Fragen bekommen, die sie so beschäftigen. Der Wind legt sich, schließt die Augen und schlummert ein. Aus den Schornsteinen kommt auch kein Rauch mehr. ›Esmeralda‹ legt sich auf das frische Heu, und das Kalb sucht im mütterlichen Euter, was wir dort für es zurückgelassen haben. Nachbar Mansió schläft auch, und ›Discorides‹ funkelt mit den Augen. Die Tauben haben aufgehört zu gurren, die Kaninchen suchen ihre Erdlöcher auf, und die Vögel stecken die intelligenten Köpfchen unter den Flügel. Señora ›Pintada‹ zieht sich mit ihren achtzehn Küken – einschließlich der jungen Enten, die den Abdruck ihrer feuchten Füße auf dem Boden hinterlassen – in den Hühnerhof zurück. Die Welt legt sich zur Ruhe, meine Tochter. Der Himmel wird dunkel. Jetzt ist alles dunkel, und man sieht nichts mehr. Seit langer Zeit sehnen sich mein Geist und der deine nach dieser tiefen Ruhe, die von niemandem gestört wird. Legen wir uns auch zur Ruhe. Am Himmel sind weder Sonne noch Mond zu sehen. Nur der Abendstern sendet uns seinen silbernen Strahl. Schau ihn an, Josefina, und schlafe mit der Stirn an meiner Schulter ein. Ich werde meinen Kopf an deinen legen, und so werden wir eng beieinander schlafen. Alles ist in Stille versunken, und man sieht nur noch den Abendstern … Siehst du ihn auch, da oben?«

Das waren die letzten Worte, die Señor Nomdedéu in dieser Welt über die Lippen kamen.

Einige Zeit nach seinem Hinscheiden kostete es uns große Mühe, die untröstliche Tochter aus den kalten Armen des Vaters zu lösen. Ihr Zustand war so desolat, daß man eine neue Katastrophe fürchten mußte.

24

Adiós, liebe Leute! Ich gehe nach Frankreich. Die Vorfälle, von denen ich eben erzählte, ließen mich vergessen, daß ich ja ein Kriegsgefangener war, wie alle anderen Verteidiger der Stadt Gerona, und deshalb in die Gefangenschaft nach Frankreich gehen mußte. Aufgrund meiner Verwundung mußte ich jedoch nicht schon am Zehnten, sondern erst am Einundzwanzigsten abmarschieren. Mit dem Ende der Krankheit endete also auch meine Freiheit. Also dann, auf Wiedersehen! Die Kanaillen hatten es doch so eilig, mich zu holen, daß ich noch nicht einmal die Zeit besaß, Siseta und ihre Brüder zum Abschied zu umarmen. Kurz nach Bekanntgabe der Abmarschzeit holten sie uns auch schon ab. Es wurde eine Formation gebildet, und wir mußten uns auf den Weg in das Land des Kaisers machen, nachdem man uns für die Flucht die Todesstrafe und für üble Reden über José Botellas, das Singen des Liedes ›Dígasme tú, Girona‹ oder die Erwähnung des

Namens von Don Mariano Alvarez fünfzig Stockschläge angedroht hatte.

»Adiós Siseta, Adiós Badoret und Manalet! Denkt daran, was ich euch gesagt habe! Verlaßt die Stadt erst, wenn ich es euch mitteilen lasse, und versucht nicht, jetzt schon eure Korkeichen in Besitz zu nehmen. Das kommt erst später. Kümmert euch um Josefina und erleichtert ihr die traurigen Stunden! Umarmt noch einmal euren Andrés Marijuan, den man nach Frankreich bringt, weil er das Vaterland verteidigt hat. Aber ich habe Gottvertrauen, und mein Herz sagt mir, daß ich meine Knochen nicht im Land der ›Schweine‹ lassen werde. Nur Mut, weint nicht! Derjenige, der den Kugeln entkommen ist, wird auch der Gefangenschaft entkommen. Deshalb ziemt es sich für tapfere Leute auch nicht, wegen einer Reise von ein paar Tagen so viele Tränen zu vergießen. Das Wichtigste ist jetzt erst einmal die Gesundheit – die Freiheit kommt später. Sie kommt gemessenen Schrittes, und niemand wird sie aufhalten können. Adiós, Adiós!«

So sprach ich zu Siseta und den Knaben bei meinem hastigen Abschied. Den Mut und die Zuversicht, die ich ihnen predigte, besaß ich selbst nicht, und es fehlte nicht viel, daß ich es mir hätte anmerken lassen. Ich mußte in dieser Situation aber Stärke zeigen und Haltung bewahren. Niemals in meinem Leben ist mir etwas so schwergefallen. Eine Riesenhand hatte sich um mein Herz gelegt und preßte es zusammen.

Siseta war am Boden zerstört. Sie blieb in der Calle de la Neu, während mich Badoret und Manalet bis hinter den Pedret begleiteten. Sie wären auch noch weiter mitgekommen, wenn ich es ihnen nicht verboten hätte, weil ich fürchtete, daß sie in der Dunkelheit nicht mehr nach Hause zurückfinden würden. Der Abmarsch fand also am Abend des Einundzwanzigsten statt. An unserer Spitze fuhr, umringt von französischen Gendarmen zu Pferd, die Kutsche, in der Don Mariano Alvarez transportiert wurde. Danach kamen die Offiziere, unter denen sich mein Herr befand, gefolgt von den Mannschaften – Soldaten, die von Verwundungen und Krankheiten genesen waren. Diese Prozession hätte trauriger nicht sein können. Die Kutsche des gefangenen Gouverneurs fuhr sehr langsam. Überall hörte man nur französische Laute. Unsere Bewacher unterhielten sich laut und vergnügt, während wir Spanier stumm und traurig dahintrotteten.

In Sarriá hielten wir. Dort schlossen sich uns die Mönche an, die man versammelt hatte, damit sie unser Schicksal teilten. Mit den Geistlichen an der Spitze hätte es eigentlich eine Feiertagsprozession sein können. Wir boten aber tatsächlich einen jammervollen Anblick, denn obwohl es unter uns einige robuste junge Männer gab, die den anstrengenden Marsch gut verkrafteten, so waren die meisten doch Ältere mit gebeugtem Rücken und Schwache, die kaum einen Fuß vor den anderen setzen konnten. Die Gendarmen trieben sie ohne Mitleid an. Es war uns Jüngeren jedoch erlaubt, den einen oder anderen von ihnen zu stützen. Pater Rull mußte seinen aufwallenden Zorn hinunterschlucken und marschierte mit entschlossenen Schritten vor uns. Sicherlich schmiedete er Rachepläne. Bei jedem Halt verteilten Laienbrüder Brot, Käse, Trockenfrüchte und etwas Wein unter den Mönchen. Einiges davon ging auch an das weltliche Gros der Karawane, aber nicht viel. Manche französischen Gendarme, die menschlicher als ihre Anführer waren, gaben den Gefangenen auch von ihren Rationen ab.

So gelangten wir am Zweiundzwanzigsten um drei Uhr nachmittags nach Figueras. Ohne daß ihm auch nur die kleinste Erholungspause gegönnt wurde, transportierte man den Gouverneur auf die Festung San Fernando. Die Mönche und Soldaten blieben am Ort. Nur das aus den Offizieren und ihren Untergebenen bestehende Gefolge, zu dem ich gehörte, mußte hinter der Kutsche zur Festung marschieren.

Don Mariano war so schwach, daß er aus der Kutsche in einen Seitenflügel der Festung getragen werden mußte, wo er in einen unmöblierten Raum gelegt wurde. Der Held lag resigniert auf der Holzpritsche, die man ihm statt eines Bettes zugeteilt hatte. Wir, die das mit ansehen mußten, waren entrüstet und konnten diese Grausamkeit von Berufsoffizieren gegenüber einem hochrangigen besiegten Feind nicht verstehen. Wir hielten aber den Mund, um die Kerkermeister, die wetteiferten, wer den prominenten Gefangenen am schlechtesten behandelte, nicht noch zusätzlich anzustacheln. Dann brachte man dem Kranken einen miserablen Fraß, wie ihn die Soldaten der Garnison bekamen, aber der todgeweihte Don Mariano Alvarez, der Fieber hatte und völlig erschöpft war, wollte ihn nicht anrühren. Es half nichts, daß wir um Krankenkost für ihn baten. Man antwortete uns nur barsch, daß man nichts Besseres habe. Außerdem solle er nicht so wählerisch sein, denn während der Belagerung habe er ja schließlich mit wesentlich schlechterem Fraß auskommen müssen.

Beharrlich und würdevoll widerstand Don Mariano diesen Strapazen und kleinlichen Rachehandlungen seiner Kerkermeister. Es kam nur Unmut in ihm auf, als der Kommandant der Festung, ein aufgeblasener Landsknecht von verhältnismäßig geringem Rang, anfing, ihm eine Reihe unverschämter Fragen zu stellen. Die Anmaßung dieser Kanaille schnürte uns vor Wut die Kehle zu, denn nicht nur dieser miserable Kommandant, sondern auch die geringsten Offiziere wagten es, unserem Helden dumme und freche Fragen zu stellen. Aber er würdigte sie noch nicht einmal eines Blickes.

Diese Fragen waren nicht nur eine Verletzung der Höflichkeit, sondern auch der militärischen Gepflogenheiten, denn aus allen sprach die Absicht, unseren Helden als Verbrecher zu brandmarken, weil er die Stadt, die ihm von der Regierung seines Vaterlandes anvertraut worden war, bis zur Verzweiflung verteidigt hatte. Es war eine Schande, daß Offiziere in solch unflätiger Weise einen Mann beleidigten, der an Mut und Tapferkeit von niemandem übertroffen werden konnte. Don Mariano Alvarez de Castro, der auch vor solchem Gesindel ein Caballero blieb, antwortete ihnen schließlich: »Wenn Ihr Männer von Ehre wärt, hättet Ihr an meiner Stelle das gleiche getan.«

Eine solch edle Einstellung war den meisten von ihnen unbegreiflich. Nur einige Offiziere, die sich ihrer schäbigen Rolle bewußt wurden, beeilten sich nach dieser Antwort unseres Generals, dem erniedrigenden Verhör ein Ende zu bereiten.

Mein Vorgesetzter schickte mich sofort in den Ort, um Fleisch für den Kranken zu kaufen, und dank meiner Schnelligkeit und Geschicklichkeit gelang es uns, ihm bald ein einigermaßen appetitliches Essen vorzusetzen. Vor den Franzosen, die uns jegliche Hilfe verweigerten, setzte Capitán Satué den Topf auf eine Feuerstelle, ein anderer Offizier machte Feuer darunter, wir übrigen verwandelten uns in Köche und Küchenjungen und wetteiferten, dem berühmten Kranken zu Diensten zu sein. Etwa gegen zwei Uhr morgens wurde an die Tür unseres Zimmers geschlagen, und man befahl, uns für den Weitermarsch nach Frankreich fertigzumachen. Don Mariano, der gerade fest eingeschlafen war, wurde davon wieder aufgeweckt. Als er von der Fortsetzung des Marsches erfuhr, sagte er lakonisch:

»Na, dann gehen wir eben.« Er wollte sich auf der Holzpritsche, auf dem wir ihm mit unseren Umhängen ein behelfsmäßiges Bett bereitet hatten, aufrichten, aber es gelang ihm nicht, denn er war völlig entkräftet. Wir trugen ihn zur Kutsche und stapften dann durch den Schnee, der auf der Straße nach La Junquera lag. Die Franzosen hatten noch eine weitere Vorsichtsmaßnahme getroffen, um uns zu bewachen. Ich muß lachen, wenn ich nur daran denke. Außer der starken Reitereskorte nahmen sie von Figueras auch zwei Kanonen mit, mit denen sie uns von hinten ständig bedrohten. Ihre Furcht, daß wir mit dem todkranken Don Mariano Alvarez entfliehen könnten, muß also ziemlich groß gewesen sein, denn warum hätten sie sonst zu einem solchen Mittel gegriffen? An diesem Morgen des zweiten Tages bestand unsere Gruppe nur aus der Kutsche, deren Gefolge und der Bewachung, denn die Mönche und das Gros der Truppe durften bis zum Morgengrauen in Figueras bleiben. Ich weiß nicht, ob sie gegen den zornigen Pater Rull auch ein paar Feldbatterien und einige Linienregimenter einsetzen wollten.

In La Junquera hielten wir nur kurz an. Anschließend ging es weiter nach Frankreich. Am Dreiundzwanzigsten kamen wir um sieben Uhr abends in Perpignan an. Nachdem wir vor dem Haus des Gouverneurs angehalten hatten, führte man uns nach Satillet, einer Backstein-Festung, die eine wundervolle Aussicht bot. Sie war ein Werk des Don Sancho, das alle gesehen haben, die diese Stadt jemals besuchten. Ohne irgendwelche Umstände wies man Don Alvarez einen dunklen Raum zu, der einer Kerkerzelle ähnelte, mehr Feuchtigkeit als Möbel aufwies und dermaßen schmutzig war, daß Don Mariano Alvarez trotz seiner Resignation und Verschlossenheit sich nicht mehr zurückhalten konnte und entrüstet ausrief:

»Ist das ein angemessener Platz für einen General? Und Ihr wollt Euch Soldaten schimpfen?«

Der Kerkermeister, ein grobschlächtiger Barbar, zuckte die Schultern und murmelte etwas auf französisch, was in meinen Ohren so klang wie:

»Ihr müßt eben Geduld haben.«

Dann eröffnete uns dieser Zerberus, daß wir essen könnten, was wir wollten, wenn wir dafür mit gültigem spanischem Geld zahlen würden. Nach meiner Erfahrung wird spanisches Geld im Ausland gern angenommen. Wir dankten ihm und bestellten das Notwendigste. Danach warteten wir alle in dem schändlichen Loch auf das Abendessen. Unsere erste Sorge war jedoch, Don Alvarez aus unseren Umhängen ein Lager zu bereiten, denn seine Erschöpfung und Schwäche nahm immer mehr zu. Der Kerkermeister kam bald mit einer ungenießbaren Mahlzeit wieder, die wir unmöglich essen konnten, obwohl er von uns dafür das Gewicht in Gold forderte. Wir zahlten es ihm immerhin noch gerne und baten ihn, einige in schlechtem Französisch, die anderen auf spanisch, uns doch noch mit seiner interessanten Gegenwart zu beehren.

Aber er verstand nicht oder wollte nicht verstehen und verschwand wortlos, um uns seine Macht zu demonstrieren. Jede Viertelstunde aber kreuzte er mit einer hellen Laterne auf, so daß wir nicht zum Schlafen kamen. Das störte uns natürlich alle, hauptsächlich jedoch den Kranken, der in seinem Zustand unbedingt Schlaf brauchte. Wir sagten das dem Zerberus und fügten hinzu, daß er nicht ständig nach uns sehen müßte, da wir nicht daran dächten, zu fliehen. Er antwortete uns mit niederträchtigen Drohungen, ließ uns dann aber einige Zeit in Ruhe, so daß wir endlich in Morpheus' Arme fallen konnten. Aber kaum hatten wir die Schwelle dieser Zuflucht des gequälten Geistes überschritten, als das helle

Licht der Lampe uns wieder in die Augen stach und der Kerkermeister sich durch Rütteln jedes Körpers zusätzlich davon überzeugte, daß wir noch da waren.

Don Satué, der außer sich vor Wut war, sagte mir in einem der kurzen Intervalle, in denen wir uns überlassen waren:

»Wenn diese Bestie wiederkommt, zerschmettere ich die Laterne an seinem Kopf!«

Aber Don Mariano wies darauf hin, daß dies ein großer Fehler wäre, unter dem alle zu leiden hätten. Dank der ständigen Besuche unseres Peinigers war die Nacht also recht quälend. Am nächsten Morgen beehrte uns der Ortskommandant mit seinem Besuch. Er sprach lange mit Don Mariano und behandelte ihn mit einer gewissen Höflichkeit, die uns angenehm überraschte. Dann aber brachte er das Gespräch auf einen Vorfall, von dem wir keine Kenntnis hatten. Dabei wurde er grob und beleidigend. Anscheinend hatten einige Offiziere, die sofort nach der Kapitulation von Gerona auf den Weg nach Frankreich gebracht worden waren, die Flucht ergriffen. Das gab er zur Antwort auf die Frage, warum man uns in der Nacht ständig mit dem Lampenschein gequält hatte. Dabei benutzte der Kommandant Worte, die sehr demütigend waren, und fügte hinzu: »Aber glücklicherweise haben wir elf der Flüchtlinge wieder eingefangen. Vor zwei Tagen sind sie erschossen worden. Die anderen suchen wir noch.«

Alvarez lächelte vor sich hin und sagte:

»Die sind wohl weggeflogen, was?«

Auf seinem Gesicht zeichnete sich nach langer Zeit wieder ein Anflug von Freude ab. Obwohl dieser Ortskommandant von Perpignan nun wahrlich kein Wohltäter war, versprach er unserem Gouverneur, ihn den ganzen Tag schlafen zu lassen und die Unverschämtheiten seiner Kerker-Soldateska zu zügeln. So freuten wir uns denn auf etwas Schlaf. Aber, ach, neue Qualen standen uns bevor. Es war einfach zu schrecklich, den Standhaftesten und Würdigsten aller Spanier dieser Epoche so dahinsiechen zu sehen, ohne daß wir ihm Erleichterung verschaffen oder Mitleid beim Bewachungspersonal erwecken konnten. Wir befanden uns unter Leuten, die darum wetteiferten, die Krone des Heldentums auf dem Kopf des Mannes in den Dornenkranz des Märtyrers zu verwandeln.

So etwa gegen zehn Uhr vormittags tauchte das breite und brutale, von rötlichen Haaren eingerahmte Gesicht unseres Kerkermeisters wieder auf. Obwohl er diesmal keine blendende Laterne trug, weil es ja Tag war, deuteten schon seine ersten Worte an, daß er nichts Gutes brachte. Dieser sympathische Zeitgenosse sagte, wir sollten uns bereithalten, da wir die Zelle bald schon verlassen würden. Als wir einwanden, daß der Kranke doch wegen seines hohen Fiebers nicht aufstehen könne, antwortete er nur mürrisch, daß schon jemand kommen würde, um ihn zum Aufstehen zu bewegen. Don Mariano fügte sich wie stets in das Schicksal, richtete sich auf seiner Lagerstatt auf und bat um seinen Hut. Wir stellten ihn auf die Beine. Er versuchte, mit eigener Kraft zu gehen, aber es gelang ihm nicht. Zwei von uns griffen ihm unter die Arme, wir führten ihn aus dem Kerkerzimmer und schritten in einer traurigen Prozession stumm und verbittert zum Festungshof hinunter. Außerhalb der Festung waren zwei Reihen Gendarmen beiderseits des Weges zur Stadtmauer aufgestellt, und dahinter betrachtete uns eine mitleidige Menge. In diesem Moment sagte ich mir: »Jetzt werden sie uns erschießen!«

25

Oh, welch bittere und schreckliche Stunde! Einem kaltblütig die kostbare Existenz auf dieser Welt zu nehmen, weit von zu Haus und von den geliebten Menschen, ohne ein Auge, das einen beweint, in entsetzlicher geistiger Einsamkeit und unter Leuten, die in einem nicht mehr sehen, als das Opfer, das militärischen Interessen gebracht werden muß, ist eine der schlimmsten Prüfungen für den Menschen. Ich blickte gen Himmel. Er war nicht wie der Himmel über Spanien. Ich schaute auf die Leute, hörte ihre fremdartigen Worte und unverständlichen Zurufe. Auch sie waren anders als bei uns. Vor allem war Siseta nicht da. Hundert Leben hätten mir als Ausgleich für ein gemeinsames Leben mit ihr in Spanien nicht genügt. Und dieses Wesen sollte ich wohl in Kürze verlieren. Es kam mir in den Sinn, gegen diese Barbarei zu protestieren, zu schreien und gegen Tausende von Franzosen aufzubegehren, aber die Erkenntnis meines Unvermögens drückte mich mit ungeheurem Gewicht nieder. Ich nahm meine Umwelt nicht mehr wahr, und die ungeheure Nervenbelastung trieb mir die Tränen in die Augen. Meine Begleiter bewahrten Haltung, aber sie hatten in Gerona ja auch keine Siseta zurücklassen müssen.

Als wir zur Mauer gelangten, sahen wir dort die Mönche und die Soldaten, die uns nachgekommen waren, in Reihen aufgestellt. Einige Laienbrüder und Alte weinten wie ich, aber Pater Rull ließ Flammen aus seinen schwarzen Augen sprühen. In dieser extremen Bedrängnis hatte der patriotische Mönch, den rasende Wut gegen seine Henker erfüllte, die erste Seite des Evangeliums vergessen.

Die Franzosen stellten uns gleichfalls in einer Reihe auf. Unser General und Gouverneur mußte sich ohne Ansehen seines hohen Ranges zwischen uns stellen. So blieben wir eine lange Zeit stumm stehen, in entsetzlicher Agonie, und wußten nicht, was mit uns geschehen würde. Schließlich erschien ein beleibter französischer Offizier mit einer Liste und rief jeden einzelnen von uns mit Namen auf. Diese ganzen Vorbereitungen, dieses grausame Schauspiel vor der Bevölkerung, der Aufmarsch von so vielen Truppen gegen einige arme, halbverhungerte Kranke, die sich vor Erschöpfung und Schlafmangel nur mit äußerster Anstrengung auf den Beinen halten konnten, hatte also nur den Zweck einer Anwesenheitskontrolle durch Aufruf! Ach, als ich die Gewißheit erlangte, daß sie uns nicht erschießen würden, erschienen mir die Franzosen wie die liebenswertesten und mitfühlendsten Menschen der Welt.

Als wir in die Festung zurückkamen, erwartete uns eine weitere Neuigkeit. Der Raum, in dem wir die Nacht verbracht hatten, war von diesen Schurken als zu luxuriös für ›Aufständische und Banditen‹, die sich ihnen in Gerona so hartnäckig widersetzt hatten, empfunden worden. Deshalb wies man uns jetzt ein Verließ ohne Luft zu, dessen Boden aus spitzen Kieselsteinen bestand, zwischen denen stinkende Rinnsale flossen. Die wuchtige Doppeltür wurde mit starken Riegeln verschlossen. Durch eine kleine Öffnung in der dicken Mauer fiel nur um die Mittagszeit ein Lichtstrahl, der aber auch nicht ausreichte, um unsere Gesichter gegenseitig zu erkennen. Wir protestierten natürlich, und auch Don Mariano machte dem Kerkermeister Vorhaltungen. Dieser aber gab uns bloß zur Antwort, er könne uns ein passables Essen beschaffen, wenn wir ihn gut bezahlen würden. Dem heldenhaften Gefangenen ging es von Stunde zu Stunde schlechter, und von diesem Tage an wurde uns klar, daß er uns unter den Händen wegsterben würde, wenn er nicht in eine gesündere Umgebung käme. Mit großer Anstrengung schrieb unser General selbst einen Brief an den französischen General Augereau, in dem er ihm von der schlechten Behandlung, der wir ausgesetzt waren, berichtete. Er erhielt jedoch keine Antwort. So ging die Qual mit der Laterne weiter, was diesem rothaarigen Kerkerhund, der außerdem darauf erpicht war, uns unsere Barschaft für ein fast ungenießbares Essen zu rauben, ein sichtliches Vergnügen bereitete. Niemand konnte den kranken Gouverneur dazu bewegen, eine Medizin einzunehmen, denn er fürchtete, daß sie vergiftet sei. Uns selbst durchsuchte man peinlich genau und nahm uns jedes zum Schneiden geeignete Instrument ab, damit wir dem köstlichen Leben, das sie uns bereiteten, nicht ein Ende setzen konnten.

In diesem menschenunwürdigen Loch blieben wir, bis das unglückselige Jahr 1809 zu Ende gegangen war. Wir alle wurden krank, aber mehr als krank – todkrank – war der große Alvarez, der jedoch auch unter diesen schrecklichen Umständen immer wieder ein Beispiel dafür gab, daß man Körper und Seele selbst in der größten Not beherrschen konnte. In den seltenen Momenten, in denen er seiner Stimme mächtig war, diskutierte er mit uns über den Krieg und schilderte die Etappen seiner glorreichen militärischen Laufbahn. Dabei sagte er auch ein siegreiches Ende unseres Kampfes gegen die Franzosen und den Triumph der spanischen Sache voraus. Es war, als würde sich die mächtige Stimme des Vaterlandes in unserem Verließ erheben.

Das für Leben und Gesundheit des Verteidigers von Gerona äußerst abträgliche Vegetieren in diesem stinkenden Loch währte glücklicherweise nicht mehr lange. Es fand sein Ende in einer Nacht, in der uns der abstoßende Zerberus anbrüllte, wir sollten uns sofort ankleiden, weil man uns im Innern Frankreichs internieren wolle. Obwohl wir uns so immer weiter von unserer Heimat entfernten, waren wir froh, endlich diesen Kerker verlassen zu können. Wir ließen uns also nicht lange bitten, wobei wir unserem Kerkerhund auf verschiedene Weise zu verstehen gaben, wie glücklich wir waren, ihn nicht mehr zu Gesicht zu bekommen. Man führte uns unter starker Bewachung zusammen mit den Mönchen aus Perpignan hinaus, nachdem der Kommandeur der Wachabteilung den Befehl gegeben hatte, jeden Mönch, der versuchen würde zu fliehen, zu erschießen.

Aber auf diesem Marsch schickte uns die Vorsehung einen großmütigen und mildtätigen Mann, der dem berühmten Gefangenen einige Wohltaten angedeihen ließ. Es war der Kutscher, der beim Anblick des Kranken, von dessen Ruhm er nichts wußte, vom Mitleid gepackt wurde. In großer Dankbarkeit wollten wir ihn für seine christlichen Dienste belohnen, aber er lehnte jede Wiedergutmachung strikt ab. Als die Gendarmen ihm befahlen, schneller zu fahren, dachte er daran, daß die Erschütterungen bei erhöhter Geschwindigkeit dem Kranken Schmerzen zufügen würden, und gab Krankheit der Zugtiere und den schlechten Zustand der alten Kutsche vor, um Beibehaltung der langsamen Gangart zu rechtfertigen. Alle, die wir zu Fuß folgten, waren ihm dafür von Herzen dankbar.

Nach einer kurzen Rast in Salcés hielten wir in Sitjans, um dort die Nacht zu verbringen. Kaum hatten wir unserem Gouverneur aus der Kutsche geholfen, als er und sein Gefolge in einen schmutzigen Stall geführt wurden, in dem sich nicht die geringste Vorrichtung für einen menschlichen Aufenthalt befand. Angesichts dieser entwürdigenden Behandlung unseres berühmten Generals, der außerdem ein schwerkranker Mann war, konnten wir unsere Entrüstung nicht mehr unterdrücken und machten unserem Herzen mit heftigen Worten gegenüber dem Kommandeur der Bewachungsmannschaft Luft. Nachdem dieser uns erst bedroht hatte, schien er sich zu beruhigen, weil er offenbar die Berechtigung unserer Klagen einsah. Er schwankte eine Weile, gab uns dann aber zu verstehen, daß die Unterbringung nicht seine Aufgabe sei. Schließlich brachte der Kutscher – auf Anweisung oder nur mit Duldung des Kommandeurs – ein Bett in den Stall, auf dem der unglückliche Kranke, dessen erstaunliche Widerstandskraft nun doch nachzulassen schien, ein paar Stunden ausruhen konnte.

Am nächsten Morgen, als wir uns wieder in Marsch setzten, kamen einige Reiter mit einem Brief für den Kommandeur der Bewachungsmannschaft. Dieser öffnete ihn und las ihn uns vor, nachdem er selbst Kenntnis von ihm genommen hatte. Darin stand in aller Kürze, daß der ›Monsieur Alvarez‹ nach Spanien zurückkehren solle. Wir waren außer uns vor Freude, daß wir unser Vaterland bald wiedersehen würden, und hofften sogar, unsere Bewacher würden uns aus Mitleid nach Überschreiten der Grenze die Freiheit schenken. Die Mönche und das Gros der Truppe, die ja nicht zum Gefolge unseres Gouverneurs gehörten, glaubten auch, daß sie nun bald wieder spanischen Boden betreten dürften, und gaben ihrer Freude Ausdruck, aber die Gendarmen machten ihnen sofort ihren Irrtum klar und befahlen ihnen, weiterhin ins Landesinnere Frankreichs zu marschieren. Wir verabschiedeten uns liebevoll von ihnen und erhielten so manchen Auftrag, Brief und zärtlichen Gruß an die Familien.

Als Don Mariano sah, daß wir wieder Kurs auf die Pyrenäen nahmen, sprach er: »Mir ist es egal, wo man mich noch hinbringt, wenn es nicht die Festung von Perpignan ist.«

Ersparen Sie mir eine Aufzählung der miserablen Unterkünfte und brutalen, demütigenden Behandlung von Sitjans bis zur spanischen Grenze. Ich weiß nicht, wie der illustre Kranke mit seinen Leiden das alles aushalten konnte. Die letzte Szene dieser schrecklichen ›Via Crucis‹, seines Kreuzweges, kann ich Ihnen aber nicht vorenthalten. Sie ereignete sich direkt an der Grenze, hinter Pertus. Als wir uns freuten, bald schon spanischen Boden unter uns fühlen zu können, kamen wieder einige Reiter mit neuen Befehlen für den Kommandeur der Bewacher. Dieser zeigte sich sehr verärgert darüber, und bei einer kleinen Auseinandersetzung zwischen ihm und den Überbringern hörten wir diesen Satz, dessen Sinn wir verstanden, obwohl er französisch gesprochen war:

»Monsieur Alvarez kann zurückkehren, sein Stab und Gefolge jedoch nicht.«

Wir begriffen, daß man uns von unserem geliebten General trennen wollte, und wir wieder nach Frankreich marschieren sollten, während er allein, diesmal gänzlich allein, zur Festung Figueras gebracht würde. Dies rief Verzweiflung in dem kleinen Gefolge hervor. Satué ballte die Fäuste und schrie wie ein Wahnsinniger, daß er sich lieber in Stücke reißen lassen wolle, als seinen General zu verlassen. Andere dagegen hielten es nicht für ratsam, unseren Bewachern mit Drohungen und Wut zu begegnen, und baten den Kommandeur der Gendarmen inständig, Alvarez weiterhin folgen zu dürfen. Der Kranke seinerseits erklärte, daß die Rückkehr nach Spanien ohne seine treuen Gefährten ihm mindestens so unerträglich wäre wie das Gefängnis von Castillet. Wir baten alle darum, die Leiden unseres geliebten Gouverneurs zu mildern, aber es war nutzlos. Als Höhepunkt der tausend Qualen, die sie sich für den Helden ausgedacht hatten, wollten sie seine große Seele einer letzten Prüfung aussetzen. Weder seine unerträglichen Schmerzen noch sein Alter oder die vermutliche Nähe seines Todes flößten ihnen Mitleid ein. So groß war der Haß auf diesen Mann, der sieben Monate lang eine fast unbefestigte Stadt gegen vierzigtausend Soldaten unter der Führung der besten Generäle ihrer Zeit gehalten hatte, der nie unter dem schrecklichen Hagel von elftausendneunhundert Mörserbomben, siebentausendachthundert Granaten und achtzigtausend Gewehrkugeln sowie gewaltigen Angriffen, deren Wucht schon daraus hervorgeht, daß die Franzosen dabei zwanzigtausend Mann verloren, geschwankt hatte. Der nutzlosen Bitten müde, fragten wir schließlich, ob es nicht möglich wäre, wenigstens einen von uns mit dem Gouverneur zurückfahren zu lassen, damit dieser ihm ein Mindestmaß an Pflege angedeihen lassen könne. Aber auch diesem Wunsch wurde nicht stattgegeben. Dieser bittere Streit veranlaßte Don Mariano zu folgendem Ausspruch:

»All diese Quälereien haben sich die Franzosen ausgedacht, um denjenigen zu demütigen, den sie im Kampf nicht beugen konnten.«

Dann befahlen sie uns barsch, uns von seiner Kutsche zu entfernen, aber wir drängten die Gendarmen, die uns von der Kutsche vertreiben wollten, weg, umringten das Gefährt, küßten durch das geöffnete Fenster Alvarez' Hände und benetzten sie mit unseren Tränen. Señor Satué drang mit Ungestüm in die Kutsche ein, worauf die Gendarmen ihn mit äußerster Gewalt herauszerrten und drohten, ihn auf der Stelle zu erschießen, wenn er nicht endlich mit solchen Manifestationen des Schmerzes aufhören würde. Unser General verabschiedete sich mit Haltung und wies uns an, den nutzlosen Widerstand aufzugeben und uns in unser Schicksal zu fügen. Er fügte hinzu, daß er fest von unserem baldigen Sieg überzeugt sei und seine Seele sich an diesem Gedanken erfreue, obwohl er sich dem Tode nahe fühle. Er riet uns zur Vorsicht, Einigkeit und Geduld und gab dann selbst seinen Bewachern die Anweisung zur Abfahrt, um einer Szene ein Ende zu machen, die ihm wie uns das Herz zerriß. Das Coupé rollte an, und wir blieben in Frankreich zurück. Die Gendarmen setzten uns die Gewehrläufe auf die Brust, um die Demonstrationen unseres Zornes zu beenden. Mit Tränen in den Augen blickten wir der Kutsche nach, die allmählich im Nebel verschwand. Als sie nicht mehr zu sehen war, rief Señor Satué zornschnaubend aus:

»Diese Hunde nehmen ihn uns weg, damit sie ihn töten können, wo keiner es sieht!«

26

Wir blieben zurück, als Sklaven Frankreichs, und unsere Bestürzung ist nicht zu beschreiben. Unser eigenes Schicksal machte uns aber weit weniger Sorgen, als das des heldenhaften Veteranen Don Mariano Alvarez, der nun völlig schutzlos der grausamen Soldateska ausgeliefert wurde, damit sie ihn nach Herzenslust quälen konnte.

In Pertus schloß man uns wieder einmal in einem elenden Loch ein, wo uns die Wachen nicht aus den Augen ließen. Doch zuvor wurden wir Zeuge einer ruhmreichen Szene, mit der ich meine Erzählung abschließen möchte. Auf einem Felsen vor der Stadt, von dem man die Berge und Täler Spaniens sehen konnte, nahmen wir uns bei den Händen und schworen, lieber alle zu sterben, als uns an die verhaßte Sklaverei zu gewöhnen, die uns die Kanaillen auferlegen wollten. Seit diesem Schwur begannen wir, einen Plan zur Flucht zu schmieden, wie so viele andere, die auch nach Frankreich verschleppt worden waren und denen es gelungen war, unter Überwindung etlicher Gefahren das besetzte Vaterland zu erreichen.

Liebe Freunde, um Euch jetzt nicht mit Einzelheiten zu überhäufen, übergehe ich vorläufig alles, was sich auf unseren Aufenthalt in Frankreich und unsere Flucht nach Spanien bezieht. Wir waren sechs, von denen nur drei in Spanien ankamen. Die anderen wurden aufgespürt und erschossen – zwei in Maurellas und einer in Boulon. Ob es wohl unter meinen Zuhörern einige gibt, die auch die Fesseln abstreifen konnten, als die Franzosen sie nach dem Fall von Zaragoza und Madrid nach Frankreich verschleppt hatten? Die Tricks und Kniffe, die ich zu meiner Flucht anwandte, die Gefahren, denen ich bis zur Grenze trotzen mußte, und die tausend Dinge, die ich erlebte, nachdem ich sie bei Puigcerdá überquert hatte, bis ich mich Lacys Division im Zentrum Spaniens anschließen konnte, werden noch zwei lange Nächte füllen, denn dieser Bericht nimmt nicht weniger Zeit in Anspruch als die Darstellung der Belagerung von Gerona und meiner Erlebnisse mit Don Pablo Nomdedéu. Ich möchte dieses Kapitel abschließen, aber nicht ohne einen Blick zurückzuwerfen, um meinen noch verbliebenen Zuhörern nicht die Antwort auf die Frage vorzuenthalten, was inzwischen aus Siseta und ihren Brüdern Badoret und Manalet geworden war.

Ich hätte natürlich keine ruhige Minute gehabt, wenn ich mich nach einer so langen Zeitspanne nicht nach meinen Lieben erkundigt hätte. Bevor ich nach meiner Flucht Katalonien verließ, um mich dem spanischen Heer des Mittelabschnitts anzuschließen, fand ich Mittel und Wege, Nachrichten nach Gerona zu schicken, und Gott gewährte mir auch den Trost, glaubhafte Nachrichten von dort zu empfangen. Die drei Geschwister waren gesund und lebten weiterhin bei Señorita Josefina, die sie nach dem Verlust ihres Vaters als ihre Familie und einzigen Trost in diesen traurigen Tagen ansah.

Sie hatte die Absicht geäußert, in ein Kloster einzutreten, aber Siseta versuchte, sie aus ihrer Melancholie zu reißen, indem sie ihr vorschlug, Sicherheit und Lebensinhalt in der Ehe zu suchen. Josefina aber zeigte keine Neigung, diesem Rat zu folgen. Sie beschäftigte sich lieber mit Natur und Religion, die angemessene Nahrung für ihren verwaisten und einsamen Geist.

Siseta und ihre Brüder warten in Gerona auf meine Entlassung aus der Armee, um sich mit mir nach Almunia zu begeben, wo ich zwei Dutzend Weinstöcke und eine gleich große Anzahl von fruchtbaren Olivenbäumen besitze. Ich selbst bete zu Gott, daß er uns endlich von den Franzosen befreit, damit ich das lästige Gewicht der Waffen ablegen und in meinen Heimatort zurückkehren kann, wo ich mich als erstes mit Siseta verheiraten will.

Mit dem, was Siseta geerbt hat, und meinem Besitz, haben wir genug, um ein Leben in Bescheidenheit und Glück führen zu können, denn mich treibt nicht der Ehrgeiz nach hohen Positionen, großen Ehren oder Reichtum, der der Vater von Unruhe und Schwierigkeiten ist. Jetzt kämpfe ich noch für das

Vaterland, aber nicht, um militärischen Ruhm zu erlangen, und ich bin vielleicht der einzige, der nicht davon träumt, eines Tages General zu werden.

Anderen gelüstet es, die Welt zu regieren, Völker zu unterjochen und Armeen zu lenken, aber ich werde mit einem ruhigen Leben zufrieden sein und brauche keine andere Armee als die Kinder, die ich mir von Siseta erhoffe.

So endete die Erzählung von Andresillo Marijuan. Ich habe mich im wesentlichen strikt an die Einzelheiten gehalten, wobei mir das Tagebuch des Don Pablo Nomdedéu, das mir mein guter Freund später zum Geschenk machte, gute Dienste leistete. Ich möchte hier das wiederholen, was ich am Anfang dieses Buches sagte, nämlich, daß die Änderungen, die ich an dieser Erzählung des Marijuan vornahm, nur die Ausdrucksform betreffen. Vielleicht hat diese Geschichte dadurch viel verloren, daß ich mich nicht genau an den ungeschliffenen Stil ihres Erzählers hielt, aber ich bin bestrebt, alle Teile meiner Lebensgeschichte so zu schreiben, daß man den Zug einer einzigen Feder erkennt.

Als Marijuan schwieg, boten einige der Anwesenden verschiedene Interpretationen der Gefangenschaft des Don Mariano Alvarez de Castro in der Festung von Figueras. Da wir schon bei unserem Einmarsch in Andalusien von dem geheimnisumwitterten Tod dieses großen Befehlshabers, der zweifellos größten Gestalt dieses Krieges, erfahren hatten, erklärte sich wohl jeder den Vorfall nach seiner eigenen Weise.

»Es heißt, sie hätten ihn vergiftet, als er auf der Festung eintraf«, meinte einer.

»Ich glaube, daß sie Alvarez erwürgt haben«, warf ein anderer ein, »denn das angeschwollene, bläuliche Gesicht Seiner Exzellenz weist auf diese Todesart hin.«

»Mir hat man erzählt«, sagte ein Dritter, »daß sie ihn in den Brunnen der Festung warfen.«

»Es gibt welche, die versichern, daß er erschlagen wurde.«
»Er ist bestimmt an Hunger gestorben. Offenbar wurde er

nach seinem Eintreffen in ein Verließ gesperrt, wo man ihn drei Tage lange ohne die geringste Nahrung ließ.«

»Und als er tot war, zeigte man seinen Leichnam auf einer Tragbahre den Einwohnern von Figueras, die in Massen kamen, um die sterblichen Überreste des großen Mannes anzuschauen.«

Wir diskutierten längere Zeit, ohne die Art des Todes dieses Soldaten und Patrioten klären zu können. Da aber an seinem Hinscheiden nicht mehr zu zweifeln war, kamen wir schließlich überein, daß das Mittel, das angewandt worden war, um einen derart gefürchteten Feind der kaiserlichen Macht zu beseitigen, mehr die Ehre Frankreichs befleckte als die der spanischen Armee. Und wenn er wirklich ermordet wurde, wie man seit jener Zeit in Spanien vermutet, so genügt die Verantwortung derjenigen, die eine solche barbarische Untat tolerierten, ohne sie zu bestrafen, um Frankreich des Verstoßes gegen jene Kriegsgesetze, die sich auf die Menschlichkeit erstrecken, anzuklagen. Daß er auf verdammenswerte Weise starb, ist wohl nicht zu leugnen. Tausend Anzeichen untermauern eine Meinung, die die französischen Geschichtsschreiber mit all ihrem Einfallsreichtum nicht unterdrücken konnten. Es ist allerdings unglaubwürdig, daß die Befehle zu diesem schändlichen Mord aus Paris kamen, aber auch eine Macht, die ein solches Verbrechen nicht anordnet, jedoch toleriert, verdient unzweifelhaft das bittere Schicksal, das sie später ereilte. Viele Schandtaten werden in dem Glauben an eine geschichtliche Notwendigkeit begangen. Die Ruchlosen auf hoher Ebene, die mit ansehen dürfen, wie ein Kontinent sich ihnen besiegt zu Füßen wirft, gelangen zu der Überzeugung, daß sie über den Moralgesetzen stehen, die nur für niedere Kreaturen geschaffen wurden. Aus diesem Grunde wagen sie es kaltblütig, ohne daß ihr verhärtetes Herz vor Scham schneller schlägt, diese Gesetze zu brechen, und verschanzen sich hinter tausend überflüssigen und verwirrenden Bestimmungen, die sie selbst erlassen haben, um die Staatsinteressen dieser oder jener Nation zu rechtfertigen. Bisweilen, wenn man sie läßt, werden in schneller Folge unschuldige Völker, Millionen von Einzelwesen, die nur in

Frieden leben wollen, zum Spielball ihrer Launen und Leidenschaften. Ein Teil der Verantwortung fällt aber auf die gesamte Menschheit, weil sie einem halben Dutzend Männer – oder gar nur einem einzigen – gestattet, mit ihr Pelota zu spielen.

Die zu kolossalen Ausmaßen angewachsenen Untugenden und Verbrechen werden so verzerrt und maskiert, daß man sie nicht erkennt. Der Geschichtsforscher läßt sich von der Größe dessen täuschen und berauschen, was in Wirklichkeit klein und schäbig ist, und bejubelt ein Delikt nur, weil es einer allgemeinen Tendenz entspricht. Die gewaltige Ausdehnung verwirrt den forschenden Blick ebenso wie die extreme Verkleinerung und läßt das Objekt im Nebel des Unsichtbaren verschwinden. Ich führe dies hier an, weil ich der Ansicht bin, daß Napoleon I. und sein Imperium sich von Banditen und Straßenräubern, die auf der Welt ihr grausames Spiel treiben, wenn keine Ordnungshüter in der Nähe sind, abgesehen vom militärischen Genie nur durch das Ausmaß der Schandtaten unterscheiden. In Länder einzufallen, sie zu verwüsten und sich anzueignen, Verträge zu brechen, die ganze Welt – Könige wie Völker – zu täuschen, kein anderes Gesetz als das der eigenen Launen zu respektieren und sich ständig an der gesamten Menschheit zu versündigen, stellt im Grunde nichts anderes dar als die höchste Entwicklung des Systems unserer berüchtigsten Ränkeschmieder. In keiner Sprache wird das mit den treffenden Namen benannt. Wenn einem Reisenden der Mantel gewaltsam entrissen wird, nennt man das Raub, aber wenn eine Region annektiert, ein ganzes Volk versklavt wird, so haben die verschiedenen Sprachen dafür Ausdrücke und Phrasen für die Münder von Diplomaten und Eroberern, und man schämt sich nicht, von *grandiosen, erdteilumfassenden Plänen, der Angliederung von Völkern* und so weiter zu reden. Um dies zu verhindern, müßte es (bitte lachen Sie jetzt nicht) eine Polizei der Nationen geben, eine Institution, die – ich gebe es zu – recht schwierig zu schaffen wäre. Schließlich gibt es aber auch noch die Vorsehung, die die Plünderer in großem Maßstab eines Tages entmachtet, die Dinge ihren rechtmäßigen Eigentümern zurückgibt und das

Kaiserreich der Moral wiederherstellt, das aber leider nie lange auf dieser Welt existiert.

Ich bitte meine lieben Leser um Verzeihung für diese Abschweifung, die ich eigentlich nicht geplant hatte. Als ich aber auf den Tod des unvergleichlichen Don Mariano Alvarez de Castro zu sprechen kam, des Mannes, der zu jener Zeit die Liebe zum Vaterland in ungeahnte Bahnen zu lenken verstand, konnte ich einfach nicht umhin, allgemeine Erörterungen anzufügen, die mit diesem blauangelaufenen Leichnam zusammenhängen, an dem die Einwohner von Figueras vor der dortigen Festung an einem Januarmorgen des Jahres 1810 vorbeidefilierten. Solch ein Mord, wenn es wirklich einer war (was anzunehmen ist), müßte für denjenigen, der ihn verübte oder duldete, in einer Katastrophe enden, und obwohl die Verbrecher sich stolz in scheinbarer Straflosigkeit präsentieren, hat doch die Geschichte bewiesen, daß diejenigen, die auf diese Weise so hoch gestiegen sind, von dort wieder herunterfallen und dann zerschmettert am Boden liegen.

27

Diese Erzählung des Andrés Marijuan hatten wir uns in einem Haus von Puerto de Santa María angehört, in dem außer uns, die zum Heer von Areizaga gehörten, auch etliche Freiwillige aus Alburquerque untergebracht waren, die am Vortage nach ihrem glorreichen Rückzug zu uns gestoßen waren. General Areizaga war zu verdanken, daß die spanische Regierung nicht in die Hände der Franzosen gefallen war, denn mit seinem geschickten Vorrücken auf Jerez, während er die Vorhuten von Vitor und Mortier in Ecija aufhielt, verschaffte er den örtlichen Truppen die Zeit, die Verteidigung der Insel León vorzubereiten, und stoppte den Vormarsch des Feindes in der Umgebung von Sevilla. Dies geschah Anfang Februar, und zu jener Zeit erhielten wir auch den Befehl, auf die Insel überzusetzen, denn auf dem Festland, das heißt von der Suazobrücke an, gab es keine Handbreit Boden mehr, die zu verteidigen war. Ganz Spanien strömte hier zusammen – Truppen, Adlige, Kleriker, untere Volksschichten, Macht und Intelligenz; kurz gesagt, das ganze nationale Leben. Es war wie in einem menschlichen Körper in Augenblicken der Gefahr, wo das Blut in das Herz strömt, von wo es mit neuer Energie wieder austritt.

Ich wünschte sehnlichst, auf die Insel überzusetzen. Jener Morast aus Salz und Sand, übersät von wandernden Teichen und durchzogen von Salzwasserkanälen, erinnerte mich an die Heimat – aber mehr noch die Felsen, auf denen Cádiz am Ende der Meerenge und von Wogen umspült ruht. Von weitem sah ich Cádiz, und ein heißes Gefühl der Erinnerung ergriff mich. Wen hätte es nicht mit Stolz erfüllt, dort geboren zu sein, wo die Wiege des modernen Spaniens stand? Wir hatten beide zum gleichen Zeitpunkt das Licht der Welt erblickt, denn zum Abend des vorigen Jahrhunderts hin keimten in dieser Stadt des Herkules die Sprößlinge einer Kultur, wie sie seitdem nicht mehr am Busen von Mutter Spanien genährt wurden. Meine ersten Lebensjahre waren so turbulent wie die des Jahrhunderts, das zu jener Zeit den Aufschwung des spanischen Nationalgefühls erlebte. Aber im Februar des Jahres 1810 war in Cádiz nichts davon zu spüren, und diese Stadt war für mich die beste Zuflucht, die die Erde einem Menschen bieten konnte, der Ort meiner Kindheit, voller wehmütiger Erinnerungen, und so schön, daß kein anderer Fleck auf der Welt sich damit vergleichen konnte.

An den Toren von Cádiz geschahen Dinge, von denen ich am liebsten berichten möchte. Hören Sie mir bitte aufmerksam zu und lassen Sie mich Ordnung in die vielen und verschiedenen Vorfälle bringen, die sowohl privater als auch historischer Natur sind. Die Geschichte war, als sie zu dieser Insel und diesem Felsen kam, so fruchtbar, daß nicht einmal sie selbst Rechenschaft über die vielen Kinder geben kann, die sie in so einem kleinen Nest ablegte. Ich werde versuchen, nichts zu vergessen, ob es nun mein persönliches Schicksal oder dasjenige anderer Menschen betrifft. Ich werde mit einem persönlichen Abenteuer beginnen, das die Geschichtsschreibung nichts angeht. Bis heute habe ich mich zurückgehalten, es jemandem zu erzählen, und es wird sich auch jetzt nicht in ehernen Lettern verewigen.

Einer meiner Freunde, ein Portugiese, der mit Alburquerque nach Extremadura gekommen war, strich um ein gewisses Haus am Ende der Calle Larga herum, wo er einige Tage zuvor eine unbekannte Schöne hatte hineingehen sehen, die er in den höchsten Tönen pries, wann immer wir dieses Thema anschnitten. Seine täglichen und nächtlichen Rundgänge, bei denen er einen Eifer und eine Hartnäckigkeit bewies, die für ihn ganz ungewöhnlich waren, brachten ihm keine andere Ausbeute, als zwei Gestalten hinter den dichten grünen Fenstergittern zu erblicken, zwei Schemen unbestimmter Form, die dann aber durch Flüstern und unterdrücktes Lachen, mit denen sie sich an den Bemühungen meines Freundes zu weiden schienen, verrieten, daß es sich um Frauen handelte. Je weniger er sie erkennen konnte, um so schöner kamen sie ihm vor, und die Schwierigkeit, mit ihnen zu sprechen, ließ den Wunsch in ihm übermächtig werden, endlich ein Abenteuer zu beenden, daß ihm bis jetzt wenig Freuden beschert hatte. Eines Abends bat er mich, ihn zu seinem Wachposten am Gitter zu begleiten, und ich hatte das Glück, daß meine Gegenwart die monotone Verachtung der schönen Damen veränderte, die bisher weder auf Botschaften noch auf Zeichen oder schmachtende Blicke anders als mit dem besagten Lachen und spöttischen Flüstern reagiert hatten. Meinem Freund Figueroa war es gelungen, ein Papierchen durch das Gitter zu werfen, und er erlebte die unerhörte Freude, eine Antwort in Form eines Briefchens zu empfangen, das wie eine Botschaft des Himmels vor unsere Füße fiel. Darin teilte ihm die schöne Unbekannte mit, daß sie bereit sei, das Gitter zu öffnen, um ihm für seine eifrigen amourösen Bemühungen zu danken. Sie fügte hinzu, daß sie sich wegen eines häuslichen Vorfalls in einer Verlegenheit befände, über die sie nichts erzählen dürfe, und deshalb seine Hilfe und auch die seines Freundes benötige.

Das stimmte uns sehr erwartungsvoll, so daß wir nach der Rückkehr in unser Quartier, wo wir die siebente Abendstunde abwarteten, die uns als Zeitpunkt des Rendezvous angegeben worden war, tausend Kommentare über den Vorfall abgaben. Je größere Ausmaße das Geheimnis für uns annahm, um so größer wurde auch unsere Begierde, es zu lösen. Wir stellten uns also an jenem Abend unter dem Gitter auf, neugierig zu erfahren, ob wir ein pikantes Abenteuer erleben oder die Opfer eines Streiches sein würden. Kaum waren wir angekommen, als sich auch schon das Gitter öffnete, und eine Frauenstimme, die – obwohl sanft – nicht zu einer gebildeten Person zu gehören schien, Figueroa recht erregt folgendes zuflüsterte:

»Mein Herr Soldat, wenn Ihr ein Ehrenmann seid, wie ich es annehme, hoffe ich, daß Ihr einer unglicklichen Dame die großzigige Hilfe nicht verweigern werdet, um die sie Euch bittet. Mein Gatte, Duque de los Umbrosos Montes* schläft um diese Zeit, aber ich kann Euch nicht in diesen Balast einlassen, den mein eifersüchtiger Herr in eine Kruft für meine Schönheit und einen Gerker für meine Freiheit verwandelt hat. Das kleinste Geräusch kann seinen blutrinstigen und treuen Scherken Rudolfo aufwecken. Ihr werdet verstehen, daß meine Ehre davon abhängt, daß eine vertrauenswirdige Person das Wasser überquert und in Cádiz eine Nachricht überbringt. Wenn Ihr dies nicht tun könnt, werde ich noch vor dem Morgenkrauen mein Leben beendichen, indem ich ein Mitel aus hundert giftigen Flanzen schlucke, das ich hier in einer Flasche habe.«

Figueroa war perplex und wie betäubt, aber immerhin bereit, jedes Wort ernst zu nehmen, wogegen ich kaum ein Grinsen unterdrücken konnte bei dem Gedanken, wie die beiden Unbekannten über uns lachen würden. Aber mein Freund versicherte, daß er zu jedem Dienst, ob nun leicht oder schwierig, bereit sei, worauf die weibliche Stimme fortfuhr:

»Oh, Dank sei Ihnen, verehrtiger Herr Soldat! Das habe ich auch erwartet, weil man mir so viel Gutes über Eure Reiterlichkeit und Eure Heldentaten zu Ohren gekommen ist. Also gut. Meine Dienerin, dieses hüpsche und muntere Mädchen

* Herzog der Finsteren Berge (Anm. d. Übers.)

hier an meiner Seite, heißt Soraida. Sie wird in einem kleinen Boot nach Cádiz fahren, das der Bootsbauer Perico am Kai bereithält. Aber da sie sehr schichtern ist, möchte ich, daß Euer guter Freund, der uns hier stumm wie ein Stein zuhört, sie begleitet.«

Ich willigte sofort ein, die Dienerin zu begleiten, und mein Freund, der von der Rede seiner angebeteten Schönen reichlich beeindruckt war, wußte nicht, was er antworten sollte. Die Unbekannte fuhr dann mit wachsendem Eifer fort:

»Oh, tausend Dank, tapferer Freund des berühmten Otelo! Aber hört, Herr Soldat: Während Euer treuer Freund meine Dienerin bei ihrem schwierigen Auftrag, den meine betrote Ehre erfordert, begleitet, können wir uns hier an diesem Fenster unterhalten. Habt Ihr verstanden? Ich werde dann Kelegenheit haben, Euch das amurese Feuer zu beweisen, das meine Brust entflammt.«

Sie hatte noch nicht ganz geendet, als sich die Haustür öffnete und eine von Kopf bis zu den Füßen in einen schwarzen Umhang gehüllte weibliche Person auf mich zukam, mich beim Arm nahm und mit folgenden Worten mit sich zog:

»Herr Offizier, gehen wir – es ist schon spät!«

So konnte ich nicht mehr vernehmen, was die Unbekannte am Fenster dem liebestollen Figueroa noch sagte, denn die Verhüllte, ob nun Dienerin oder nicht, zog mich energisch mit sich und wiederholte immer wieder:

»Herr Offizier, so kommt doch. Seid doch nicht so schwerfällig! Schaut doch nicht immer nach hinten, denn ich habe es eilig.«

Ich wollte ihr Gesicht sehen, aber sie verbarg es sorgfältig. Ich merkte aber, daß sie das Lachen unterdrückte und die Stimme verstellte. Es war eine energische, Gehorsam fordernde Frau, die allein durch die Berührung ihrer Hand an meinem Arm die hohe Gesellschaftsschicht erkennen ließ, zu der sie gehörte. Gleich als sie aufgetaucht war, hatte ich den Verdacht gehabt, daß es sich hier nicht um eine Dienerin handelte, und nachdem ich sie sprechen gehört und ihre Kleider berührt hatte, zweifelte ich nicht an ihrer edlen Abkunft. Ich war etwas bestürzt über dieses Abenteuer, und eine süße Verwirrung bemächtigte sich meines Herzens. Vieles an dieser Frau kam mir bekannt vor. Sie trug in den Falten ihres Gewandes ein Fluidum, das mir nicht neu war. Aber zu Anfang konnte ich meinen Verdacht noch nicht klar definieren. Die Unbekannte zog mich immer weiter mit sich, und wir gingen schnell durch die Straßen des Hafens, wobei sich folgendes Gespräch entwickelte:

»Señora, besteht Ihr darauf, zu dieser Nachtzeit über das Meer nach Cádiz zu fahren?«

»Warum denn nicht? Leidet Ihr unter Seekrankheit? Habt Ihr Angst, in ein Boot zu steigen?«

»Ich liebe das Meer, aber eine Überfahrt scheint mir unter diesen Umständen für eine Dame nicht geeignet zu sein.«

»Ihr seid ein Dummkopf! Denkt Ihr vielleicht, ich sei feige? Wenn Ihr keinen Mut habt, fahre ich eben allein!«

»Das werde ich nicht gestatten, und wenn es sich darum handeln würde, in dem kleinen Boot, von dem die Frau Herzogin der Dunklen Berge sprach, nach Amerika zu fahren.«

Die Unbekannte konnte nun das Lachen nicht mehr unterdrücken, und der süße Tonfall ihrer Stimme hallte in meinem Hirn wider und weckte Erinnerungen, die rasch die Dunkelheit meiner Gedanken in Licht und meine Zweifel in Gewißheit verwandelten.

»Na dann vorwärts«, rief sie aus, als sie bemerkte, daß ich wieder anhielt. »Wir sind doch schon am Kai. Dort ist der Bootsbauer. Die Flut steigt, was günstig für uns ist. Das Meer scheint auch ruhig zu sein.«

Ich sagte nichts, und wir gingen weiter zum Uferdamm. Dort mußten wir eine Reihe von Steinen hinuntersteigen, die treppenförmig ausgelegt waren. Dieser Abstieg war nicht ungefährlich. Ich nahm meine Begleiterin in die Arme und trug sie vorsichtig in das Boot. Da konnte sie – und wollte es wohl auch so – ihr Gesicht nicht länger verbergen, so daß ich nun endgültig wußte, wer sie war.

»Oh, Frau Gräfin!« rief ich aus und küßte ihr zärtlich die Hände. »Welch ein Glück, Euer Gnaden hier zu begegnen!«

»Gabriel«, erwiderte sie, »es ist wirklich ein Glück, daß du mich gefunden hast, denn du kannst mir jetzt einen großen Dienst erweisen.«

»Es ist meine Pflicht, Euer Diener zu sein, wo immer ich mich auch befinde.«

»Diener, nein. Diese Zeiten sind vorbei. Wo bist du denn gewesen?«

»In Zaragoza.«

»Siehst du, wie leicht man sich die Epauletten verdienen und zu Ruhm gelangen kann? Wir leben in Zeiten, wo die Benachteiligten und die Armen Stellungen einnehmen können, die eigentlich dem Adel vorbehalten sein müßten. Gabriel, ich bin erstaunt zu sehen, daß du ein Caballero geworden bist. Gut, sehr gut – so hatte ich dich mir schon immer gewünscht. Ich hatte keine Nachricht von dir erhalten. Warum hast du nicht nach mir gesucht? Magst du mich nicht mehr?«

»Señora, wie könnte ich die Wohltaten vergessen, die ich von Euer Gnaden empfing? Ich bin verwirrt, Euch jetzt wiederzutreffen, als ich es am wenigsten erwartete, und daß Ihr mir die Ehre erweist, Euch einen Dienst leisten zu dürfen.«

»Sei nicht zu ehrerbietig, Gabriel. Die Umstände haben sich geändert. Du bist nicht mehr der gleiche. Ich kenne dich ja gar nicht wieder. Du triffst mich, du sprichst mit mir – und du erkundigst dich gar nicht nach Inés?«

»Meine Dame«, erwiderte ich betreten, »ich wagte es einfach nicht. Ich sehe aber, daß Euer Gnaden sich mehr als ich verändert haben.«

»Vielleicht.«

»Lebt Inés denn?«

»Ja, sie ist in Cádiz. Möchtest du sie sehen? Hab keine Angst. Du wirst sie sehen!«

Diese Worte sprach Amaranta in einem Ton, der ihren Eifer, jemanden zu ärgern, indem sie mir erlaubte, mit ihrer Tochter zu sprechen, deutlich machte. Ihr Wohlwollen erstaunte mich so sehr, daß ich noch nicht einmal die Geistesgegenwart aufbrachte, ihr dafür gebührend zu danken.

»Du bist wirklich zum richtigen Zeitpunkt erschienen, Gabriel! Ein Ereignis, von dem ich dir später erzählen werde, zwingt mich, in dieser Nacht ohne Wissen meiner Familie nach Cádiz zu fahren. Gott konnte mir keinen geeigneteren Begleiter und Beschützer schicken!«

»Aber meine Dame, haben Euer Gnaden nicht bedacht, daß die Tore von Cádiz zu dieser Nachtzeit geschlossen sind?«

»Ja, aber ich habe entsprechende Vorkehrungen getroffen. Deshalb wage ich mich auf diese Fahrt, die gefährlich sein kann. Der Kommandeur der Hafenwache ist ein Freund von mir und erwartet mich. Ich habe das Boot bereitstellen lassen, denn ich war schon entschlossen, ganz allein zu fahren, aber als ich dich in Begleitung des Offiziers sah, der in den letzten Tagen um unser Haus gestrichen war, kam mir das wie ein Geschenk des Himmels vor. Gabriel, ich bin wirklich sehr froh, dich in dieser ehrenvollen Position zu sehen. Das hatte ich dir schon immer gewünscht. Aber, mein Junge, bist du denn überhaupt noch der alte? Da trägt er doch seine Epauletten wirklich wie ein Mann und steckt in einer Uniform, die ihm so gut steht! Du stellst jetzt wahrlich etwas vor. Die Leute werden denken, daß du das große Los gezogen hast! Es freut mich jedenfalls außerordentlich. Wie sehr dir doch unsere Farce mit deiner Abstammung zugute kam! Ich kann mich gar nicht satt sehen an dir, du Emporkömmling! Was das doch für Zeiten sind! Da kam er damals abgerissen und arm wie eine Kirchenmaus, und nun ... Ich schwöre dir, daß du ein anderer geworden bist. Inés wird dich gar nicht wiedererkennen ... Und daß du genau zur rechten Zeit gekommen bist! Du bist sehr stattlich, mein Söhnchen ... Schon damals, als du mein Page warst, erkannte ich dein goldenes Herz. Dir hatte nur die Gelegenheit gefehlt. Dann kam sie ja offenbar – und siehe da, was aus dir geworden ist! Gabriel, du bis doch auch froh, mich wiederzusehen, nicht wahr? Wie oft habe ich mir gesagt: ›Wenn dieser Bursche jetzt hier wäre!‹ Morgen werde ich dir alles erzählen. Ach Gabriel, ich bin die unglücklichste Frau der Welt!«

Das Boot legte ab und richtete den Bug auf Cádiz. Der Bootsbauer bediente am Heck das Steuer, und zwei Burschen spannten das Segel. Mit dessen Hilfe und einem frischen Nachtwind durchschnitt das Boot die sanften Wellen der

Bucht. Der Mond beleuchtete unseren Weg. In schneller Fahrt zogen wir an den englischen und spanischen Kriegsschiffen vorbei, die in der uns entgegengesetzten Richtung vor der Küste kreuzten. Obwohl das Meer recht ruhig war, schwankte das Boot, so daß ich die Gräfin halten mußte, damit sie nicht mit den sich rhythmisch bewegenden Ruderern zusammenstieß. Die drei Seeleute sprachen während der ganzen Überfahrt kein Wort.

28

»Geht es denn nicht schneller?« fragte die Gräfin ungeduldig.

»Das Boot schießt doch schon dahin wie ein Blitz. Wir werden in weniger als zehn Minuten dort sein«, sagte ich, als ich die sich im Wasser spiegelnden Lichter der Stadt erblickte. »Haben Euer Gnaden Angst?«

»Nein, nein, ich habe keine Angst!« erwiderte die Gräfin traurig. »Und ich schwöre dir, daß ich auch beim stärksten Wellengang nicht gezögert hätte, die Fahrt anzutreten. Ich hätte sie auch allein unternommen, wenn du mir nicht vom Himmel geschickt worden wärest. Als ich dich sah, war mein erster Gedanke, dich anzusprechen. Aber dann dachten sich meine Dienerin und ich diesen Streich aus, um den jungen Portugiesen zu verwirren. Ich möchte nicht, daß mich irgend jemand erkennt.«

»Die ›Herzogin der Dunklen Berge‹ wird also zu dieser Stunde meinem guten Freund den Kopf verdrehen?«

»Ja, und sie ist sehr geschickt in diesen Dingen. Wenn meine Gemütsruhe nicht so gestört wäre, müßte ich jetzt laut lachen. Es ist einfach unglaublich, mit welcher Überzeugung sie das an den Mann brachte, was ich ihr heute nachmittag aufgetragen hatte. Vor einiger Zeit, als sich ein englischer Reisender nicht davon abbringen ließ, mir den Hof zu machen, wollte Dolores sich als die Herrin ausgeben, und ich sollte die Dienerin spielen. Er durchschaute die Täuschung, ließ es sich aber nicht anmerken. Du kannst dir gar nicht vorstellen, zu welch komischen Auftritten es da mit dem Engländer kam, der ein melancholisches Wesen hat, was ihn jedoch nicht vor heißen Gefühlsausbrüchen bewahrt. Manchmal ist er sehr liebenswürdig und feinsinnig, aber dann wieder finster und sarkastisch. Sein Name ist Lord Byron.«

»Es ist kein Wunder, daß Euer Gnaden Eindruck auf den englischen Gentleman machten. Aber da laufen wir ja schon ein, Frau Gräfin. Gleich legen wir an der Mole an. Da kommt ja auch schon die Hafenwache zur Kontrolle.«

»Das macht nichts. Ich habe den erforderlichen Paß. Sag ihnen, sie sollen Don Antonio Maella, den Kommandeur der Wache, holen.«

Der Offizier erschien und ließ uns ohne Schwierigkeiten an Land. Er öffnete uns anschließend das Tor, von dem aus wir die Plaza de San Juan de Dios erreichten. Während uns der Kommandeur bis dorthin begleitete, sprach er kurz mit der Gräfin.

»Ich hatte Euch schon erwartet«, sagte er ihr. »Die beiden Damen haben alle Vorbereitungen zu ihrer morgigen Reise auf der englischen Fregatte ›Eleusis‹ getroffen. Sie wollen sich in Lissabon niederlassen.«

»Ihre Absicht ist, sich vor mir davonzustehlen«, erwiderte Amaranta. »Glücklicherweise habe ich davon erfahren, und ich glaube, ich komme noch rechtzeitig.«

»Sie haben diese Reise so geheimgehalten, daß selbst ich erst heute nachmittag durch den Kapitän der Fregatte davon erfahren habe. Wollt Ihr mit ihnen fahren?«

»Das werde ich tun, wenn ich sie nicht aufhalten kann.« Bei diesen Worten nahm die Gräfin meinen Arm, und ohne weiter auf den Offizier zu achten, zog sie mich schnell mit sich und sagte mir:

»Gabriel, wir dürfen uns nicht aufhalten. Wie unruhig ich doch bin! Nachher werde ich dir alles erzählen. Stell dir doch mal vor: Sie haben dafür gesorgt, daß ich wie in der Verbannung leben muß – getrennt von dem, was ich auf der Welt am meisten liebe! Was sagst du dazu? Mein Gott, was habe ich getan, um so etwas zu verdienen? Immerhin ... Seit sie mich gezwungen haben, dort zu wohnen … Ach, da gibt es so vieles … Sie haben auch den Verdacht in die Welt gesetzt, daß ich franzosenfreundlich bin. Und warum das alles, wirst du fragen … Nur weil … Laß uns schneller gehen … nur weil ich mich dagegen auflehne, daß sie sie für immer unglücklich machen. Meine Tante hat einfach kein Gefühl, und unsere Verwandte, die aus Rumblar, hat an der Stelle, wo andere ein Herz haben, eine Pergamentrolle für Verträge. Außerdem sieht sie mit ihren grünen Brillengläsern nur Geld … Gabriel, Förmlichkeiten und Überheblichkeit auf der einen Seite und Etikette und Habsucht auf der anderen. Du kannst dir nicht vorstellen, wie traurig und niedergeschlagen die drei armen Mädchen sind. Und jetzt wollen sie sie auch noch nach Lissabon bringen. Was sagst du denn dazu? Das alles, um Inés von hier zu entfernen. Wie verschwiegen sie die Reise vorbereitet haben! Mit welchem Geschick sie mich nach Puerto schicken ließen, indem sie der Junta, unserem Regierungsgremium, falsche Auskünfte über mich zuspielten! Glücklicherweise ist der englische Botschafter Wellesley mein Freund. Wenn das nicht gewesen wäre … Meine Tante und ich streiten uns heftig um das Schicksal der armen Inés. Sie zieht nach einer Seite und ich nach der anderen. Was ich vorhabe, ist vernünftiger. Ich würde gerne deine Meinung darüber hören. Aber das kann ich dir erst morgen erklären. Bleibst du auf der Insel, oder kommst du mit deiner Truppeneinheit auch nach Cádiz? Ich hoffe, daß wir uns wiedersehen werden, mein kleiner Gabriel. Kannst du dich noch entsinnen, als du im Escorial mein Page warst und ich dir Geschichten erzählte?«

»Diese und andere Erinnerungen aus jener Zeit, werte Señora«, antwortete ich ihr, »sind die schönsten meines Lebens.«

»Weißt du noch, wie du dich mir in Córdoba vorstelltest?« fuhr sie lachend fort. »Damals warst du recht dumm. Erinnerst du dich auch noch an die Zeit, als du im Haus des Paters Salmon wohntest, und als ich dich im El Pardo als Herzog von Arión verkleidet antraf? Seitdem habe ich oft an dich gedacht und mir gesagt: ›Wo wird wohl dieser Unglückliche jetzt sein?‹ Ich glaube, Gott hat dich bei der Hand genommen und zu mir geführt … So, jetzt sind wir da!«

Wir hielten vor einem Haus in der Veronica-Straße an.

»Zieh die Klingel!« wies mich die Gräfin an. »Dieses Haus gehört einer sehr engen Freundin von mir.«

»Wohnt die Marquise hier?« fragte ich sie und zog an der Torklingel. »Das Haus kommt mir bekannt vor.«

»Hier wohnt Doña Flora de Cisniega. Kennst du sie? Gehen wir doch hinein. Ich sehe Licht im Salon. Sie sind noch bei der Abendgesellschaft, denn es ist ja noch nicht spät. Wir werden Quintana, Gallego, Argüellos, Gallardo und andere Patrioten antreffen.«

Wir stiegen die Treppe hinauf, und drinnen empfing uns die Dame des Hauses.

»Ist sie hier?« fragte die Gräfin sie ängstlich.

»Ja, aber sie wollen morgen heimlich abreisen. Sie sind erst heute abend gekommen, damit ich ihre Absicht nicht errate. Aber mich kann man nicht so leicht täuschen. Wollt Ihr gleich in den Salon kommen? Wir haben eine lebhafte Runde. Denkt nur, liebe Freundin. Heute abend habe ich ein hübsches Sümmchen im Monte-Spiel gewonnen!«

»Nein, nein, ich komme nicht in den Salon. Laßt doch bitte Inés unter irgendeinem Vorwand herauskommen.«

»Sie ist in einem angeregten Gespräch mit dem liebenswürdigen jungen Engländer. Aber ich werde sie herausholen lassen.«

Nachdem Doña Flora ihrem Zimmermädchen den Auftrag erteilt hatte, schaute sie mich neugierig an, weil ich ihr offenbar bekannt vorkam.

»Ja, Doña Flora, ich bin Gabriel, der ehemalige Page von Señor Don Alonso Gutiérrez de Cisniega.«

Mehr brauchte Doña Flora nicht zu hören. Sie stürzte mit allem Überschwang ihres guten Herzens auf mich zu.

»Gabrielillo, ja ist denn das möglich?« rief sie freudig aus und schloß mich in ihre Arme. »Bist ja ein richtiger Mann geworden – und ein Caballero noch dazu! Wie groß du jetzt bist! Ach, wie mich das freut, dich wiederzusehen! Ich habe dich schon vermißt … Was für ein schmucker Bursche! Welcher gute Wind hat dich denn hergeweht? Oh, laß dich noch einmal umarmen! Warum hast du denn nicht mal etwas von dir hören lassen? Aber du armer Kerl wirst ja viel erlebt haben.«

Während ich das Objekt von solch herzlichen Beweisen der Freude war, hörte ich das Rascheln von Röcken auf dem Korridor, der zu dem Zimmer führte, in dem wir uns aufhielten.

Juni 1874

ENDE

CÁDIZ

1

An einem Morgen des Monats Februar 1810 mußte ich die Insel, auf der sich die Garnison befand, verlassen. Ich machte mich auf den Weg nach Cádiz, mit der diskreten und kurzen Botschaft einer gewissen Dame. Der Tag war schön, klar und aufmunternd, wie es sich für Andalusien geziemt. Ich wurde von Leuten begleitet, die das gleiche Ziel, aber nicht die gleiche Absicht hatten, und wir gingen die lange Landenge entlang, die dem europäischen Festland das Unglück erspart, von Cádiz getrennt zu sein. Unterwegs bewunderten wir den Anblick von Torregorda, La Cortadura und Puntales, unterhielten uns mit Mönchen und Leuten, die an den Befestigungen arbeiteten, ob man die Stellungen der Franzosen auf der anderen Seite der Bucht deutlich sehen konnte oder nicht, nahmen ein paar Gläschen in der Kneipe von Poenco bei der Puerta de Tierra zu uns und trennten uns schließlich auf dem Platz San Juan de Dios. Ich wiederhole, daß es Februar war, und obwohl ich nicht den Tag angeben kann, bin ich doch sicher, daß es in der ersten Hälfte jenes Monats war, denn die folgende berühmte Antwort war noch in aller Munde: ›Die Stadt Cádiz, getreu den Prinzipien, auf die sie geschworen hat, erkennt keinen anderen König an als Ferdinand den VII. 6. Februar 1810‹.

Als ich zur Calle de la Verónica und dort zum Haus der Doña Flora kam, öffnete mir diese und empfing mich mit den Worten:

»Die Gräfin kann es kaum erwarten, Euch zu sehen! Inzwischen ist uns zu Ohren gekommen, daß Ihr Euch damit vergnügt habt, die Schönen zu beäugen, die sich bis zum frühen Morgen in der Schenke des Señor Poenco bei der Puerta de Tierra aufhalten!«

»Señora«, antwortete ich, »ich schwöre Euch, daß außer der Pepa Higados, der *Churriana* und María de Las Nieves, die aus Sevilla stammt, kein Mädchen in der Schenke des Poenco war. Ich rufe Gott zum Zeugen an, daß wir uns dort nicht länger als eine Stunde aufhielten, und dies auch nur, damit man uns nicht unhöflich und schlechte Kavaliere schimpfen konnte.«

»Man muß die Dreistigkeit, mit der Ihr diese Dinge behauptet, geradezu bewundern!« rief Señora Flora verärgert aus. »Die Gräfin und ich fühlen uns von Euch im Stich gelassen, jawohl mein Herr. Seit vergangenen Monat, in dem meine Freundin Euch im Hafen wiedergefunden hatte wie ein verlorengegangenes Schaf, habt Ihr uns nur zwei- oder dreimal besucht, weil Ihr in Euren freien Stunden die Gesellschaft von Soldaten und kecken Mädchen der Gesellschaft ernsthafter und gutgesitteter Leute vorzieht, die doch für einen jungen Burschen ohne Erfahrung so notwendig ist. Was wäre nur aus dir geworden«, fügte sie in einem gütigeren Tonfall und der vertraulichen Anrede fort, »du unbeschriebenes Blatt, das in zartem Alter in die Wirbel dieser Welt geschleudert wurde, wenn wir, die Mitleid mit deinem Waisentum empfanden, dich nicht unter unsere Fittiche genommen und dir gleichzeitig den Körper mit gesunden und schmackhaften Speisen und die Seele mit weisen Ratschlägen gestärkt hätten? Undankbarer Bursche! Nun aber Schluß mit der mürrischen Miene, Schlingel. Schluß mit dem Begaffen dieser unverschämten Dirnen, die die Schenke des Poenco bevölkern! Du wirst schon noch dahinterkommen, was Umgang mit ehrlichen, umsichtigen Personen von Rang und Einfluß bedeutet ... Nun komm, sag mir, was du zum Frühstück haben möchtest. Bleibst du bis morgen hier? Hast du etwa irgendeine Verwundung, Quetschung oder Abschürfung, die wir schnell behandeln müßten? Wenn du schlafen willst, dann weißt du ja, daß neben meinem Zimmer ein hübsches Schlafzimmerchen ist.«

Dabei entfaltete Doña Flora vor meinen Augen ihr ganzes prachtvolles Arsenal von graziösen Gesten, Blicken, Bewegungen von Lippen und Augenbrauen sowie anderen stummen Zeichen ihres rötlichen, mit zahlreichen Riechsalben traktierten Antlitzes, die ihren Worten größeren Ausdruck verliehen. Nachdem ich meine Entschuldigungen vorgebracht hatte – halb im Ernst und halb im Spaß –, gab sie Anweisungen für die Zubereitung meines Mahls. Daraufhin erschien die

Frau Gräfin, die sich das Lachen kaum verkneifen konnte, da sie das vorhergehende Gespräch mit angehört hatte.

»Sie hat recht«, ermahnte sie mich, nachdem wir uns begrüßt hatten. »Señor Don Gabriel ist ein Schlingel, und meine Freundin täte gut daran, ihm eine gehörige Lehre zu erteilen. Der Herr macht also den Mädchen schöne Augen? Hat man schon eine größere Unverschämtheit gesehen? Ein Milchbart, der in der Schule oder der Begleiter einer vernünftigen, gebildeten Person sein müßte, die ihm gute Ratschläge geben kann! Was habe ich da gehört? Doña Flora, laßt ihn eine starke Hand spüren, führt ihn auf den Weg der Vernunft und flößt ihm den Respekt ein, den jeder Kavalier für die ehrwürdigen Denkmäler des Altertums haben sollte!«

Während sie das sagte, hatte Doña Flora mehrere Stücke von gelbem und rotem Damast zusammengetragen. Gemeinsam mit ihrer Zofe begann sie, einige nach dem Muster altertümlicher Gewänder zuzuschneiden und mit Silberband einzufassen. Da sie in ihrem Auftreten ausgesprochen extravagant war, dachte ich, sie würde Kleidungsstücke für sich selbst anfertigen. Aber dann erkannte ich an der großen Anzahl, daß es Gewänder für Theaterkomparsen oder dergleichen sein mußten.

»Ihr habt doch nicht viel zu tun, Frau Gräfin«, meinte Doña Flora. »Da könnt Ihr mit Eurem Geschick für Näharbeiten doch helfen, diese Uniformen für den *Kreuzzug des Bistums Cádiz* zu schneidern, der zum Schrecken Frankreichs und des Königs Josef werden wird.«

»Ich beschäftige mich nicht mit Kinkerlitzchen, liebe Freundin«, antwortete ihr meine ehemalige Herrin, »und statt mir die Hände mit der Nadel zu pieken, werde ich mich weiterhin um die Wäsche dieser bedauernswerten Soldaten kümmern, die aus Alburquerque de Extremadura gekommen sind. Diese Männer, liebe Freundin, werden die Franzosen hinauswerfen – wenn das überhaupt möglich ist – und nicht die Pappfiguren des *Kreuzzugs* mit ihrem Don Pedro del Congosta an der Spitze, dem größten Idioten unter der Sonne. Verzeiht mir, daß ich so deutlich werde, wo Ihr doch seine zarte Muse seid.«

»Töchterchen, sagt doch solche Dinge nicht vor diesem jungen Burschen ohne Erfahrung!« warf Doña Flora mit kaum verhohlener Befriedigung ein, »denn er könnte ja auf den Gedanken kommen, daß der berühmte Führer dieses Kreuzzugs, für den ich diese Gewänder anfertige, mit mir in einer engeren Beziehung stünde. Ich bewundere ihn natürlich, aber es ist eine Form der Bewunderung, die nie von etwas befleckt wurde, was Don Quijote *geziertes Anreizen* zu nennen pflegte. Ich lernte Señor Don Pedro in Vejer, im Hause meines Cousins Don Alonso kennen, und seitdem ist er mir so verfallen, daß er keine andere Frau in Andalusien mehr anschaut. Seine Ehrerbietung für mich ist seitdem immer stärker, spiritueller und sublimer geworden. In all den Jahren, die wir uns nun schon kennen, hat er nicht einmal meine Fingerspitzen berührt. Die Leute hier haben schon viel getuschelt, weil sie meinten, wir würden dem Ehehafen entgegensegeln, aber da ich mich stets vor Männern zurückgezogen habe, wird der gute Don Pedro immer rot wie Klatschmohn, wenn er so etwas hört, weil er darin eine direkte Beleidigung seiner und meiner Sittsamkeit erblickt.«

»Der Don Pedro mit seinen sechzig Lenzen auf dem Buckel paßt doch gar nicht zu solch einer frischen und ansehnlichen Frau, wie Ihr es seid, meine liebe Freundin«, bemerkte die Gräfin Amaranta lachend dazu. »Obwohl es Euch vielleicht respektlos erscheinen mag, muß ich doch sagen, daß Ihr etwas unternehmen solltet, daß solch ein edles Geschlecht wie das der Gutiérrez de Cisniega nicht ausstirbt. Dazu solltet Ihr Euch einen richtigen Mann suchen, gewiß nicht einen trockenen Klappergreis wie Don Pedro, sondern einen netten Kerl, der das Haus aufleben läßt, einen jungen Mann. Warum nicht einen wie den Gabriel hier, der sich glücklich schätzen würde, eine so süße Last wie Euch zu schultern?«

Ich, der ich während dieses erheiternden Dialogs mein Frühstück zu mir nahm, konnte nicht umhin, allem, was die Gräfin Amaranta von sich gab, zuzustimmen, so daß Doña Flora, die mich mit außerordentlicher Eleganz und Freundlichkeit bediente, schließlich sagte:

»Jesus, liebe Freundin, was setzt Ihr doch diesem armen

Kleinen, der bis jetzt das Glück hatte, in solchen Dingen wenig Erfahrung gesammelt zu haben, für Flausen in den Kopf! Wohin soll das denn führen? Gabriel, kümmere dich nicht darum! Paß nur auf, sonst wird dich die Gräfin noch zu einem dieser Schwärmer und Schürzenjäger machen! Jetzt schon Schuljungen Flausen ins Gehirn setzen, was denkt sich diese Amaranta nur! Der Junge ist doch nicht aus Stein! Für ihn ist es ein Glück, daß er einen Menschen wie mich gefunden hat, jemanden, der die Irrungen und Wirrungen der Jugend versteht. Dagegen bin ich gewappnet wie gegen die Angriffe des Feindes. Ruhe und Umsicht sind am wichtigsten, Gabriel. Man muß sich in das Schicksal fügen, das Gott für einen ausersehen hat. Ja, man muß sich fügen, denn nichts steht einem ritterlichen jungen Mann so gut an wie Zurückhaltung und Umsicht. Das kann er von diesem Pedro del Congosto lernen. Schau in den Spiegel seiner Ehrenhaftigkeit, seiner Ernsthaftigkeit, seines unerschütterlichen Platonismus. Lerne, wie er seine Leidenschaften zügelt, wie er das Feuer seiner Gedanken mit der Eleganz seiner Worte zu dämpfen weiß, wie er seine Gefühle auf eine hehre Idee konzentrieren kann, seine Zunge im Zaum hält und seinem Herzen, das ihm aus der Brust springen will, Ketten anlegt!«

Amaranta und mich kostete es große Anstrengungen, nicht vor Lachen zu platzen. Doch da hörten wir Schritte, und die Zofe trat herein, um einen Herrn anzukündigen.

»Das ist bestimmt der Engländer«, rief Amaranta. »Lauft, ihn zu empfangen!«

»Sofort, meine liebe Freundin. Mal sehen, ob er etwas Neues zu berichten weiß.«

So blieben die Gräfin und ich eine Zeitlang allein, so daß wir in Ruhe über das reden konnten, was ich nun gleich berichten werde, wenn der Leser die Geduld dazu aufbringen mag.

2

»Gabriel«, sprach sie zu mir, »Ich habe dich gerufen, um dir zu sagen, daß gestern in einem aus Cartagena kommenden Schiff Don Diego, der Graf von Rumblar und Sohn Doña Marías, hier eingetroffen ist. Du weißt ja, daß ich mit Señora María verwandt bin.«

»Ich habe schon vermutet«, antwortete ich, »daß dieser Verlorene hier auftauchen wird. Ist da nicht ein Kerl von verdächtigem Aussehen, ein Gefolgsmann des Señor ›Mörserhand‹ in seiner Begleitung?«

»Ich weiß nicht, ob er allein oder mit Begleitung gekommen ist. Jedenfalls hat sich seine Mutter sehr über sein unerwartetes Kommen gefreut, und meine Tante – entweder um mich zu ärgern, oder weil sie wirklich eine positive Veränderung in dem jungen Mann entdeckte – hat gestern vor der ganzen Familie gesagt: ›Wenn der Herr Graf sich gut benimmt und zeigt, daß er ein Mann von Format ist, wird er unseres Willkommens sicher sein und den süßesten Lohn empfangen, den ihm zwei Familien, die sich danach sehnen, eine einzige zu werden, bieten können.‹«

»Verehrte Gräfin. Ich an Eurer Stelle würde über Don Diego und das Geplapper aller unverschämten, hinterlistigen Marquisen der Welt lachen.«

»Ach, Gabriel, wenn du doch verstehen würdest, wie ich mich fühle!« rief sie voller Schmerz aus. »Kannst du dir vorstellen, daß sie es darauf abgesehen haben, daß meine Tochter mir nicht ein Mindestmaß an Liebe und Zärtlichkeit entgegenbringt? Deshalb haben sie begonnen, sie ständig von mir fernzuhalten. Seit einigen Tagen wollen sie verhindern, daß ich an den Zusammenkünften in diesem Hause hier teilnehme, und sie empfangen mich auch nicht mehr in dem ihrigen. Die Unglückliche hat keine Schuld daran. Sie weiß ja nicht, daß ich ihre Mutter bin, sieht mich wenig und hört viel häufiger deren Meinungen als meine ... Weiß Gott, was die wohl über mich reden, damit sie mich verabscheut! Sag, ist das nicht schlimmer als alle anderen Strafen auf der Welt? Habe ich nicht Grund dazu, vor Eifersucht halb wahnsinnig zu sein? Wenn ich sehe, wie einige Leute danach streben, mir etwas vorzuenthalten, was mein ist, und mich des einzigen Trostes meines Lebens berauben wollen, dann fühle ich mich zu Taten imstande, die meines Standes und meines Namens nicht würdig sind.«

»Eure Lage erscheint mir weder so traurig noch so hoffnungslos, wie Ihr sie geschildert habt«, entgegnete ich. »Ihr müßt Eure Tochter zurückverlangen und sie für immer zu Euch nehmen.«

»Das ist aber schwierig – sehr schwierig. Siehst du denn nicht, daß ich nach den gegebenen Umständen und nach dem Gesetz kein Recht habe, sie zu mir zu nehmen? Sie haben jetzt einen Krieg auf Leben und Tod gegen mich eröffnet, haben das Unmögliche getan, um mich von ihr zu entfernen und nicht einmal davor zurückgeschreckt, mich als Sympathisantin der Franzosen zu bezeichnen. Vor kurzem planten sie, nach Portugal zu fahren, ohne mir Bescheid zu sagen, und als ich es verhinderte und in jener Nacht in deiner Begleitung zu ihnen ging, mußte ich ihnen mit einem großen Skandal drohen, um sie zum Hierbleiben zu zwingen. Als Doña María erfuhr, daß ich mich gegen Inés' Heirat mit ihrem Nichtsnutz von Sohn widersetze, zog ich mir ihren Haß zu. Aber meine Tante hat ihre eigenen Vorstellungen vom Anstand des Hauses und der Ehre der Familie, und auch sie verfolgt mich mit ihrem Zorn. Wenn ich in Madrid wäre, wo ich viele Verbindungen habe, könnte ich vielleicht diese und noch größere Schwierigkeiten überwinden, aber wir befinden uns ja in Cádiz, an einem Ort, der fast vollständig vom Feind eingeschlossen ist. Ich habe hier nur wenige Freunde, während meine Tante und Doña María durch ihren dick aufgetragenen Patriotismus mit der Gunst aller mächtigen Persönlichkeiten rechnen können. Ich glaube, sie werden mich zwingen, per Schiff abzureisen. Sie werden mich verbannen, damit sie in meiner Abwesenheit die arme Kleine so unter Druck setzen können, daß sie gegen ihren Willen verheiratet wird. Stell dir mal vor, wenn das geschieht und …«

»Oh, Señora!« rief ich heftig aus. »Das wird nicht geschehen, solange wir beide noch am Leben sind und es verhindern können! Sprechen wir doch mit Inés und erzählen wir ihr, was sie schon längst wissen müßte ...«

»Sag du es ihr, wenn du es wagst ...«

»Warum sollte ich es nicht wagen?«

»Ich muß dir etwas erzählen, was du noch nicht weißt, Gabriel – etwas, das dich vielleicht traurig machen wird. Du glaubst, du kannst deinen Einfluß auf sie aufrechterhalten, obwohl sich ihre Lebensumstände so völlig geändert haben?«

»Meine Dame«, erwiderte ich, »ich kann mir nicht vorstellen, daß ich diesen Einfluß verloren habe. Verzeiht mir diese kleine Eitelkeit.«

»Unglücklicher Bursche!« sagte sie mitleidig. »Das Leben besteht aus tausend schmerzlichen Veränderungen, und wer auf die Beständigkeit der Gefühle baut, ist wie einer, der beim Anblick der Wolken am Horizont glaubt, es seien Berge, bis ein Lichtstrahl sie entstellt oder ein Windstoß sie auseinandertreibt. Vor zwei Jahren waren meine Tochter und du zwei verlassene und mittellose Kinder. Die Wohnung, in der ihr lebtet, und die gemeinsame Not erhöhten noch die natürliche Zuneigung und veranlaßten, daß ihr euch liebtet. Seitdem hat sich alles geändert. Aber warum wiederhole ich hier noch etwas, das du ja nur zu gut weißt? Inés wollte in ihrer neuen Position den treuen Kameraden ihrer Not nicht vergessen – ein schönes Gefühl, das niemand mehr zu schätzen weiß als ich. Ich machte es mir zunutze, und es gelang mir fast, es zu tolerieren und zu gestatten, angetrieben von dem Zorn gegen meine stolzen Verwandten, aber ich wußte, daß in Inés' Herz das Kindliche verschwinden würde – und mit der Entfernung und der Zeit ist es auch verschwunden.«

Ich hörte mit Bestürzung diese Worte der Gräfin, die dunkle Schatten vor meinen Augen aufsteigen ließen. Aber der Verstand sagte mir, daß ich den Worten einer Frau, die schon so viele getäuscht hatte, nicht völlig Glauben schenken dürfte. Ich wartete ab und tat so, als ob ich ihr glaubte und verzweifelt wäre.

»Erinnerst du dich an die Nacht, in der wir hier ankamen?

In diesem Zimmer empfing uns damals Doña Flora. Wir ließen Inés rufen, sie kam, sah dich, und du konntest mit ihr sprechen. Die arme Kleine war so verwirrt, daß sie gar nicht begriff, was du ihr erzähltest. Zweifellos bewahrt sie immer noch ein edles und schwesterliches Gefühl für dich, aber nicht mehr als das. Hast du das nicht verstanden, Gabriel? Hast du mit deinen Augen und Ohren nicht die Anzeichen bemerkt, daß sie dich nicht mehr liebt?«

»Señora«, antwortete ich bestürzt, »das war doch nur ein kurzes Gespräch, und Ihr drängtet mich ja damals so sehr, das Haus zu verlassen, daß ich nichts dergleichen bemerken konnte.«

»Es ist aber so. Du kannst es mir glauben. Ich weiß, daß Inés dich nicht mehr liebt«, bekräftigte sie mit einer solchen Gewißheit, daß meine schöne Gesprächspartnerin mir plötzlich abscheulich erschien.

»Ihr seid Euch ganz sicher?«

»Ganz sicher.«

»Vielleicht irrt Ihr Euch.«

»Nein, Inés liebt dich nicht mehr.«

»Aber warum denn nicht?« fragte ich verzweifelt.

»Weil sie einen anderen liebt«, antwortete sie mir ruhig.

»Einen anderen!« rief ich verwundert aus und wußte eine ganze Weile nicht, was ich denken sollte. »Einen anderen! Das kann doch nicht sein, Frau Gräfin! Und wer ist dieser andere denn?«

Als ich das sagte, war mir, als ob sich Schlangen in meinem Innern wanden, um mir das Herz abzudrücken und hineinzubeißen. Ich wollte gefaßt erscheinen, aber mein Stammeln und stoßweiser Atem verrieten meinen Gefühlszustand. Ich war vom höchsten Punkt meines Stolzes in einen Abgrund gefallen.

»Du willst es wirklich wissen? Nun gut – es ist ein Engländer.«

»Etwa der bewußte?« rief ich aus und zeigte auf den Salon, aus dem man undeutlich die Stimmen von Doña Flora und ihrem Besucher hörte.

»Genau der.«

»Meine Dame, das kann doch nicht sein! Ihr irrt Euch bestimmt!« entgegnete ich und konnte dabei meinen Zorn nicht unterdrücken, der in mir wie ein Feuer brannte. »Ihr macht Euch über mich lustig. Ihr demütigt mich und trampelt auf mir herum, wie Ihr es schon immer getan habt.«

»Wie wild du auf einmal geworden bist!« rief sie lächelnd aus. »Beruhige dich und spiele hier nicht den Verrückten!«

»Verzeiht, wenn ich Euch mit meiner Heftigkeit beleidigt habe«, erwiderte ich, nachdem ich mich etwas beruhigt hatte, »aber ich kann das einfach nicht glauben. Alles in mir protestiert gegen diese Vorstellung. Ich bin vielleicht ein blinder Dummkopf, liebe Gräfin, aber ich verabscheue ein Licht, das mir eine schreckliche Einsamkeit zeigt. Ihr habt mir aber noch nicht gesagt, wer dieser Engländer eigentlich ist und worauf sich Eure Gewißheit gründet ...«

»Dieser Engländer kam vor sechs Monaten hierher, in Begleitung eines anderen, der sich Lord Byron nennt. Letzterer reiste bald darauf weiter nach Osten. Der andere heißt Lord Gray. Willst du wissen, warum ich denke, daß Inés ihn liebt? Es gibt da tausend Anzeichen, die einer erfahrenen Frau wie mir nicht entgehen können. Und da wundert es dich? Du bist eben ein Knabe ohne Erfahrung und glaubst, daß die Welt zu deiner Freude gemacht wurde. Doch das Gegenteil ist der Fall, mein Kleiner. Worauf verläßt *du* dich denn in deiner Hoffnung, daß Inés dich ihr ganzes Leben lang lieben wird? Du fordest ja wirklich nicht wenig! Sehr bescheiden von dir zu verlangen, daß Inés Jahre von dir getrennt ist und trotzdem nicht aufhört, dich zu lieben! Finde dich doch mal mit der Wirklichkeit ab. Du mußt dich mit dem Gedanken vertraut machen, daß es außer dir noch andere Männer auf der Welt gibt und daß die Mädchen Augen zum Sehen und Ohren zum Hören haben.«

Mit diesen Worten, die eine tiefe Wahrheit beinhalteten, zerschmetterte mich die Gräfin. Es kam mir so vor, als sei meine Seele ein schönes Stück Stoff, das sie mit einer feinen Schere in Stücke schnitt und in den Wind warf.

»So ist es nun einmal«, fuhr sie fort. »Es ist viel Zeit vergangen. Dieser Engländer besuchte uns in Cádiz. Er kehrt jetzt oft in dem anderen Haus ein, wo er geliebt wird … Dies erscheint dir unglaublich und absurd? Aber es ist doch die einfachste Sache der Welt. Vielleicht glaubst du auch, daß der Engländer eine unsympathische Person sei, geschmacklos, unwirsch, mit rotem Gesicht, starrköpfig und trunksüchtig wie einige von denen, welchen du als Kind auf der Plaza San Juan de Dios begegnetest. Nein – Lord Gray ist ein feinsinniger, attraktiver und gebildeter Mann. Er stammt aus einer der besten Familien Englands und ist sehr reich. Ja, du glaubst wohl, daß diese hervorragenden Merkmale nur der Señor Don Gabriel von Nirgendwo besitzt! Da bist du aber gewaltig im Irrtum! Aber hör weiter: Lord Gray fesselt die Mädchen mit seiner angenehmen Konversation. Stell dir vor, obwohl er so jung ist, hat er schon ganz Asien und einen Teil Amerikas bereist. Seine Kenntnisse sind enorm. Was er über die zahlreichen Völker, die er gesehen hat, erzählen kann, ist äußerst interessant. Außerdem ist er ein Mann von außergewöhnlichem Mut, der schon vielen Gefahren getrotzt, mit der Natur und den Menschen gekämpft hat. Und wenn er davon so wortgewandt erzählt und versucht, seinen eigenen Verdienst herabzusetzen und seinen Mut zu verbergen, so stockt den Zuhörern fast der Atem. Er besitzt ein großes Buch voller Bilder von Landschaften, Ruinen, Trachten, Menschentypen und Gebäuden, die er selbst in jenen fernen Ländern zeichnete. Auf mehreren Seiten hat er auch in Versform und Prosa tausend schöne Gedanken niedergeschrieben. Verstehst du nun, daß man ihn lieben kann, und daß er es versteht, sich liebenswert zu machen? Wenn er zu den Abendgesprächen kommt, wird er von den Mädchen umringt. Er erzählt mit solcher Wahrhaftigkeit und Ausdruckskraft von seinen Reisen, daß man die hohen Berge, die breiten Flüsse, die riesigen Bäume Asiens und die Urwälder sieht. Man stellt sich vor, wie der unerschrockene Europäer sich gegen Löwen oder Tiger verteidigt. Er beschreibt uns die Stürme auf dem Chinesischen Meer, die die Schiffe wie Federn herumwirbeln, und wir erleben, wie er unter Aufbietung all seiner Kräfte mehrfach dem Tode entgeht. Er zeichnet uns ein Bild der ägyptischen Wüsten, berichtet von den Nächten, die so hell wie der

Tag sind, von den Pyramiden, den Tempelruinen, dem Nil und den armen Arabern, die in dieser Ödnis ein Leben voller Entbehrungen führen. Er erwähnt die heiligen Stätten in Jerusalem und Bethlehem, das Heilige Grab, und erzählt uns von den Tausenden von Pilgern, die dort eintreffen, von den guten Mönchen, die den Europäer gastfreundlich aufnehmen. Er beschreibt uns die Olivenhaine, in deren Schatten unser Herr Jesus betete, als Judas mit den Soldaten kam, um ihn gefangenzunehmen, außerdem den Kalvarienberg und die Stelle, an der das heilige Kreuz errichtet wurde. Danach berichtet er vom unvergleichlichen Venedig, der im Meer gebauten Stadt, in der die Straßen Kanäle und die Kutschen Boote sind, in denen abends die Liebespaare ungestört auf der Lagune dahingleiten können. Er hat auch Amerika durchreist, wo es friedliche Ureinwohner gibt, die den Reisenden freundlich aufnehmen, und wo die Flüsse, von denen jeder so breit ist wie alle spanischen zusammen, von Felsen hinunterstürzen und Wasserfälle bilden, die den Eindruck erwecken, daß sich das halbe Meer auf die Erde stürzt, unter Entwicklung von ungeheurem Schaum und Lärm, der noch auf große Entfernungen zu hören ist. Alles erzählt er, alles schildert er in so lebhaften Farben, daß man sich dorthin versetzt fühlt. Er berichtet von seinen heldenhaften Taten, ohne zu prahlen und verletzt nie den Stolz der Männer, die ihm mit der gleichen Aufmerksamkeit – wenn auch nicht mit der gleichen Bewunderung wie die Frauen – zuhören. Nun genug, mein armer Gabriel. Nach allem, was ich dir gerade gesagt habe, wirst du doch verstehen, daß dieser Engländer genügend Anziehungskraft besitzt, erst recht bei einem Mädchen von großer Sensibilität und ausgeprägtem Vorstellungsvermögen. Außerdem ist Lord Gray sehr reich, und obwohl Reichtümer gewisse Mängel bei Männern nicht kompensieren können, so erhöhen sie doch den Wert eines wertvollen Mannes. Lord Gray kleidet sich elegant, gibt viel für sich und seine Freunde aus, aber sein Auftreten hat nichts von der Prahlerei junger Fante, sondern strahlt die Würde und Großzügigkeit des Reichen von hoher Geburt aus, der sein Geld weise zur Verschönerung seiner Umgebung ausgibt. Ach, mein armer Junge!

Verstehst du nun? Du wirst zu der Erkenntnis kommen, daß es auf der Welt jemanden gibt, der in jeder Beziehung bedeutender ist als Señor Don Gabriel von Nirgendwo. Laß dir das alles mal durch den Kopf gehen. Überlege doch mal, wer *du* bist: ein guter Junge, aber nicht mehr – mit dem Herz auf dem rechten Fleck, natürlichem Auftreten und der Fähigkeit, den Wechselfällen des Schicksals zu trotzen. Was deine Stellung im Leben angeht – nun, du bist ein kleiner Offizier der Armee, immerhin, aber so viel ist das doch nun auch wieder nicht wert. Gestalt: nicht übel; Konversation: ausreichend; Herkunft: äußerst bescheiden – obwohl du dich den Adligsten und Vornehmsten ebenbürtig fühlen magst. Mut: will ich nicht bestreiten –, ganz im Gegenteil, denn ich glaube, daß du den im hohen Maße besitzt – aber ohne Glanz und Pracht. Bildung: nicht sehr fundiert; Umgangsformen: gut. Trotz deiner Vorzüge, die ich gewiß nicht in Abrede stellen will – glaubst du denn immer noch, daß du angesichts deiner Armut und deiner bescheidenen Stellung in der Welt unersetzlich bist, wie es der gute Karl der Vierte glaubte, als er die Krone von seinem Vater erbte? Nein, Gabriel – beruhige und bescheide dich!«

Der Bericht meiner ehemaligen Herrin hatte eine schreckliche Wirkung auf mich. Es kam mir so vor, als ob die Gräfin mich auf den Gipfel des Mulhacén, des höchsten Bergs Spaniens, geschleppt und dann von dort hinuntergestürzt hätte.

3

Was konnte ich zu all dem sagen? Nichts. Was sollte ich tun? Schweigen und leiden. Aber der vom übermächtigen Schicksal erdrückte Mensch bescheidet sich selten, selbst wenn er seine Situation klar erkennt und logisch betrachtet. Statt dessen hebt er die schwachen Hände und kämpft, um sich von dem kolossalen Gewicht zu befreien. Ich weiß nicht, ob es der Wunsch, meine Würde zu wahren, oder im Gegenteil, ein eitler und dummer Stolz war, der mich mit Festigkeit antworten ließ. Ich tat jedenfalls so, als ob mir der furchtbare Schlag gleichgültig sei.

»Frau Gräfin«, erwiderte ich, »ich begreife meine Unterlegenheit. Seit langem schon habe ich an so etwas gedacht, so daß mich jetzt nichts erstaunen kann. Es war wirklich anmaßend, daß ein armer Wicht wie ich, der nie in Indien gewesen ist und nie einen anderen Wasserfall als den des Tajo bei Aranjuez gesehen hat, sich einbildet, von einer adligen Frau geliebt zu werden. Wir, die weder adlig noch reich sind, was können wir denn mehr tun, als unser Herz den Putzfrauen und Dienstmägden anzubieten, wobei sich noch die Frage stellt, ob es überhaupt angenommen wird. Deshalb verfallen wir in Resignation, meine Dame. Und wenn wir dann Schläge empfangen, wie der, den Ihr mir zu erteilen beliebtet, zucken wir mit den Achseln und sagen uns: ›Nur Geduld!‹ Wir leben einfach weiter und essen und schlafen ruhig ... Es wäre doch töricht, sich nach einer zu verzehren, die uns so bald vergißt.«

»Du bist ja wütend geworden«, erwiderte die Gräfin spöttisch, »und möchtest ruhig erscheinen. Dabei merkst du gar nicht, daß du doch Feuer speist ... Hier, nimm meinen Fächer und erfrische dich ein wenig.«

Ehe ich ihn aber ergreifen konnte, fächelte sie mir schon von sich aus Luft damit zu. Ich gab ein freudloses Lachen von mir, und nach einer Weile sprach sie wie folgt zu mir: »Ich muß dir noch etwas sagen, was dich vielleicht auch erzürnen wird, aber du mußt dich bezähmen: Ich bin froh, daß meine Tochter die Liebe des Engländers erwidert.«

»Das glaube ich wohl, Señora«, antwortete ich und biß die Zähne zusammen, als ob ich damit ganz Großbritannien durchbeißen könnte.

»Ja«, fuhr sie fort, »jede Gelegenheit, meine Tochter zu sehen, und sei es auch unter der Aufsicht der Marquise und der anderen Gräfin, begrüße ich.«

»Aber dieser Engländer wird doch wohl Protestant sein?«

»Ja«, erwiderte sie, »aber daran möchte ich jetzt nicht denken. Es kann ja sein, daß er zum katholischen Glauben konvertiert. Das ist zwar ein ernster und heikler Punkt, aber ich lasse mich davon nicht abschrecken, denn der Engländer bietet die Gewähr, daß meine Tochter freikommt, daß ich sie sehen und sprechen kann, wann ich will – und außerdem ... Doña María wird rasend vor Wut sein, wenn sie das erfährt! Aber halt bloß den Mund, Gabriel. Ich rechne mit deiner Verschwiegenheit. Wenn Lord Gray katholisch wäre, würde sich mein Onkel wohl damit einverstanden erklären, daß Inés und der Engländer heiraten. Ach, danach könnten wir drei nach England gehen, weit, weit weg von hier, in ein Land, wo ich mich nicht mit irgendwelchen Verwandten herumschlagen muß. Welch ein Glück das wäre! Ich möchte der Papst sein, um zu erlauben, daß eine katholische Frau einen Ketzer heiratet!«

»Ich glaube, daß Eure Wünsche erfüllt werden.«

»Oh, ich bin da gar nicht so sicher. Trotz seiner vielen Vorzüge ist der Engländer doch recht seltsam. Niemandem hat er bis jetzt das Geheimnis seiner Liebe verraten. Wir haben von ihm nur wenige Anhaltspunkte bekommen, aber steter Tropfen höhlt den Stein. Inzwischen wissen wir recht gut Bescheid.«

»Inés wird sich Euch doch anvertraut haben.«

»Nein, seitdem habe ich sie nicht ein einziges Mal sehen können. Was für ein Jammer! Die drei Mädchen gehen nur unter der Aufsicht von Doña María aus dem Hause. Doña Flora und ich haben schon alles Mögliche und Unmögliche versucht, daß Lord Gray sich uns anvertraut, aber er ist so vorsichtig und schweigsam. Seine Geheimnisse hütet er wie einen Schatz. Nur mit Hilfe der Dienstmädchen konnten wir einiges in Erfahrung bringen. Es gibt nicht den geringsten Zweifel, Söhnchen. Bescheide dich und mache uns keine Schwierigkeiten! Du wirst doch wohl nicht an Selbstmord denken?«

»Ich?« entgegnete ich und spielte den Gleichgültigen.

»Nun erfrische dich doch ein wenig, du brennst ja förmlich«, ermahnte sie mich und wedelte wieder mit dem Fächer vor mir herum. »Don Rodrigo vor dem Galgen hatte nicht so viel Stolz wie dieser General in spe!«

Als sie dies sagte, hörte ich die Stimme von Doña Flora und dann die Schritte eines Mannes.

»Tretet ein, Mylord, hier ist die Frau Gräfin«, sagte Doña Flora.

»Schau ihn dir gut an, und du wirst selbst beurteilen können, ob die Kleine einen guten Geschmack hat«, flüsterte mir die Gräfin zu.

Doña Flora rauschte herein, gefolgt von dem Engländer. Dieser hatte das schönste Männergesicht, das ich je erblickt hatte. Er war von hoher Statur und besaß eine sehr helle Hautfarbe. Seine leichte Bräune erinnerte mich an Seeleute und Forscher aus dem Norden. Sein blondes, ungezwungen gekämmtes Haar fiel ihm nach dem Geschmack der damaligen Zeit in Locken bis zum Hals hinunter. Er schien nicht älter als dreißig Jahre zu sein. Seine Erscheinung war ernst und traurig, aber ohne die Steifheit und Langsamkeit der Bewegungen, die bei Engländern sonst üblich sind. Wie schon erwähnt, war sein Gesicht von der Sonne gebräunt – besser gesagt vergoldet –, von der Stirnmitte, wo der Hut gesessen hatte, bis zum Hals. Seine Kehle hatte die Weiße von reinstem und zartestem Wachs. Außer einem spärlichen Bart wies sein Gesicht keine Haare auf, und seine Züge, die durch das Mittagslicht hervorgehoben wurden, ähnelten einer Statue aus ziseliertem Gold. Irgendwo hatte ich mal eine Büste des Gottes Brahma gesehen, und an diese erinnerte mich das Gesicht von Lord Gray.

Er war elegant und mit einer gewissen Nachlässigkeit gekleidet: blauer Anzug aus feinem Tuch, der zur Hälfte von einem ›Sortú‹ genannten Überrock verdeckt war. In der Hand hielt er einen runden Hut – ein Modell, das gerade in Mode gekommen war. An seiner Kleidung prangten einige Schmuckstücke von Wert, denn die Männer schmückten sich damals mehr als heutzutage. Es waren auch zwei Uhrenketten zu sehen. Sein Gesicht war im ganzen sympathisch. Ich betrachtete ihn eifrig und suchte irgendeinen Makel zu entdecken, konnte aber keinen finden. Es ärgerte mich auch, daß er unsere Sprache außerordentlich gut beherrschte, denn ich hatte gehofft, er würde sich fehlerhaft ausdrücken und sich lächerlich machen. Dann hoffte ich noch darauf, daß er einige Dummheiten von sich geben würde – aber auch hier wurde ich enttäuscht.

Er begann ein Gespräch mit der Gräfin Amaranta und versuchte dabei, dem Thema auszuweichen, das Doña Flora ungeniert angeschnitten hatte, als sie eintraten.

»Liebe Freundin«, hatte die Alte gesagt, »Lord Gray wird uns etwas von seinen Liebschaften in Cádiz erzählen, was ja noch interessanter ist als seine Reisen durch Asien und Afrika.«

Amaranta stellte mich ihm feierlich vor und erklärte dabei, daß ich ein großer Kriegsheld sei, der sich, was strategisches Können und Mut anbelangte, mit Julius Cäsar und dem Cid vergleichen könne. Sie berichtete außerdem, daß ich als Teilnehmer der Belagerung von Zaragoza mit meinen heroischen Taten Spanier wie Franzosen in Erstaunen versetzt hätte. Der Ausländer schien dieser Lobrede mit großem Interesse zu lauschen. Er stellte mir etliche Fragen über den Krieg und sagte mir dann, es würde ihn freuen, wenn wir Freunde werden würden. Seine Höflichkeit brachte mein Blut zum Kochen, denn ich war eifersüchtig und ärgerte mich über die Notwendigkeit, ihm genauso höflich antworten zu müssen. Die boshafte Amaranta lachte verstohlen über meine Verlegenheit und fachte durch geschickte Worte das Interesse und die plötzliche Zuneigung des Engländers zu mir noch an.

»Heute«, vermerkte Lord Gray, »hat es in Cádiz zwischen Engländern und Spaniern eine große Meinungsverschiedenheit gegeben.«

»Davon weiß ich ja gar nichts«, rief die Gräfin aus. »Ist nun etwa das Bündnis aufgelöst worden?«

»Das wird nicht so ernst gewesen sein, Señora. Wir sind etwas rüde und die Spanier etwas eingebildet. Sie vertrauen sehr auf ihre eigene Kraft, meistens mit Recht.«

»Die Franzosen stehen vor Cádiz«, warf Doña Flora ein, »und ich befürchte, daß wir nicht genug Leute haben, um die Stadt zu verteidigen.«

»So sieht es aus«, meinte der Engländer, »aber Wellesley hat die Junta um Erlaubnis gebeten, die Besatzungen unserer

Schiffe an Land gehen zu lassen, damit sie einige Festungswerke verteidigen können.«

»Sie sollen nur an Land kommen«, sagte die Gräfin. »Meinst du nicht auch, Gabriel?«

»Das ist die eigentliche Frage«, erklärte Lord Gray, »denn die spanischen Behörden und Befehlshaber weigern sich, Hilfe zu empfangen. Alle, die etwas vom Krieg verstehen, müssen doch mit mir übereinstimmen, daß es notwendig ist, daß die Engländer an Land kommen. Ich bin sicher, daß der Herr Offizier auch dieser Meinung ist.«

»O nein, Señor, ich bin gerade der entgegengesetzten Auffassung«, erwiderte ich lebhaft und in der Hoffnung, daß der Gegensatz unserer Ansichten mich von der unerträglichen und widerlichen Freundschaft des Engländers befreien würde. »Ich glaube, daß die spanischen Befehlshaber und Behörden gut daran getan haben, die Engländer nicht an Land kommen zu lassen. In Cádiz gibt es genügend Garnisonen, um den Ort zu verteidigen.«

»Glaubt Ihr das wirklich?« fragte er darauf.

»Ja, das glaube ich«, antwortete ich und versuchte dabei, die Härte und Schärfe der Worte zu unterdrücken, die das Herz ihnen verleihen wollte. »Wir danken für die Hilfe, die uns unsere Verbündeten anbieten – mehr aus Haß auf den gemeinsamen Feind, als aus Liebe zu uns. Das ist die Wahrheit. Beide Heere kämpfen Seite an Seite. Wenn dieses Bündnis bei den Feldzügen auch notwendig ist, weil uns reguläre Truppen fehlen, um gegen Napoleon ziehen zu können, so hat sich doch erwiesen, daß wir für die Verteidigung befestigter Orte keine Hilfe brauchen. Außerdem sind die befestigten Städte auch wichtige Handelszentren, die wir einem Verbündeten niemals ausliefern dürfen, so treu er auch sein mag. Da Eure Landsleute so geschäftstüchtig sind, könnten sie ein Auge auf diese Stadt werfen. Sie ist ja wie eine Art Schiff, das in der Nähe des Festlands verankert ist, und Gibraltar ist fast in Hörweite.«

Als ich das sagte, beobachtete ich den Engländer aufmerksam in der Erwartung, daß er wegen meiner rücksichtslosen Kritik in Zorn ausbrechen würde. Aber zu meiner großen

Überraschung sah ich in seinen Augen keinen Funken der Wut. Im Gegenteil – sein Lächeln drückte nicht nur Wohlwollen, sondern auch Übereinstimmung mit meinen Äußerungen aus.

»Mein Herr«, sprach er und ergriff mich bei der Hand, »verzeiht mir die Unhöflichkeit, wenn ich erneut den Wunsch äußere, Eure Freundschaft zu erringen.«

Sie können sich wohl vorstellen, daß ich dadurch völlig verwirrt wurde und nicht mehr wußte, was ich sagen sollte.

»Aber Mylord«, fragte da Doña Flora, »wie kommt es denn, daß Ihr Eure Landsleute so geringschätzt?«

»Meine Dame«, erwiderte Lord Gray, »leider bin ich mit einem solchen Charakter geboren worden, daß ich in einigen Punkten mit meinen Landsleuten übereinstimme, in anderen von ihnen aber so verschieden bin wie ein Türke von einem Norweger. Ich verabscheue den Handel, und London erscheint mir wie ein einziger Rauschgiftladen. Wenn ich höre, daß all die hehren Institutionen des alten England, das Kolonialregime und unsere große Marine nur zum Schutz des Welthandels und der Habsucht der Krämerseelen dienen, die ihre runden Schädel wie Käselaibe an den dunkeln Wassern der Themse emporrecken, ziehen sich meine Nerven in unerträglicher Weise zusammen, und ich schäme mich, ein Engländer zu sein. Das Wesen des Engländers ist egoistisch, trocken, hart wie Bronze, wird von Berechnung bestimmt und hat keinen Platz für Poesie. In diesen Köpfen ist die Vorstellungswelt nur eine dunkle, kalte Höhle, in die nie ein Lichtstrahl oder ein melodischer Ton eindringt. Sie verstehen nichts, was nicht in Kontozahlen ausgedrückt werden kann, und jeden, der sie mit anderen Dingen als dem Hanfpreis anspricht, ist ihnen verdächtig, ein Müßiggänger und Feind des Wohlstands. Sie reden viel von der Freiheit, aber es macht ihnen nichts aus, daß es Millionen von Sklaven in den Kolonien gibt. Sie wollen, daß die englische Fahne auf allen Meeren weht, und achten sehr darauf, daß ihr Ehrerbietung gezollt wird, aber immer, wenn sie von der nationalen Würde reden, ist darunter zu verstehen, daß die englischen Eisenwaren als die besten der Welt anzusehen sind. Wenn eine Militärexpedition ausgeschickt wird, weil angeblich der Stolz des britischen Löwen verletzt wurde, dann handelt es sich in der Regel doch schlichtweg darum, daß ein asiatisches oder afrikanisches Volk gezüchtigt werden soll, weil es nicht genug Baumwollstoff gekauft hat.«

»Jesus, Maria und Josef!« rief Doña Flora entsetzt aus. »Ich kann gar nicht mit anhören, wie ein derart talentierter Mann so über seine Landsleute redet!«

»Das habe ich schon immer gesagt, meine Herrschaften«, fuhr Lord Gray fort, »und ich werde auch nicht aufhören, es meinen Landsleuten zu sagen. Ich schmelze auch nicht vor Bewunderung dahin, wenn sie die Standarte mit der Bergkatze hissen, die sie Leoparden nennen, um in den Krieg zu ziehen. Hier in Spanien habe ich mich gewundert, daß meine Landsleute Schlachten gewonnen haben. Wenn die Krämerseelen in London aus den Gazetten erfahren, daß die Engländer Schlachten geschlagen und gewonnen haben, werden sie doch vor Stolz platzen, sich nun auch noch als Herren der Erde ansehen, nachdem sie das schon von den Meeren behaupten, und anfangen, die Maße des Planeten zu nehmen, um ihm eine Baumwollmütze zu verpassen, die ihn ganz verdeckt. So sind meine Landsleute, leider! Als dieser Herr hier Gibraltar erwähnte, das in verräterischer Weise besetzt wurde, um daraus ein Schmuggelwarenlager zu machen, stieg all das wieder in mir auf, so daß ich meinen ersten Eindruck hinsichtlich der Landung der Engländer in Cádiz revidieren mußte. Mein Herr Offizier, ich schließe mich nun Eurer Meinung an: sie sollen auf ihren Schiffen bleiben!«

»Es freut mich, daß Ihr nun doch mit mir übereinstimmt, Mylord«, bemerkte ich und glaubte insgeheim, nun eine Möglichkeit gefunden zu haben, mich mit diesem Mann, gegen den ich trotz allem Abscheu empfand, zu streiten. »Gewiß sind die Engländer Krämerseelen, egoistisch, berechnend, prosaisch – aber wie kommt es denn, daß Ihr Euch derart darüber ereifert, Ihr, der Ihr von einer englischen Mutter auf englischem Boden geboren wurdet? Ich habe von Männern gehört, die in Augenblicken der größten Gefahr und Bedrängnis ihr Vaterland verraten haben. Aber auch diese, die ihre Heimat aus Habsucht verrieten, haben sie nie in der Gegenwart von Ausländern herabgesetzt. Gute Söhne reden nicht von den Fehlern ihrer Väter.«

»Das ist nicht das gleiche«, erwiderte der Engländer. »Ich fühle mich jedem Spanier, Italiener, Griechen oder Franzosen, der die gleichen Vorlieben wie ich hat, meine Gefühle erkennen und diese erwidern kann, verwandter als einem verbissenen, trockenen Engländer, dessen Seele taub ist für alle Töne, die ihn nicht an das Klingen von Geldmünzen erinnern. Was bedeutet es mir schon, daß dieser Mann meine Sprache spricht, wenn wir uns trotzdem nicht verstehen? Was gilt es mir schon, daß wir auf dem gleichen Boden geboren wurden, vielleicht sogar in derselben Straße, wenn wir innerlich weiter entfernt sind als ein Pol vom anderen?«

»Das Heimatland, mein Herr, ist die Mutter, die sowohl das häßliche, mißgestaltete Kind aufzieht und liebkost wie das schöne und robuste. Es zu verleugnen, ist undankbar. Es in der Öffentlichkeit herabzusetzen, läßt auf Gefühle schließen, die vielleicht noch schlimmer als die Undankbarkeit sind.«

»Nach Ihrer Meinung bin ich es also, der schlimmere Gefühle als das der Undankbarkeit hegt?« fragte darauf der Engländer.

»Ich würde mir lieber die Zunge herausreißen, als vor Ausländern die Fehler meiner Landsleute anzuprangern«, bekräftigte ich mit Bestimmtheit und hoffte dabei, daß Lord Gray nun endlich in Zorn ausbrechen würde.

Dieser aber richtete so seelenruhig, als hätte ich ihn in den höchsten Tönen gelobt, die folgenden Worte an mich:

»Mein Herr, Euer Charakter und die Lebhaftigkeit und Spontaneität Eurer Gegenreden gefallen mir so sehr, daß meine Zuneigung zu Euch noch ansteigt ... nicht nur aus Sympathie, sondern auch aus einer tiefen inneren Anziehung heraus.«

Die Gräfin Amaranta und Doña Flora waren nicht weniger überrascht als ich.

»Ich dulde nicht, daß man sich über mich lustig macht, Mylord«, fauchte ich als Antwort, denn ich glaubte wirklich, daß er sich einen Scherz mit mir erlaubte.

»Aber mein Herr«, antwortete der Engländer ungerührt, »ich werde Euch beweisen, daß die außergewöhnliche Übereinstimmung zwischen Eurem Charakter und dem meinen in mir den Wunsch erzeugt hat, mit Euch eine aufrichtige Freundschaft zu schließen. Hört mir bitte noch einen Moment zu. Eine der größten Ärgerlichkeiten meines Lebens – vielleicht die größte – besteht darin, daß alle, mit denen ich zu tun habe, ständig versuchen, mit mir einer Meinung zu sein. Ich weiß nicht, ob das an meiner Position oder an meinem Reichtum liegt. Jedenfalls ist es eine Tatsache, daß überall, wo ich hinkomme, die Leute mich mit ihren faden Komplimenten erzürnen. Kaum habe ich eine Meinung geäußert, schon beeilen sich die Umstehenden zu versichern, daß sie der gleichen Ansicht seien. Als ich nach Spanien kam, hatte ich die Illusion, hier streitsüchtige, grobe und primitive Menschen anzutreffen, Männer mit ungestümem, heißem Herzen, die nicht mit dem eitlen Lack der Höflichkeit überzogen sind. Wie groß war doch meine Überraschung, als ich hier so höflich und zuvorkommend wie in London aufgenommen wurde, ohne jegliche Widerstände gegen die von mir geäußerten Wünsche, inmitten eines eintönigen, regelmäßigen Lebens ohne Zusammenstöße mit Menschen oder Dingen. Ich wurde verwöhnt, bedient, bewundert ... Oh, mein Freund! Nichts verabscheue ich mehr als die Bewunderung. Jeder, der mich bewundert, macht mich zu seinem unversöhnlichen Feind. Ich genieße es, mit hochfahrenden Charakteren konfrontiert zu werden, die sich nicht liebedienerisch bei einem Wort von mir verbeugen. Es freut mich, das Blut von jemandem kochen zu sehen, der sich nicht beherrschen lassen will, auch nicht von den Gedanken eines anderen Menschen. Mir flößen diejenigen Respekt ein, die sich konsequent, energisch und unabhängig zeigen, weshalb ich auch den Krieg Spaniens mit Begeisterung beobachte. Ich habe die Absicht, in diesem Land zu bleiben und mich den Freischärlern anzuschließen. Diese Generäle, die weder lesen noch schreiben können und gestern noch Fuhrleute, Gastwirte oder Arbeiter waren, erregen *meine* Bewunderung in höchstem Maße. Ich bin auf Militärakademien gewesen und verabscheue die Pedanten, die die wilde Kunst des Krieges prostituiert und verweichlicht, sie zu albernen Regeln reduziert und sich selbst mit Federn und bunten Uniformen dekoriert haben, um ihre eigene Nichtigkeit dahinter zu verbergen. Habt Ihr unter dem Befehl eines Freischärlerführers gekämpft? Kennt Ihr Empecinado, Mina, Tabuenca oder Porlier? Was sind das für Leute? Wie sehen sie aus? Ich stelle sie mir vor wie die Helden von Athen und Latium. Mein lieber Freund, wenn ich mich richtig erinnere, hat doch die Frau Gräfin vorhin gesagt, daß Ihr Eure schnelle Beförderung Euren eigenen Taten verdankt und ohne jegliche Protektion einen ehrenhaften Posten in der Miliz errungen habt. Oh, mein Herr, Ihr interessiert mich über alle Maßen! Ihr werdet mein Freund, ob Ihr es wollt oder nicht. Ich bewundere Männer, die vom Schicksal nichts bekommen haben und dennoch gegen alle Widerstände mutig ankämpfen. Wir können gar nichts anderes als gute Freunde sein. Gehört Ihr zur Garnison auf der Insel? Kommt doch bitte immer in mein Haus, wenn Euer Weg Euch nach Cádiz führt! Wo wohnt Ihr denn? Ich würde Euch nämlich gern täglich besuchen.«

Ohne zu wagen, diesem offenkundigen Wohlwollen mit Widerwillen zu begegnen, machte ich, so gut ich konnte, Ausflüchte.

»Und heute, Caballero«, fügte er hinzu, »werdet Ihr mit mir essen – keine Widerrede. Frau Gräfin, Ihr habt mir diesen Herrn vorgestellt. Wenn er meinem Wunsch nicht entspricht, sehe ich das so an, als habe er Euch beleidigt.«

»Ich glaube«, sagte die Gräfin, »daß Ihr beide Euch bald gratulieren werdet, Freundschaft geschlossen zu haben.«

»Mylord, ich stehe Euch zur Verfügung«, sprach ich und stand auf, als er sich anschickte, den Raum zu verlassen.

Nachdem ich mich von den beiden Damen verabschiedet hatte, ging ich mit dem Engländer hinaus. Mir war, als ob mich der Teufel ritt.

4

Lord Gray wohnte in der Nähe des Gebäudekomplexes Barquillas de Lope. Das Haus stand teilweise leer, denn es war viel zu groß für einen einzelnen Mann. Er hatte mehrere Diener, allesamt Spanier, mit Ausnahme des Kammerdieners, der Engländer war.

Das Mahl war fürstlich, und die Gläser, gefüllt mit dem besten Blut der Reben von Montilla, Jerez und Sanlúcal, waren niemals leer.

Während des Essens sprachen wir nur vom Krieg, und danach, als die gehaltvollen Weine Andalusiens ihre Wirkung zeigten, bestand der Lord darauf, mir Lektionen im Fechten zu erteilen. Er war darin ein Experte, wie ich gleich bei den ersten Schlägen feststellen mußte, und da ich diese Kunst weit weniger beherrschte und er nach dem reichlichen Weingenuß nicht mehr die Zurückhaltung besaß, die er in nüchternem Zustand aufgebracht hätte, schlug er so kräftig zu, daß ich mehr Schaden davontrug, als es sich für eine einfache Übungsrunde geziemte.

»Ich bitte Mylord, sich nicht gar so sehr ins Zeug zu legen«, bat ich, um sein Ungestüm zu bremsen. »Ihr habt mich schon wiederholt entwaffnet und Euch wie ein Kind daran ergötzt, mir derbe Schläge zu erteilen, die ich nicht parieren kann. Das kann zu weit gehen, denn der Puffer an der Spitze könnte durchstoßen werden.«

»So wird es aber gelehrt«, entgegnete er. »Es sollte doch mit dem Teufel zugehen, wenn ich Euch nicht zu einem ausgezeichneten Fechter machen kann.«

Nachdem wir noch eine Weile gefochten hatten und sich der Weinnebel bei ihm etwas lichtete, machte ich mich mit ihm auf den Weg zur Insel, denn er hatte den Wunsch geäußert, unser Lager zu sehen. In den darauffolgenden Tagen kam er fast täglich. Seine Anhänglichkeit war mir lästig. Je mehr ich ihn aber verabscheute, um so mehr entwaffnete er meinen Zorn mit seiner Freundlichkeit. Meine schroffen Antworten, meine schlechte Laune und Wortkargheit, mit denen ich ihn bekämpfte, schreckten ihn nicht ab, sondern erhöhten noch seine Sympathie, die er mir von Anfang an entgegengebracht hatte. Schließlich konnte ich es nicht mehr leugnen, daß auch ich mich zu diesem seltsamen Mann hingezogen fühlte. Ich betrachtete ihn als zwei verschiedene Personen: eine, die ich verabscheute, und eine, die ich gern hatte. Sie waren aber so eng miteinander verflochten, daß es für mich unmöglich war zu unterscheiden, wo der Freund anfing und der Rivale aufhörte.

Er fühlte sich in meiner Gegenwart und der meiner Offizierskameraden äußerst wohl. Während unserer Einsätze folgte er uns mit einem Gewehr, Pistolen und einem Säbel. In der Freizeit ging er mit uns in die Schenken von Cortadura und Matagorda, wo er uns mit dem Besten, womit diese Etablissements aufwarten konnten, bewirtete. Mehr als einmal kam er von Cádiz mit den feinsten Leckerbissen und Getränken, die die englischen Schiffe und die Küstensegler aus Condado und Algeciras gebracht hatten. Als wir einmal die Grabenstellungen bei der Suazobrücke nicht verlassen konnten, ließ er in aller Eile den Wirt Poenco mit dem gesamten Mobiliar seiner Schenke einschließlich des weiblichen Inventars und der Gitarrespieler kommen, um ein Fest zu improvisieren.

Nach vierzehn Tagen gab es auf der Insel niemanden mehr, der Lord Gray nicht kannte. Und da wir damals gute Beziehungen zu Großbritannien unterhielten und man das Liedchen sang:

Die Trompeten der Sieger
verbreiten die Kunde der Taten
von Wellington

war unser Lord im ganzen Gebiet von Sancti-Petri äußerst populär.

Er suchte bevorzugt meine Gesellschaft. Ich sollte hier erwähnen, daß ich mehrmals versuchte, seine Seele hinsichtlich der Angelegenheit, die mich so interessierte, auszuloten, aber vergeblich. Wir sprachen über Liebschaften. Dabei erwähnte ich das Haus und die Familie von Inés, worauf er wortkarg wurde und dann das Thema wechselte. Dennoch wußte ich, daß er jeden Abend Doña María besuchte. In dieser Hinsicht war er schweigsam wie ein Grab. Nur einmal ließ er etwas durchblicken, und das kam so:

Aufgrund meiner dienstlichen Pflichten mußte ich einmal mehrere Tage lang von Cádiz fernbleiben, was mir Verdruß bereitete. Ich erhielt nämlich die Mitteilung der Gräfin, sie aufzusuchen, so daß ich ganz verzweifelt war, nicht dorthin fahren zu können. Anfang März bekam ich endlich einen Urlaubsschein und eilte nach Cádiz. Lord Gray und ich durchquerten die Cortadura während eines Sturms, der noch viele Jahre danach im Gedächtnis der Einwohner blieb. Die Wellen des offenen Meeres, gepeitscht von dem aus dem Osten kommenden Sturm, schlugen über die schmale Landenge, um sich mit den Wassern der Bucht zu vereinigen. Die Sanddünen wurden zerrissen, so daß der schmale Strand völlig entstellt aussah. Alles riß der Sturm mit sich, und sein Getöse gab uns eine Vorstellung von den Trompeten des Jüngsten Gerichts. Zwanzig Handelsschiffe und einige spanische und englische Kriegsschiffe wurden an die Westküste geschleudert, und bei Rota, Puntilla und den Felsen unterhalb der Festung Santa Catalina wurden Leichen und Wrackteile dieser Schiffe sowie Fischereigerät und entwurzelte Bäume angeschwemmt.

Lord Gray beobachtete auf unserem Weg gebannt das Schauspiel dieser Zerstörung, die Wut des Sturmes, den Wechsel zwischen schwarzem und dann wieder von den Blitzen grell erleuchtetem Himmel, die gierigen Wellen, deren Kämme wie glänzende Messer schimmerten und sich auf das eine oder andere sinkende Schiff stürzten, das von ihnen verdeckt wurde, um dann wieder aufzutauchen. Er bewunderte diese Schrecken nicht weniger als die Wunder der Schöpfung, atmete gierig die Meeresluft ein und sprach zu mir:

»Wie entzückt ist meine Seele über dieses Schauspiel! Mein Leben gewinnt an Bedeutung vor diesem sublimen Fest der Natur! Dafür ist das Meer geschaffen worden! Spucke diese

Handelsschiffe aus, die Dich entweihen, und versage Deinen Zugang dem schändlichen Krämer, der nach Gold giert, dem Unterdrücker unschuldiger Völker, die noch unverdorben sind und Gott in den Tiefen ihrer Wälder anbeten. Dieser Lärm der unsichtbaren Berge, die aus den weiten Räumen herunterstürzen, diese Feuerzungen am Himmel, die mit ihren Spitzen ins Meer stoßen, dieser Himmel, der zerrissen wird, diese See, die zum Himmel werden will und ihr ewiges Bett verläßt, um sich in die Lüfte zu erheben, dieser stürmische Atem, der uns umherschleudert, dieses harmonische Chaos, diese Musik, mein Freund, und dieser erhabene Rhythmus, der alles erfüllt und ein Echo in meiner Seele erzeugt, lassen mich in Verzückung geraten und verschmelzen mit dieser Großartigkeit. Dieser Aufstand, diese Raserei, dieses verzweifelte Verlangen, sich von den Fundamenten zu lösen, wiederholen sich in meiner Seele. Dieser Lärm, der alle Geräusche des Himmels und der Erde umfaßt, verzaubert meine Seele. Dieses Delirium ist auch mein Delirium, und dieser Drang, mit dem die Wolken und Wellen nach einem Ziel streben, das sie nie erreichen, ist auch mein Drang!«

Ich hielt ihn für verrückt, und als ich ihn aus der Kutsche steigen und über den Strand auf das Wasser zulaufen sah, bis es seine Stiefel umspülte, rannte ich hinter ihm her, denn ich fürchtete, daß er sich in seinem Wahn hineinstürzen würde, um, wie er gesagt hatte, mit der Natur zu verschmelzen.

»Mylord!« rief ich. »Kehrt doch wieder zur Kutsche zurück, denn Euer Wunsch, zu einer Welle oder Wolke zu werden, läßt sich gewiß nicht erfüllen. Wir müssen doch nach Cádiz! Auf dem Weg dorthin werdet Ihr noch genug Wasser abbekommen.«

Aber er achtete nicht auf mich und begann, etwas in seiner Muttersprache zu schreien. Der durchtrieben aussehende Lohnkutscher machte Gesten, die andeuten sollten, daß Lord Gray zu viel vom Montillawein genossen habe, aber ich wußte, daß er an diesem Tage keinen Alkohol zu sich genommen hatte.

»Ich möchte jetzt schwimmen«, rief der Engländer und machte Anstalten, sich zu entkleiden. Der Kutscher und ich hinderten ihn daran, denn obwohl wir wußten, daß er ein ausgezeichneter Schwimmer war, hätte er unter diesen Umständen den Wogen keine zehn Minuten standhalten können. Schließlich konnten wir ihn doch von dieser Wahnsinnstat abbringen und ihn zur Kutsche zurückführen.

»Da würde sich aber die Dame Eures Herzens freuen, Mylord, wenn sie sehen würde, wie eifrig Ihr Euch in den Tod stürzen wollt, sobald Ihr einen Donnerschlag hört.«

Lord Gray brach in ein joviales Lachen aus. Mit völlig veränderter Stimme rief er:

»Kutscher, mach schnell! Ich muß unbedingt nach Cádiz.«

»Das Lämpchen will nicht.«

»Welches Lämpchen?«

»Das Pferd. Es ist sehr eingebildet.«

»Was soll denn das bedeuten?«

»Nun, immer wenn es bei Pelaitas ankommt, wird es gestreichelt und gefragt, wie denn die Fahrt war.«

»Und wer ist Pelaitas?«

»Der Musiker in der Schenke des Poenco. Wenn Ihr meinem Pferd jetzt sagt: ›Du kannst im Haus des Poenco ausruhen, während dein Herr einige Oliven knabbert und ein paar Gläschen zu sich nimmt, wird es so schnell laufen, daß es bis zum Ziel gar nicht mehr gebremst werden kann.«

Gray versprach dem Lohnkutscher, daß er sich in Poencos Schenke erfrischen dürfe, worauf das ›Lämpchen‹ auch tatsächlich den Schritt beschleunigte.

»Ich habe es jetzt eilig«, meinte der Engländer. »Ich weiß nicht, warum die Menschen noch kein Gerät erfunden haben, mit dessen Hilfe sie an Land so schnell wie der Wind fahren können.«

»In Cádiz wird Euch wohl ein hübsches Mädchen erwarten? Ach, was sage ich – es sind gewiß mehrere!«

»Nur eine einzige. Die anderen zählen nicht. Señor de Araceli« – damit war ich gemeint –, »ihre Seele ist so groß wie das Meer. Niemand weiß das besser als ich. Sie ähnelt einer bescheidenen Blume, die fast verborgen im Garten blüht. Ich habe sie entdeckt und in ihr etwas gefunden, was kein Mann zuvor gefunden hat. Für mich allein leuchten ihre Augen und wallen die Stürme ihrer Brust. Sie ist von einem geheimnisvollen Zauber umgeben, und die Schwierigkeiten, an sie heranzukommen, fachen meine Liebe immer mehr an ... Getrennt leben wir in der Dunkelheit, aber vereint tauchen wir diese Welt in die blendende Helle unserer Gedanken.«

Wenn meine Selbstbeherrschung nicht die Wogen meiner Leidenschaft geglättet haben würde, hätte ich Lord Gray ergriffen und ins Meer geschleudert. Statt dessen stellte ich ihm tausend Fragen, versuchte auf Umwegen und mit Finessen immer wieder auf das gleiche Thema zurückzukommen. Ich nannte ihm in diesem Zusammenhang die Namen zahlloser Personen, aber es war nicht möglich, ihm ein weiteres Wort darüber zu entlocken. Nachdem er mir ein Stück seines Glücks gezeigt hatte, verfiel er in Schweigen, und sein Mund schloß sich wie ein Grab.

»Seid Ihr glücklich?« fragte ich ihn schließlich.

»In diesem Moment ja«, antwortete er.

Und wieder fühlte ich Anwandlungen, ihn ins Meer zu stoßen.

»Lord Gray«, rief ich plötzlich aus. »Vielleicht sollten wir doch noch schwimmen!«

»Was? Auch Ihr seid jetzt davon ergriffen?«

»Ja, stürzen wir uns ins Meer! Ich möchte unbedingt schwimmen.«

»Nun seid auch Ihr verrückt«, antwortete er lachend und umarmte mich. »Nein, nein, ich erlaube nicht, daß ein guter Freund durch eine Tollkühnheit umkommt! Das Leben ist schön, und wer das Gegenteil denkt, ist ein Dummkopf! Wir sind gleich in Cádiz. Gevatter Higados, gießt Öl auf das Lämpchen! Wir sind jetzt in der Nähe von Poencos Schenke.«

Als es Abend wurde, kamen wir in Cádiz an. Lord Gray führte mich in sein Haus, wo wir die Kleidung wechselten und speisten. Wir wurden in der Gesprächsrunde der Doña Flora erwartet, und bis es soweit war, erteilte mein Freund mir eine weitere Fechtlektion, ob ich nun wollte oder nicht. Auf diese Weise erlangte ich allmählich eine gewisse Meisterschaft in einer Kunst, die ich noch vor kurzem wenig beherrscht hatte. An diesem Abend konnte ich mein Geschick beweisen, indem ich ihm einen Stoß versetzte, der ihn völlig durchbohrt hätte, wenn der Sicherheitspuffer nicht an der Spitze des Degens gewesen wäre.

»Oh, lieber Freund Araceli!« rief Lord Gray überrascht aus. »Ihr macht gewaltige Fortschritte. Wir haben ja hier einen künftigen Fechtmeister, der zu fürchten sein wird. Ihr stecht ja mit einer ungeheuren Wucht zu …«

In der Tat hatte ich mit rasender Wucht zugestoßen, getrieben von dem Verlangen, ihn zu durchbohren.

5

Schließlich gingen wir zum Haus der Doña Flora, aber Lord Gray verschwand schon nach kurzer Zeit mit dem Versprechen, bald wiederzukommen. Der Salon war hell erleuchtet, aber es befanden sich noch nicht viele Leute darin, weil es noch früh war. In einem Nebenzimmer warteten die Spieltische auf das Geld der Spielbesessenen, und an der Wand versprachen drei oder vier gewaltige Tabletts köstliche Erfrischungen. Außer einem halben Dutzend ehrwürdiger Schönheiten des vergangenen Jahrhunderts, die wie glorreiche, aber nutzlose Festungen nicht mehr den Anspruch erhoben, erobert werden zu wollen oder erobert worden zu sein, waren nur wenige Frauen zugegen, denn bei Doña Floras Gesellschaftsabenden überwogen stets die Männer, die ohne Begleitung kamen. Amaranta war die einzige Vertreterin von Jugend und Schönheit.

Als ich die Gräfin begrüßte, kam Doña Flora auf mich zu, kniff mich in den Arm und sprach zu mir:

»Ihr habt Euch aber rar gemacht, Offizierchen. Fast einen Monat seid Ihr nicht mehr hier gewesen! Ich habe schon gehört, daß Ihr Euch vor acht Tagen bei der Suazobrücke mit den Damen vergnügtet, die der Schankwirt Poenco dorthin gebracht hatte ... Welch ein Benehmen! Da gebe ich mir solche Mühe, Euch vom Weg des Verderbens abzuhalten, und Ihr folgt ihm immer weiter! Man weiß ja, daß die Jugend ihre Sehnsüchte hat, aber anständige und wohlgeborene junge Männer unterdrücken ihre Leidenschaften und ziehen den Umgang mit gesetzten und vernünftigen Personen dem Treiben in den Schenken vor.«

Die Gräfin ließ erkennen, daß sie auch dieser Ansicht war und wiederholte die Vorwürfe mit der ihr eigenen Ironie. Dann besänftigte sich Doña Flora, zog mich in den Nebenraum, wo sie mir einige herrliche Süßigkeiten zu kosten gab, die nur den engsten Freunden zuteil wurden. Nachdem wir in den Salon zurückgekommen waren, sagte mir Amaranta:

»Seitdem Doña María und die Marquise beschlossen haben, Inés nicht mehr einzuladen, fehlt dieser Abendgesellschaft etwas.«

»Wir brauchen hier doch keine Mädchen«, warf Doña Flora ein, »und erst recht nicht die Gräfin de Rumblar, die uns mit ihren Ziereien stets den Spaß verdorben hat. Niemand durfte sich der Kleinen nähern und mit ihr reden, keiner mit ihr tanzen oder ihr eine Erfrischung bringen. Lassen wir doch die Mädchen! Männer möchte ich in meiner Gesprächsrunde haben; Literaten, die Gedichte vorlesen; Stutzer, die die neueste Pariser Mode kennen; Journalisten, die uns alles erzählen, was in den letzten drei Monaten in den Gazetten von Antwerpen, London, Augsburg und Rotterdam geschrieben worden ist; Generäle, die uns die Schlachten schildern, die sie schlagen werden; muntere Leute, die sich gegen die Regentschaft empören und die Öffentlichkeit kritisieren, die Ansprachen für die Cortes vorbereiten, falls diese eines Tages wieder zusammentreten.«

»Ich glaube nicht, daß die Ständeversammlung wieder eröffnet wird«, meinte Amaranta, »denn sie ist doch weiter nichts als eine Art Alibi des Königs gewesen, um zu zeigen, daß er einen alten Brauch fortsetzt. Da wir jetzt aber keinen König haben ...«

»Nichts da, her mit den Cortes! Eine Ständevertretung ist uns versprochen worden, und die müssen sie uns auch geben.

Ja, das ist ein Saal voller Sprüchemacher, und unter acht bis zehn Reden pro Tag über öffentliche Angelegenheiten wird es nicht abgehen. Da wird kritisiert und kritisiert – und das ist es, was mir Spaß macht«, erklärte Doña Flora.

»Es wird die Cortes geben«, warf ich ein, »denn auf der Insel richten sie ein Theater als Versammlungssaal her und streichen es dafür neu an.«

»Was, in einem Theater? Und ich hatte gedacht, man würde dafür eine Kirche wählen«, sagte Doña Flora.

»Die Standesvertreter der Magnaten und Geistlichen treten in einer Kirche zusammen«, berichtete die Amaranta, »und die Vertreter des Staates in einem Theater.«

»Nein, nein, es gibt nur eine Vertretung der Allgemeinheit, meine Damen. Zuerst dachte man an drei, aber jetzt ist man zu der Ansicht gekommen, daß eine einzige wesentlich praktikabler ist.«

»Das wird dann der Adel sein.«

»Nein, meine Tochter – die Geistlichen. Das erscheint doch am sinnvollsten.«

»Nein, das gilt nur für die Vertreter des Staates, die ja schließlich alle Klassen der Gesellschaft vertreten.«

»Du sagtest, man streicht das Theater an. Das wird bestimmt schön werden.«

»Ja, meine Dame, es gibt dort bereits gelbe und rote Einfassungen, wie bei einer Festdekoration ... einfach wunderschön.«

»Für dieses Fest braucht Señor Don Pedro bestimmt die fünfzig gelb-roten Uniformen mit Silberborten, die wir nach einem Schnitt, den man altspanisch nennt, anfertigen.«

»Ich fürchte sehr«, bemerkte die Gräfin dazu, »daß Don Pedro und seinesgleichen die Cortes und die Staatsvertreter der Lächerlichkeit preisgeben werden, denn es gibt eben Leute, die alles zu einer Jahrmarktskomödie machen.«

»Oh, wir bekommen Besuch. Hier ist schon der Herr Quintana, und da kommen auch Beña und Don Pablo de Xérica.«

Señor Quintana begrüßte meine beiden Freundinnen. Ich hatte ihn schon in Madrid in den Tertulias, den Gesprächsrunden der Bibliotheken sprechen hören, hatte jedoch bisher noch nicht das Vergnügen gehabt, einen so berühmten Poeten, der zu jener Zeit wegen seiner politischen Artikel und patriotischen Proklamationen in hohem Ansehen stand, persönlich kennenzulernen. Er sah hart und ungeschliffen aus, hatte dunkle Haare, lebhafte Augen und volle Lippen, was zusammen mit seiner vorstehenden Stirn als ein Zeichen männlicher Energie angesehen werden konnte. Er lachte selten, und auch seine Gesten und sein Tonfall waren wie seine Schriften von Ernst gekennzeichnet. Diese überdurchschnittliche Strenge wurde von denjenigen, die seine Werke kannten, vorausgesetzt, denn zu jener Zeit waren schon seine wichtigsten Oden, seine Tragödien und einige seiner Lebensbeschreibungen erschienen. Man kann sagen, daß er ein Pindaro, Tirteo und Plutarch in einem und stolz auf seine Rolle war. Dieser Stolz drückte sich in seinem Gebaren aus.

Señor Quintana war ein begeisterter Patriot und ein überzeugter Liberaler mit dem Aussehen eines französischen oder Genfer Philosophen. Die Sache der Liberalen gewann mehr durch seine mutige Feder als durch die Schwerter anderer. Wenn die Verteidigung gewisser Ideen ausschließlich ihm überlassen gewesen wäre und sich nicht andere, geschwätzige Federn daran beteiligt hätten, wäre das Schicksal Spaniens anders verlaufen.

Sympathischer als Quintana, weil er nicht dessen hochtrabenden und feierlichen Ernst aufwies, war Don Francisco Martínez de la Rosa, der damals gerade aus London gekommen war und dank seiner Komödie ›Was ein Amt bewirken kann‹, ein in diesen unschuldigen Zeiten hochgelobtes Werk, eine gewisse Bekanntheit erlangt hatte. Keiner besaß damals die ansprechenden Gesten, die Feinheit, die Höflichkeit, die Liebenswürdigkeit und das gesellschaftspolitische Talent, ohne dabei affektiert oder aufdringlich zu wirken, wie Martinez de la Rosa. Trotz seines Bekanntheitsgrades waren sein Charakter und Verhalten von einer bemerkenswerten Beständigkeit. So wie Sie ihn gegen 1857 gesehen haben mögen – natürlich abgesehen von den Einwirkungen des menschlichen Alterungsprozesses – war Martínez de la Rosa auch als junger Mann gewesen. Wenn er vielleicht zuweilen seine Einstellung geändert haben mochte, so galt das nicht für seinen Charakter, der bis ins Alter hinein fest verankert war, im Grund ernsthaft, integer und pflichtbewußt seit seiner Jugend.

Ich weiß nicht, warum ich mich so ausführlich mit diesem hervorragenden Mann beschäftige, denn an dem besagten Abend nahm ich nicht aktiv an der eigentlichen Gesprächsrunde der Doña Flora teil, deren Mitglieder ich jetzt mit so viel Vergnügen beschreibe. Da waren dann noch, wie ich es ja schon erwähnt hatte, die Herren Xérica und Beña, weniger wichtige Dichter, an die ich mich kaum erinnere, weil ich ihnen damals wegen ihres schlechten Rufs und ihrer Mittelmäßigkeit wenig Beachtung schenkte. An wen ich mich noch erinnern kann ist Arriaza, nicht weil er mir sympathisch war, denn die weibische und kriecherische Art seiner Verse und der ätzende Ton seiner Satiren sprachen mich wenig an, sondern weil ich ihm überall begegnete – bei Gesprächsrunden in Privathäusern, in Cafés, Buchhandlungen und Versammlungen verschiedenster Art. Bei jener Gesprächsrunde kreuzte er erst spät auf.

Außer den bisher Genannten sahen wir auch einen Mann von etwa fünfzig Jahren – mager, hochgewachsen, unansehnlich und steif. Wie Don Quijote hatte er einen dunklen, vollen, hinunterhängenden Backenbart. Seine Arme und Beine waren wie Stöcke, sein Körper glich einem vertrockneten Baum. Seine Hautfarbe war braun und sein Haar graumeliert, die Nase wie ein Adlerschnabel, und die Augen schauten einmal sanft und dann wieder wild, je nachdem, wen er gerade anschaute. Sein Benehmen wirkte etwas verlegen und ungeschickt. Das Seltsamste an diesem Menschen aber war seine Kleidung, die an ein Karnevalskostüm erinnerte. Sie bestand aus Hosen nach türkischer Art, die an den Knien zusammengebunden waren, einem gelben Wams mit kurzem, scharlachrotem Umhang, der ihn wie einen Regenpfeiffer erscheinen ließ, schwarzen Strümpfen und einem Hut mit Federbusch, wie ihn die Ordner der Stierkampf-Arenen trugen. An seinem Gürtel baumelte ein riesiger Säbel, der beim Gehen auf den Boden schlug, so daß es sich anhörte, als ob diese Gestalt auf drei Beinen daherkäme.

Der Leser wird vielleicht denken, ich würde meine Erzählung ein wenig ausschmücken wollen, indem ich diesen bunten Vogel ins Spiel bringe, den ich hier nur ›Don Pedro‹ nennen möchte, um nicht einen berühmten Titel lächerlich zu machen – das tat dieser Herr selbst schon zur Genüge –, den seitdem sehr achtenswerte Männer getragen haben. Doch genau so, wie ich es hier angebe, war er gekleidet. Er war ja nicht der einzige, der damals der Marotte frönte, sich altertümlich auszustaffieren – da gab es beispielsweise noch jenen anderen Marquis, natürlich aus Jerez, und den gefeierten Jiménez Guazo sowie einen Schotten mit Namen Lord Downie. Um die Leser nicht übermäßig zu strapazieren, verfahre ich hier mit den Personen, wie die Parteien es heutzutage tun, das heißt, ich habe den auffallendsten und zweifellos auch den berühmtesten der drei aufgeführten Charaktere für die Beschreibung ausgewählt.

Als Don Pedro eintrat, erhob sich ein allgemeines Gelächter im Salon, aber Doña Flora eilte sofort mit folgenden Worten zur Verteidigung ihres Freundes:

»Wie kann man sich denn über diesen Herrn lustig machen? Er tut sehr gut daran, sich nach der alten Art zu kleiden. Wenn das alle Spanier täten, dann würde auch die alte Denkungsweise und damit die alte Tatkraft zurückkehren, die uns jetzt so fehlt!«

Don Pedro machte einige tiefe Verbeugungen und setzte sich zu den Damen, zufrieden über den Empfang, den man ihm bereitet hatte.

»Ich kümmere mich nicht um den Spott von Franzosenfreunden«, sagte er und schaute die belustigten Umstehenden vielsagend an, »und auch nicht um religionsfeindliche Philosophen oder Atheisten, Freimaurer, *Demokratisten* und Feinde des Königs. Jeder soll sich so kleiden, wie es ihm gefällt. Ich ziehe dieses Gewand der Mode der Franzosen vor, die die Spanier nachäffen, und habe dieses Schwert gegürtet, das schon Francisco Pizarro bei der Eroberung von Peru trug, weil ich ein echter Spanier bleiben und auch so aussehen will wie damals, bevor die Franzmänner mit ihren Krawatten, Perücken, Pudern, Stockfischschwanzkitteln und anderen Kinkerlitzchen kamen, die dem Manne seinen natürlichen Stolz nehmen. Mögen diejenigen, denen meine Kleidung nicht gefällt, darüber lachen, soviel sie wollen, wenn das Gelächter nicht der Persönlichkeit gilt, die darin steckt, denn das toleriere ich nicht, wie ich hiermit jedem zu verstehen gebe!«

»Das ist doch sehr schön, dieses Gewand«, sprach die Gräfin Amaranta. »Nur Personen mit schlechtem Geschmack können darüber lachen. Meine Herren, wie könnt Ihr Euch nur gute Spanier nennen, wenn Ihr Euch nicht nach der alten Art kleidet?«

»Aber mein lieber Marquis«, widersprach da Quintana (hier muß ich einfügen, daß Don Pedro ein Marquis war, obwohl ich seinen ganzen Titel und Namen nicht nennen möchte), »warum muß sich ein ernster und achtenswerter Mann wie Ihr denn so aufputzen, daß er zur Belustigung der Gassenjungen beiträgt? Hängt denn der Patriotismus von einem grellfarbenen Wams ab? Kann er nicht in einer unauffälligen Jacke stecken?«

»Die französische Mode hat die Sitten verdorben«, entgegnete Don Pedro und strich sich den Backenbart. »Und mit der Mode, den Perücken und der Schminke sind auch die Falschheit, die Unehrlichkeit, die Religionsfeindlichkeit, der Sittenverfall der Jugend, der Mangel an Respekt vor den Älteren, das viele Fluchen, die Ausschweifungen, die Schamlosigkeit, der Diebstahl und die Lüge gekommen. Zu diesen Schlechtigkeiten gesellten sich dann die nicht weniger schlimmen der Philosophie, des Atheismus, der Demokratie und der Forderung nach Selbstbestimmung des Volkes, die den Gipfel darstellten.«

»Wenn aber all diese Schlechtigkeiten durch Perücken und Puder gekommen sind«, entgegnete darauf Quintana, »glaubt Ihr dann etwa, daß Ihr sie vertreiben könnt, indem Ihr Euch in ein gelbes Wams werft? Die Schlechtigkeiten werden weiter ihr Unwesen treiben, aber der Herr Marquis wird die Leute zum Lachen bringen.«

»Señor Don Manolo, wenn alle so wären wie Ihr, der die Franzosen bekämpfen will, indem er ihre Sitten und Gebräuche imitiert, dann würde es schlecht um uns bestellt sein.«

»Wenn die Sitten sich geändert haben, dann wird das wohl seinen Grund haben. Man kann gegen eine Armee ankämpfen, so groß sie auch sein mag, aber gegen die Sitten, die die Töchter des Zeitgeistes sind, kann man die Hand nicht erheben, und ich lasse mir meine Hände abschlagen, wenn es noch vier andere Personen gibt, die sich so aufführen wie Ihr.«

»Vier?« rief stolz Don Pedro. »Vierhundert haben sich schon dem *Kreuzzug des Bistums Cádiz* angeschlossen, und obwohl es noch nicht genügend Uniformen für alle gibt, so haben wir doch schon fünfzig oder sechzig dem Fleiß und Eifer respektabler Damen zu verdanken, von denen einige mir hier zuhören. Wir sitzen nicht diskutierend in Cafés herum, laufen brüllend durch die Straßen oder bedrucken Papier, das die Schamlosigkeit und Respektlosigkeit des Volkes gegenüber dem Heiligsten nur erhöht, noch rufen wir nach Reichs- und anderen Tagen oder verzapfen Reden wie der Schulmeister Lucas, sondern wir trachten danach, den Philosophen die Köpfe abzuschlagen und die Feinde der Kirche und des Königs zu durchbohren. Lacht nur über diese Kleidung. Ihr werdet schon sehen, was geschieht, wenn wir nach Sancti-Petri kommen und die Redakteure der *Patriotischen Wochenzeitschrift* zwingen, sich in ihre papiernen Druckerzeugnisse zu kleiden, denn das ist doch die französische Mode, die ihnen am besten steht.«

Don Pedro mußte über seinen eigenen Witz lachen, bis Beña das Wort ergriff, um sich für die Kleidung nach der alten Art auszusprechen. War das nicht ein seltsames Völkchen? Wer an der Wahrheit meiner Beschreibung Zweifel hat, dem möchte ich einen Absatz aus der Zeitschrift *Conciso** zitieren, den ich noch in Erinnerung habe:

›Ein anderes indirektes Mittel, das aber sehr wirkungsvoll ist, besteht darin, sich nach der alten spanischen Art zu kleiden.

* Kurz und bündig (Anm. d. Übers.)

Man hat ja keine Vorstellung, welchen Einfluß dies auf das Wohlergehen der Nation hat. Oh, Väter des Vaterlandes, Repräsentanten des erhabenen Kongresses! An Euch richte ich meine bescheidene Stimme, denn Ihr könnt unser altes Glück wiederherstellen. Wenn Ihr Euch in die Gewänder Eurer eigenen Väter hüllt, wird die ganze Nation Eurem Beispiel folgen!‹

Dieses schrieb nämlich bald nach jenem Abend Señor Beña, ein zweitklassiger Poet, den ich damals im Haus der Doña Flora sah. Er empfahl also der Elite unseres Landes, den großen Don Pedro, die Zielscheibe der Gassenjungen, nachzuahmen! Wie gut hätten sich wohl Argüelles, Muñoz Torrero, García Herreros, Ruíz Padrón, Toreno und andere achtenswerte Persönlichkeiten in einem solchen Aufzug gemacht?

Dieser Beña war ein Liberaler und galt eigentlich für klug. Die Liberalen – wie übrigens auch die Absolutisten – verzapften seit ihrem Erscheinen auf der politischen Bühne wirklich köstliche Sprüche.

Quintana fragte dann Don Pedro, ob der Kreuzzug des Bistums Cádiz sich auch in den Cortes am Tage ihrer Eröffnung in solch lustiger Staffage repräsentieren würde.

»Ich halte gar nichts von den Cortes«, erwiderte dieser. »Aber Ihr sehnt Euch augenscheinlich nach diesem neumodischen Kram. Die Regentschaft ist entschlossen, Truppen auf die Straßen zu schicken, um den lauthals nach den Cortes brüllenden Schreihälsen das Maul zu stopfen. Die denken doch, sie könnten sich mit solch einer Neuheit eine Spielwiese schaffen.«

»Die Regentschaft«, antwortete der Poet, »macht das, was man ihr befiehlt. Sie wird schweigen und abwarten. Obwohl ich nicht den Scharfsinn unseres erhabenen Señor Don Pedro besitze, meine ich doch, daß die Nation mehr ist als der Herr Bischof von Orense.«

»Ja, wirklich, Don Manuel«, warf da die Gräfin Amaranta ein. »Das mit der Souveränität des Volkes, die man plötzlich erfunden hat, ist so eine Sache. Heute hat man schon im Haus der Morlá darüber diskutiert, aber bestimmt hat keiner etwas davon verstanden. Wenn diese Souveränität des Volkes durchgesetzt werden soll, werden wir eine Revolution nach Art der französischen bekommen, mit der Guillotine und all den Greueln. Glaubt Ihr nicht auch?«

»Nein, meine Dame, ich glaube das nicht und werde es auch nicht glauben können.«

»Die machen alles, wenn es nur etwas Neues ist«, meinte Doña Flora. »Nicht wahr, Señor Xérica?«

»Eben das! Weg mit der Religion, weg mit dem König, weg mit allem – so würde ihnen das gefallen!« schimpfte Don Pedro.

»Gebt mir dreihundert Jahre Souveränität des Volkes, und wir werden sehen, ob wirklich solche Exzesse und Frevel begangen werden wie in dreihundert Jahren ohne sie«, entgegnete Quintana. »Glaubt Ihr denn, es wird in revolutionären Zeiten so viele Ungerechtigkeiten und Frevel geben wie unter der Herrschaft des Don Manuel Godoy?«

»Aber, aber, meine Herren«, meldete sich da wieder Don Pedro zu Wort. »Wir sind doch wirklich auf dem besten Wege. Das Goldene Zeitalter steht uns bevor. Es wird keine Ungerechtigkeiten, keine Verbrechen, keine Trunkenheit und kein Elend mehr geben, denn statt der Kirchenväter haben wir doch die Journalisten, an der Stelle Heiliger Philosophen und statt Theologen Atheisten!«

»Jawohl, der Herr von Congosto hat recht«, meinte Quintana. »Schlechtigkeit hat es auf der Welt nicht gegeben, bis wir mit unseren teuflischen Büchern kamen … Aber alles wird sich mit Karnevalskostümen ändern lassen!«

»Wird es denn nun die Cortes, die spanische Ständevertretung, geben oder nicht?« wollte die Gräfin wissen.

»Ja, Señora, es wird die Cortes geben.«

»Die Spanier taugen doch nicht dazu.«

»Das ist noch nicht bewiesen.«

»Ach, welchen Illusionen gebt Ihr Euch da hin, Don Manuel! Welche ›erbaulichen‹ Szenen werden sich bei solchen Sitzungen abspielen – und ich sage hier ›erbaulich‹, anstelle von schrecklich und skandalös.«

»Der Terror und der Skandal sind uns doch nicht unbekannt, meine Dame, und sie werden auch nicht zum ersten Male durch die Cortes auf diese fromme und friedliche Welt losgelassen. Die Verschwörung von El Escorial, die Tumulte von Aranjuez, die schamlosen Szenen von Bayonne, die Abdankung des Königselternpaares, die Torheiten von Godoy, die Sittenlosigkeit des letzten Hofes, die Verträge mit Bonaparte, die unwürdigen Vereinbarungen, die erst die Invasion möglich gemacht haben – all das, liebe Dame, diesen Gipfel des Schreckens und Skandals, hat das etwa der Reichstag gebracht?«

»Aber der König regiert, und die Cortes – nach altem Brauch – wählen und schweigen doch.«

»Wir sind auf die Mär reingefallen, daß der König für das Volk da ist, und nicht das Volk für den König.«

»Natürlich«, meldete sich Don Pedro wieder, »der König für das Volk, und das Volk für die Philosophen!«

»Wenn die Cortes nicht zustande kommen«, fügte Quintana hinzu, »so verdanken wir das der Durchtriebenheit ihrer Gegner und der Dummheit ihrer Befürworter, denn dieses Geschwätz von der Wirkung der altertümlichen Kleidung und die Neigung, die ernstesten Angelegenheiten zu einem Mummenschanz zu machen, ist doch eine sowohl bei der einen als auch bei der anderen Partei verbreitete Untugend. Es gibt Leute, die fordern, daß sich die Abgeordneten wie Stierkampfordner am Tag der öffentlichen Ausrufung kleiden, und es hat sogar schon die Forderung gegeben, daß alles, was dort bei den Tagungen vorgeschlagen und diskutiert wird, in Versform erfolgen soll!«

»Das wäre aber wirklich entzückend!« warf Doña Flora ein.

»In der Tat«, meinte die Gräfin, »und da die Versammlungen in einem Theater stattfinden sollen, wäre die Illusion perfekt. Ich verspreche, der Eröffnung beizuwohnen.«

»Auch ich werde nicht fehlen«, beeilte sich Doña Flora zu verkünden. »Herr Quintana, Ihr werdet mir doch einen Logenplatz oder ein Opernglas verschaffen? Muß man eigentlich Eintritt zahlen?«

»Aber nein, meine Freundin«, klärte sie die Gräfin ironisch

auf. »Da stellt doch die Nation der Öffentlichkeit ihre Possenspiele kostenlos zur Schau.«

»Ihr werdet Euch doch unserer Partei anschließen?« wandte Quintana sich lächelnd an Doña Flora.

»Aber nein, mein Freund!« erwiderte die Dame. »Ich ziehe es vor, mich in den *Kreuzzug des Bistums* einzureihen. Ich habe eine Abscheu vor den Revolutionären, seitdem ich gelesen habe, was in Frankreich geschah. Ach, Señor Quintana, wie schade, daß Ihr Philosoph und Politiker geworden seid! Warum seid Ihr nicht bei Euren Versen geblieben?«

»Das sind jetzt keine Zeiten für Verse. Außerdem seht Ihr ja, wie meine Freunde Arriaza, Beña, Xérica und Sánches Barbero die Presse von Cádiz nicht zur Ruhe kommen lassen mit ihren Geisteserzeugnissen.«

Beña und Xérica hatten sich schon von der Gruppe getrennt.

»O ja, mein Freund, da habe ich doch so etwas wie ›*Oh, Wellington, erhabener Name, großer Schüler des Kriegsgotts Mars*‹ gelesen.«

»Die Dichtkunst dieser Zeiten ist wirklich schauderhaft, denn die Schwäne schweigen in Trauer um das Vaterland, und die Krähen machen sich das zunutze, um ihr Krächzen erschallen zu lassen. Was haltet Ihr zum Beispiel davon: ›*Es dröhnen die Trommelschläge, und wir marschieren schnellen Schrittes?*‹«

»Arriaza hat letztens eine köstliche Satire von sich gegeben. Er wird sie heute abend hier vorlesen«, verkündete Quintana.

»Wenn man vom Teufel spricht …«, sagte die Gräfin, als sie sah, wie der Poet der Scherzgedichte im Salon auftauchte.

»Arriaza, Arriaza«, riefen mehrere Stimmen von verschiedenen Seiten, »lest uns doch die *Ode an Pepillo* vor!«

»Ruhe, meine Herrschaften!«

»Das ist das Köstlichste, was in spanischer Sprache geschrieben worden ist.«

»Wenn der große Botella das gelesen hätte, wäre er vor Scham nach Frankreich ausgewandert.«

Arriaza, ein recht eitler Mensch, sonnte sich im Beifall für die Produkte seiner Stirn. Da seine Stärke auf dem Gebiet schnell zusammengebastelter Reime lag, für die er zahlreiche Anhänger gefunden hatte, ließ er sich nicht lange bitten, holte ein dickes Papierbündel hervor, stellte sich in der Mitte des Salons auf und las mit Geschick jene denkwürdigen Verse vor, die Sie gewiß kennen werden und die wie folgt beginnen:

»An den erlauchten Señor Pepe*, seines Zeichens König (im Traum) der spanischen Länder und (in der Phantasie) deren westindischen Besitzungen:

Sei gegrüßt, großer König der rebellischen Untertanen,
Heil Dir, und allen Deinen Ahnen,
Du fleiß'ger Schutzherr aller süßer Reben,
Die Dir so viel des edlen Weins
Für Deinen verwöhnten Gaumen
Bei manch Gelag' zu kosten geben.«

Immer wieder wurde der Dichter von Beifall, Beglückwünschungen und Lobpreisungen unterbrochen. Es war, als hätte sich ein Gefühl der Verachtung und des Spotts für unseren lästigen König unter den Umstehenden breitgemacht. Zeitweise schienen auch Don Pedro und Don Manuel José Quintana zuzustimmen.

Das Gedicht über *Pepito* machte im Manuskript die Runde in ganz Cádiz. Danach schrieb es der Autor um, und in dieser Form wurde es 1812 veröffentlicht.

Anschließend teilte sich die Gesprächsrunde. Die Politiker sammelten sich auf der einen Seite, während es die meisten anderen Gäste zu den Spieltischen im Nebenraum zog. Die Damen Flora und Amaranta blieben im Salon, und Don Pedro, als galanter Kavalier, bemühte sich ständig um sie.

* Spanischer Kurzname für Josef (Anm. d. Übers.)

6

»Gabriel«, sagte die Gräfin zu mir, »du solltest deine Uniform nach französischem Schnitt gegen diese echt spanische, die unser Freund hier trägt, eintauschen. Außerdem hat der Orden des *Kreuzzugs* den Vorteil, daß jeder sich den Rang gibt, der ihm am meisten gefällt, wie zum Beispiel Don Pedro, der sich zum Generalkapitän gemacht hat.«

In der Tat hatte Don Pedro sich nicht mit Kleinigkeiten abgegeben und sich gleich von eigenen Gnaden zur höchsten Stufe der Miliz aufgeschwungen.

»Wenn andere einen nicht befördern«, bemerkte der Held unbescheiden, »dann muß man das eben selbst tun! Was den Eintritt dieses Herrn in unseren Orden betrifft, so käme er gerade zur rechten Zeit. Er muß aber wissen, daß wir ein asketisches Leben führen, auf dem blanken Boden schlafen und als Kopfkissen einen guten Stein benutzen. Auf diese Weise stählt sich der Mann für die Strapazen des Krieges.«

»Das ist ja ausgezeichnet«, stimmte die Gräfin zu, »und wenn dazu noch eine frugale Kost kommt, zum Beispiel zwei Oblaten pro Tag, so werden wir bald die besten Soldaten der Welt haben. Also, nur Mut, Gabriel, werde zum Ritter des Bistums Cádiz!«

»Wie gern würde ich dieser Aufforderung folgen, meine Damen und Herren, wenn ich die strengen Auflagen dieser Institution erfüllen könnte. Für diesen *Kreuzzug* werden doch Männer von ganz außergewöhnlicher Tugend und Frömmigkeit gebraucht.«

»Genau so ist es«, stimmte Don Pedro mit feierlichem Tonfall zu.

»Entschuldige, mein Söhnchen«, fügte die Gräfin Amaranta schalkhaft hinzu, »aber ich muß hier erklären, daß der Widerstand dieses Burschen, sich dem glorreichen Kreuzzugsorden anzuschließen, nicht nur auf seiner Neigung zu einem vergnüglichen Leben beruht, sondern auch auf einer leidenschaftlichen Liebe, die ihn trunken gemacht und verwirrt hat. Es werden doch keine Verliebten in diesem Orden gestattet, nicht wahr, mein lieber Señor Don Pedro?«

»Das kommt darauf an«, erwiderte die feierliche Persönlichkeit, strich sich den Bart und schaute zur Decke auf. »Es hängt von den Umständen ab. Wenn die Katechumen von einer respektvollen und ernsten Liebe zu achtunggebietenden, ehrenwerten Personen erfüllt sind, werden sie nicht abgewiesen, sondern im Gegenteil mit Freuden aufgenommen.«

»Aber die Liebe dieses Jünglings hat nichts Respektvolles«, sprach die Gräfin und warf Doña Flora einen schelmischen Blick zu. »Meine Freundin ist Zeugin des Ungestüms und der Unüberlegtheit dieses leidenschaftlichen Jünglings.«

Don Pedro blickte Doña Flora erstaunt an.

»Um Gottes willen, liebe Gräfin«, rief diese aus. »Mit Eurer Unvorsichtigkeit habt Ihr doch diesen Knaben erst auf den schlechten Weg geführt, indem Ihr ihm Dinge erzähltet, für die er noch zu jung ist! Was mich angeht, so habe ich mir nichts vorzuwerfen. Die Jugend, lieber Don Pedro, ist ungestüm, aber das ist entschuldbar, weil es eben die Jugend ist ...«

»Aber liebe Freundin«, meinte die Gräfin zu Doña Flora gewandt. »Vor einer Persönlichkeit, die so vertrauenswürdig ist wie unser Señor Don Pedro, könnt Ihr doch Eure Maske fallen lassen und zugeben, daß die Schmeicheleien und leidenschaftlichen Bekundungen dieses Jünglings Euch nicht unangenehm sind.«

»Jesus, liebe Freundin«, rief die Hausherrin mit hochrotem Gesicht aus, »was redet Ihr denn da?«

»Nur die Wahrheit. Warum denn um den heißen Brei herumreden? Nicht wahr, werter Herr von Congosto, ich tue doch recht daran, die Dinge auf den Punkt zu bringen? Wenn unsere Freundin eine amouröse Zuneigung zu jemandem empfindet, warum sollte sie sie dann verbergen? Ist das vielleicht ein Vergehen? Oder etwa ein Verbrechen? Ich habe durch die Freundschaft, die mich mit beiden verbindet, das Recht, mir diese Freiheiten zu nehmen – auch weil ich ihnen schon seit langem rate, mit diesen Heimlichkeiten, Geheimniskrämereien und Ausflüchten aufzuhören, weil sie ja doch nichts nützen und sich im allgemeinen nur zum Schaden der beteiligten Personen auswirken. Wie oft habe ich meine Freundin beschworen, ihre Ehelosigkeit aufzugeben, und ich glaube jetzt, daß meine Ermahnungen nicht vergebens sein werden. Nein, leugnet es nicht! Ihr schwankt noch, ob sie es tun sollen oder nicht. Wenn eine so respektable Persönlichkeit wie unser Señor Don Pedro sich meinen Ermahnungen anschließen könnte ...«

Don Pedro wurde grün, gelb und gesprenkelt. Ich versuchte verzweifelt, mir ein Lachen zu verkneifen und gleichzeitig durch meine Haltung und meine Blicke verständlich zu machen, daß die Gräfin die Wahrheit sagte. Doña Flora, die zwischen Verwirrung und Zorn schwankte, sah erst Amaranta und dann den Hagestolz an. Als sie sah, wie letzterer die Farbe wechselte, wurde sie noch bestürzter und rief aus:

»Was für schlechte Witze die Gräfin doch macht, Don Pedro! Mögt Ihr vielleicht eine Süßigkeit?«

»Señora«, antwortete der Sonderling mit vor Zorn zitternder Stimme. »Männer wie ich versüßen sich die Zunge mit Aloe und das Herz mit Enttäuschungen.«

Doña Flora wollte lachen, konnte aber nicht.

»Mit Enttäuschungen, ja meine Dame«, fügte Don Pedro hinzu, »und mit Verletzungen durch Personen, von denen man es am wenigsten erwartete. Jeder kann seine amourösen Impulse dorthin lenken, wo er es wünscht. Als ich jünger war, lenkte ich sie auf eine undankbare Person, die schließlich ... aber ich will hier ihr Verhalten und ihre Treulosigkeit nicht preisgeben und die Schmerzen darüber für mich behalten, so wie ich es auch mit meinen Freuden tue. Man soll, um diese Undankbare zu entschuldigen, nicht sagen, ich hätte es in fünfundzwanzig Jahren nur ein einziges Mal an dem Respekt, der Umsicht und dem Ernst mangeln lassen, die mir die Kultur und die Ehrbarkeit auferlegten, denn kein aufreizendes Wort kam je über meine Lippen, keine gewagte Geste von meinen Händen, und keine unzüchtige Vorstellung trübte je die Reinheit meiner Gedanken. Ich nahm auch nie das Wort

›Ehe‹ in den Mund, mit dem sich Vorstellungen verbinden, die der Schamhaftigkeit nicht zuträglich sind, noch heftete ich je meine Augen auf Körperteile, die die französische Mode nur unzulänglich bedeckt, oder tat irgend etwas, das das heilige Objekt meiner Anbetung beleidigen oder herabsetzen konnte. Aber, ach, in diesen verdorbenen Zeiten gibt es keine Blume, an der man nicht riecht, keine Reinheit, die nicht befleckt wird, keinen Glanz, der nicht verblaßt. Damit ist alles gesagt, so daß ich Euch, meine Damen, um Eure Erlaubnis bitte, mich zurückziehen zu dürfen.«

Er erhob sich, um zu gehen, aber Doña Flora hielt ihn mit folgenden Worten zurück:

»Was soll denn das heißen, lieber Don Pedro? Welche Laus ist Euch denn über die Leber gelaufen? Meint Ihr etwa die Scherze der Gräfin? Das ist eine Verleumdung, ja mein Herr, eine Verleumdung!«

»Was höre ich da?« mischte sich die Gräfin ein und gab vor, äußerst bestürzt zu sein. »Meine Worte haben den Unwillen des Señor Don Pedro erregt? Jesus, mir scheint, daß ich eine große Unvorsichtigkeit begangen habe! Mein Gott, was habe ich doch für einen Schaden angerichtet! Señor Don Pedro, ich wußte ja nicht ... ich falle aus allen Wolken ... durch ein indiskretes Wort zwei Seelen entzweit zu haben! Dieser Schlingel ist schuld. Jetzt erinnere ich mich daran, daß meine liebe Freundin Flora ihm immer empfahl, sich ein Beispiel an Euch zu nehmen, wenn es darum ging, seine Liebe in angemessener Form zu äußern.«

»Und ich tadele ihn stets für seine Dreistigkeiten«, fügte Doña Flora hinzu.

»Sie zieht ihn an den Ohren, wenn er sich im Wort vergreift, und kneift ihn in den Arm, wenn sie zusammen spazierengehen.«

»Meine Damen, entschuldigt mich«, wiederholte Don Pedro, »aber ich ziehe mich jetzt zurück.«

»So früh schon?«

»Amaranta hat Euch bestimmt mit ihren schlechten Scherzen erzürnt.«

»Ich muß zum Haus der Gräfin Rumblar.«

»Das ist aber eine Zurücksetzung, Señor Don Pedro – eine andere Gesellschaft der meinen vorzuziehen!«

»Die Gräfin von Rumblar ist eine äußerst achtenswerte Persönlichkeit.«

»Aber sie schneidert keine Uniformen für die *Kreuzzügler.*«

»Die Gräfin von Rumblar besitzt einen guten Geschmack, denn in ihrem Hause sind die Politiker und Zeitungsschmierer, die Cádiz verseuchen, nicht zugelassen.«

»So!«

»Dort wird auch nicht gespielt. Es verkehren dort nicht solche Gestalten wie Quintana, der Eitle, Martínez de la Rosa, der Besserwisser, Gallego, der die Geistlichen verabscheuende Atheist, Gallardo, der teuflische Philosoph, Arriaza, der Geck, Capmany, der Verrückte, und Argüelles, der Jakobiner, sondern eine Vielzahl von Personen, die der Religion und dem König ihre Achtung nicht versagen.«

Der Hagestolz sprach's, machte eine so tiefe Verbeugung, daß man meinen konnte, er würde mit der Stirn den Boden berühren, und entfernte sich mit schnellem Schritt und stolzem Gebaren.

»Liebe Freundin«, sagte Doña Flora, »wie unvorsichtig Ihr doch seid! Nicht wahr, Gabriel, sie ist sehr unklug gewesen?«

»Das will ich wohl meinen – gerade *dem* so etwas zu erzählen!«

»Ich bangte um dich, mein Kleiner, denn ich fürchtete, er würde dich mit seinem Säbel attackieren«, fuhr Doña Flora fort.

»Die Gräfin hat uns kompromittiert«, bekräftigte ich mit vorgetäuschtem Zorn.

»Du bist doch ein kleiner Teufel«, meinte die Gräfin zu mir gewandt.

Zu Doña Flora sagte sie dann: »Liebe Freundin, ich tat das ohne böse Absicht. Nach dem, was ich nun erfahren habe, stelle ich mich auf die Seite des enttäuschten Don Pedro. Die Wahrheit ist doch, Doña Flora, daß Ihr ein großes Unrecht begangen habt. Ihn nach fünfundzwanzig Jahren für diesen wenig Respekt erheischenden Jüngling einzutauschen!«

»Wollt Ihr wohl schweigen, verflixte Schelmin!« entgegnete die Hausherrin. »Nichts stimmt davon. Wenn Ihr nicht diesen Jüngling mit Euren Provokationen angestachelt hättet ...«

»Von jetzt ab«, warf ich ein, »werde ich respektvoll, beflissen und umsichtig wie Don Pedro sein.«

Daraufhin bot mir Doña Flora eine Süßigkeit an, aber sie sah sich gezwungen, das Thema zu beenden, weil andere Damen, die ebenfalls zur Klasse der verfallenden Festungen und veralteten Artillerie gehörten, unsere Unterredung störten.

Ich habe die vorstehende lustspielartige, vielleicht unbedeutend und ausschließlich für den damaligen Zeitpunkt interessant erscheinende Szene nur deshalb geschildert, weil sie, wenn es sich auch nur um einen Scherz handelte, die Ereignisse, die ich in der Folge behandeln werde, stark beeinflußte, da sie zu etlichem Verdruß und Unannehmlichkeiten führte, die – wenn sie auch das Leben im allgemeinen nicht nachhaltig beeinträchtigen konnten – es doch gelegentlich recht durcheinanderwirbelten, und immer in Augenblicken, in denen man es am wenigsten erwartete.

7

Kurz danach betrat der denkwürdige Don Diego, Graf von Rumblar und Peña Honrada, den Salon. Zu meiner großen Überraschung grüßte er weder die Gräfin Amaranta noch geruhte diese, ihn überhaupt eines Blickes zu würdigen. Als er mich sah, kam er auf mich zu, begrüßte mich mit der größten Liebenswürdigkeit und beglückwünschte mich zu meinem schnellen militärischen Aufstieg. Wir hatten uns seit meinem Abenteuer im Palast El Pardo nicht mehr zu Gesicht bekommen. Er hatte sich sehr zu seinem Nachteil verändert, war von Krankheit und Sorge gezeichnet.

»Hier bist du genauso mein Freund wie in Madrid«, sagte

er mir, als wir zusammen den Spielsaal betraten. »Wenn du auf der Insel bist, werde ich dich dort besuchen. Ich hätte gern, daß du an den Gesprächsabenden in meinem Haus teilnimmst. Wenn du nach Cádiz kommst, steigst du dann immer im Haus der Gräfin ab?«

»Ich pflege hierherzukommen.«

»Weißt du, daß meine Verwandte die Treue ihrer ehemaligen Pagen sehr schätzt? Du weißt doch, daß ich mich mit der jungen Dame verheiraten werde?«

»Die Frau Gräfin hat es mir erzählt.«

»Die Gräfin geht das gar nichts an. Zwischen ihr und den anderen Mitgliedern der Familie hat sich ein Bruch vollzogen ... Oh, jetzt entsinne ich mich, daß damals, als wir dich im El Pardo antrafen, die anderen Familienmitglieder fragten, warum du denn dort seist, und daß sie darauf nicht antworten konnte. Du wirst aber wissen, warum ... Wagen wir ein Spielchen?«

»Gut, spielen wir.«

»Hier kann man ja wenigstens atmen, Junge. Ich bin aus den Quatschrunden meines Hauses geflohen. Das sind ja keine Abendgesellschaften mehr, sondern Konklaven von Klerikern, Mönchsseelen und Feinden der Freiheit. Dort zerreißen sie sich nur das Maul über die Journalisten und diejenigen, die eine Verfassung fordern. Dort spielt man nicht, tanzt nicht, nimmt keine Erfrischungen zu sich und redet nur dummes Zeug ... Aber du mußt auf jeden Fall dorthin kommen. Meine Schwestern haben mir gesagt, daß sie dich kennenlernen wollen – ja, das haben sie mir gesagt. Die Armen langweilen sich zu Tode. Wenn Lord Gray den beiden und der anderen nicht etwas Zerstreuung bringen würde ... Kommst du also? Aber gib acht, daß du dich nicht wie ein Liberaler oder Jakobiner benimmst. Öffne den Mund nicht, ohne tausend Verwünschungen gegen die künftige spanische Ständevertretung, die Pressefreiheit und die französische Revolution auszustoßen, und vergiß ja nicht, eine Verbeugung zu machen, wenn der König erwähnt wird, und jedesmal etwas auf lateinisch zu murmeln, das wie ein anklagendes Zitat klingt, wenn der Name Bonaparte, Robespierre oder der eines anderen Monstrums dieser Art fällt. Denn wenn du das nicht tust, wird meine Mama dich kurzerhand auf die Straße werfen.«

»Verstanden, ich werde darauf achten, dieses Programm einzuhalten. Wo aber werden *wir* uns wiedertreffen?«

»Ich werde auf die Insel kommen, oder wir treffen uns hier – obwohl, warte mal ... Vielleicht werde ich nicht mehr hierherkommen können. Meine Mutter hat mir nämlich verboten, die Füße in dieses Haus zu setzen. Komm doch zu mir und frage nach deinem Freund Don Diego, demjenigen, der die Schlacht von Bailén gewann. Ich habe nämlich meiner Mutter weisgemacht, daß wir beide jene berühmte Kriegstat vollbrachten.«

»Und Santorcaz?«

»Der ist weiterhin Polizeikommissar in Madrid. Keiner mag ihn. Er mokiert sich darüber und geht seiner Tätigkeit nach. Nun laß uns spielen. Deshalb bin ich schnell zu Pferd hergekommen.«

Das Spiel, das erst schleppend vor sich gegangen war, weil die Teilnehmer keine große Begeisterung gezeigt hatten, belebte sich mit der Gegenwart der Gräfin Amaranta, die ihr Geld dem Schicksal anvertraute. Damit auch alles so richtig seinen Lauf nehmen konnte, erschien in diesem kritischen Moment Lord Gray wieder, von dem ich ja berichtet hatte, daß er zu Beginn der Abendgesellschaft verschwunden war. Wie gewöhnlich nahm der prachtvolle Engländer die Ehren des Bankiers für sich in Anspruch. Er waltete seelenruhig seines Amtes, und wir berappten ihn mit Eifer und Begeisterung. Amaranta und ich hatten ein unwahrscheinliches Glück. Dagegen sah Doña Flora ihr knappes Spielkapital rapide dahinschwinden, und bei Don Diego wechselten sich ständig Glück und Pech ab.

Der Engländer nahm seine Verluste gleichgültig hin und schob in dem Maße Geld nach, wie er es austeilen mußte. Das, was sich in seinen Taschen befunden hatte, landete bald größtenteils in den meinen, die sich über einen solch ungewohnten Überfluß wohl sehr wundern mußten. Erst als Lord Gray nichts mehr herausrücken konnte, endete das Spiel. Die Politiker dagegen diskutierten im Nebensalon auch nach dem Verschwinden der letzten Münze weiter.

Als wir hinausgingen, um den Berg zum Haus von Lord Gray hinaufzugehen, sagte Don Diego zu mir:

»Meine Mama glaubt, daß ich jetzt wie ein Murmeltier schlafe. Die gehen dort um zehn zu Bett. Nach dem Abendessen erteilt uns meine Mutter ihren Segen, wir verrichten einige Gebete und werden danach in die Federn geschickt. Ich tue dann immer so, als sei ich sehr müde, ziehe mich ins Schlafzimmer zurück, lösche das Licht, und wenn im Haus alles still ist, schleiche ich mich flugs auf die Straße. Früh am Morgen komme ich dann leise zurück und lege mich schnell ins Bett. Nur meine Schwestern wissen davon. Sie haben nichts gegen meine Eskapaden.«

Lord Gray bewirtete uns in seinem Haus mit einem wundervollen Nachtmahl. Dann holten wir wieder das Buch mit den vierzig Blättern, das heißt die Spielkarten, hervor, und verbrachten die Nacht fieberhaft mit seinen Texten, bis wir drei unter den Wechselfällen des Glücks schließlich doch ermüdeten. Oh, in den glorreichen Jahren 1810, 1811 und 1812 wurde viel gespielt – sehr viel!

Nach dieser Nacht konnte ich erst am Abend des 28. März wieder nach Cádiz kommen, denn ich gehörte zu den Truppen, die die Regentschaft empfangen mußten, die sich am darauffolgenden Tag feierlich im Zollpräsidialgebäude niederließ. Das zu diesem Anlaß gefeierte Fest war sehr interessant und lebhaft, sowohl am 29. wie auch am 30. März, denn es herrschte helle Begeisterung unter den Anhängern des Königs Ferdinand VII. Als wir als Ehrenwache vor dem Zollpräsidium aufmarschiert waren, in dem die Regentschaft tagte, hörten wir, daß etwa hundert ›Kürassiere der alten Art‹ am gleichen Tag der Zentralmacht ihre Ehrerbietung darbringen wollten. Als ich das hörte, mußte ich gleich an den würdigen Don Pedro denken und hatte keinen Zweifel, daß er der Urheber dieser Abwechslung war, die uns nun erwartete.

Es mag so gegen zwölf Uhr Mittags gewesen sein, als ein großer Schwarm von Knaben, der aus der Pedro-Conde- und der Manzana-Straße kam, anzeigte, daß sich etwas Außergewöhnliches und Vergnügliches näherte. Und wirklich, hinter der kindlichen Schwadron, die auf tausendfache Art ihr Entzücken kundtat, sahen wir eine Gruppe von hundert Reitern herantrotten. Die Männer trugen das gleiche rot-gelbe Gewand, das ich schon auf dem ausgedörrten Leib des großen Don Pedro hatte prangen sehen. Dieser ritt an der Spitze, mit der Schärpe des Generalkapitäns über dem Harlekinkostüm – so aufgeputzt und vor Stolz geschwollen, daß er nicht mit Godogredo von Bouillon bei dessen triumphalen Einzug in Jerusalem getauscht haben würde. Weder er noch seine Mannen trugen die Panzer der Kürassiere, aber alle hatten Kreuze auf der Brust. Was die Waffen betraf, so trugen einige Säbel und andere Zierdegen. Als Karnevalsumzug mochte das angehen, aber als *Kreuzzug des Bistums Cádiz,* der den Franzosen den Garaus machen wollte, war das der groteskeste Mummenschanz, den man in den Annalen der Geschichte antreffen konnte.

Die Menge jubelte ihnen zu, da sie den Umzug als Belustigung empfand. Die komischen Reiter aber glaubten sich nicht minder des Beifalls würdig als die Krieger von Cäsar oder Hannibal. Zu unserem Glück konnte man vom Santa-María-Hafen aus, wo die Franzosen lagen, auch mit einem Fernrohr dieses Schauspiel nicht erblicken, denn wenn der Feind das gesehen hätte, wäre sein Lachen wohl lauter als seine Kanonen gewesen.

Sie kamen vor dem Zollpräsidiumsgebäude an. Der Anführer bat darum, eintreten zu dürfen, um die Regentschaft zu begrüßen. Wir gestatteten es ihm nicht, weil wir glaubten, daß die Junta nicht so verschroben sei, um sich an einem solchen Schwank zu ergötzen. Don Pedro bestand aber darauf, schlug mit seinem langen Säbel auf den Boden und stieß dazu Drohungen und Verwünschungen aus. Also gingen wir Offiziere hinein, um die hohen Herren zu informieren, welcher Gespensterzug sich in das jetzige Gebäude der Regierung drängen wollte. Schließlich erlaubten diese, von den Reitern der alten Art beglückwünscht zu werden, weil sie fürchteten, andernfalls das Volk gegen sich aufzubringen. Das war die typische Nachgiebigkeit spanischer Autoritäten!

Congosto trat also ein, gefolgt von fünf Männern, die aus der großen Schar ausgesucht worden waren, durchquerte den Saal, stellte sich vor der Regentschaft auf und machte eine tiefe Verbeugung. Als er sich wieder aufgerichtet hatte, ließ er einen stolzen Blick von einem Ende des großen Raumes zum anderen schweifen, steckte eine Hand in eine Tasche seiner Pluderhosen und holte zur großen Überraschung der erwartungsvollen Zuschauer eine Brille mit grobem Gestell hervor, die er auf seine Hammernase klemmte. Dieser Anblick sorgte für allgemeine Belustigung.

Nachdem Don Pedro seine Augengläser auf dem Riechorgan zurechtgerückt und die Bügel hinter die Ohren geklemmt hatte, führte er die andere Hand in die zweite Hosentasche und holte ein Blatt Papier heraus. Aber was für ein Blatt Papier! Es war mindestens eine Elle lang. Alle glaubten, es sei eine Rede – aber nein, es waren Verse. Der König, die Honoratioren und das Publikum sollten nach der diesem Aufzug vorausgegangenen schlechten Prosa nun auch noch schlechten Versen lauschen müssen! Er entfaltete das große Blatt, räusperte sich vernehmlich, strich sich mit einer Hand den langen Backenbart auf jeder Seite und begann die Lektüre einer Litanei von hinkenden und sonstwie verkrüppelten elfsilbigen Versen, die so schauderhaft schlecht waren, daß sie nur den gewundenen Gehirngängen des Vorlesers entsprungen sein konnten. Ich bedauere es sehr, meinen Freunden nicht eine Kostprobe dieser literarischen Leckerbissen bieten zu können, weil sie nie gedruckt wurden und ich wegen ihres wirren Charakters keine Passage im Gedächtnis behalten konnte. Wenn ich also auch die Form nicht mehr wiedergeben kann, so doch den allgemeinen Inhalt, der sich auf die Forderung reduzieren läßt, daß alle Welt sich nach der alten Art kleide, weil das die einzige Möglichkeit sei, das Heldentum vergangener Zeit wieder zum Leben zu erwecken.

Während der Deklamation dieses Ohrenschmauses zog Don Pedro seinen Säbel aus der Scheide und begleitete alle seine Phrasen mit kräftigen Hieben und Wirbeln seiner Waffe, wodurch das groteske Schauspiel noch an Eindruck gewann. Als die schier endlose Litanei von Verbrechen gegen die

Dichtkunst dann schließlich doch versiegt war, behielt er das Riesenpapier in der Hand, riß sich die Brille von der Nase, steckte sein Mordinstrument umständlich in die Scheide, verbeugte sich wieder so tief, daß man fürchten mußte, er würde vornüberfallen und nicht mehr aufstehen können, und stakste mit den Seinen aus dem Saal.

Meine lieben Leser, ich verbürge mich, daß dies die reine Wahrheit ist. Die Anzeichen von Unglauben, die ich gewöhnlich bei Zuhörern dieses Berichts entdecke, beleidigen mich geradezu. Aber öffnen Sie doch mal die Annalen der Geschichtsschreibung jener Zeit – nicht die, welche sich in offiziellen Händen befinden, sondern andere, die von Augenzeugen niedergeschrieben oder diktiert wurden. Hat man denn bereits den lustspielartigen und harlekinähnlichen Zustand unserer politischen Parteien während der Gründerjahre vergessen? Die reine, die heilige Wahrheit ist das, was ich hier beschrieben habe, auch wenn es unwahrscheinlich klingt, und so manches, was den Nationalstolz verletzen könnte, habe ich noch nicht einmal erwähnt.

Danach zog die köstliche Prozession zur großen Freude aller Einwohner, die sich für solch eine lustige Abwechslung dankbar zeigten – ohne allerdings der Aufforderung, sich nach der alten Art zu kleiden, nachzukommen –, durch die Straßen der Stadt. Welche Augenweide und was für ein Ausdruck naiven, bornierten Trotzes! Die Balkone und Erker bevölkerten sich mit schaulustigen Damen, und auf den Straßen folgte die Menge den Kreuzzüglern. Vor allem die Knaben hatten einen Riesenspaß. Es sah fast so aus wie der Einzug des Don Quijote in Barcelona, wenn nicht die Schlingel gewisse Körperteile des Kleppers, auf dem Don Pedro saß, mit unzüchtigen ›Dekorationen‹ versehen hätten, was dann auch zu einigem Unwillen der Kreuzzügler am Ende ihres Triumphzugs und bei ihrer Rückkehr zur Insel beitrug.

Nach diesem Schauspiel wurde mein Leben für eine beträchtliche Zeitspanne von mehreren traurigen Ereignissen bestimmt. Am 1. Juli fühlte ich mich krank, und es stellte sich heraus, daß mich das gelbe Fieber befallen hatte. Doch ich hatte Glück und entkam den Klauen des Todesgeiers. Da ich schon in der Kindheit einmal von dieser Krankheit heimgesucht worden war, dauerte der jetzige Anfall nicht sehr lange. Meine Freunde pflegten mich auf der Insel. Lord Gray besuchte mich jeden Tag, und Amaranta sowie Doña Flora hielten so manche lange Wache an meiner Lagerstatt. Als mein Leben außer Gefahr war, weinten die beiden vor Freude.

Während meiner Konvaleszenz besuchte mich auch Don Diego. Er begrüßte mich mit den Worten:

»Morgen mußt du aber bestimmt in mein Haus kommen! Meine Schwestern und meine Verlobte löchern mich jeden Tag mit Fragen nach dir. Welche Sorgen sie sich um dich gemacht haben!«

»Ja, morgen werde ich kommen«, gab ich zur Antwort.

Ich hatte aber nicht mit einem unwiderruflichen Befehl gerechnet, der mich dann einige Zeitlang von meiner lieben Geburtsstadt fernhielt. Es ergab sich, daß Don Maríano Renovales, jener Soldat, der bei der Verteidigung von Zaragoza unzählige heroische Taten vollbracht hatte, dazu auserwählt wurde, eine militärische Expedition zu leiten, die per Schiff Cádiz verlassen und im Norden an Land gehen sollte. Renovales war ein sehr tapferer Mann, aber von jener wilden Tapferkeit, die unseren spanischen Kriegshelden eigen ist. Er war mutig, besaß aber weder eine profunde Kenntnis der Kriegskunst noch andere Fähigkeiten, die einen guten General auszeichnen. Er hatte eine Proklamation veröffentlicht, auf deren Kopf in einem Stich Pepe Botellas als Betrunkener mit einem Weinkrug in der Hand gezeigt wurde, was bezeichnend für den Stil dieses geschmacklosen und lächerlichen Druckerzeugnisses war. Doch eben dafür hatte er ein Militärkommando erhalten, wohl nach dem Motto: ›Diese spanischen Draufgänger und Großmäuler haben Glück!‹

Also, wie schon gesagt, erhielt Renovales ein kleines Armeekorps, zu dem auch ich gehörte, so daß ich diesen verrückten Krieger bei seinem noch verrückteren Unternehmen begleiten mußte, obwohl ich noch krank war. Nachdem ich mich von meinen Freunden verabschiedet hatte, schiffte ich mich mit ihm ein. Oh, welch schmerzliches, unglückliches und nutzloses Abenteuer! Wie konnte man solche heiklen

Operationen allseits beliebten, aber unwissenden Männern anvertrauen, die nicht mehr als Mut und Fanatismus aufbrachten!

Ich möchte hier nicht alle Katastrophen, die diese Expedition heimsuchten, im einzelnen schildern. Stürme und zahllose Mißgeschicke machten uns das Leben schwer. Schließlich fiel ein Teil der in Asturien an Land gegangenen Truppen, ohne irgendeinen Überraschungseffekt oder Vorteil erzielen zu können, in die Hände der Franzosen. Glücklicherweise konnte eine kleine Gruppe des Korps, zu der auch ich gehörte, nach dreieinhalb Monaten härtester Prüfungen und beschämt von dem unglücklichen Ausgang des Unternehmens, nach Cádiz zurückkehren. Den Mangel an Realitätssinn der Verantwortlichen kann ich nur mit dem der *Kreuzzügler* vergleichen.

Wir kehrten also nach Cádiz zurück. Einige empfingen uns mit Jubel, weil sie dachten, wir hätten uns mit Ruhm bekleckert. In kurzen Worten berichteten wir ihnen, was wirklich vorgefallen war. Die begeisterten Patrioten wollten nicht glauben, daß der tapfere Renovales ein Hasardeur und Tölpel war. Unglücklicherweise haben wir recht viele von diesen Helden.

Nachdem wir uns ein wenig ausgeruht hatten, traten wir vor die Kommandobehörden der Insel. Es war der 24. September.

8

Just an jenem Tag wurde ein großes Fest auf der Insel gefeiert. Die privaten und öffentlichen Gebäude waren mit Girlanden und Fahnen geschmückt, die Einwohner im Sonntagsstaat, die Soldaten und Matrosen in Ausgehuniformen und auch die Natur im Festtagsgewand, denn der Morgen war sonnig und klar, und alles strahlte vor Freude. Auf dem Wege über die Landenge von Cádiz zur Insel wälzten sich Menschenmengen zu Fuß und in Wagen, und auf dem Platz des San Juan de Dios, des heiligen Johannes, schrien die Lohnkutscher nach Kunden mit den Worten:

»Zu den Cortes, zu den Cortes!«

Es war wie bei den Vorspielen zur Eröffnung der Stierkämpfe. Menschen aus allen Gesellschaftsschichten eilten zu diesem Fest, und die alten Gemäuer der Reichen und Armen blieben fast menschenleer. Der einflußreiche Kaufmann warf sich in seinen besten Anzug aus feinem Stoff, die elegante Dame in die zarteste Seide, und die Handwerksburschen in ihre malerische Trachten. Unzählige Fächer reflektierten das Sonnenlicht mit ihren Pailletten in tausend Farbtönungen auf schwarzem Samt. Auf den Gesichtern lag so viel Freude, daß man den Eindruck hatte, die Menschenmasse bestünde aus einem einzigen Lächeln. Keiner brauchte nach dem Ziel dieses Umzugs zu fragen, denn es lag ein ununterbrochenes Dröhnen in der Luft: »Zu den Cortes, zu den Cortes!«

Fortwährend fuhren Kutschen ab. Die Armen gingen zu Fuß, mit Proviant in Säckchen über dem Rücken und der Gitarre von der Schulter hängend. Die Gassenjungen aus der Umgebung des Caleta- und Viña-Platzes wollten natürlich auch nicht, daß das Fest ihrer Anwesenheit entbehren mußte, zogen ihre Lumpen etwas zurecht und machten sich mit ihren geschulterten Knütteln auf den Weg zur Insel. Auch hier konnte man zwischen anderem Geschrei den allgemeinen Ruf heraushören: »Zu den Cortes, zu den Cortes!«

Die Kanonen der in der Bucht vor Anker liegenden Schiffe schossen Salut, und zwischen den Rauchfetzen der Salven sah man die Wimpel und Flaggen an den Masten wehen wie fantastische, vielfarbige Vogelschwärme. Die Soldaten und Matrosen an Land hatten Federbüsche an den Hüten, Bänder und Kreuze auf der Brust. Zivilisten und Militärs umarmten und beglückwünschten sich zu diesem Tage, denn sie glaubten, daß es nun aufwärtsginge. Die ernsteren Männer, Schriftsteller und Journalisten, strahlten Zufriedenheit aus und gratulierten sich gegenseitig zu dieser großen Morgenröte, dem neuen Licht, diesem bisher nicht gekannten allgemeinen Glück, das alle mit dem Ruf begrüßten: »Zu den Cortes, zu den Cortes!«

In der Taverne des Poenco dachte man nur an die Gelage aus Anlaß des großen Ereignisses. Die Eisenfresser, Schmuggler, Raufbolde, Tagediebe, Gauner, Lanzen-Stierfechter, Fleischhauer und Roßtäuscher hatten ihre Streitereien unterbrochen, damit die Harmonie sowie das Einverständnis zwischen den Bürgern nicht gestört würden. Die Bettler verließen ihre Stammplätze und eilten herbei, um reiche Ernte an mildtätigen Gaben einzuheimsen, indem sie auf ihre Gebrechen wiesen und nicht im Namen Gottes, sondern um der neuen Gottheit willen um Almosen flehten:

»Zu Ehren der Eröffnung der Cortes, der erhabenen Volksversammlung!«

Adel, Volk, Handel, Militär, Männer, Frauen, Talent, Reichtum, Jugend, Schönheit – alles eilte zu dem großen Akt, die einen aus wahrhaftiger Begeisterung, die anderen aus Neugierde, wieder andere, weil sie von den Cortes gehört hatten und nun wissen wollten, worum es sich dabei eigentlich handelte. Die allgemeine Freude erinnerte mich an den Einzug Ferdinands des VII. in Madrid im April 1808, nach den Vorfällen von Aranjuez.

Als ich auf der Insel ankam, waren die Straßen durch die vielen Menschen unpassierbar geworden. In einer davon stießen und schlugen sich die Leute, um eine Prozession zu Gesicht zu bekommen. Auf den Balkons und in den Erkern hatte man kaum noch Platz für all die Blumensträuße. Die Glocken läuteten Sturm, Männer und Frauen wurden an die Hauswände gedrückt, die Gassenjungen kletterten über Eisengitter, und Reihen von Soldaten versuchten auf beiden Seiten, dem Zug Platz zu verschaffen. Alle wollten alles sehen – ein Ding der Unmöglichkeit.

Diese Prozession war ganz und gar unüblich. Es war kein Umzug von Königen und Fürsten, und es wurden auch keine Heiligenbilder herumgetragen, was in Spanien so häufig vorkam, daß es wohl kaum eine solch außergewöhnliche Beachtung gefunden hätte. Es handelte sich nur um einen Marsch von etwas mehr als hundert schwarzgekleideten Männern, einige jung, andere alt, einige Geistliche, die meisten Weltliche. An der Spitze schritt der Klerus mit dem bourbonischen Infanten und den Mitgliedern der Regentschaft, gefolgt von einer stattlichen Anzahl von Generälen und ehemaligen Gefolgsleuten der Krone, hohen Beamten, kastilischen Räten, Magnaten und Adligen, von denen viele gar nicht so recht wußten, was sich hier abspielte.

Diese Prozession kam von der Hauptkirche, wo eine feierliche Messe abgehalten und ein Tedeum gesungen worden war. Das Volk schrie unentwegt: »Ein Hoch auf das Volk, ein Hoch auf die Nation!« wie es früher »Ein Hoch auf den König!« gerufen hatte, und ein Chor, der an einer Kreuzung auf einem Podium stand, stimmte eine Hymne an, die zweifellos sehr lobenswert, vom Standpunkt der Dichtkunst und Tonschöpfung jedoch recht miserabel war und folgendermaßen lautete:

In diesen stürm'schen Zeiten,
Die Spanien jetzt durchlebt,
Da sieht man doch von weitem,
Wie Licht nach oben strebt.
Das ist die Morgenröte,
Die die Cortes uns beschern,
Womit sie unsre Nöte
Ins Gegenteil verkehrn.
Die Herzen vor Jubel singen,
Weil sie mit weisen Reden
Die langersehnte Freiheit bringen.

Der Komponist hatte so wenig Erfahrung, eine solche Lobeshymne in eine Melodie zu kleiden, und so spärliche Kenntnisse von Takten und Kadenzen, daß die Sänger die Zeile ›Weil sie mit weisen Reden‹ viermal wiederholen mußten. Das aber tat der unschuldigen und spontanen Freude der Massen keinen Abbruch.

Als diese Prozession gerade vorbeizog, traf ich auf Andrés Marijuan, der mir zurief:

»Die haben mir in der Kirche fast einen Arm abgequetscht. Was für ein Gedränge! Aber ich wollte alles sehen – und das ist mir auch gelungen. Es war sehr schön!«

»Haben die Reden denn schon begonnen?«

»Aber nein, Mann. Der dicknasige Kardinal hielt eine sehr lange Messe ab, und danach leisteten die Anwälte des Volkes, die Repräsentanten, wie folgt einen Eid ab: ›Schwört Ihr, die katholische Religion zu schützen und zu erhalten? Schwört Ihr, die Einheit der spanischen Nation zu wahren? Schwört Ihr, den Thron unserem geliebten König Ferdinand vorzubehalten? Schwört Ihr, diese Euch anvertrauten Aufgaben treu und gewissenhaft auszuführen?‹ Darauf antworteten sie mit: ›Ja, ja, ja!‹ Dann spielte die Orgel, der Chor sang, und es war vorbei. Gabriel, laß uns versuchen, in den Sitzungssaal hineinzukommen.«

Ich hielt es nicht für ratsam, das zu tun, drängte mich aber mit Hilfe meiner Ellbogen weiter, und als wir vor dem Theater ankamen und sahen, wie sich vor dessen Toren die Leute regelrecht schlugen und zahlreiche Kutschen zusätzlich den Weg versperrten, hörte ich, wie man mich rief:

»Gabriel Araceli, Gabriel, Señor Don Gabriel, Señor von Araceli!«

Ich schaute suchend nach allen Seiten und erkannte dann in der Menge zwei Fächer, die mir zuwinkten, und zwei Gesichter, die mir zulächelten. Es waren die Gräfin Amaranta und Doña Flora. Ich drängte mich zu ihnen hindurch, worauf sie mich zu meinem Kommen und dem Erfolg, bis zu ihnen durchgedrungen zu sein, beglückwünschten. Die Gräfin sagte:

»Komm mit uns! Wir haben Eintrittskarten für die reservierte Zuschauergallerie.«

Also gingen wir hinauf. Auf der Treppe fragte ich die Gräfin, ob sich in unseren Angelegenheiten während meiner Abwesenheit etwas geändert habe, worauf sie mir wie folgt antwortete:

»Alles geht so weiter wie bisher. Die einzige Neuigkeit

besteht darin, daß meine Tante durch Rheumatismus lahm geworden ist. Doña María von Rumblar beherrscht sie nun völlig, so daß sie es ist, die im Hause das Kommando führt ... Ich habe Inés nicht ein einziges Mal sehen können. Sie kommen nicht auf die Straße, und ich kann ihr auch nicht schreiben. Ich habe schon sehnsüchtig auf dich gewartet, weil Don Diego doch versprochen hatte, dich dorthin mitzunehmen. Wenn du diesen Besuch abstattest, erwarte ich von deiner Hartnäckigkeit große Resultate. Aus Lord Gray ist nicht ein einziges Wort herauszubekommen, aber die Anzeichen, von denen ich dir erzählte, verstärken sich. Von der Dienerin erfuhren wir, daß Doña María überall ihre Ohren hat und daß Don Diego trotz seiner Dummheit schon etwas ahnt und rasend vor Eifersucht ist. Du mußt gleich morgen hingehen, obwohl ich sehr daran zweifle, daß die Rumblar dich empfangen wird.«

Wir sprachen dann nicht mehr weiter davon, weil der Nationalkongreß all unsere Aufmerksamkeit in Anspruch nahm. Wir befanden uns in der Loge eines Theaters. Zu unseren Seiten sahen wir in anderen Logen zahlreiche elegante Damen und Herren, Botschafter und andere Persönlichkeiten. Unten, im Theaterparterre, saßen die Abgeordneten in zwei Stuhlreihen. Auf der Bühne thronten ein Bischof und vier weitere Personen; davor saßen die Sekretäre. Die Sitze waren kaum angewärmt, als die Mitglieder der Regentschaft aufstanden und hinausgingen, als ob sie sagen wollten: »Nun macht mal allein weiter.«

»Diese armen Leute«, flüsterte mir die Gräfin zu, »wissen doch gar nicht, was sie tun sollen.«

»Der ehrwürdige Bischof von Orense ist gegangen«, bemerkte Doña Flora. »Mir ist zu Ohren gekommen, daß die vermaledeite Volksversammlung manchen Leuten gar nicht gefällt.«

»Wenn ich mich nicht irre, sind sie dabei, einen Vorsitzenden zu wählen«, meinte ich. »Da vorn werden Zettel hin und her getragen, was auf eine Wahl schließen läßt.«

»Ich glaube, wir werden heute noch einiges zu hören bekommen«, entgegnete die Gräfin.

»Ich hoffe, daß sie bald die Reden halten werden«, warf Doña Flora ein. »Beeilt Euch ein bißchen, meine Herren! Es sind viele Geistliche darunter. Wir werden also wenigstens fundierte Argumente hören.«

»Aber diese philosophierenden Kleriker sind doch alle auf den Mund gefallen«, äußerte die Gräfin. »Da werden die Weltlichen schon mehr reden. Das wird solch ein Geschwätz geben, daß wir wohl köstliche Schauspiele erleben, zum Beispiel wie sich sogenannte Volksräte lächerlich machen. Es wird was zum Lachen geben, liebe Freundin.«

»Sie scheinen jetzt einen Vorsitzenden zu haben. Hören wir doch mal zu, was der Mann auf der Bühne sagt. Er sieht aus wie ein schlechter Schauspieler, der seine Rolle vergessen hat.«

»Er ist wohl nur von der Erhabenheit des Staatsaktes ergriffen«, erwiderte die Gräfin. »Die da unten sollten uns langsam etwas bieten, sonst kann man sie auch wieder nach Hause schicken! Der ganze Aufzug ist eigentlich gar nicht so schlecht.«

»Da sehe ich doch den Grafen Matarrosa«, bemerkte Doña Flora. »Das ist der blonde Bursche dort. Ich begegnete ihm im Haus der Morlá. Das ist ein geschicktes Kerlchen. Er kann Englisch.«

»Dieses Engelchen müßte doch noch von der Mutter gesäugt werden. Daß man solche Knaben schon zu Abgeordneten gemacht hat!« meinte die Gräfin. »Der ist doch nicht älter als du, Gabriel. Da haben wir ja schöne Gesetzgeber bekommen – Salomone von zwanzig Lenzen.«

»Liebe Gräfin«, entgegnete die andere Dame, »ich sehe von hier aus die große Nase und den großen Mund von Don Juan Nicasio Gallego – da unten, zwischen den Abgeordneten.«

»Ach ja, da ist er. Der wird die Cortes und die Regentschaft mit einem Atemzug schlucken. Das ist der einfallsreichste Mann, der mir in meinem Leben begegnet ist. Er ist bestimmt hierhergekommen, um sich über die anderen lustig zu machen. Der an seiner Seite, ist das nicht Don Antonio Capmany? Schaut doch mal, der kann keinen Augenblick stillsitzen. Hüpft wie ein Eichhörnchen auf seinem Platz herum.«

»Derjenige, der sich gerade setzt, ist Mejía.«

»Ich sehe auch das Engelsgesicht von Agustinillo Argüelles. Man sagt, er würde gut reden. Seht nur, dort ist Boruli. Man sagt, er sei ein Gegner der Cortes. Aber dennoch mischt er hier mit. Irgendwie scheint es dort unten nicht voranzugehen.«

»Da wir keinen Eintritt bezahlt haben, dürfen wir auch nicht ungeduldig werden.«

»Die Präsidentschaft ist schon aufgestellt worden. Ob es wohl ein Pfeifzeichen oder etwas Ähnliches zu Beginn des Schauspiels geben wird?«

»Ich bin wirklich gespannt, was wir zu hören bekommen werden ...«

»Und ich erst!«

»Das wird ein ergötzliches Wortgefecht«, meinte die Gräfin, »denn jeder wird zuviel vom anderen fordern.«

»Ja, da wird einer aufstehen und rufen: ›Ich will dies und jenes!‹ Und ein anderer darauf: ›Das kommt gar nicht in Frage!‹ Das wird gewiß eine vergnügliche Angelegenheit.«

»Schön wird es werden, wenn sie sich so richtig in den Haaren liegen! Es wird so kommen, daß die Geistlichen schreien: ›Hinaus mit den Philosophen!‹ Die Weltlichen werden erwidern: ›Hinaus mit den Klerikern!‹ Ich bin überrascht, daß der Vorsitzende keine Peitsche hat.«

»Sie werden doch wohl versuchen, wenigstens die Formen einzuhalten, liebe Freundin.«

»Wo sollten sie das denn gelernt haben?«

»Pssst, jetzt spricht ein Abgeordneter!«

»Was sagt er denn? Ich kann nichts hören.«

»Er hat sich wieder hingesetzt.«

»Auf der Bühne liest einer etwas vor.«

»Da stehen einige von den Sitzen auf!«

»Sie sagen, daß sie einverstanden sind. Wir auch. So viel Lärm um nichts.«

»Ruhe, meine Herrschaften, jetzt kommt eine Rede!«

»Eine Rede? Na, dann wollen wir doch mal lauschen. Was

für ein Lärm auf dem Zuschauerbalkon! Wenn das nicht aufhört, wird der Vorsitzende oder Präsident wohl den Vorhang fallenlassen.«

»Ist das der Geistliche da vorn, der sprechen wird?«

»Der hat sich doch schon erhoben, zieht sich die Soutane zurecht und schiebt die Kappe nach hinten. Kennt Ihr ihn?«

»Ich – nein.«

»Ich auch nicht. Aber wollen wir doch mal zuhören, was er zu sagen hat.«

»Er sagt, daß eine Reihe seiner Vorschläge, die er aufgeschrieben hat, angenommen werden müßten.«

»Gut, gut, lest uns Euer Papierchen doch mal vor, werter Priester!«

»Das ist dann ja der erste Redner.«

»Aber wer mag das wohl sein?«

»Nun, jedenfalls ein gottesfürchtiger Mann.«

In den umliegenden Logen ging ein Name von Mund zu Mund, der uns schließlich auch erreichte. Der Redner war Don Diego Muñoz Torrero.

Liebe Zuhörer – ach nein, liebe Leser –, diese meine Ohren vernahmen die erste Ansprache, die im neunzehnten Jahrhundert in einer spanischen Volksversammlung gehalten wurde. Ich erinnere mich noch an jene Einleitung aus dem Munde eines einfachen und friedlichen Priesters mit offensichtlichem Talent und so bescheidenem wie sympathischem Auftreten. Wenn auch zu Anfang das allgemeine Gemurmel seine Stimme überdeckte, so legten sich doch langsam diese Geräusche, so daß man die feierliche Stimme klar verstand. Nun hoben sich die Worte von einer religiös anmutenden Stille ab und drangen in den Geist der Hörer ein, als würden sie eingemeißelt. Die Aufmerksamkeit war allgemein und gespannt. Nie wurde wohl einer Stimme mit mehr Respekt gelauscht.

»Wißt Ihr, liebe Freundin«, sagte Doña Flora während einer kurzen Unterbrechung, »dieses Priesterchen macht seine Sache gar nicht schlecht.«

»Sehr gut sogar! Wenn das alle tun würden, hätte diese Veranstaltung Hand und Fuß. Aber ich habe noch nicht so genau mitbekommen, was er eigentlich will.«

»Alles scheint mir aber sehr vernünftig zu sein. Nun fährt er fort. Laßt uns weiter zuhören.«

Die Rede war nicht lang, aber aufschlußreich, wortgewandt und weise. In einer Viertelstunde hatte Muñoz Torrero das Programm der neuen Regierung vorgestellt. Als das letzte Wort auf seinen Lippen erstorben war, setzte er sich inmitten von Glückwünschen und Beifall. Das achtzehnte Jahrhundert war beendet.

Die Uhr der Geschichte hatte mit einem Schlag, der nicht für jeden vernehmbar war, die letzte Stunde jenes Jahrhunderts ausklingen lassen. Eine Epoche war vorüber.

9

»Achtung, jetzt wird wohl etwas von Don Manuel Luxán vorgelesen.«

»Habt Ihr denn verstanden, was vorher gesagt worden ist, liebe Doña Flora?«

»Bin ich vielleicht taub? Er hat doch gesagt, daß in den Cortes das Volk, die Nation herrscht.«

»Und daß Fernando, Ferdinand der Siebente, als König anerkannt und proklamiert wird. Auf ihn ist zu schwören.«

»Die drei Gewalten sollen getrennt bleiben ... Ich weiß nicht, was danach kam.«

»Daß die Regentschaft, die den König vertritt, das heißt die Exekutivmacht, den Eid ablegen soll.«

»Daß alles zum Wohle des Staates geschehen soll. Das ist ja eigentlich das beste, denn damit erübrigt sich doch alles andere.«

»Nun gibt es da unten aber einen Tumult, liebe Freundin.«

»Sie streiten sich jetzt darüber. Das Priesterchen wirbelt ganz schön Staub auf. Wie heißt er noch mal?«

»Don Diego Muñoz Torrero.«

»Es sieht so aus, als ob er noch mal sprechen wird.«

In der Tat hielt Muñoz Torrero eine zweite Ansprache zur Untermauerung seiner Vorschläge.

»Jetzt hat er mir besser gefallen, viel besser, Frau Gräfin«, kommentierte Doña Flora Cisniega. »Den würde ich zum Bischof machen. Ist es denn nicht richtig und vernünftig, was er gesagt hat?«

»Ja, daß nämlich die Cortes befehlen und der König gehorchen soll.«

»Und all das findet in einem Theater statt!«

»Jetzt ist der Argüelles an der Reihe, liebe Freundin. Was mir gefällt, ist, daß sich alle einverstanden erklären. Dann streiten sie sich also nicht mehr?«

»Zu Anfang herrscht immer eitel Sonnenschein. Vergeßt nicht, daß wir uns erst im ersten Akt befinden.«

»Jetzt spricht Argüelles.«

»Ach, wie schön! Es gibt nicht viele Redner, die sich mit solcher Eleganz, solcher Leichtigkeit, solcher Sicherheit und in solch gehobenem Ton ausdrücken.«

»Das hier ist wirklich unvergleichlich!« lobte Doña Flora begeistert. »Mögen die Leute sagen, was sie wollen. Es war gut, diese Neuerung in Spanien einzuführen. Auf diese Weise werden alle Schurkereien, die die Regierung begeht, öffentlich gemacht, so daß wohl die Anzahl der Spitzbuben in hohen Stellungen abnehmen wird.«

»Ich habe so den Verdacht, daß das mehr unterhaltend als nützlich sein wird«, entgegnete die Gräfin. »An Rednern wird es wohl nicht fehlen. Heute haben alle gut gesprochen. Aber die Taten werden wohl nicht so leicht wie die Worte sein.«

Auf diese Weise kommentierten sie die Reden, die auf die von Muñoz Torrero folgten und die Sitzung so ausdehnten, daß es bald dunkel und im Theater die Beleuchtung angezündet wurde. Auch jetzt noch waren die Damen ihrer Kommentare nicht müde geworden und blieben auf ihren Sitzen bis zum Einbruch der Nacht, um ein Schauspiel zu genießen, das heutzutage nur noch wenige fesselt, weil es schon so alltäglich geworden ist, aber damals noch sehr anziehend war. Die Reden jenes Tages blieben unauslöschlich in der Seele derjenigen eingeprägt, die ihnen lauschten. Wer hätte sie auch vergessen können? Noch heute, nachdem ich auf der Bühne so viele bewundernswerte Männer habe vorbeiziehen sehen, kommt es mir so vor, als ob die Ansprachen von damals die wortgewaltigsten, die erhabendsten und die feierlichsten von allen waren, die die Ohren von Mutter Spanien ermüdet haben. Welche Klarheit herrschte doch an jenem Tage – und wieviel Dunkelheit seitdem innerhalb und außerhalb dieses Gemäuers, das einmal Theater, dann Kirche und schließlich Volksversammlung war, denn die Volksherrschaft bekam nicht so bald ein eigenes Haus. Schön war dein erster Tag, neues Jahrhundert! Möge dein letzter es auch sein!

Als es schon recht spät geworden war, verbreitete sich das Gerücht, die Regenten würden schwören, weil die Cortes es forderten. Das war die erste machtvolle Handlung der neuen Volksversammlung, das erklärte Ziel, Vorrang vor denen zu haben, die sich als Stellvertreter des Königs fühlten. In den Logen hörte man einige sagen: »Die Regenten werden nicht schwören«, und andere wiederum: »Sie werden doch schwören.«

»Ich glaube, daß einige schwören werden und andere nicht«, meinte die Gräfin. »Sie haben versucht, das Volk und die Truppen für sich zu gewinnen, sind aber nirgendwo auf besondere Sympathie gestoßen. Die Egoistischen unter ihnen werden sich nicht um die Volksversammlung kümmern. Die Schwächeren werden sich auf diese Bühne schleppen, auf der ich im Geiste immer noch die Stimmen des herrlichen Querol und der Caambilla höre, und diesen Stuhl dort küssen, auf dem sich dieser grüne Greis breitmacht, der, wenn ich mich nicht täusche, Don Ramón Lazaro de Dou heißt.«

»Sollen sie doch schwören. Dann gibt es auch keine Konflikte. Aber wie mir scheint, entsteht dort unten schon wieder ein Tumult.«

»Und auch oben, im ›Paradies‹. Das Volk wähnt sich wohl in dem Lustspiel ›Das Mietshaus‹ und will an der Aufführung teilnehmen. Nicht wahr, Araceli?«

»Ja, Señora. Dieser neue Schauspieler, der sich dort hinstellt, wo man ihn nicht hingeschickt hat, wird den Leuten nicht gefallen.«

»Das Volk will, daß geschworen wird«, sagte Doña Flora.

»Aber auch, daß ihnen ein Strick um den Hals gelegt und sie an der Bühnendecke aufgehängt werden.«

»Draußen gibt es auch einen Aufruhr.«

»Mir scheint, daß diejenigen, die jetzt auf die Bühne kommen, die Regenten sind.«

»Ja, wirklich. Seht nur, dort sind Castaños und der alte Saavedra!«

»Dahinter kommen Escaño und Lardizábal.«

»Was?« rief die Gräfin erstaunt aus. »Der Lardizábal schwört auch? Der ist doch der wildeste, der stolzeste Feind der Freiheit, der sich damit brüstete, daß er die Cortes in die Tasche stecken werde.«

»Aber dennoch, es scheint, daß er schwört.«

»Es gibt also keine Scham mehr in Spanien. Aber ich sehe den Bischof von Orense nicht.«

»Der Bischof von Orense schwört nicht«, hörte man es im Chor von den Tribünen.

Und tatsächlich, der Bischof von Orense schwor nicht. Die anderen vier taten es demütig, aber zweifellos widerwillig. Die öffentliche Meinung war gegen sie. Daraufhin wurde die Tagung beendet, und wir gingen alle hinaus. Auf dem Wege hörten wir die Meinungen der Zuschauer über das Ereignis, das diesen denkwürdigen Tag abgeschlossen hatte. Fast alle sagten:

»Dieser starrköpfige Alte wollte doch tatsächlich nicht schwören! Er müßte dazu gezwungen werden.«

»Sollen sie ihn doch aufhängen. Das Dekret vom vierundzwanzigsten September nicht zu befolgen, heißt doch, die Cortes als eine Farce anzusehen!«

»Ich würde hier nicht lange fackeln. Den, der den Kopf nicht beugen will, würde ich einsperren lassen und ...«

»Diese Herren wollen doch wirklich die absolute Herrschaft!«

Dagegen äußerten sich andere, die aber in der Minderheit waren, etwa wie folgt:

»Welch herrliches Beispiel von Würde haben doch der

Bischof und seine Begleiter gegeben! Daß die königliche Macht vor vier Scharlatanen gedemütigt werden soll ...«

»Wir werden ja sehen, wer sich durchsetzt«, sagten einige.

»Wir werden schon sehen, wessen Fähigkeiten sich zu guter Letzt durchsetzen!«, meinten die anderen.

Die beiden Parteien, die schon Jahre vorher entstanden waren und langsam wuchsen, obwohl sie noch schwach, ungeschickt und ohne Glanz waren, verließen nun die säugende Brust und den Kinderbrei, führten die Hände zum Mund und merkten, daß ihnen Zähne wuchsen.

10

Ich verabschiedete mich von Amaranta und ihrer Freundin und versprach, sie am darauffolgenden Tage wieder zu besuchen, was ich dann auch tat. In einem Café von Cádiz kam Don Diego auf mich zu und wiederholte sein Versprechen, mich bald schon ins mütterliche Haus mitzunehmen. Ich zeigte mich so begierig, daß wir diesen Besuch für den folgenden Tag verabredeten. Ich stattete Lord Gray ebenfalls einen Besuch ab, wobei ich ihn unverändert antraf. Als ich ihm erzählte, daß ich die Absicht hatte, dem Haus von Doña María einen Besuch abzustatten, zeigte er sich verwundert. Er erzählte mir dann später, daß er häufig dort zu Gast sei.

Am nächsten Tage, gegen Abend, machten Don Diego und ich uns also auf den Weg zu diesem von mir so herbeigesehnten Besuch, nachdem er mir noch einmal die erforderlichen Ermahnungen erteilt hatte:

»Denke ja daran, ein frommes Gesicht zu machen, wenn du nicht willst, daß man dich auf die Straße wirft. Meine Schwestern, denen ich erzählte, daß du wieder im Lande seist, wollen dich unbedingt sehen. Aber mache ihnen ja nicht den Hof! Erwähne bloß nichts von meinen nächtlichen Eskapaden, denn meine Mutter weiß nichts davon! Die Herren, die du dort antriffst, mußt du äußerst zuvorkommend behandeln.

Im übrigen verlasse ich mich auf dein Einfühlungsvermögen und Geschick.«

Wir erreichten das Haus in der Amargurastraße. Es machte einen ansprechenden Eindruck. Beim Eintreten und Hinaufsteigen der Treppe hörten wir ein feierliches Gemurmel, worauf Don Diego sagte:

»Laß uns hier warten. Sie beten gerade den Rosenkranz, zusammen mit Ostolaza, Tenreyro und Don Paco. Den letzteren kennst du ja schon. Die anderen sind Abgeordnete, die sehr oft hierherkommen.«

Während wir warteten, schaute ich mich etwas im Haus um, das mir, wie ähnliche Gebäude in Cádiz, sehr gut gefiel. Vom Korridor zum Innenhof ging ein breites Fenster hinaus, und die Wände, selbst jene im Treppenflur, waren mit Ölbildern übersät. Als die Gebete schließlich beendet waren, hatte ich die Ehre, in den Salon eintreten zu dürfen, in dem sich Doña María de Rumblar mit ihren beiden Töchtern, Don Paco und drei weiteren Herren, die ich nicht kannte, befand. Doña María empfing mich mit einer gewissen zeremoniellen Höflichkeit, die mir etwas aufgeblasen vorkam, und behandelte mich mit einer Mischung aus Herablassung und Wohlwollen. Die Töchter, die an ein solches Ritual gewöhnt waren, neigten kurz den Kopf vor mir, ohne jedoch die Lippen zu bewegen. Don Paco, der hier in Cádiz so pedantisch wie damals in Bailén wirkte, machte mir übertriebene Komplimente wegen meiner militärischen Ehren. Die anderen betrachteten mich mit mißtrauischer Zurückhaltung und geruhten höchstens, etwas hölzern mit dem Kopf zu nicken.

»Du bist zu spät zum Rosenkranz gekommen«, warf die Gräfin María Don Diego vor und wies mir einen Stuhl an.

»Aber habe ich Euch nicht gesagt, daß ich ihn heute im Kloster Carmen Calzado beten würde? Von dort kommen ich und Gabriel, der gerade bei Pater Pedro Advincula die Beichte abgelegt hat.«

»Was für ein ausgezeichneter Mann der Pater doch ist!« bemerkte Doña María feierlich.

»Es gibt in der ganzen Umgebung von Cádiz niemanden«, erwiderte ich, »der so gut in den Beichtstuhl paßt. Wer könnte ihm wohl auch beim Singen einer Epistel das Wasser reichen?«

»Ja, das ist wahr.«

»Es fesselt mich immer, wenn ich ihn die Epistel singen höre«, bekräftigte Don Diego.

»Ich habe mit großem Interesse von Euren militärischen Erfolgen gehört«, sagte Doña María zu mir.

Ich verneigte mich daraufhin tief vor der Matrone.

»Jede Person von Rechtschaffenheit und Ehre, die der Religion und dem König eifrig dient«, fuhr sie fort, »wird schließlich für seine Mühe belohnt. Ich habe es sehr bedauert, daß mein Sohn nicht noch länger in der Armee geblieben ist.«

»An der Brücke von Herrumblar kämpften Gabriel und ich wie die Löwen zusammen«, gab Don Diego zum besten. »Wirklich, liebe Mutter, wenn wir nicht gewesen wären ... Wir führten eine solch geschickte Bewegung mit unserer Schwadron durch, daß ... erinnerst du dich, Gabriel? Ganz ehrlich, wenn wir nicht gewesen wären ...«

»Schweig, Angeber«, sagte die Mutter. »Der Herr hier hat mehr als du getan, aber er brüstet sich nicht damit. Eigenlob ist verwerflich und eines Wohlgeborenen unwürdig. Don Gabriel, werdet Ihr längere Zeit in Cádiz bleiben?«

»Bis die Belagerung beendet ist, Señora. Danach möchte ich die Waffen niederlegen und meiner Berufung folgen, die mich in den Dienst der Kirche zieht.«

»Das ist sehr lobenswert. Es gibt viele Heilige, die zuerst tapfere Soldaten waren, wie zum Beispiel der heilige Ignatius von Loyola, der heilige Sebastian, der heilige Ferdinand, der heilige Ludwig und andere.«

»Habt Ihr Theologie studiert?« fragte mich einer der anwesenden Herren.

»Mein Feldsack enthält nichts als theologische Bücher, und immer, wenn ich eine Atempause habe, zwischen den Schlachten, mache ich mich an eine Lektüre, die viel erbaulicher als die besten Romane ist. Die einsamen Stunden der Wache lassen mir Raum und Zeit für meine Meditationen.«

»Asunción, Presentación!« rief die Gräfin María ihren

Töchtern begeistert zu, »hier haben wir ein Beispiel zu eurer Erbauung und Bewunderung.«

Als Asunción und Presentación hörten, daß ich so eine Art Heiliger war, sahen sie mich schmachtend an. Auch ich schaute sie an. Sie erschienen mir sehr hübsch – hübscher als damals in Bailén, aber doch bedrückt unter der mütterlichen Strenge, denn ihre Augen waren voller Traurigkeit. Ohne daß ihre Mutter es bemerkte, sagten sie mir leise ein paar Worte.

»Und welche Neuigkeiten bringt Ihr von der Insel?« wollte die Frau Gräfin wissen.

»Meine Dame, gestern wurde dieser Käfig der Verrückten eingeweiht. Ihr werdet ja schon wissen, daß der Herr Bischof von Orense sich weigerte, den Treueid vor der Volksversammlung abzulegen, indem er Krankheit vorgab.«

»Er hat richtig gehandelt. Wenn man sich vorstellt, daß es solche Verrückten gibt ... Vor dem Rosenkranzbeten erklärte uns Señor Ostolaza, was diese Idioten unter der Herrschaft der Nation und des Volkes verstehen, und wir waren ganz entsetzt. Nicht wahr, Mädchen?«

»Gott hat uns in seiner Hand!« rief ich aus. »Jetzt wird geraunt, daß sie uns etwas bescheren wollen, was sie ›Freiheit der Presse‹ nennen. Das läuft darauf hinaus, daß jeder soviel Schändlichkeiten schreiben kann, wie er will.«

»Und dann wollen sie die Franzosen schlagen!«

»Die Exzesse unserer Politiker«, stimmte Ostolaza zu, »übertreffen bei weitem die der Französischen Revolution. Denkt an meine Worte!«

Ich schaute mir daraufhin diesen Mann, der später, während der zweiten konstitutionellen Epoche, eine entscheidende Rolle innerhalb der Hofkamarilla spielen sollte, etwas genauer an. Er war fettleibig, besaß ein rundes, rotglänzendes Gesicht, einen provokativen Blick und eine kreischende Stimme. Seine Gesten waren vehement und aufdringlich. Neben ihm stand ein gewisser Tenreyro, auch ein Abgeordneter, Priester aus Algeciras, der sich für geistreich hielt und darin von seinen Gesinnungsfreunden unterstützt wurde, obwohl die Schärfe seines Vortrags größtenteils nur auf seinem zischenden Lispeln beruhte. Er war von mickriger

Gestalt, aber voller großspuriger Ideen, teils fanatischer Demagoge, teils verbissener Absolutist, ohne besondere Bildung oder festgefügte Kenntnisse. Ich weiß von ihm nur noch, daß er Orgel spielen konnte, aber auch das nur mittelmäßig. Der dritte Mann, Don Pablo Valiente, war vollkommen durchschnittlich. Er fiel in keinerlei Hinsicht auf.

Als Antwort auf den Ausspruch von Ostolaza sagte ich mit dem ernstesten Tonfall, den ich aufbringen konnte:

»Der Himmel erbarme sich unserer unglücklichen Nation und bringe uns baldigst unseren geliebten Monarchen Don Fernando, Ferdinand den Siebenten!«

Als ich den Namen des Herrschers nannte, machte ich eine so übertriebene Verbeugung, daß ich mir beinahe die Knie geküßt hätte.

»Es wird erzählt, daß man dem Bischof von Orense den Prozeß machen will«, meinte Tenreyro.

»Das werden sie nicht wagen«, entgegnete Valiente, zog seine Tabaksbüchse hervor und bot den umstehenden Männern das duftende, kleingeschnittene Kraut an.

»Was die nicht alles wagen werden, meine Herren ... diese Bande von Philosophen und Atheisten!« rief ich aus und blickte zur Decke.

»Mein lieber Offizier«, sprach mich Doña María wieder an, »es ist doch unzweifelhaft die Schuld der Militärs, daß dieses Gesindel – ich kann es nicht anders nennen – sich so aufsässig benimmt. Man munkelt, die Regentschaft habe die Truppe gebeten, einen Staatsstreich durchzuführen, aber die Truppe habe es abgelehnt, sich auf ihre Seite zu stellen.«

»Die Truppe«, äußerte Ostolaza, »hat den Fehler begangen, sich mit dem Pöbel einzulassen.«

»Es ist aber noch nicht aller Tage Abend, meine Herrschaften!« erwiderte ich, wiederholte die Worte ein paar Mal und schaute energisch in die Runde.

»Wenn alle wie du wären, Gabriel«, unterstützte mich Don Diego, »dann würden die Schurkereien, deren Zeuge wir sind, bald beendet sein.«

»Ob wohl die Cortes noch bis zum nächsten Monat bestehen bleiben, Señor Valiente?« fragte die Gräfin.

»Gewiß noch etwas länger, meine Dame. Es sei denn, die Franzosen würden so ermutigt über unsere Streitereien, daß es ihnen gelingt, in Cádiz einzudringen und hier alles auf den Kopf zu stellen. Ich bin der Meinung, daß die Herrschaft des Volkes einerseits und die Pressefreiheit andererseits zwei schreckliche Projektile sind, die größeren Schaden verursachen als diejenigen, die der Villantroys erfunden hat.«

»Mein Herr«, stimmte ich ihm zu, »dieser Vergleich ist ausgezeichnet! Ich werde versuchen, ihn im Gedächtnis zu behalten.«

»Ich beklage dies alles», sprach die Herrin des Hauses, »aber hier, lieber Don Gabriel, nehmen wir uns die leidige Politik nicht so zu Herzen, und diejenigen, die sich hier versammeln, tadeln nur beiläufig die schlechte Regierung und die ›Philosophisten‹. Ich für meinen Teil kümmere mich nur noch um die Heirat meines geliebten Sohnes, die in Kürze stattfinden wird, und um die religiöse Bildung meiner Tochter« – wobei sie auf Ascunción wies –, »die bald entsprechend ihrer entschlossenen und unerschütterlichen Neigung in ein Kloster der Recoletas eintreten wird. Das sind Beschäftigungen, denen ich noch mit Freude nachgehe und die mich mit großem Eifer erfüllen.«

Asunción hatte die Augen gesenkt, und Presentación schaute mich an, als ob sie von meinem Gesicht die Wirkung ablesen wollte, die die Worte ihrer Mutter auf mich gemacht hatten.

»Habt Ihr Inés benachrichtigt?« fragte die Gräfin María. »Diego, deine zukünftige Frau ist bestimmt erzürnt über dein Verhalten und Verschwinden. Du mußt dich unbedingt ändern. Wenn sie nun mit dir zusammentrifft, mußt du ihr mit zärtlichen Worten erklären, daß du sie nicht mehr beleidigen wirst, indem du nachts noch auf die Straße gehst. Ich gebe dir eine Stunde, in der du mit ihr sprechen, ihr eine schöne Fabel erzählen oder lehrreiche Gedichte aufsagen wirst. Ich gehöre nicht zu denen, Señor Don Gabriel«, wobei sie sich wieder mir zuwandte, »die Spaß daran haben, die Jugend zu tyrannisieren. Ich weiß um die Notwendigkeit, gegenüber jungen Männern tolerant zu sein, besonders wenn sie in ein gewisses Alter kommen, und es ist mir auch bekannt, daß es die heutigen Zeiten erfordern, die Zügel, die die Jünglinge an ihre Familien binden, etwas lockerer zu lassen. Deshalb erlaube ich meiner künftigen Schwiegertochter auch, daß sie an unserem Gesprächsabend teilnimmt und mit feinen und klugen Leuten auch über profane Angelegenheiten Konversation treibt, denn ein Mädchen, das für die Gesellschaft bestimmt und ausersehen ist, einem großen Haus wie dem unseren Glanz zu verleihen, darf nicht in einer solchen Zurückgezogenheit erzogen werden wie eine, die auf ein Leben im Dienste unseres Herrn vorbereitet wird. Meine beiden Töchter sind zufrieden, haben keine Wünsche, kennen weder Tanzvergnügen noch Spaziergänge oder Theater. Nicht, daß ich etwas dagegen hätte, wenn sie sich ein wenig zerstreuten. Glaubt nicht, daß ich sie immer mit dem Rosenkranz in der Hand zum Beten zwingen und sie mit einem Übermaß an frommer Bildung belasten würde – O nein. Auch hier spricht man von weltlichen Dingen, aber immer mit der geziemenden Zurückhaltung. Manchmal muß ich Ruhe gebieten und befehlen, daß theologische Kontroversen beendet werden, denn Lord Gray, der oft hierherkommt, gefällt es, delikate Dinge mit einer großen Ungezwungenheit zu behandeln.«

»So wie heute abend«, mischte sich Don Paco ein. »Da tat er nämlich so, als ob er das Mysterium der Fleischwerdung nicht recht begreifen könne, und bat Fräulein Asunción, es ihm zu erklären.«

»Hier spreche *ich* jetzt, Señor Don Paco«, entgegnete die gestrenge Gräfin barsch. »Es spielt keine Rolle, was Lord Gray heute abend getan oder nicht getan hat. Denn, wie ich schon sagte, Lord Gray kommt oft hierher. Er ist ein äußerst respektabler Mann mit guten Manieren. Die Mädchen sind ganz gebannt, wenn er seine Abenteuer erzählt. Kennt Ihr Lord Gray eigentlich?«

»Ja, meine Dame, das ist ein sehr ehrenwerter und gottesfürchtiger Herr. Habt Ihr schon gehört, daß er zum Katholizismus konvertieren will?«

»Jesus, was sagt Ihr da!« rief Doña María begeistert aus.

»Dieses Thema wurde hier mehrfach angesprochen, wobei die Mädchen und ich ihn ermahnten, eine solche segensreiche Entscheidung zu treffen.«

»Da ich meine freien Stunden im Kloster Carmen Calzado, dem Karmeliterkloster, zu verbringen pflege«, sagte ich, »habe ich Lord Gray mehrere Male dort gesehen. Er war auf der Suche nach Pater Florencio, dem besten Katechismuslehrer in ganz Cádiz.«

»Lord Gray darf heute abend hier nicht fehlen«, bekräftigte die Gräfin. »Und Ihr, Don Gabriel, wollt Ihr nicht auch ab und zu bei uns erscheinen?«

»Meine Dame«, erwiderte ich, »wie gerne würde ich das tun, aber meine militärischen Pflichten und die Notwendigkeit, noch tiefer in das Kapitel der *Praescienz,* des Vorherwissens, einzudringen, halten mich auf der Insel zurück.«

»Und was haltet Ihr denn von der *Praescienz?«* fragte mich Ostolaza, als ich meilenweit davon entfernt war, eine solch perfide Attacke zu erwarten.

»Was ich vom *Vorherwissen* halte?« wiederholte ich die Frage in der Hoffnung, daß mir dabei eine rettende Idee käme.

»Er wird der gleichen Meinung sein wie der heilige Augustinus«, sagte Don Paco, der mit seiner Bildung glänzen wollte.

»Die Mädchen sind ganz Auge und Ohr«, meinte Doña María, die bemerkte, wie ihre Töchter der heraufbeschworenen Diskussion mit großem Interesse folgten. »Mädchen, laßt die Männer diese komplizierten Dinge diskutieren. Sie werden wissen, wovon sie reden. Reißt die Augen nicht so auf! Schaut euch lieber die Deckengemälde an oder fragt mich, ob meine Schulterschmerzen schon nachgelassen haben.«

»Ja, wie der heilige Augustinus«, gab Don Diego seinen Senf dazu. »Er teilt die Meinung des heiligen Augustinus ebenso wie ich.«

»Ja, so ist es«, pflichtete ich bei und fragte dann meinerseits. »Und Ihr, denkt Ihr auch wie der heilige Augustinus?«

Ostolaza, Tenreyro und Don Paco verloren die Fassung.

»Wir …«

»Ich nehme an, Ihr kennt die neuen Abhandlungen ...«

An diesem Punkt der Kontroverse erschien Lord Gray und rettete mich aus meiner Verlegenheit. Er hätte keinen besseren Zeitpunkt wählen können. Die Hausherrin und ihre Gäste bemühten sich beflissen um ihn. Er grüßte alle äußerst liebenswürdig. Vielleicht wundert es meine Zuhörer oder Leser, daß ein protestantischer Ausländer so freundlich in einem Hause empfangen wurde, wo gewisse dogmatische Ideen vorherrschten. Dazu muß ich Ihnen sagen, daß die Engländer zu jener Zeit ein Objekt liebevoller Aufmerksamkeit waren. Das hing mit der Unterstützung zusammen, die uns die britische Nation in unserem Kampf gewährte. Außerdem waren viele der Meinung – oder wenigstens wünschten sie es –, daß die Engländer, und besonders die Brüder Wellesley, die geplante neue Verfassung mit Argwohn betrachteten, so daß die Parteigänger des absolutistischen Regimes unsere Verbündeten noch mehr in den Himmel hoben. Ferner war es Lord Gray mit seiner wortgewandten Zunge, seinem sympathischen Charakter und mittels einiger Kunstgriffe, wie ich sie nun auch praktizierte, gelungen, die Achtung und Zuneigung der gestrengen Gräfin zu erlangen. Überdies pflegte er die protestantischen Feiern in sehr ergötzlicher Weise lächerlich zu machen.

Während Lord Gray auf einige lästige Fragen des Herrn Ostolaza antwortete, rief Doña María ihre Töchter herbei und sagte zu Asunción:

»Hör mal, Asunción. Unterhalte dich ein Weilchen mit Lord Gray über die Religion. Ich hätte gern gewußt, ob es wahr ist, daß er seinem Irrglauben abschwören und sich in die Arme unserer heiligen Doktrin werfen will.«

In diesem Moment hörte ich Schritte, wandte den Kopf und sah Inés eintreten. Mein Gott, wie hübsch sie war, wie außerordentlich hübsch! Ich kann mich nicht mehr entsinnen, ob ich Ihnen im vorhergehenden Buch von ihren angenehmen Umgangsformen, ihrer Eleganz und der Harmonie ihrer Proportionen berichtet habe. Sie machte einen lebhaften, zufriedenen Eindruck. Es beeindruckte mich, wie viel an Gewandtheit und Charme dieses herrliche Wesen zusätzlich zu ihrer natürlichen Schönheit, zu ihrer zauberhaften Zurückhaltung und angeborenem Geschick durch den häufigen Umgang mit distinguierten Personen gewonnen hatte. Auf ihren Zügen erkannte ich die Sicherheit, die das Wissen um den eigenen Wert vermittelt, und die etwas ganz anderes als Eitelkeit ist.

Sie schien auch nicht die reizende Bescheidenheit verloren zu haben, die sie so sympathisch gemacht hatte. Sie hatte sich das angeeignet, was ihr noch bei unserem Zusammentreffen in Córdoba und im El Pardo gefehlt hatte: das Bewußtsein ihrer gehobenen Stellung. Dies äußerte sich in einer fast unmerklichen Veränderung der Stimme, der Gesten und des Blicks, mit der ein Mensch zu verstehen gibt, daß er sich an dem Platz befindet, der ihm zukommt. Sie erschien mir größer, ein wenig voller, mit weniger blasser Gesichtsfarbe und mehr zum Lächeln aufgelegten Lippen. Ihre Augen waren nicht weniger verführerisch und fesselnd als die ihrer Mutter, welche in ganz Spanien berühmt waren. Die Stimme war fester, klangvoller und reifer. Ihr gesamtes Wesen strahlte jetzt Willensstärke, Lebenskraft, Gewandtheit und Adel aus. Oh, du Wirklichkeit gewordenes Abbild meiner Träume! War es nun Glück oder Unglück, dich gekannt zu haben?

11

Wie ich merkte, war ihr meine Anwesenheit nicht gleichgültig, aber sie war auch nicht überrascht. Inés mußte also schon gewußt haben, daß ich hier war.

»Ah!« rief ich. »Obwohl man sie rufen ließ, ist die Schelmin erst heruntergekommen, als sie erfuhr, daß der vermaledeite Engländer wieder hier aufgetaucht ist!«

Doña María stellte mich ihr mit den Worten vor:

»Diesen Herrn lernten wir in unserem Haus in Bailén zur Zeit der berühmten Schlacht kennen. Er ist ein Freund deines künftigen Gatten. Sie kämpften beide so heldenhaft Seite an

Seite, daß – wie Diego es ausdrückt – wenn sie nicht gewesen wären ...«

»Gabriel ist ein großartiger Soldat«, bekräftigte Don Diego. »Aber kennst du ihn nicht schon? Er ist auch ein Freund deiner Cousine, der Gräfin Amaranta.«

Doña María runzelte bei diesen Worten die Stirn.

»In der Tat«, pflichtete ich bei, »ich hatte die Ehre, die Frau Gräfin in Madrid kennenzulernen. Wir hatten beide den gleichen Beichtvater. Ich hatte die Frau Gräfin ersucht, mir ein Stipendium des Erzbistums von Toledo zu verschaffen, aber danach mußte ich dem König dienen und die Hauptstadt verlassen.«

»Dieser junge Mann«, fuhr Doña María fort, »wird uns an einigen Abenden Gesellschaft leisten, wenn er sich seinen religiösen Studien und den mystischen Meditationen, die ihn so beschäftigen, entreißen kann. Der Waffendienst verhindert noch, daß er seiner glühenden Berufung weiter nachgehen kann, aber nach dem Kriege wird er die Messe singen. Ein gutes Beispiel, dem die meisten Offiziere folgen müßten! Ich schmeichele mir, meine Tochter, daß sich hier ehrenwerte Personen mit noblen und festen Prinzipien treffen. Mein Herr«, fügte sie an mich gewandt hinzu, »diese junge Dame ist meine zukünftige Schwiegertochter, die Versprochene meines geliebten Sohnes Don Diego.«

Inés verneigte sich tief vor mir und lächelte dabei. Offenbar hatte sie meine List des vorgetäuschten religiösen Eifers durchschaut.

Wo aber war Lord Gray in der Zwischenzeit abgeblieben? Ich schaute umher und erblickte ihn hinter der wuchtigen Schulter der Gräfin María, in angeregter Unterhaltung mit Asunción, die ihn wohl von den Vorteilen des Katholizismus überzeugen wollte. Er wandte aber immer wieder die Augen von seiner Gesprächspartnerin ab, um nach Inés zu schauen.

Diese sagte mir unterdes mit süßer Ironie:

»Ich finde es sehr schön, daß Ihr so entschlossen seid, das geistliche Gewand anzulegen. Ihr tut gut daran, denn heutzutage ist kein Mangel an guten Soldaten, sondern an guten

Priestern. Die Welt ist so schlecht geworden, daß sie nicht Schwerter, sondern Predigten retten werden.«

»Diese Leidenschaft habe ich schon seit meiner frühen Kindheit«, erwiderte ich, »und niemand kann mich davon abhalten, denn sie hat alle Wechselfälle und Schicksalsschläge meines Lebens überdauert.«

Inés schaute immer wieder zu Asunción und dem Engländer hinüber. Auch Doña María lenkte den Blick in diese Richtung und sprach:

»Tochter, das genügt jetzt. Belästige den guten Lord Gray nicht länger! Komm her!«

Das Mädchen ging zu ihrer Mutter zurück, und zur gleichen Zeit begab sich Inés auf ein stummes Zeichen der Gräfin hin zu dem Engländer. Ich war erstaunt über dieses Kommen und Gehen sowie über das angeregte Gespräch, das die Mädchen ständig mit vielsagenden Blicken untereinander führten. Ich nahm mir vor, genau aufzupassen, um die Geheimnisse, um die es sich da wohl handelte, zu enträtseln. Aber die Gräfin lenkte mich mit folgenden Worten ab:

»Señor Don Gabriel, Ihr, der Ihr Euch nach eigenen Aussagen ja fast von der Welt des Profanen abgewandt habt, obwohl man das Eurem Benehmen und Eurem Gesicht nicht anmerkt, werdet verstehen, daß in diesen sittsamen Abendgesellschaften, die ich hier leite, nicht die liederliche Toleranz herrschen kann, die unwissende und blinde Mütter anderer Familien ihren Töchtern gewähren. Aus diesem Grund erlaube ich meinen Töchtern nur wenig mit Ostolaza, Lord Gray oder Euch zu sprechen, obwohl es auch schon Abende gegeben hat, an denen sie zu gewissen Zeiten fünfzehn Minuten lang solche Gespräche führen durften. Ihr werdet auch begreifen, daß mein System, obwohl es doch nicht sehr streng ist, von denjenigen, die den Impulsen der Jugend freien Lauf lassen, kritisiert wird. Aber das kümmert mich nicht. Ihr werdet bestimmt die Richtigkeit meines Handelns einsehen und mir zustimmen, daß die Vorsicht dies gebietet.«

»Aber gewiß, meine Dame«, antwortete ich beflissen, »welche Weisheit und Vorsicht liegt doch in der Regel, Mädchen jedes Gespräch, jeden Blickwechsel oder Austausch von Zeichen mit Männern zu verbieten, wenn es sich nicht um ihren Beichtvater handelt! Oh, Frau Gräfin, Ihr scheint meine geheimsten Gedanken erraten zu haben! Wie Ihr habe ich den Verfall der Sitten, die Folge der französischen Ungeniertheit, bemerkt, die Verletzung der Aufsichtspflicht der Mütter, die Blindheit der Väter, die Boshaftigkeit der Tanten und die Schwäche der Großmütter. Schließlich habe ich mir gesagt: ›Ordnung, Strenge, Vorsicht und Zucht mit empfindlichen Strafen müssen wieder eingeführt werden, oder unsere Gesellschaft wird in die Abgründe der Sünde stürzen!‹ Das rate ich auch allen Müttern, die ich kenne, und schärfe ihnen ein: ›Vorsicht mit den Töchtern, solange sie noch nicht verheiratet sind! Danach kommt es nicht mehr so darauf an. Wenn sie dann zwei Dutzend haben wollen, die ihnen den Hof machen, ist das nicht mehr so tragisch.‹«

»Da sind wir ja der gleichen Meinung«, erklärte die Gräfin erfreut, »abgesehen von dem letzten Punkt, denn weder ledige noch verheiratete Frauen dürfen ein unmoralisches Leben führen. Ach, was mir alles so durch den Kopf geht, Don Gabriel! Es wundert mich, christliche Mütter zu sehen, die ihre unverheirateten Töchter eifrigst bewachen, aber sich den Fehltritten der verheirateten gegenüber gleichgültig zeigen. Ich bin nicht von dieser Art. Deshalb möchte ich auch nicht, daß meine Töchter heiraten – nein, niemals. Verheiratet wären sie meiner Autorität entzogen, und obwohl ich sie nicht für fähig halte, etwas Schlechtes zu verüben, erschreckt mich der Gedanke, daß sie einen Fehler begehen könnten und ich sie dafür nicht strafen kann.«

»Ich weiß ein unfehlbares System, Señora, ein System, das ich den Müttern, die ich kenne, stets empfehle: Ordnung, Strenge, Schweigen, ständiges Einsperren und Sklaventum. Meine Lektüre und die Meditationen haben mir diese Ideen eingegeben.«

»So denke ich auch. Meine Tochter Asunción wird bald in ein Kloster eintreten, und Presentación ist dazu bestimmt, ledig zu bleiben, weil ich es für das beste halte.«

»Es ist ja auch nur gerecht und natürlich, daß Ihr so entschieden habt!«

»Da das Geschick der einen die Nonnenzelle und das der anderen die Ehelosigkeit ist, wie kann ich ihnen da Gespräche mit jungen Männern erlauben?«

»Natürlich nicht ... wo kämen wir denn da hin? Sie würden doch nur abträgliche Dinge lernen. Sünden ... und was für Sünden!«

»Aber da man den Gebräuchen, die eine gewisse Freiheit erfordern, auch ein wenig nachgeben muß, nehme ich es mit der Strenge manchmal nicht so genau. Ihr seht ja: Es kommen einige sehr distinguierte Personen ins Haus, ehrbar und ausgesprochen reserviert, das ja – aber immerhin aus der profanen Welt. Ich muß Umgang mit ihnen pflegen, um nicht für intolerant und extrem gehalten zu werden. Glücklicherweise kommt Inés zu den Abendgesellschaften herunter. Da sie schon sehr bald eine verheiratete Frau sein wird, kann ich ihr erlauben, längere Gespräche mit anständigen und wohlgeborenen Personen zu führen. Wenn sie nicht wäre, würde sich Lord Gray wohl in meinem Hause langweilen. Glaubt Ihr nicht auch, daß man ihr eine gewisse Freiheit gewähren muß, da sie Majoratserbin sein und eine hohe gesellschaftliche Stellung einnehmen wird?«

»Alle Freiheiten, meine Dame – alle! Eine Majoratserbin! Ja natürlich, wenn sie später die Gesellschafterin einer Königin oder die Ehrendame einer Kaiserin wird, dann kommt ihr doch eine gewisse Weltgewandtheit, die das Palastleben erfordert, gut zustatten!«

»Jeder muß seiner Bestimmung entsprechend ausgebildet werden.«

»Ganz richtig!«

»Mir scheint, daß sich Inés und Lord Gray inzwischen lange genug allein unterhalten haben. Ich werde sie herholen, damit wir alle hören können, was sie zu besprechen haben. Don Gabriel, die mütterliche Autorität darf keinen Augenblick vernachlässigt werden. Ja, die Autorität! Was wäre die Welt ohne Autorität?«

»In der Tat, was wäre sie – ein Chaos, der Abgrund!«

Doña María, die die Unterhaltungen ihrer Abendgesellschaft beaufsichtigte wie ein erfahrener General die Bewegungen einer Feldschlacht, entschied, daß Inés den Dialog mit Lord Gray in der Nähe fortsetzen und Presentación den Gesprächsfaden mit Ostolaza knüpfen könne. Inzwischen schwatzte Asunción mit ihrem Bruder, aber ich konnte den Sinn ihrer Worte nicht verstehen. Ostolaza, Tenreyro und Don Paco waren sehr damit beschäftigt, über die großen Fehler der modernen Erziehung zu diskutieren. Ich schloß mich ihnen an, denn das war wieder einmal eine gute Gelegenheit, mich mit meiner vorgespielten Intoleranz und mit einigen Wissensbrocken, die ich als Früchte meiner nächtlichen Moralstudien ausgab und die deshalb gut ankamen, zu brüsten. Dann aber trat ich wieder an die Seite von Doña María, just in dem Moment, als Don Diego sich von seiner Schwester trennte und ebenfalls herbeikam. Ich hörte ihn sagen:

»Liebe Mutter, Ihr könnt doch Inés nicht so viele Intimitäten mit Lord Gray erlauben! Ehrlich gesagt, mir gefällt es nicht, wenn ich sehe, wie sie ihm etliche Minuten lang lauscht, ohne mit den Wimpern zu zucken.«

»Diego«, entgegnete die Gräfin, »*mir* mißfallen deine mißtrauischen Gedanken, die auf deinen Geisteszustand schließen lassen. Wenn Inés deine Schwester wäre, könntest du diese Skrupel haben, aber da sie deine zukünftige Ehefrau ist, sind deine Verdächtigungen lächerlich. Eine große Dame darf doch nicht scheu und naiv wie eine Klosternovizin sein.«

Nachdem Don Diego das vernommen hatte, ging er mit unzufriedener Miene wieder zu seiner Schwester hinüber.

»Señor de Araceli«, sprach mich die Gräfin an, »seht Ihr, so ist die Jugend. Man muß die Eifersüchteleien meines Sohnes verstehen. Es stimmt ja eigentlich auch, daß Inés sich etwas zu intensiv mit Lord Gray unterhält. Obwohl Ihr gewiß nicht geneigt sein werdet, Eure Zeit mit frivolen Mädchen zu verschwenden, möchte ich Euch doch bitten, Euch ein wenig mit meiner zukünftigen Schwiegertochter zu beschäftigen.«

Dabei schaute sie verärgert zu Inés hinüber, und ich beeilte mich, ihrer Aufforderung nachzukommen. Zum ersten Male hatte ich nun die Gelegenheit, abseits von den anderen mit

Inés zu sprechen, und ich ergriff diese Chance begierig beim Schopfe. Bevor ich aber beginnen konnte, fragte sie mich:

»Hat dich meine Cousine zu mir geschickt? Hast du eine Nachricht von ihr?«

»Nein«, antwortete ich, »deine Cousine hat mich nicht geschickt, und ich bin nicht gekommen, um dir irgendeine Botschaft zu übermitteln. Der Wunsch, dich zu sehen und mich mit eigenen Augen und Ohren davon zu überzeugen, daß du mich vergessen hast, hat mich zu dir getrieben.«

»Um Gottes willen«, entgegnete sie und versuchte, ihre Bestürzung zu unterdrücken, »bleib bloß da stehen, wo du jetzt bist! Die Gräfin hört nicht auf, mich zu beobachten. Hier muß man ständig seine Gedanken verbergen und etwas vortäuschen. Warum bist du nicht schon eher gekommen? Aber noch einmal – meine Cousine hat dir wirklich keine Nachricht für mich gegeben?«

»Was kümmert mich jetzt deine Cousine!« rief ich erzürnt aus. »Du hast wohl nicht vermutet, daß ich dich hier überraschen werde?«

»Bist du denn verrückt geworden? Doña María läßt mich nicht aus den Augen!«

»Zum Teufel mit Doña María! Antworte mir auf meine Frage, Inés, oder ich werde so laut schreien, daß selbst die Tauben es hören!«

»Aber du hast mich doch noch gar nichts gefragt!«

»Doch, das habe ich, aber du hast mir nicht zugehört und willst mir nicht antworten.«

»Wir reden einfach aneinander vorbei«, erwiderte sie. »Wirst du jetzt jeden Abend kommen? Hier muß man äußerst vorsichtig sein. Es wird noch so weit kommen, daß ich die Gräfin um Erlaubnis bitten muß, wenn ich Atem schöpfen möchte. Sei bloß vorsichtig, Gabriel! Auch Don Diego beobachtet uns schon. Tu doch so, als würden wir uns über Religion, die Bilder an den Wänden oder den großen Riß an der Decke unterhalten, damit sich die Gräfin und ihre Fledermäuse beruhigen. Hier muß man immer auf der Hut sein. Mach ja keine heftigen Gesten! Lächle, schau die Wände an und sage etwas Ähnliches wie: ›Was für schöne Themen! Da sind ja Daphne und Apollo!‹«

»Muß man denn ein vollendeter Komödiant sein, um hier Eingang zu finden?«

»Ja, hier darf man keinen Augenblick lang sagen, was man wirklich denkt. Es gilt, stets etwas vorzutäuschen und sich Winkelzüge auszudenken. Das ist furchtbar traurig.«

»Aber Lord Gray verstellt sich doch auch nicht!«

»Bist du ein Freund von Lord Gray?«

»Ja, er hat mir alles erzählt.«

»Er hat dir ...«, rief sie bestürzt aus. »Was für ein indiskreter Mann! Ich hatte ihn doch gebeten, vorsichtig zu sein. Ich flehe dich an, Gabriel, erwähne nichts von dem, was Lord Gray dir erzählt hat! Welch ein Vertrauensbruch! Tu mir den Gefallen, und vergiß alles, was er dir anvertraut hat. Hat *er* dich hierhergebracht?«

»Nein, ich bin mit Don Diego gekommen, denn ich wollte aus deinem eigenen Munde hören, daß du mich nicht mehr liebst.«

»Was sagst du da?«

»Du hast es gehört. Ich wollte es von deinen eigenen Lippen hören.«

»Du wirst es aber nicht hören!«

»Ich habe es doch schon gehört.«

»Um Gottes willen, verstell dich doch! Gabriel, schau jetzt nach oben und sage laut: ›Welch schlimmer Riß hat sich doch an der Decke gebildet!‹ Ich liebe dich also nicht mehr? Das weiß ich ja gar nicht! Was hast du denn bloß die ganze Zeit über gemacht? Du warst während der Belagerung von Zaragoza dort? Für mich wäre es das Paradies gewesen, denn dort gab es ja schließlich keine Doña María.«

»Ich habe nur für dich gelebt, und wenn ich hin und wieder eine Anstrengung unternahm, eine Stufe auf der Ruhmesleiter zu erklimmen, dann nur mit dem Wunsch, dir etwas näherzukommen.«

»Du Lügner, auch du hast also gelernt zu täuschen. In der ganzen langen Zeit hast du dich nicht einmal an mich erinnert ... Komm mir nur nicht zu nahe und berühre ja nicht meine Hand! Du scheinst Feuer unter den Handschuhen zu haben. Die Gräfin schaut immer aufmerksamer hierher.«

»Ich kann mich nicht so verstellen wie du. Ich habe dich mit meiner ganzen Seele geliebt, Inesilla, und mit noch zwanzig Seelen mehr, denn eine allein reicht für eine solche Liebe gar nicht aus ... Leg deine Hand aufs Herz und sag mir, daß du das verdienst – sag es mir!«

»Warum sollte ich es denn nicht verdienen?« antwortete sie mir lächelnd. »Ich verdiene es sehr wohl, und noch viel mehr – mit Zinsen und Vorschuß.« Dann erhob sie die Stimme: »Don Gabriel, seht Ihr diesen großen Riß dort in der Decke?«

»Inés, wenn das wahr ist, was du mir eben gesagt hast, dann sag es mir noch einmal, laut und deutlich. Ich will, daß die Gräfin, Don Diego und die Fledermäuse es hören!«

»Schweig! Dafür, daß du mich so lange nicht aufgesucht hast, verdienst du ... ja, was verdienst du dafür?«

»Ich bin schon genug gestraft durch die Eifersucht, eine schreckliche Eifersucht, die mir das Herz zerfleischt.«

»Eifersucht? Auf wen denn?«

»Das fragst *du* mich? Nun, auf Lord Gray natürlich!«

»Du mußt den Verstand verloren haben«, brachte sie hastig hervor, so daß die Worte sich auf ihren Lippen überschlugen. »Er sagt es ... Vielleicht ... Dieser Mann macht mir großen Kummer.«

»Liebst du ihn?«

»Sprich doch um Gottes willen leiser und verstelle dich!«

»Ich kann mich nicht mehr verstellen. Ich bin nicht wie du durch diese Schule der Täuschungen gegangen. Ich kann jetzt nur noch die Wahrheit sagen.«

»Du fragst mich, ob ich Lord Gray liebe? Nie ist mir so etwas in den Sinn gekommen!«

»So? Warum soll ich das glauben? Unter der Fuchtel von Doña María hast du gelernt, deine Gedanken so gut zu verbergen, daß sie sich nun auch meinen Augen entziehen, die doch gewohnt waren, sie nicht nur abzulesen, sondern auch vorherzusehen. Diese Klarheit, die dich umgab, und die ich so anziehend fand, ist verschwunden. Du vermeidest jenes göttliche Wort, das kein Sterblicher – und ich am wenigsten – in

Zweifel ziehen könnte. Inés, versichere mir, schwöre mir, daß ... aber ich werde es nicht glauben können. Tausendmal verflucht sei die Gräfin María, die dich gelehrt hat, dich zu verstellen!«

»Wenn du dich dermaßen aufregst, können wir nicht mehr weitersprechen«, entgegnete sie mit leiser Stimme, und dann fügte sie laut hinzu: »Don Gabriel, diese Stiche von Daphne und Apollo, von Jupiter und Europa sind doch unanständig. Deshalb haben wir aus Sevilla eine Kollektion von Heiligenbildern bestellt, um sie zu ersetzen.« Darauf wieder leiser: »Was hast du gesagt – daß ich Lord Gray liebe? Oh, dieser Mann stürzt mich noch ins Unglück! Er schreckt doch vor nichts zurück. Wie verrückt bin ich doch gewesen! Jetzt bin ich kompromittiert! Gabriel, ich flehe dich an, vergiß, was Lord Gray dir gesagt hat. Mit niemandem, auch nicht mit deinem Beichtvater, darfst du darüber sprechen! Du wirst erkannt haben, daß er die Kunst der Verführung wie kein zweiter beherrscht. Es ist also nicht erstaunlich, daß seine Phantasie die Seele eines Mädchens erwärmt, das ... Aber sprich ja nicht davon! Ich flehe dich an!«

»Du liebst ihn wirklich nicht?«

»Nein!«

»Liebt er denn eine andere aus diesem Hause?«

»Ich weiß es nicht ... schweige ... nein, keine aus diesem Hause«, erwiderte sie aufgeregt. »Verdiene ich es nicht, daß du mir glaubst?«

»Nein, eigentlich nicht.«

»Habe ich dich jemals angelogen?«

»Ich weiß nicht, was dieses Haus und alle, die darin leben, für einen Einfluß ausüben. Es kommt mir so vor, als ob an diesem Ort der Täuschungen und Lügen nichts so ist, wie es erscheint. Es lügen die Gastgeber, und es lügen die Gäste. Ich selbst mußte lügen, um hier Einlaß zu finden. Diese Atmosphäre ist von Falschheit und Betrug geprägt. Dieses Haus, diese Familie, die von der Gräfin beherrscht werden wie von einem Geist des Trübsinns, sind nichts für mich. Mir ist, als ob ich ersticken müßte, wenn ich nicht bald fliehe. Ich wittere hier tausend Geheimnisse, und meine Gefühle werden von einem einzigen beherrscht, das das unangenehmste von allen ist: dem Mißtrauen. Das Herz zieht sich mir zusammen, wenn ich daran denke, daß du, meine Inesilla, mir etwas sagst und schwörst, und ich es dir nicht glauben kann!«

»Beruhige dich doch! Doña María und Don Diego lassen uns keinen Moment aus den Augen. Ich sterbe schier vor Kummer … Aber, um Himmels willen, Don Gabriel«, fügte sie laut hinzu, »ein Mann, der nach dem Kriege das geistliche Gewand anlegen will, darf sich doch nicht so für eine Schlacht begeistern! Was geschah aber danach?«

Von ihrem Throne aus ermahnte mich die Gräfin mit lauter Stimme:

»Aber, Señor Don Gabriel, laßt uns doch alle an den Wundern teilhaben, die Ihr gerade mit solcher Heftigkeit und Leidenschaft beschreibt.«

»Der Herr hat mir gerade erzählt«, erklärte Inés mit einer Natürlichkeit, die mich in Staunen versetzte, »wie er sich in der Vorstadt von Zaragoza befand, wo die Franzosen einen Minenschacht in den Boden trieben, zahllose Pulverfässer hineinwarfen und dann anzündeten, nicht wahr?«

»Und dann, Don Gabriel?«

»Und dann flogen wir alle gen Himmel«, erwiderte ich. »Ich wünschte, Ihr wärt dabeigewesen, denn nur dann hättet Ihr es verstehen können …«

»Wie interessant!«

Die ›Fledermäuse‹ nahmen mich in Beschlag, um Einzelheiten über das Fliegen zu erfahren. Inzwischen war Inés zum Sessel der Gräfin gegangen, und ich horchte mit einem Ohr (ich lernte ja schnell), was sie miteinander sprachen.

»Dein Gespräch mit dem Offizierchen war viel zu lang«, warf die Tyrannin ihr vor. »Zwanzig Minuten! Du hast zwanzig geschlagene Minuten mit ihm geredet!«

»Liebe Mutter«, entgegnete Inés, »er ereiferte sich so sehr, mir seine Kriegserlebnisse zu erzählen … Ich habe ja die ganze Zeit über versucht, ihn zu unterbrechen, aber er achtete nicht darauf. Er berichtete mir von fünf Belagerungen, fünf Schlachten und ich weiß nicht mehr wie vielen Scharmützeln.«

»Wie sie doch ohne rot zu werden lügt!« schimpfte ich innerlich voller Wut. »Ich könnte sie erwürgen!«

Dann trat Lord Gray an Inés heran, und sie sprachen lange miteinander. Meine Eifersucht war derart, daß ich sie bei meinen Tiraden gegen die Volksverderber vor Doña María, Ostolaza und Valiente kaum noch verbergen konnte.

Es wurde spät, und die Gräfin María verkündete mit majestätischer Bestimmtheit das Ende der Abendgesellschaft. Ich verabschiedete mich von Inés, die mir verstohlen zuflüsterte:

»Denk daran, was ich dir gesagt habe!«

Dann verabschiedete sie sich mehr als zehn Minuten lang von Lord Gray. Es drängte mich, dieses Haus zu verlassen und nie mehr wiederzukommen. Nachdem ich mich von der Gräfin verabschiedet hatte, stürzte ich mich also nach draußen. Auf der Treppe stieß ich auf Lord Gray.

»Mein Freund«, sagte ich zu ihm, als wir auf der Straße waren, »überall liegen Euch die Damen zu Füßen.«

Er geruhte nicht, darauf zu antworten, sondern ging stumm, mit geneigtem Kopf und gerunzelter Stirn seines Weges. Wiederholt versuchte ich, ihn zum Reden zu bringen, aber es kam keine Silber über seine Lippen. Erst in der Anchastraße, als er sich von mir verabschiedete, sprach er mit ernster Miene:

»Ein Freund, der ein Geheimnis von mir errät und es sich unerlaubt zu Nutzen macht, ist nicht mehr mein Freund. Ich nehme doch an, daß Ihr glaubt, mich zu kennen?«

»Ein wenig.«

»Dann werdet Ihr wohl auch wissen, daß ich mich nicht scheue, mit Freunden zu brechen.«

»Aber könntet Ihr mich vielleicht noch im Fechten vervollkommnen, ehe wir miteinander brechen?«

»Mit Freuden. Adiós.«

12

Es vergingen Tage, viele Tage. Dann verspürte ich den Wunsch, wieder zum Haus der Gräfin zu gehen, obwohl ich mir ja vorgenommen hatte, dort nie mehr aufzukreuzen, weil mich all die Winkelzüge und Kunstgriffe, die die Abendgesellschaften zu einer Theatervorstellung machten, anwiderten. Einige Zeitlang bekam ich Lord Gray nicht zu Gesicht. Als ich zu seinem Haus ging und nach ihm fragte, verweigerte der Diener mir den Eintritt und teilte mir mit, daß sein Herr niemanden empfangen wolle.

Das war am Tag der Bombe. Wissen Sie, wovon ich rede? Ich spreche von dem denkwürdigen Tag, als die erste Bombe, die die Franzosen auf Cádiz abfeuerten, neben dem Taviraturm einschlug. Man muß wissen, daß dieses Projektil, wie auch die anderen, die in diesem Monat folgten, die Freundlichkeit besaß, nicht zu detonieren. So kam es, daß etwas, das Schmerz, Leid und Tote verursachen sollte, nur Gelächter auslöste. Die Straßenjungen holten aus der Bombe das Blei heraus, teilten es untereinander auf und brachten es in die verschiedenen Stadtteile. Zu jener Zeit trugen die Frauen nämlich Korkenzieherlocken, die von Bleistückchen nach unten gezogen wurden, so daß die französischen Bomben, die den Mädchen und Frauen eine Frisierhilfe lieferten, Anlaß zu folgendem bekannten Liedchen gaben:

Aus den Bomben,
Die uns die Aufschneider schicken,
Machen die Einwohnerinnen von Cádiz
Korkenzieherlocken-Gewichte.

Also, an jenem Tage der ersten Bombe, nachdem ich vergebens an der Tür des adligen Engländers geklopft hatte, führte mich das Geschick ein zweites Mal zum Haus der Gräfin und richtete es so ein, daß ich auf dem Weg dorthin mit Don Diego zusammentraf, der mich folgendermaßen ansprach:

»Kommst du vom Haus des Lords? Man sagt, der habe sich ganz zurückgezogen. Man sieht ihn nirgends mehr. Ich habe auch erreichen können, daß meine Mutter ihn nicht mehr empfängt.«

»Warum denn?«

»Weil er sich sehr für die Mädchen interessiert und es mir nicht gefällt, daß er sich mit meiner Braut unterhält. Mama wollte erst nicht, aber ich stellte sie vor die Wahl: ›Entweder Lord Gray oder ich!‹ Da hatte sie dann keine Wahl mehr.«

»Wie habt ihr ihn denn fernhalten können?«

»Mit Höflichkeit und Ausreden. Meine Mutter gab vor, etwas kränklich zu sein und deshalb die Abendgesellschaften unterbrechen zu müssen.«

»Und deine Mutter und die Mädchen gehen nicht mehr aus dem Haus?«

»Die vier gehen sonntags ganz früh zur Messe. *Du* kannst aber ins Haus kommen, wann es dir gefällt. Mama würde es sehr begrüßen, denn sie fragt ständig nach dir. Komm doch einfach mit, dann kannst du gleich als Zeuge fungieren.«

»Als Zeuge?«

»Ja, meine Mama möchte mich strafen, weil man ihr erzählt hat, daß man mich gestern in einem Café sah. Ich war auch wirklich da, habe es aber abgestritten, und um meinen Argumenten mehr Gewicht zu verleihen, habe ich gesagt: ›Fragt doch Don Gabriel, liebe Mutter, der wird es Euch bestätigen.‹«

»Also gehen wir!«

Wir kamen zum Gitter des Hofs, wo uns der Diener mitteilte, daß die Gräfin ausgegangen sei.

»Ein Hoch auf die Freiheit!« rief Don Diego aus und machte ein paar Tanzschritte. »Gabriel, wir sind allein! Nutzen wir die Stunde, und genießen wir es!«

Das helle Willkommensgeschrei, das aus den Mädchenzimmern drang, zeigte mir an, daß die beiden Schwestern sich ebenfalls über die vorübergehende Befreiung vom Sklavendasein freuten. Als wir das Zimmer von Don Paco betraten, kam dieser verwirrt und stotternd auf uns zu, ein paar

Traktätchen in der Hand. Seine Kleidung war unordentlicher als gewöhnlich, und seine Perücke war etwas zerzaust.

»Don Diego«, bellte er wütend, wie einer von diesen kleinen Hunden, die laut kläffen, ohne daß sich die Passanten darum scheren, »die Frau Gräfin hat doch befohlen, daß Ihr das Haus nicht verlassen sollt. Ich werde ihr alles erzählen, wenn sie zurückkommt!«

Der junge Graf holte einen Stock aus einem Versteck, schwenkte ihn drohend und rief:

»Kanaille, alter Pedant ... Wenn du auch nur ein Sterbenswörtchen ausplauderst, breche ich dir sämtliche Knochen!«

»Das kann ich nicht hinnehmen!« entgegnete Don Paco betrübt. »Allmächtiger Gott, Heilige Jungfrau, habt Erbarmen mit mir! Dieser ungebärdige Knabe und seine Schwestern werden mich noch ins Grab bringen! Wenn ich sie nach ihrem Willen gewähren lasse, wird die Gräfin mich zur Verantwortung ziehen, und ich möchte lieber unter der Erde liegen, als mich vor der wütenden Frau Gräfin zu verantworten. Ja, ich nehme Schläge, Kratzer, Stiche, Schnitte, alle Qualen eines Martyriums hin ... Doch, Don Diego, ich werde es der Señora sagen. Ich kann es nicht länger aushalten. Ich werde ihr von Euren nächtlichen Eskapaden erzählen, denn eine innere Stimme sagt mir: ›Unglücklicher! Treuloser Bediensteter. Verräter!‹ Nein, ich werde es der Hausherrin erzählen – und inzwischen: Ordnung, Ruhe, Gehorsam und alle auf ihre Plätze!«

Don Diego, blind vor Wut, bearbeitete die Rippen des unglücklichen Hauslehrers mit dem Stock. Er schlug ihm im Takt, passend zu den Worten:

»Ordnung, Ruhe, Gehorsam!«

Ich mußte dazwischengehen, damit er dem armen Erzieher nicht noch den Garaus machte. Dieser hatte inzwischen aufgehört zu schreien, damit die Nachbarschaft nicht aufmerksam würde, und jammerte:

»Dieser Rohling tötet mich noch! Bitte, Don Gabriel, bitte helft mir!«

Don Paco ergriff die Flucht und rannte den Korridor entlang. Don Diego und ich folgten ihm und gelangten zu einem

Raum, der zu einem Zimmer mit großen, zur Straße hinausgehenden vergitterten Fenstern führte. Dort erblickten wir eine anarchische Szene, die sich nur in einem Hause abspielen konnte, dessen Bewohner nach Freiheit lechzten. Asunción, Presentación und Inés befanden sich darin – frei, ungebunden, im Vollbesitz ihres eigenen Willens. Aber bevor ich Ihnen erzähle, was diese gefangenen Vögelchen in jenem Moment, als sie sich im Käfig vergnügen konnten, anstellten, muß ich diesen Käfig etwas beschreiben.

Etliche Nähkörbe und einige Stickrahmen zeigten an, daß die tyrannische Gräfin hier einen Erziehungs- und Arbeitsraum für ihre Töchter eingerichtet hatte. In einer Ecke stand ein Sessel, dessen Sitzfläche unter dem Einfluß großen Gewichts niedergedrückt war – offenbar der Sitz der Präsidentin. Davor stand ein mit allerlei erbaulichen Büchern übersätes Tischchen. Die Wände waren völlig mit Bildern bedeckt, unter denen eine Serie von Hunden mit aufgerichteten Schwänzen und drohenden schwarzen Augen hervorstach.

Auf einem kleinen Altar standen verschiedene Heiligenfiguren, und darüber waren mehrere Stiche angebracht, die wohl aus Büchern stammten. Davor standen antike Silberkandelaber, deren kunstvolle Wachskerzen noch zusätzlich mit Scherenschnittarbeiten geschmückt waren. Pompöse Stoffblumensträuße, denen man schon aus der Entfernung ansehen konnte, daß sie von Nonnenhand gefertigt worden waren, sakrale Miniaturgegenstände aus Blei, die Kelche, Monstranzen, Lampen und Meßbücher darstellten, vervollständigten die Ausstattung dieses Hausaltars. Solche Spielzeuge dienten damals zur Belohnung von braven Kindern.

Man sah aber auch andere Gegenstände: wunderschöne Frauenkleider, die unordentlich auf dem Boden lagen, verschiedene Haarteile, Schleifen, Bänder, Galahandschuhe, elegante Frauenschuhe und Kleidungsstücke aus kostbarer Spitze, die den Stolz damaliger Familien darstellten. Die Nähkörbe voller weißer Stoffe gehörten Presentación, die Bücher und der Altar mit allem, was dort an Mystischem und Infantilem stand, waren Asuncións Ressort. Die luxuriösen Kleidungsstücke und der Zierat gehörten zu Inés, die sie heruntergebracht hatte, um sie ihren Cousinen zu zeigen. Die drei waren in Gewänder gehüllt, die die Bevölkerung, die damals trotz allem nicht weniger von französischen Ausdrücken beeindruckt war als heute, *Savillé* nannte. Diese modische Kleidung, die nach der damaligen Auffassung die Blößen kaum bedeckte, hätte auch die toleranteste Mutter zu jener Zeit nicht als Aufzug für junge Damen vor einem Mann – und sei es der engste Verwandte – gestattet. Die drei waren allerliebst und unvergleichlich hübscher als bei den Abendgesellschaften. Die Freiheit, die eine frohe und überschäumende Aktivität auslöste, drückte sich in roten Wangen und schelmischem Lächeln aus, und ihre zwitschernden Stimmen füllten den Raum mit süßer, dem Ohr schmeichelnder Musik. Darin war die Stimme von Inés kaum zu vernehmen.

Ich werde Ihnen erzählen, was sie taten, aber das muß unter uns bleiben, denn wenn die Gräfin erfahren hätte, daß menschliche Augen – und dann auch noch männliche – ihre Töchter derart gewandet erblickt, und Männerohren sie solche Liedchen trällern hörten, würde sie sich noch jetzt vor Scham in der Gruft ihrer Vorfahren umdrehen. Aber lassen Sie mich indiskret sein und berichten, was wir unbemerkt vom Nebenzimmer aus sehen konnten. Inés, auf die mein Blick zuerst gefallen war, stand am Fenstergitter und schaute immer wieder auf die Straße und dann nach drinnen, offenbar um Alarm geben zu können, wenn Doña María um die Ecke der Anchastraße biegen würde.

»Seid doch nicht so verrückt, sie wird bald wiederkommen!« warnte sie ihre Cousinen.

Presentación, die kleinere der beiden Schwestern, befand sich in der Mitte des Raumes. Glauben Sie etwa, daß sie dort betete, nähte oder mit einer anderen ernsten Tätigkeit beschäftigt war? Aber nein – sie tanzte! Ja, liebe Leser, sie tanzte! Und mit welchem Elan, welcher Gestik! Ich war erstaunt darüber, wie dieses zarte Geschöpf gelernt hatte, Hüften, Beine und Arme so kunstvoll wie die Schönheiten der Triana zu bewegen. Sie geriet immer mehr in eine Art Ekstase des Tanzes, schnippte mit den Fingern und sang zu einer einprägsamen Melodie folgendes Lied:

> Nimm, oh Mädchen, diese Orange
> die ich pflückte in meinem Garten.
> Schneide sie nicht mit dem Messer,
> denn mein Herz befindet sich darin.

Asunción, die ältere der beiden, hatte sich einige der Schmuckstücke von Inés angelegt. Sie griff nach einer großen Papierrose aus einer Altarvase und steckte sie sich mit stolzer Gebärde in den Dutt. Darauf nahm sie drei Ellen jener feinen Brüsseler Spitzen, die aus so zartem Gespinst sind, daß sie Spinnwerk zu sein scheinen, schwenkte sie und warf sie sich über Kopf und Schultern. Das tat sie jedoch mit einer solchen Grazie, meine Herren, als ob sie jeden Frühlingsabend das Pflaster der Anchastraße, des San-Antonio-Platzes und der Carmenallee in einem solchen Aufzug abgetreten hätte.

Ich starrte gebannt auf diese Metamorphose. Wie gut sie doch ihre Person ins rechte Licht setzen konnte! Welch ein außergewöhnliches Talent, jeden Gegenstand genau so zu plazieren, daß auch nach den strengsten Maßstäben der Ästhetik daran nichts auszusetzen gewesen wäre.

Sie trug den schönsten Ohrschmuck, der wohl je die Hände eines Silberschmieds verlassen hatte, und betrachtete sich eine Zeitlang in der Glasscheibe eines Stichs des Fegefeuers voller Teufel, Flammen, Schlangen, Kröten und Krokodilen, weil es im ganzen Raum keinen Spiegel gab. Darauf senkte sie den Blick, um den Faltenwurf ihres Rockes zu verfolgen, nahm einen Fächer, öffnete seine quietschenden Glieder, so daß eine Landschaft mit Amorgestalten zum Vorschein kam, fächelte sich Luft damit zu und begann stolz und kokett durch das Zimmer zu schreiten, wobei sie über sich selbst und das Gekicher der beiden anderen lachen mußte.

Als der würdige Don Paco einer derartigen Entweihung gewahr wurde, empörte er sich, trat in das Zimmer und rief:

»Was für ein Lärm ist denn das? Asunción, Presentación,

das werde ich alles eurer Mama erzählen, wenn sie kommt – alles!«

Presentación hörte auf zu singen, nahm den Hauslehrer beim Arm und flötete:

»Oh, Don Paquito, wenn Ihr der Mama nichts sagt, gebe ich Euch einen Kuß.«

Und dann drückte sie auch schon ihre Lippen auf die trockenen und faltigen Wangen.

»Mich verführt man nicht mit Küßchen, ihr Mädchen«, entgegnete der Alte, der zwischen Strenge und Nachgiebigkeit schwankte. »Jede zurück an ihren Platz zum Lesen oder Nähen. Asunción, was soll denn dieser Aufzug bedeuten?«

»Ach, schweigt doch, ungehobelter Patron!« sagte Asunción.

»Ja, er ist ein Tölpel«, fügte Presentación hinzu und gab ihm einen Klaps mit ihrer zarten Hand.

»Ich bitte mir mehr Respekt vor meinen weißen Haaren aus, ihr Mädchen!« protestierte der unglückliche Erzieher. »Wenn ich euch nicht schon als Säuglinge gekannt, an meiner Brust gewiegt und Schlafliedchen vorgesungen hätte ...«

Presentación machte eine höfliche Geste, als ob sie auf einer Promenade einen Bekannten getroffen hätte, stellte sich vor Don Paco auf, vollführte eine anmutige Verneigung und deklamierte:

»Oh, Señor Don Paco, Pacotito, Protocolo! Ihr auch hier? Wie geht es denn der Señora Doña Sittenwacht? Seid Ihr auf dem Wege zum Ball des Barons von Stockschwerenot? Was stand denn heute in der Gazette von Pedanterienburg?«

»Ah ... ah«, stieß Don Paco hervor und konnte das Lachen, das in ihm aufstieg, nicht ganz unterdrücken. »Da schau doch einer das Rotznäschen an, wie es die würdige Dame nachahmt. Da sind ja schöne Sitten eingerissen. Welch ein Skandal, welch eine Schmähung! Woher hat dieses Mädchen bloß diese Schelmereien?«

Sie spielte ihre lustige Rolle weiter, ging auf Inés zu, die sich vor Lachen kaum halten konnte, und säuselte ihr ins Ohr:

»Ach, Madame! Wö göht es Ühnen denn? Habt Ühr dü Gräfün gesähen! Wie großärtig doch das Konzärt und die

Oooper von Mitridates gewäsen sünd! Oh, Madame! Laßt uns jetzt das Forte Piano spülen. Hür kommt dör Maestro Don Paquitini ... Tam tara, tamtam.«

Dann fing sie an, ein Menuett zu tanzen.

»Nun«, räusperte sich Don Paco, bei dem die Gutmütigkeit inzwischen die Oberhand gewonnen hatte, der aber dennoch Strenge vortäuschte. »Ich werde vergessen, was hier vorgefallen ist, wenn ihr endlich mit diesem Mummenschanz aufhört und an eure Plätze geht. Die Señora wird bald kommen.«

Inés schaute wieder auf die Straße und stimmte zu: »Ja, sie muß gleich kommen.«

Presentación fing wieder an zu singen und flötete dazwischen:

»Paquito, meiner Seele, wenn du mit mir tanzt, gebe ich dir noch einen Kuß.

Und ohne die Antwort des Alten abzuwarten, ergriff sie ihn bei den Armen und wirbelte ihn herum.

»Diese Teufelin macht mich ja ganz wirr, ganz schwindlig!« rief der Hauslehrer aus und beschrieb mit Leib und Beinen ungelenke Kurven, ohne sich lösen zu können.

»Ach, Paquito, wie sehr ich dich doch liebe!« säuselte Presentación mit gespitztem Mund.

Der Erzieher löste sich aus den Armen seiner agilen Partnerin, fiel vor ihr auf den Boden und flehte den Himmel um Erlösung an. Das Mädchen steckte ihm darauf eine Stoffblume in die weißen Locken seiner Zopfperücke und sagte:

»Nimm, mein Herzallerliebster, diese Blume zum Gedenken an meine Liebe!«

Er wollte sich erheben, aber Asunción stupste ihn an, so daß er wieder hinfiel. Presentación wollte ihn hochziehen, wobei ein Stück seines Jackenaufschlags in ihrer Hand blieb. Schließlich kam er doch wieder auf die Beine und verfolgte die beiden unter großem Gelächter und allerlei Faxen. Eines der Mädchen wollte ihm mit einem Ellenmaßstab einen leichten Schlag versetzen, traf dabei aber den Altar, so daß die ganze Ansammlung von Heiligen, Kerzen und Spielzeug krachend zu Boden stürzte. Während die Damen herbeieilten, um den Schaden zu beheben, kniete Don Paco auf dem Boden und rief mit abgehackter, halberstickter Stimme, während Tränen über seine Wangen rollten:

»Allmächtiger und barmherziger Herr, Du sendest mir diese Prüfungen als Vergeltung meiner Sünden! So lange mußtest Du am Kreuze schmachten. Aber dies, oh Herr, ist dies nicht auch ein Kreuz mit Nägeln? Sind das nicht auch Dornen, Schläge und Essig? Es geschieht mir ganz recht, denn ich habe eine große Sünde begangen, indem ich meiner Herrin die zahllosen Übertretungen dieser Mädchen verschwieg. Aber ich schwöre Dir, oh Herr, bei dem Lanzenstich, den sie Dir versetzten, daß ich von jetzt ab meiner geliebten Herrin treu dienen und ihr nichts von dem, was sich hier tut, verschweigen werde!«

Don Diego und ich, die diese Szene vom Nebenzimmer aus beobachtet hatten, ohne von den Mädchen gesehen zu werden, wollten hinübergehen, aber wir sahen, wie Inés abrupt vom Fenstergitter zurücktrat. In diesem Augenblick zog auf der Straße eine Gestalt wie ein Schatten vorbei. Es war Lord Gray. Aber kaum hatten wir ihn erkannt, als ein Gegenstand durch das Fenstergitter mitten ins Zimmer flog. Don Paco griff danach und rief:

»Ein beschwertes Briefchen!«

Inés, die wieder ans Fenster gegangen war, stieß einen Laut des Entsetzens aus:

»Doña María! Die Gräfin kommt!«

13

Alle waren zunächst wie versteinert. Dann aber begannen die drei Mädchen mit einer ungeheuren Behendigkeit, alles wieder an seinen alten Platz zu legen oder zu stellen. In rasender Eile bekam der Altar wieder die gewohnte Gestalt. Die eine entledigte sich fieberhaft der angelegten Kleidungsstücke, und die andere zupfte ihr Kleid und ihre Frisur zurecht. So sehr sie sich aber auch beeilten, das angerichtete Chaos war zu groß, um in solch kurzer Zeit behoben zu werden. Als Don Diego sah, daß die Mädchen ertappt werden würden, bevor sie die Spuren ihrer Rebellion beseitigt haben würden, raunte er mir zu:

»Laß uns fliehen!«

»Wohin denn?«

»Nach Patagonien, zu den Antipoden oder zu den Polen! Kannst du dir nicht vorstellen, was es hier geben wird?«

»Nein, mein Freund, laß uns bleiben. Vielleicht können wir ein gutes Werk verrichten, indem wir diese Unglücklichen verteidigen, wenn der Hauslehrer sie verrät.«

»Hast du auch gesehen, daß ein Mann eine Botschaft durch das Fenster warf?«

»Das war Lord Gray. Wollen wir doch mal sehen, worum es sich dabei handelt.«

»Aber meine Mutter kommt jeden Moment zurück, und wenn die dich hier auf der Lauer sieht ...«

Auch dieser Gedanke konnte mich nicht dazu bewegen, die Stelle zu verlassen, die uns als Beobachtungsposten gedient hatte. Glücklicherweise kam Doña María aber nicht gleich dorthin, sondern ging zuerst in ihr Schlafzimmer. Anschließend erreichte sie den Schauplatz dieses Lustspiels, das in einer Tragödie enden sollte. Wir waren in der glücklichen Lage, alles hören zu können, ohne gesehen zu werden. Allerdings sahen wir selbst auch nichts. Eine Zeitlang herrschte Grabesstille im Nebenzimmer. Doch es dauerte nicht lange, und die adlige Matrone begann mit ihrer Anklage:

»Was ist denn das für eine Unordnung? Inés, Asunción, Presentación ... Dieser Altar verwüstet, diese Kleider auf dem Boden ... Mädchen, warum seid ihr so außer Atem und so errötet? Ihr zittert ja! Also, Don Paco, was ist hier vorgefallen? Aber was sehe ich da? Don Paco, Herr Hauslehrer, warum ist Eure Jacke zerrissen? Und woher habt Ihr diese Striemen auf der Wange? Und außerdem: Habt Ihr Spinnweben mit Eurer Perücke entfernt?«

»Se... Se... Señora, hochwürdige Frau Gräfin«, stotterte der Hauslehrer mit zitternder Stimme und einem wohl durch die Aufregung und die vielen widerstreitenden Gefühle, denn diese bemitleidenswerte Seele ausgesetzt worden war, hervorgerufenen Schluckauf. »Ich kann jetzt nicht mehr schweigen ... Mein Gewissen läßt es nicht mehr zu. Ich ... ich esse doch schon seit dreißig Jahren das Brot dieses Hauses ... und ich kann nicht ...«

Er konnte nicht mehr weitersprechen und brach in mitleiderregendes Schluchzen aus.

»Woher denn dieser Kummer? Was haben die Mädchen denn angestellt?«

»Señora«, brachte Don Paco endlich zwischen Schluchzen und Schluckauf hervor, »sie haben mich überfallen, gepackt, haben mich ... Asunción gefiel sich darin, die Leute auf der Promenade nachzuahmen, Presentación vollführte den andalusischen Schunkeltanz, den englischen Bran und die Sarabande ... Dann kam auch noch ein Herr auf der Straße vorbei, schaute herein und warf diese Botschaft hier durch das Fenstergitter.«

Es trat wieder Stille ein, die Art von ängstlicher Stille, die einem Kanonenschuß vorausgeht, nachdem die Lunte angezündet worden ist. In diesem Intervall des stummen Schreckens, das sogar uns erzittern ließ, als ob wir ein Erdbeben erwarteten, hörten wir das Knistern eines Blattes Papier, das entfaltet wurde, und dann einen entsetzten Aufschrei.

»Dieser Brief ist von Lord Gray!« rief die erzürnte Gräfin. »So eine Unverfrorenheit! An wen von euch ist denn diese Botschaft gerichtet? Es heißt darin: ›Meine Angebetete: Wenn deine Versprechen nicht leere Worte sind ...‹ Aber eine Frau wie ich kann solche Unanständigkeiten nicht lesen! An wen hat Lord Gray diese Epistel geschrieben?«

Wieder trat Schweigen ein – ein Schweigen, das den Weltuntergang anzukündigen schien.

»Presentación, ist dieser Schrieb an dich gerichtet? Oder an dich, Asunción? Wie ist es denn mit dir, Inés? Antwortet mir sofort! Allmächtiger! Wenn eine meiner Töchter, mein eigen Fleisch und Blut, es zu verantworten hat, daß ein Mann solche Worte an sie richtet, so soll sie des Todes sein. Auch ich würde eher sterben, als solche Schande zu tolerieren!«

Diese Verwünschung erscholl in dem Raum wie eine Stimme aus vergangenen Jahrhunderten, die nach Rache für hundert geschändete Generationen schreit. Wir vernahmen das unterdrückte Schluchzen und Stöhnen von Don Paco, der damit seinem bedrückten Herzen Luft machen wollte.

»Meine Dame«, stammelte er, »ich flehe Euer Gnaden an, den Mädchen zu verzeihen. Das bedeutet doch nichts. Vielleicht war es nur ein Spaßmacher, der auf der Straße vorbeikam. Sie sind doch sehr ruhig gewesen.«

»Ich habe den Eindruck«, entgegnete die Gräfin, ohne die Würde ihres Zornes zu verlieren, »daß ich keine großen Nachforschungen anstellen muß, um herauszubekommen, wer Anlaß zu dem amourösen Schrieb gegeben hat. Das warst du, Inés! Seit langem habe ich so etwas befürchtet ...«

Niemand sagte ein Wort.

»Antworte!« fuhr Doña María fort. »Ich habe ein Recht zu wissen, was meine künftige Schwiegertochter so treibt.«

Inés antwortete daraufhin mit klarer Stimme:

»Ja, meine Dame. Lord Gray hat das für mich geschrieben. Verzeiht mir.«

»Also wirklich, du warst es!«

»Mich trifft keine Schuld, denn Lord Gray ...«

»Er hat dir den Kopf verdreht«, fauchte Doña María. »Ein schönes Benehmen für ein Mädchen deines Standes, das die Ehre eines der besten Häuser Spaniens vertritt! Inés, fange dich, um Gottes willen! Denk doch daran, wer du bist! Ist es denn möglich, daß eine junge Dame, die vor der Ehe steht ...? Ich habe ja schon bemerkt, daß du an den weltlichen Dingen hängst. Das müssen auch die anderen, die dich für diese Ehe und eine hohe Stellung am Hofe auserwählten, gewußt haben. Wenn sie dich durch einen Zufall für das Kloster oder die Ehelosigkeit bestimmt hätten ... Arme Kreatur! Ich erzittere bei diesem Gedanken.«

Angst und Bestürzung verwehrten es mir, über diese Aussprüche Doña Marías weiter nachzudenken.

»Du bist nicht von mir aufgezogen worden«, fuhr die gestrenge Gräfin fort, »sonst würdest du dich anders benehmen.«

»Liebe Mutter«, schluchzte Asunción, »Inés wird das bestimmt nicht wieder tun.«

»Schweig, du dumme Gans! Mit euch beiden werde ich noch abrechnen, denn Don Paco sagte ja, daß ihr getanzt und gesungen habt.«

»Nein, Señora, es hat kein Tanzen und Singen gegeben, ich habe mir da einen Scherz erlaubt«, preßte der arme Erzieher, der von den Drohungen der gräflichen Justitia in Schrecken versetzt worden war, mit erstickter Stimme hervor.

»Und warum hast du diese Kleider heruntergeholt?« fragte die Gräfin Inés.

»Damit Eure Töchter sie einmal betrachten konnten. Ich werde sie wieder hinaufbringen, Señora, und von jetzt ab dort lassen«, antwortete Inés demütig.

»Wie unerfahren du doch bist! Dir mögen diese schönen Fetzen und das Schmuckzeug vielleicht zustehen, aber meine Töchter dürfen sie nicht einmal ansehen. Dein Benehmen verletzt den Anstand in gröbster Weise!«

»Ehrenwerte Gräfin«, warf da Don Paco ein, »erlaubt mir zu bemerken, daß Doña Inesita im Grunde ihres Herzens den Ärger bedauert, den sie Euch bereitet hat. Ist das nicht wahr, Señora Inesita? Ach, verzeiht ihnen doch, gnädigste Frau Gräfin, und alles wird wieder gut sein.«

»Mischt Euch nicht in Dinge ein, die Euch nichts angehen, Don Paco«, wies ihn die Gräfin zurecht. »Und du, Inés, wirst dich gefälligst bessern, wenn ich dir verzeihen soll. Mehr möchte ich darüber nicht sagen. Ihr wißt ja alle, daß ich äußerst gutmütig und tolerant bin. Schließt sofort die Fenster, und laßt uns beten. Ich wiederhole, Inés, daß ich dir verzeihe, wenn du dich besserst …«

Die Stimmen der Mädchen ließen zwar keine Freude oder Zufriedenheit erkennen, zeigten aber doch eine gewisse Erleichterung an, daß der Sturm vorüber war.

Don Diego flüsterte mir zu:

»Gehen wir, es fehlte noch, daß meine Mutter uns hier über den Weg läuft.«

Also schlichen wir uns hinaus.

»Was hältst du von dem, was wir gerade gehört haben?«

»Das ist eine Infamie, eine Unverschämtheit, ein Verbrechen ohnegleichen«, erklärte ich, unfähig, meinen Zorn zu unterdrücken.

»Was hältst du denn von Inesita? Sie ist doch ein hübsches Frauenzimmer, nicht wahr?«

»Dieser verteufelte Engländer ist doch das hassenwerteste, scheußlichste Wesen auf der Erde! Ich jedenfalls verabscheue ihn aus tiefstem Herzen. Ohne Mitleid würde ich ihn töten und sein Blut trinken ... Adiós, ich gehe.«

»Du gehst schon?«

»Ja, ich möchte nicht länger in diesem Hause bleiben.«

»Aber jetzt stell dich doch nicht so an! Ich habe dich doch extra mitgenommen, damit du mir hilfst! Kannst du dir nicht vorstellen, daß meine Mutter, nachdem sie bei den Mädchen ihr Strafgericht abgehalten hat, sich nun meiner gestrigen Eskapade annehmen wird? Du vergeßliche, oberflächliche Seele erinnerst dich wohl gar nicht mehr daran, daß du bezeugen mußt, mich gestern abend beim Pauken im Studierclub gesehen zu haben!«

»Ich habe genug von Farcen und falschen Aussagen und möchte unter keinen Umständen mit Doña María zusammentreffen. Also, lebe wohl.«

»Grausamer Kerl, bleib hier! Meine Mutter kommt jeden Augenblick.«

Und in der Tat. Die Gräfin erwischte mich auf dem Korridor. Nachdem sie ihre Überraschung, mich hier anzutreffen, kundgetan hatte, begrüßte sie mich und geleitete mich ins Nebenzimmer.

»Warst du hier?« fragte sie ihren Sohn.

»Ja, liebe Mutter. Gabriel und ich lasen Bücher über Arithmetik, und er erklärte mir, wie man ein wissenschaftliches Problem mit einer anderen Methode lösen kann. Gestern, als wir zusammen im Studierclub paukten, hatte er etwas Ähnliches behauptet, aber ich hatte es nicht glauben wollen, und heute wollte er mir zeigen, wie man das macht.«

»Dann wart ihr gestern also wirklich im Studierclub?«

»Ja, wirklich, Señora, wir sind mal dort ... ich will sagen, wir ...«

»Das ist ja kein abträglicher Zeitvertreib ...«

»So ist es, Señora, und sehr lehrreich.«

»Genau das richtige für vernünftige junge Männer«, stimmte die Gräfin zu. »Dennoch, ich habe gehört, daß dort auch Leute mit üblem Leumund hingehen.«

»Nein, meine Dame, keinesfalls! Stiftsherren, Militärs vom Oberst aufwärts, andere hochgestellte Herren, Mönche ...«

»Mein Sohn liebt die Zerstreuung, und deshalb fürchte ich ... Bald wird er nämlich ungebunden sein und eigener Herr sein, denn einem verheirateten Mann, besonders wenn er in einer gewissen Position ist, darf eine Mutter keine Vorschriften mehr machen.«

»Genau das. Wann wird Don Diego denn in den Stand der Ehe treten?«

»Der Tag ist noch nicht festgelegt«, erwiderte Doña María mit Bestimmtheit.

»Don Diego«, wandte ich mich an meinen Freund, »Ihr bekommt auch wirklich das schönste Mädchen von ganz Cádiz zur Frau.«

»Ja, so ist es«, bekräftigte die Gräfin eifrig. »Mein Sohn kann dem Schicksal für diese Wahl dankbar sein – besser gesagt, für unsere Wahl, denn wir, die Verwandten, haben alles geregelt, damit es der Zukünftigen meines Sohnes an nichts fehlt. Sie ist so talentiert und liebenswürdig, daß sie eines der schönsten Schmuckstücke des Königshofes sein wird, wenn es ihn wieder gibt. Man darf auch einer jungen Majoratserbin, die dazu ausersehen ist, einen anderen Majoratserben zu heiraten, den Umgang mit Personen von Welt nicht verbieten. Nein, nein – das wäre lächerlich. Nichts ist doch der Würde und dem Ruf adliger Familien abträglicher, als sich am Hofe von einem in sich gekehrten, schamhaften Mauerblümchen vertreten zu sehen, das sich vor den Leuten fürchtet und nicht viel mehr kann, als ›Guten Tag‹ und ›Guten Abend‹ zu sagen.«

»Was nützt mir schon mein Glück«, begehrte Don Diego auf, »wenn ich – wie neulich erst – meine Braut in ein intimes Gespräch mit Lord Gray verwickelt sehe?«

Doña María lief rot an.

»Dieser junge Mann«, warf ich nun ein, »versteht vielleicht die hohen Anforderungen seiner Klasse nicht. Soll denn seine künftige Frau ständig wie eine Nonne leben? Denjenigen, die zur Ehelosigkeit bestimmt sind, muß man beibringen, die Augen immer auf den Boden gerichtet zu halten, aber die, die sich verheiraten und große Damen werden sollen ... Guter Mann, seid Ihr denn noch bei Trost? Mein Freund ist ein Dummkopf, ein Dickschädel, Frau Gräfin. Ich würde mich nicht wundern, wenn er wegen solcher und anderer lächerlicher Vorstellungen den Wunsch äußert, sich nicht mehr zu verheiraten.«

»Was?« rief die adlige Matrone aus. »Mein Sohn wird doch nicht so töricht sein!«

»Doch, Señora, ich wäre dazu imstande«, stimmte Don Diego zu, ohne seine Eifersucht unterdrücken zu können.

»Aber Diego, wie kannst du nur!«

»Ja, Mutter, was Gabriel gerade gesagt hat, ist wahr. Ich möchte nicht heiraten, wenigstens nicht bis ...«

»Man kann ja nicht törichter sein«, protestierte ich. »Weil es Lord Gray mit seiner eindrucksvollen Gestalt, seinen feinen Manieren, seinem Talent gelungen ist ...«

»Mein Sohn wird mir doch nicht einen solchen Kummer machen!«

In der Gegenwart eines Außenstehenden unterdrückte die Gräfin den Zorn, der wie ein Vulkan aus ihrer Brust ausbrechen wollte angesichts der störrischen Beschränktheit ihres Sohnes, die drohte, ihre Pläne zunichte zu machen. Da ich mir bewußt war, daß dieser Vulkanausbruch jedoch früher oder später erfolgen mußte, sah ich es als Gebot der Klugheit an, mich zurückzuziehen.

»Ihr wollt schon gehen?« fragte die Gräfin. »Das sieht man's! Ein umsichtiger und anständiger Mensch kann die Launen eines unvernünftigen Knaben nicht ertragen.«

»Meine Dame«, entgegnete ich, »Don Diego ist ein gehorsamer Sohn und wird tun, was seine Mutter ihm befiehlt. Ich verabschiede mich mit der Versicherung meiner allerhöchsten Wertschätzung für Euer Gnaden.«

Don Diego wollte mit mir kommen, aber die Gräfin hielt ihn mit den Worten zurück:

»Mein Freundchen, wir haben noch ein Hühnchen zu rupfen!«

Ich hatte es eilig, dieses Haus zu verlassen, um wieder tief durchatmen zu können.

14

Auf der Straße angekommen, warf ich einen Blick auf die vergitterten Fenster und sah sie verschlossen. Geplagt von den Szenen, denen ich beigewohnt hatte, wälzte ich in meinem Hirn Rachegedanken, barbarische Pläne und andere unheilige und verrückte Ideen und sagte mir:

»Es bleibt also kein Zweifel mehr. Ich werde den verdammten Engländer umbringen.«

In den zahlreichen Wechselfällen meines Lebens war ich gesunken, emporgestiegen, wieder gefallen und wieder aufgestanden. Ich hatte mit meinen Händen den Boden jenes Unglücksmeeres berührt, das ich in meiner Kindheit durchqueren mußte, aber ungeahnte Kräfte hatten mich immer wieder an die Oberfläche gehoben. Ich hatte gekämpft und gelitten, mir den Tod gewünscht und dennoch das Leben geliebt. Niemals hatte ich das Licht aus den Augen verloren, das hinter dem Unglück brennt – den fernen Stern, der mir stets als Ausdruck des Göttlichen und Übernatürlichen erschienen war. Dieses Licht war nun jedoch erloschen. Es gab nur noch Finsternis. Das, was ich für vollkommen gehalten hatte, war unvollkommen. Das, was ich als mein eigen betrachtet hatte, gehörte mir nicht mehr. Ich hörte in meinem Innern nicht auf zu schreien:

»Ich werde diesen verfluchten Lord Gray töten! Jetzt verstehe ich die Befriedigung, die man durch das Töten eines Menschen erlangen kann.«

Mein Herz, das bisher in gewisser Weise geblüht und ein

sanftes, friedliches Gefühl, ähnlich wie die Religion, evoziert hatte, sprühte jetzt unter der Geißel meiner Eifersucht Funken. Merkwürdigerweise erschien mir das, was ich bis jetzt geliebt hatte, noch mehr der Liebe wert. Ich fühlte das Verlangen nach Zerstörung, und meine Eigenliebe, mein verletzter Stolz stiegen zum Himmel auf, als wollten sie dort um Solidarität ersuchen.

Ich hatte das Gefühl, daß das ganze Universum beleidigt worden wäre, und Himmel wie Erde den Wunsch nach Rache hegten. So durchquerte ich mehrere Straßen und wiederholte:

»Ich werde diesen Engländer töten. Ja, ich werde ihn töten!«

Als ich um eine Ecke bog, glaubte ich ihn von weitem zu erkennen und beschleunigte meine Schritte. Er war es wirklich. Das gab mir einen heftigen innerlichen Stoß, und ich lief hinter ihm her.

Als ich ihn aber beinahe erreicht hatte, ohne daß er mich bemerkt hätte, kamen mir Zweifel. Es war sicher nicht richtig, eine Handlung, die der völligen Rechtfertigung bedurfte, zu überstürzen. Ich versuchte also, mich zu beruhigen, indem ich mir sagte:

»Ich kann ihn ja im Haus überraschen. Bis dahin sollte ich mich zusammenreißen.«

Als ich ihn erreichte, berührte ich ihn an der Schulter. Er wandte den Kopf und sah mich an. Seine Miene verriet weder Freude noch Ärger.

»Lord Gray«, sprach ich ihn an, »seit langem warte ich schon auf die letzte Fechtlektion.«

»Heute habe ich keine Lust, Fechtlektionen zu erteilen.«

»Ich brauche sie aber dringend.«

»Müßt Ihr Euch schlagen? Welch ein Zusammentreffen! Heute bin ich nämlich in schrecklicher Stimmung. Ich habe Lust, jemanden zu durchbohren!«

»Auch ich, Lord Gray.«

»Mein lieber Freund, bringt mir jemanden, dem ich das Herz durchstechen kann.«

»Ihr seid Eures Lebens wohl überdrüssig?«

»Allerdings!«

»Und ich erst! Auch wir Spanier leiden an dieser Krankheit.«

»Das ist wirklich ein Zufall! Es ist ein Glück, daß wir hier zusammengetroffen sind.«

»Warum denn?«

»Weil ich einen furchtbaren Gedanken hatte. Ich wollte mir eine Kugel durch den Kopf schießen oder mich kopfüber ins Meer stürzen.«

»Und das alles aus unglücklicher Liebe? Erzählt mir Näheres, damit ich Euch gute Ratschläge geben kann.«

»Die brauche ich nicht.«

»Ich weiß, welche Frau Euch so viel Kummer bereitet.«

»Nichts wißt Ihr! Lassen wir es dabei bewenden, und sprechen wir nicht mehr davon.«

Wieder, wie schon so oft, weigerte sich Lord Gray, sich in dieser Angelegenheit zu offenbaren.

»Ihr möchtet also, daß ich Euch eine Lektion erteile?« fragte er mich dann.

»Ja, aber so, daß ich nun ein für alle Mal alles, was diese edle Kunst des Fechtens mir noch vorenthält, erlerne, denn, Mylord, ich muß jemanden töten!«

»Das ist nicht schwer. Ihr werdet ihn töten.«

»Gehen wir in Euer Haus, Mylord?«

»Nein, laßt uns in die Schenke des Poenco gehen und etwas trinken. Wann wollt Ihr denn diesen Mann ins Jenseits befördern?«

»Wenn ich Gewißheit über sein Verbrechen habe. Bis jetzt habe ich nur Anzeichen, einzelne Verdachtsmomente, die der Gewißheit schon recht nahe kommen. Aber ich brauche mehr, denn meine Seele, die extrem leichtgläubig ist, ergeht sich in Spitzfindigkeiten und Skrupeln. Die Unverbesserliche will ihr Glück noch nicht völlig verlieren.«

Er entgegnete nichts, und auch ich hielt meinen Mund. Schweigend erreichten wir das Stadttor Puerta de Tierra, die Landpforte.

In der Schenke des Poenco vergnügte sich ein Völkchen von Straßenschönheiten und Weinhelden. Schon von draußen hörten wir gewagte Couplets zu Gitarrenbegleitung und Händeklatschen.

»Treten wir ein«, meinte Lord Gray. Diese liebenswerten Kanaillen und ihre Gewohnheiten ziehen mich an. Poenco, wir wollen Plätze im Nebenraum!«

»Hier kommt der englische Fürst!« rief der Wirt. »Macht Platz, laßt Seine Majestät den Miloro durch!«

»Kameraden, es lebe Miloro und die britische Insel!« schrie der Gevatter Lombrijón, erhob sich von seinem Stuhl und begrüßte uns, den Sombrero in der Hand, mit einer majestätischen Geste, wie sie nur den Andalusiern zu eigen ist. »Und zur Feier des Tagesheiligen, der diesmal die heilige Pressefreiheit ist, zieht die Korken heraus, Señor Poenco, und laßt ein Meer von Manzanilla fließen! Alles, was Miloro und sein Begleiter trinken, werde ich zahlen, wie ein Caballero für einen anderen.«

Der Gevatter Lombrijón war ein alter, robuster Koloß mit dröhnender Stimme und grandiosen Gesten. Er war ein recht wohlhabender Weinhändler und stand in dem Ruf, trotz seiner Jahre ein Weiberheld zu sein.

Lord Gray dankte ihm, ohne es ihm jedoch im Ton und in den Gesten gleichzutun, wodurch er sich von den meisten anderen Engländern, die Andalusien besuchten, unterschied, denn diese waren bestrebt, in der Überschwenglichkeit der Worte und in der Gestik den Einwohnern nachzueifern.

»Hör mal, Onkel Lombrijón«, meldete sich da ein gewisser Vejarruco, der noch jung an Jahren und Lohgerber im Hafenviertel war. »Mir läuft keiner den Rang ab!«

»Warum sagst du das, *caramba,* und womit sollte ich dir denn wohl den Rang ablaufen?« fragte Lombrijón.

»Das wirst du schon wissen, Mann«, rief Vejarruco zurück. »Gleich, als ich den Miloro und seinen Begleiter hereinkommen sah, habe *ich* doch dem Poenco gesagt: ›Was Miloro und sein Begleiter trinken werden, geht auf meine Rechnung, wie unter echten Caballeros.‹«

»Den Teufel wirst du«, schrie Lombrijón.

»Das werden wir ja sehen!«

»Reiß dein Maul doch noch ein bißchen mehr auf, damit ich es besser stopfen kann!«

»Deiner Visage würde eine Abreibung auch nicht schaden!«

»Du Papagei, meinst du etwa mich damit? Weißt du denn nicht, daß ich unberechenbar werde, wenn man mich reizt?«

»Weißt *du* nicht, daß der, der mein Händchen zu spüren bekommt, danach die Suppe durch Zahnlücken schlürfen muß?«

»Jetzt wird's mir aber langsam zu viel«, empörte sich Lombrijón. »Meine Herrschaften, stimmt doch schon mal ein *Rekwitizium* oder so etwas als Grabgesang für den armen Vejarruco an!«

»Dem Alten ist wirklich der Verstand mit dem Weingeist verraucht!«

»Na, wer nicht hören will, muß eben fühlen!«

Lombrijón legte die Hand an seinen Gürtel, als ob er ein Messer herausziehen wollte, worauf alle Anwesenden, vor allem die Frauen, laut zu schreien anfingen.

»Meine Herrschaften, regt euch doch darüber nicht auf!« mokierte sich Vejarruco.

»Die werden nicht miteinander kämpfen«, raunte mir Lord Gray zu. »Das ist bei denen immer dasselbe, ohne daß etwas passiert.«

»Ich habe meinen Zahnstocher nicht bei mir«, verkündete Lombrijón.

»Ich auch nicht«, erwiderte Vejarruco.

»Du bist ja bloß feige! Herrschaften, als ich die Hand an den Gürtel legte, dachte ich wirklich, ich hätte das Eisen dort.«

»Ausreden! Du hast das Messer versteckt, damit du nicht deinen Worten Taten folgen lassen mußt.«

»Ich hätte dir damit das Maul gestopft.«

»Ich trage keine Messer. Aus Menschenfreundlichkeit«, erklärte Vejarruco, »denn schon mit meiner gefährlichen Hand muß ich aufpassen, nicht jemandem das Lebenslicht auszublasen.«

»Laßt das doch für später«, mischte sich der Wirt ein, »trinkt lieber!«

»Was mich angeht, so habe ich keine Eile. Wenn der Vejarruco noch eine Beichte ablegen will, bevor er die Engel singen hört ...«

»Ich habe nichts dagegen, wenn der Lombrijón sich vorher erst einmal seiner Sünden entledigen will, um den Paß für die Himmelspforte zu erlangen.«

»Genug der Torheiten«, sagte Poenco. »Wenn ihr beide schon sterben müßt, dann sterbt als gute Freunde!«

»Da war doch nichts Ehrenrühriges dabei, nicht wahr, Kumpel? Fühlst du dich beleidigt?« fragte Lombrijón nun seinen Antagonisten.

»Carajo, nein – du doch auch nicht?«

»Aber nein!«

»Also dann her mit den fünf Fingern!«

»Hier hast du sie. Es lebe Spanien und Miloro!«

»Um den Streitfall ein für alle Male zu beenden: *Ich* zahle für alle!« warf Lord Gray ein. »Poenco, schenk uns ein!«

Die Damen belohnten Lord Gray mit Lächeln und schelmischen Worten, aber der Engländer war nicht zum Scherzen aufgelegt.

»Ist María de las Nieves gekommen?« fragte er eine von ihnen.

»Pesaito ist gerade bei ihr. Aber wie wär's denn mit uns?«

»Wenn Miloro heute nacht in mein Haus kommen will«, flötete eine, bei der es sich – wenn ich mich nicht täusche – um Pepa Higadillos handelte, »wird er es nicht bereuen. Mein Mann ist zum Pferdemarkt gefahren, und ich muß mich ein wenig zerstreuen.«

»Wenn Miloro heute nacht irgendwo hingeht, dann gewiß in *mein* Haus!« protestierte eine andere, die schon etwas älter war. »In mein Haus kommt das ganze Salz der Erde, und wenn Miloro ein paar Peseten wagen will, so ist er bei mir an der richtigen Adresse.«

Lord Gray wandte sich schließlich von diesem Volk ab, und

wir traten in ein Zimmer ein, das der Wirt für besondere Gäste reserviert hatte. Der Tisch, an dem wir Platz fanden, war bald bedeckt mit dem reichen Tribut jener Küstenweine, die auf der Welt nicht ihresgleichen haben.

15

»Heute werde ich viel trinken«, sagte mir der Engländer. »Wenn Gott den Jerez, den meine Landsleute schnöde ›Sherry‹ nennen, nicht geschaffen hätte, wie unvollkommen wäre doch sein Werk gewesen! An welchem Tage schuf er ihn denn? Ich glaube, es war der siebente, bevor er ermüdete, denn wie konnte er sich nachher entspannen, wenn er sein Werk nicht vollendet hätte?«

»So wird es wohl gewesen sein.«

»Moment mal. Es müßte wohl eher an dem berühmten Tag gewesen sein, als er erklärte: ›Es werde Licht!‹ Mein Freund, der Wein ist Licht, und wer Licht sagt, meint auch Unterhaltung und Freude.«

»Señoo Miloroo«, sprach Poenco, der sich meinem Freund wieder unterwürfig genähert hatte, »María de las Nieves ist verrückt nach Euer Gnaden. Sie staffiert sich immer so schön aus für Euer Gnaden. So einem blonden Lordchen kann keine widerstehen. Wenn Ihr nicht mehr herkämet, blieben wohl auch die Täubchen weg.«

»Poenco«, herrschte ihn der Lord an, »laß mich in Frieden mit deinen Täubchen und verschwinde, oder möchtest du, daß ich dir mit dieser Flasche da die Nase breche?«

»Ich geh' ja schon. Nur nicht böse werden, mein Lordchen. Ich bin doch ein diskreter Mensch. Euer Lordschaftigkeit sollten aber wissen, daß ich der Tante Higadillos schon zwei Duros gegeben habe, damit sie Euch nicht zu sehr belästigt. Und da sind noch etliche andere …«

Lord Gray holte zwei Duros aus der Tasche und warf sie auf den Boden, ohne den Wirt eines Blickes zu würdigen. Dieser hob sie auf und hielt es dann doch für klüger, uns nun in Ruhe zu lassen.

»Mein Freund«, sagte der Engländer zu mir, »in den Niederungen des Lasters gibt es nichts zu entdecken. Alles, was ich dort unten erblicke, ist abstoßend. Das einzige, was sich noch lohnt, ist dieses lebenspendende Getränk, das nie enttäuscht, da es von edlen Rebstöcken stammt. Sein starkes Feuer, das die Flammen der Intelligenz in unserem Geiste auflodern läßt, hebt uns über die vulgäre Welt, in der wir leben müssen, hinaus.«

Lord Gray trank mit Kunst und Eleganz. Er idealisierte dieses Laster wie Anakreon. Seinem Beispiel folgend, trank auch ich, und zum ersten Male in meinem Leben spürte ich die Sehnsucht nach Schlaf, nach Vergessen, nach einer Betäubung der Gedanken, die englische Trinker dazu treibt, immer mehr dem Weine zuzusprechen.

Da ertönte ein Kanonenschuß vom anderen Ende der Bucht her.

»Die Franzosen nehmen den Beschuß wieder auf«, rief ich und stürzte ans Fenster.

»Und zum Ton dieser Musik machen sich die Kleriker und Advokaten der Cortes daran, Spanien zu demolieren, um ein anderes aufzubauen. Die müssen wohl auch betrunken sein!«

»Nun, ich glaube die Betrunkenen sind doch woanders zu finden, Mylord.«

»Sie wollen die Gleichheit. Na schön – dann werden eben Lombrijón und Vejarruco Minister!«

»Wenn die Gleichheit kommt und die Religion zurückweichen muß, was hindert Euch dann wohl noch daran, eine Spanierin zu heiraten?« sagte ich, als ich zum Tisch zurückgekehrt war.

»Sie sollen es wagen, mich daran zu hindern!«

»Warum?«

»Weil ich sie aus den Krallen derjenigen reißen will, die sie festhalten. Weil ich die religiöse und nationale Hürde, die zwischen mir und ihr errichtet ist, umstoßen und den zwölf Bischöfen und hundert aufgeblasenen Adligen ins Gesicht lachen will. Acht Klöster werde ich mit Fußtritten zum Einsturz bringen. Ich werde mich den Teufel um die siebzehn Jahrhunderte ruhmreicher Geschichte scheren und alles wieder in den Naturzustand versetzen.«

Das alles brachte er in heller Begeisterung hervor, und ich konnte mir ein Lachen nicht verkneifen.

»Ein schönes Land ist dieses Spanien«, fuhr er fort. »Die Volksversammlung genannte Schwätzerbude wird es ins Verderben führen. Ich floh aus England, um dem Gefeilsche meiner Landsleute im Parlament über die Baumwoll- und Mehlpreise zu entgehen. Hier fand ich Ruhe und Erholung, weil es hier keine Fabriken und dickbäuchige Fabrikanten, sondern verwegene Haudegen gibt; keine geschniegelten Gecken, sondern amüsante Gauner und Schmuggler; keine Boxer, sondern Toreros; keine Kriegsschulen-Generäle, sondern Freischärlerführer; keine Hotels, sondern Klöster; statt trockener Lords diese Landedlen, die in den Tavernen auftauchen und sich mit den Thekenschönheiten betrinken; statt pedantischer Philosophen, friedliche Mönche, die nichts tun; und statt bitteren Biers feurigen Wein ... Mein Freund! Ich hätte in Spanien zur Welt kommen sollen, dann wäre ich heute Freischärler und morgen Bettler, Mönch am Morgen und Torero am Nachmittag, Straßenheld und Küster von Nonnenklöstern, Abt und Stutzer, Schmuggler und Wegelagerer ... Spanien ist das Land der unberührten Natur, der feurigen Leidenschaften, der starken Gefühle, des Guten und des Bösen ... Ich liebe all die Festungen, die die Geschichte errichtet hat, um mir die Freude zu bereiten, sie erklettern zu können. Ich liebe die störrischen, starrköpfigen Charaktere, um mich mit ihnen messen zu können, die Gefahren, um sie zu bezwingen, das Unmögliche, um der Logik ins Gesicht zu lachen und es dennoch zu tun. Ich liebe alles, was unzugänglich und schroff in den Gefilden des Geistes ist, um darin einzudringen. Ich mag die Stürme, um mich hineinzustürzen, angestachelt von der Neugier, ob ich ihre ungeheuren Wirbel unbeschadet überstehen werde. Es gefällt mir, wenn man mir sagt: ›Hier kommst du nicht durch!‹, um antworten zu können ›Und doch werde ich es!‹«

Ich spürte eine ungewöhnliche Glut in meinem Hirn, und

das Blut entflammte sich in meinen Adern. Als ich Lord Gray so sprechen hörte, kam Trotz in mir auf, so daß ich ihm hochmütig entgegnete:

»Nein, Ihr werdet nicht durchkommen!«

»Aber ja, ich werde es!« war seine Antwort.

»Ich liebe das Geradlinige, das Gerechte, das Wahre und verabscheue das Absurde, Verwirrte und die überspannten Ideen. Ich demütige die Stolzen, töte die Gauner, vertreibe die Eindringlinge.«

»Ach, mein Freund«, erwiderte der Engländer, »mir deucht, die Dünste des Manzanilla haben jetzt Eure innersten Hirnwindungen erreicht. Ich sage, wie Lombrijón zu Vejarruco gesagt hat: ›Du Papagei, meinst du etwa mich damit?‹«

»Ja, Euch!«

»Sind wir denn keine Freunde mehr?«

»Nein, wir sind es nicht und können es auch nicht sein!« schrie ich. »Lord Gray, ich hasse Euch!«

»Nehmt lieber noch einen Schluck», sagte der Engländer belustigt. »Heute seid Ihr eben in kämpferischer Laune. Vorhin spracht Ihr ja davon, einen Mann zu töten.«

»Ja, ja – und dieser Mann seid Ihr!«

»Warum soll ich denn sterben, Freund?«

»Weil ich es so will, Lord Gray. Jetzt gleich. Wählt den Ort und die Waffen.«

»Waffen? Ein Glas der Marke Pedro Jiménez.«

Ich erhob mich, griff nach dem Stuhl und drohte ihm damit, aber Lord Gray blieb so unerschütterlich, so unbeeindruckt von meiner Wut und lächelte mich seelenruhig an, so daß ich den Stuhl sinken ließ.

»Nur langsam! Wir werden uns nachher schlagen«, sagte er. »Jetzt werde ich erst einmal den Grund meines Weltschmerzes und meiner Todessehnsucht erklären. Ach, ich Armer!«

»Nun, was ist es denn?«

»Eine Weibergeschichte, eine Rivalität, Señor Don Gabriel.«

»Nun erzählt es schon ohne Umschweife«, rief ich aus, denn ich fühlte, wie mein Mut wieder zunahm.

»Ihr seid eifersüchtig und beleidigt, weil Ihr glaubt, daß ich Euch Eure Dame weggenommen habe.«

Ich antwortete ihm nicht.

»Also, es ist nicht so, mein Freund. Ihr könnt ruhig wieder die lauen Lüfte der Liebe einatmen. Ich habe zufällig einmal gehört, wie Ihr zu Poenco sagtet, Ihr hättet ein Auge auf diese Mariquilla geworfen, die nicht Nieves*, sondern Feuer heißen müßte. Man hat Euch wohl gesagt, daß ich ... Nun, ich sage mit Poenco: ›... und da sind noch viele andre.‹ Mein Freund, gewiß, dieses Mädchen gefällt mir, aber es genügt mir, daß ein anderer ein Auge auf sie geworfen hat, um nicht weiter in Aktion zu treten. Das ist doch sehr großzügig, nicht wahr? Es ist auch nicht das erste Mal in meinem Leben. Statt eine Friedenspfeife zu rauchen, sollten wir lieber diese Flasche leeren.«

Auf meine Erregung folgte eine solche Benommenheit, daß ich nicht wußte, was ich Lord Gray antworten sollte. Ich schwieg also.

»Aber, mein Freund«, fuhr er fort, »ich habe erfahren, daß jemand anderes Mariquilla de las Nieves den Hof macht ... ›Den Hof machen‹ – ein schöner Ausdruck! Ja, dieser andere soll ein schneidiger Kerl aus Jerez sein, der wohl mehr Glück als wir haben wird. Das muß derjenige sein, den Ihr eigentlich töten wollt.«

»Ach der«, erwiderte ich und merkte, wie ich ein wenig von meinem hohen Roß hinunterglitt.

»Ihr könnt jederzeit mit mir rechnen. Currito Báez, wie der Mann aus Jerez genannt wird, ist ein Angeber und Raufbold, der mit jedem Streit anfängt. Den möchte ich mir einmal vorknöpfen. Wir werden ihn provozieren.«

»Ja, wir werden ihn provozieren, jawohl, mein Herr!«

»Wir werden ihm vor all den Eisenfressern den Garaus machen, damit sie sehen, wie es einem Tölpel geht, der einen Caballero herausfordert ... Aber ich wußte ja gar nicht, daß Ihr verliebt seid. Seit wann denn?«

»Schon seit langer, langer Zeit«, antwortete ich, während

* Schnee (Anm. d. Übers.)

sich der Raum vor meinen Augen drehte. »Das reicht bis in meine Kinderzeit zurück. Sie und ich waren verlassene Kinder – allein auf der Welt. Wir teilten unser Unglück, wollten uns nicht selbst bemitleiden, taten es aber doch und liebten uns. Gemeinsam trotzten wir dem Schicksal und im Vertrauen auf Gott und unsere Liebe überstanden wir zahllose Gefahren. Das Schicksal hatte uns zusammengeführt, und mein Herz, das durch einen grenzenlosen Glauben gestärkt wurde, brauchte damals nicht das Martyrium der Eifersucht, des Mißtrauens und der Angst, sie zu verlieren, durchleiden.«

»Mann, das ist ja außerordentlich! All das für María de las Nieves!«

»Aber es war nicht von Dauer, mein Freund. Die Welt ist über mir zusammengebrochen. Seht Ihr nicht, wie sie in Stücken auf meinem Kopf zerbricht? Seht Ihr nicht diese Berge, die mein Gehirn zerdrücken? Es spritzt doch förmlich an die Wände … hier … dort … und auch dort. Seht Ihr das denn nicht?«

»Ja, ich kann's mir vorstellen«, erwiderte Lord Gray und goß den Rest aus der Flasche in die Gläser.

»Die ganze Welt fiel über mir zusammen, jawohl. Die Sonne verfinsterte sich. Seht Ihr das denn nicht? Seht Ihr nicht die schrecklichen Nebel, die uns umwabern? Alles hat sich verdunkelt, Himmel und Erde, und die Sonne und der Mond sind heruntergefallen wie die Asche einer Zigarre … Wir trennten uns schließlich. Meilen um Meilen, Tage um Tage schoben sich zwischen uns. Ich streckte meine Arme aus, um sie zu berühren, aber meine Hände griffen ins Leere. Sie stieg auf, und ich blieb, wo ich war. Ich schaute und schaute, aber ich sah nichts … Sie war versteckt. ›Wo denn?‹ werdet Ihr fragen … In meinem Hirn. Ich griff an meinen Kopf und wollte sie herausholen, aber ich konnte sie nicht fassen. Sie war eine Blase, ein Partikel, ein tanzendes Atom, das mich träumend und wachend quälte. Ich wollte sie vergessen, konnte es aber nicht. In der Nacht kreuzte ich die Arme und sagte mir: ›Jetzt habe ich sie! Niemand kann sie mir nehmen …‹ Als man mir erzählte, daß sie mich vergessen hatte, konnte ich es nicht glauben. Ich rannte auf die Straße, und alle lachten über mich.

Oh, schreckliche Nacht! Ich spie gen Himmel und verfluchte ihn … Ich riß mir das Herz aus der Brust, zerquetschte es wie eine Orange und warf es den Hunden hin.«

»So ist die Liebe!« rief Lord Gray aus. »Und all das für Mariquilla de las Nieves … Trinkt Euer Glas aus!«

»Ich wußte, daß sie einen anderen liebte«, fügte ich hinzu, während mein Hirn eine flackernde und sich vervielfachende Flamme des Alkohols ausspie, die tausend Figuren mit ihren blauen Zungen in den Raum malte. »Sie liebte einen anderen! Eines Abends erblickte ich ihn. Sie kam mit ihrem neuen Liebhaber, ging an mir vorbei und nahm keine Notiz von mir. Ich erhob mich, zog meinen Degen und hieb ins Leere. Aus der Leere sprudelte Blut. Ich sah sie auf mich zukommen und mich um Verzeihung bitten. Der Ärmel ihres Kleides berührte mein Gesicht und verbrannte mich. Seht Ihr das Brandmal, seht Ihr es?«

»Ja, ich sehe es, ja. Und das alles für María des las Nieves! Mann, das ist doch grotesk. Ich muß mich erkundigen, was Montilla über sie weiß.«

»Ich möchte diesen Kerl töten, oder er soll *mich* töten.«

»Nein, er, er. Armer Currito Báez!«

»Ich werde ihn umbringen, ja, das werde ich!« brüllte ich voller Wut und hielt die Faust an Lord Grays Brust. »Spürt Ihr denn nicht, wie die Erde unter unseren Füßen schwankt? Das Meer strömt durch das Fenster! Wir werden zusammen ertrinken, und alles wird ein Ende haben.«

»Ertrinken?« begehrte der Engländer auf. »Nein, ich liebe nämlich auch!«

Trotz meines zerrütteten geistigen Zustands schenkte ich seinen Worten große Aufmerksamkeit.

»Ja, auch ich liebe«, fuhr er fort. »Meine Liebe ist geheim und mysteriös, wie die Perlen, die in Muscheln auf dem Meeresboden schlafen. Ich bin auf niemanden eifersüchtig, denn ihr Herz gehört mir allein. Ich fürchte nur, daß mein Geheimnis entdeckt wird. Ich werde jeden, der mein Geheimnis entdeckt und es kundgibt, als meinen Todfeind betrachten. Eher würde ich mir die Zunge herausreißen, als ihren Namen vor jemandem auszusprechen. Ihr Name, ihr

Haus, ihre Familie – alles ist mysteriös. Ich gleite durch die Finsternis, durch das tiefe Schwarz, das keinen Schatten wirft, öffne meine Arme, um sie zu empfangen, und unsere Körper verschmelzen mit dem dunklen Raum. Es tanzen Lichtatome, wie die, welche uns jetzt umgeben, und übertragen galvanische Kraft auf die Spitzen unserer Haare. Spürt Ihr nicht diese Wellen, die vom Himmel kommen, seht Ihr nicht, wie sich die Erde öffnet und hunderttausend neue Wesen herausquellen, die in dieser Korolla, dieser Blumenkrone, in der wir uns befinden, geboren wurden, und an deren Rändern wir mit den Impulsen der sanften und duftenden Brise dahingleiten?«

»Ja, ich sehe es, ich sehe es!« entgegnete ich und führte die Hand an meine Lippen. »Mein Freund, Gott hat richtig daran getan, diesen Lehm der Welt zum Leben zu erwecken. Es wäre doch schade gewesen, hätte er es nicht getan! Die von der Liebe belebte Materie ist zweifellos das Beste seit der Erfindung des Geistes. Ich bete das lichtdurchflutete Universum an, das von schönen Farben zwischen sanften Schatten, die die diskrete Liebe verdecken, gezeichnet ist. Ich bewundere die Natur, die alles schön gemacht hat, und hasse die Menschen, die das Element, in dem wir leben, korrumpieren, so wie die Kröten die Lagune verunreinigen. Meine Seele hebt sich aus dieser Kotlache empor und sucht die reinen Lüfte, flieht die verseuchten Kaninchenbauten der Zivilisation, in denen die Pestilenz grassiert, und badet sich in den goldenen Strahlen, die den Raum durchkreuzen. Ich habe vergessen, Euch zu sagen, daß – um mein Abenteuer noch ungeheurer zu machen – die Geschichte, das heißt siebzehnhundert Jahre Kriege, Verträge, Privilegien, Tyrannei und religiöser Fanatismus verhindern, daß sie mein wird. Ich muß die Türme des Stolzes zerschmettern, die Festung des Fanatismus niederreißen, mich über die Eitelkeit von hundert Familien hinwegsetzen, die ihren Hochmut darauf gründen, daß sie von einem mörderischen König abstammen, von Enrique Segundo, *Heinrich dem II.*, und einer unzüchtigen Königin, *Doña Urraca de Castilla*. Ich muß hundert Mönche prügeln, hundert Hausherrinnen geißeln, das Haus voller bunter Wappen oder den

Tempel schänden, wenn sie sie dort vor mir verbergen wollen.«

»Werdet Ihr sie entführen, Mylord?« fragte ich begierig.

»Ja, ich werde sie rauben und mit mir nach Malta nehmen, wo ich einen Palast besitze. Ich habe schon ein Schiff aus England bestellt.«

Ich stand unter Schock, als hätte meine benommene Natur eine kolossale Anstrengung unternommen, um ihren verlorenen Atem wiederzuerlangen.

»Lord Gray«, sagte ich, »wir sind doch Freunde. Ich bin verschwiegen und werde Euch bei diesem Unternehmen helfen, denn es wird gewiß nicht leicht sein.«

»Nein, das wird es nicht – aber wir werden sehen«, erwiderte der andere leidenschaftlich, nachdem er sein Glas gierig geleert hatte. »*Ich* jedenfalls werde Euch helfen, Currito Báez zu töten.«

»Ja, ich werde ihn umbringen, und wenn er tausend Leben hätte. Aber erlaubt mir, daß ich als Gegenleistung Euch helfe, jene Frau zu entführen und mich über siebzehnhundert Jahre Kriege, Verträge, Privilegien, Fanatismus, Religion und Tyrannei zu mokieren.«

»Gut, Freund Gabriel, gebt mir Eure Hand! Ein Hoch auf das Unmögliche! Die Freude, etwas in Angriff zu nehmen, ist die einzig wirkliche Freude.«

»Ich möchte an all Euren Geheimnissen Anteil nehmen, Mylord.«

»Ja, das werdet Ihr auch.«

»Aber erst einmal werde ich meinen Konkurrenten töten.«

»Aber schnell. Die Hand darauf.«

»So gilt's denn.«

»Jetzt steigen wir also hinab«, erklärte Lord Gray auf dem Höhepunkt seines Deliriums.

»Wohin denn?«

»In die Welt.«

»Die Welt ist doch in Stücke gefallen. Sie existiert nicht mehr«, entgegnete ich.

»Das werden wir wieder in Ordnung bringen. Einmal zerbrach mir eine Vase, die ich in Neapel gekauft hatte, in tausend Stücke. Ich hob die Scherben eine nach der anderen auf und klebte sie wieder zusammen ... Oh, meine Liebste! Wo bist du? Ich sehe dich nicht. Dieses Parfüm, diese Blumen zeigen mir, daß sie nicht weit sein kann. Señor de Araceli, hört Ihr sie nicht?«

»Ja, eine bezaubernde Musik«, antwortete ich, denn ich glaubte, sie wirklich zu hören.

»Sie kommt in der Wolke, die sie umgibt. Seht Ihr nicht die blendende Helle, die plötzlich in diese Schenke dringt?«

»Ja, ich sehe sie.«

»Meine Liebste kommt, Señor de Araceli, sie tritt ein, ist schon hier.«

Ich blickte zur Tür und sah sie. Ja, da war sie, umgeben von einer goldenen Wolke und blaß wie der Jerez, den wir getrunken hatten. Ich wollte aufstehen, aber mein Körper war zu schwer. Mein Kopf wog mehr als ein Berg und sank auf den Tisch, als ich das Bewußtsein verlor.

14

Als ich es langsam und schemenhaft wiedererlangte, zeigte mir die Stimme des Wirtes Poenco an, daß ich mich wieder in der Welt befand. Lord Gray war weg. Ich erwachte und kam mir ziemlich dumm vor. Die Rache für meine Ausschweifung kam aber erst später. Und was für eine Scham war das, meine Herrschaften! Es dauerte lange, bis ich mir selbst verzeihen konnte.

Aber bedecken wir diesen unrühmlichen Vorfall meiner Trunkenheit mit einem Schleier, wie die Geschichtenerzähler sagen würden, und lassen Sie mich mit dem weiteren Verlauf der Dinge fortfahren.

Von diesem Tage an war ich durch meinen Dienst an der *Cortadura* und bei *Matagorda* so beschäftigt, daß mir diese teils lustigen, teils sehr traurigen Besuche in Cádiz nicht mehr möglich waren. Da die Belagerung aber nicht gefährlich war, kam schließlich doch wieder ein Tag, an dem ich mich auf den Weg zur Anchastraße machte, um zu ermitteln, was ich tun sollte.

In normalen Zeiten war die Anchastraße der Ort, an dem sich das Völkchen von Lügnern, Tagedieben, Neuigkeitskrämern und Neugierigen traf. Dort kamen Sommer wie Winter die Modedamen, Stutzer und Verliebten hindurch, so daß sich die tausend Ereignisse und Szenen entwickelten, die uns *Juan del Castillo* in seinen Lustspielen so anschaulich dargestellt hat und die nicht weniger ergötzlich sind als die Boulevardstücke der eleganten Welt.

Aber im Jahre 1811, nachdem die Cortes nach Cádiz gekommen waren, wurde die Calle Ancha – wenn das nicht zu bombastisch klingt – zum Herzen von Spanien. Dort erfuhr man eher als sonstwo Neuigkeiten über den Krieg, über die gewonnenen oder verlorenen Schlachten, die legislativen Pläne, die Dekrete der rechtmäßigen Regierung und die Verfügungen der widerrechtlichen, die ganze Politik von der niedrigsten bis zur höchsten Ebene, und das, was danach politische Wellenbewegungen oder Sturmfluten genannt wurde. Man erfuhr von jeder personellen Änderung und erhielt Kenntnis von allen Vorfällen in jener Verwaltung, die sich mit ihren riesigen Apparaten, dem Rat, den Sekretariaten, Rechnungsämtern, der Königlichen Siegelbewahrung, den Oberausschüssen, der Superintendenz, der Königlichen Wechselstelle, der Königlichen Druckerei, der Prolongationsaufsicht, den Schiedsstellen seit der Invasion von Andalusien nach Cádiz geflüchtet hatte. Cádiz platzte vor Büros und wurde von Beamten und Juristen überschwemmt.

Außerdem hatte die Anchastraße den Zuschlag für die Ausgabe der verschiedenen Druckschriften und Manuskripte erhalten, mit denen die öffentliche Meinung geformt wurde. Dazu gehörten natürlich auch die Streitereien der Literaten, die Hader der Politiker, die Epigramme, beißenden Sticheleien, Schmähschriften, Karikaturen und dergleichen, die zum ersten Male hier das Licht der Öffentlichkeit erblickten. In der Calle Ancha rezitierte man die bissigen Verse von *Arriaza* und die galligen Ausfälle von *Capmany* gegen *Quintana*.

In der Ancha wurden auch die ersten Ausgaben jener naiven Zeitschriftchen von Hand zu Hand gereicht, die wie Schmetterlinge aus dem warmen Dunst der Pressefreiheit in ihrer Morgenröte aufstiegen; jene, die sich *Der Politische Beobachter, Der Amerikanische Telegraf, Kurz und bündig, Die Gazette der Regentschaft, Der Spanische Robespierre, Der Freund der Gesetze, Der Generalzensor, Das Abendblatt, Die Spanische Biene, Der Cafékobold* und *Der Generalanzeiger der Nation und des Königs* nannten – einige absolutistisch und reformfeindlich, die meisten jedoch liberal und Verteidiger der neuen Gesetze.

So begannen die ersten Dispute, aus denen dann die Autoren solcher berühmten Bücher wie *Das handliche Diktionär zur Erleuchtung gewisser Schriftsteller, die irrtümlicherweise in Spanien geboren wurden* und *Das kritisch-burleske Lexikon* als Sinnbilder des literarischen Skandals hervorgingen und einen Vorgeschmack auf die Winkelzüge und Verschrobenheiten eines Kampfes zwischen zwei fanatischen Richtungen gaben, die unser Jahrhundert eine Zeitlang beschäftigten und es heute noch tun.

Kurz gesagt, in der Ancha traf sich der gesamte Patriotismus mit dem ganzen Fanatismus jener Zeiten, hie die Unschuld jener Periode, hie ihre schäumende Begierde nach Neuigkeiten, hie die wortreiche Unverschämtheit Spaniens, hie der heroische Geist, die Offenheit, die Grazie, die Aufschneiderei und schließlich auch die bescheidene und verschwiegene Tugend. Die Anchastraße hatte viel von einem Börsensaal, einem Athenäum, einem Zirkel, einer Gesprächsrunde. Sie war auch ein Club.

Jeder, der damals von der Veronica- oder Novenastraße in sie einbog und sie in Richtung des San-Antonio-Platzes durchquerte, hätte sich in die Hauptstadt eines Volkes auf dem Höhepunkt des Wohlbefindens im tiefsten Frieden versetzt fühlen können, wenn es nicht die Vielzahl der Uniformen gegeben hätte. Die Damen von Cádiz stellten auffälligen Schmuck zur Schau, nicht nur, um ihre Unbekümmertheit gegenüber den Drohungen der Franzosen unter Beweis zu stellen, sondern auch, weil Cádiz damals eine Stadt großen Reichtums, die Wahrerin der Schätze beider Indien war. Fast alle Stutzer sowie die wohlhabende Jugend, die Aristokratie und die wohlhabenden Kaufleute hatten sich in die verschiedenen Freiwilligenkorps eingereiht, die im Februar 1810 entstanden waren. Und da solche Korps immer etwas gemeinsam haben – nämlich die Eitelkeit, Uniformen und Abzeichen zur Schau zu stellen – war dies ein warmer Regen für Schneider und Näherinnen, so daß die Milizsoldaten von Cádiz in dieser Beziehung ins Hintertreffen gerieten.

Ich muß hier ehrlich zugeben, daß sie bei allen schwierigen und gewagten Einsätzen, die sie während der Belagerung zu meistern hatten, wahren militärischen Geist zeigten, aber ihr eigentlicher Triumph spielte sich in der Ancha ab, zwischen jungen Mädchen, verheirateten Frauen und Witwen.

Einige nannten sich *die Papageien,* weil sie das Karminrot zur Hauptfarbe ihrer Uniformen gewählt hatten. Diese bildeten vier Linienbataillone. Weniger auffällig waren die Uniformen der zwei leichten Infanteriebataillone, die *die Gürteltiere* genannt wurden, weil sie Patronengürtel statt -taschen benutzten. Andere, die ihrer militärischen Kleidung die Hauptfarbe Grün gegeben hatte, wurden *die Gemüsejungs* genannt, wenn auch manche behaupten, dieser Spitzname sei dem Umstand zuzuschreiben gewesen, daß diese Korpseinheiten ihre Wohnungen in der Umgebung de Puerta de Tierra und außerhalb der Stadtmauern hatten, wo Gemüse angebaut wurde. Mit zusätzlichem Personal wurde aus den Freiwilligenkorps auch ein Artillerieregiment gebildet. Da diese Einheit zu ihrem Schmuck die Farben Lila, Rot und Grün gewählt hatte, wurde sie *die Bischöfe* getauft, was den ganzen Krieg über an ihnen hängenblieb. Andere, die in der Infanterie kämpften und von bescheidener Statur und Kleidung waren, nannte man *die Petersilienknaben,* und den ernsten Charakteren, die eine Stadtmiliz bildeten und sich in einen schwarzen Gehrock mit rotem Kragen warfen, verlieh man den Spitznamen *die Puter.* Alle Namen wurden verballhornt. Sogar das Korps, das aus desertierten Polen gebildet wurde, nannte man nicht *die Polen,* sondern *die Polierer.*

Dieser ganze Haufen von *Papageien, Gürteltieren, Petersilienknaben* und *Putern* trieb sich also in der Anchastraße und auf dem San-Antonio-Platz herum, in der Freizeit, die ihnen ein Dienst ließ, der weniger schwer und gefahrvoll wie der in Zaragoza war. Diese verschiedenfarbigen Uniformen, zu denen sich noch die unsrigen und die der Engländer gesellten, bildeten die lebhafteste und bunteste Mischung, die man sich vorstellen kann, und da die Damen nicht ihre Alltagskleidung, sondern die reizendsten weißen, gelben oder rosafarbenen Kleider trugen, mit weißen oder schwarzen Mantillas, verzierten Gürteln und patriotischen Kokarden statt Blumen, können Sie sich denken, wie ansehnlich diese Ancha war, die allein schon als Straße, ganz ohne das lebhafte Treiben, mit dem Schmuck ihrer schönen Häuser und Balkons, immer mit tadellosem Anstrich und tausend blitzenden Scheiben, jeder Stadt des Südens zur Ehre gereichte.

Als ich dort eintraf, stieß ich auf zahlreiche Freunde, und es entwickelten sich Frage-und-Antwort-Spiele wie das folgende:

»Was sagt denn heute *Das Tägliche Handelsblatt*?«

»Es bezeichnet alle Freunde der Reformen als Schurken und verkündet, daß der Tag kommen wird, an dem der Bischof von Orense denjenigen, die ihn angriffen, weil er nicht schwören wollte, Fußeisen verpassen wird.«

»Es nimmt also kein Blatt vor den Mund, daß es ein Feind der Pressefreiheit ist, dieses *Tägliche Handelsblatt*.«

»Aber wie treffend ihm doch heute *Kurz und bündig* antwortet! Es schreibt: ›Diejenigen, die jede Kerze der Vernunft ausblasen, wollen der Welt nicht mehr Licht als die Scheiterhaufen der Inquisition lassen.‹«

»Noch schlimmer behandelt sie *Der Spanische Robespierre*, der die Worte gebraucht: ›Das alte romanisch-gotisch-maurische Gebäude der Vorurteile wird fallen, so daß die ganzen Vampire und Eulen, *die die Lampen löschen und das Öl saugen*, aufgewirbelt werden.«

»Wollen wir doch mal sehen, was *Der Kleine Kurzfasser* so sagt.«

Und der Sprecher holte ein winziges Käseblättchen aus der Tasche, das noch nach frischer Druckerschwärze roch und eine Art von Anhängsel, Tochter oder Stellvertreter der größeren Gazette *Kurz und bündig* war. Dieses Blatt sprach mit dem Mund eines Kindes, das dem Vater berichtet, was sich in den Cortes ereignet hatte.

»*Der Kleine Kurzfasser* sagt hier: ›Nach Señor Argüelles, der so gut quatschen kann, hat Ostalaza es für richtig gehalten, seine gackernde Stimme erschallen zu lassen, so daß die Leute auf den Tribünen wieherten. Dieser Vogel verteidigte doch wirklich die mit den langen Fingernägeln und dicken Bäuchen, die von den Abgaben für die Kirche leben.‹«

»Mann, da werden die aber noch sehr zuvorkommend behandelt.«

»Sie nennen uns Erzketzer und Galgenvögel.«

»Diese Kanaille wird wirklich unausstehlich! Man müßte einen Galgen errichten, um all die Speichellecker aufzuhängen, sowohl die aus den Kapellen als auch die mit den langen Rockschößen.«

»Wenn wir erst einmal den *Soult* in die Flucht geschlagen haben, kommt dieses Gesindel dran, und Spanien wird so ruhig wie eine Öllache werden. Was hört man denn so vom großen Kriegshelden?«

»Der steht bei Badajoz.«

»*Masena* kommt zur Verstärkung aus Portugal.«

»Die Franzosen haben Campomayor aufgegeben.«

»*Castaños* und *Wellington* werden sich bald vereinigen.«

»Señor Flores de Cisniega, ich wünsche Euch einen schönen Tag.«

»Das wünsche ich Euch auch, meine Herren *Papageien*, Lord Gray und auch Euch, Señor de Araceli – und wenn wir ihn uns teuer erkaufen müssen.«

Zur gleichen Zeit wie Doña Flora war auch Lord Gray auf mich zugekommen. In der Stimme der Dame lag ein gnädiger Tonfall. Sie wurde von artigen Kavalieren umringt, und wir marschierten wie eine Prozession die Straße hinauf.

»Meine Herren«, meinte Doña Flora, »diese Pressefreiheit wird uns noch großen Ärger bereiten. Habt Ihr nicht bemerkt, wie sich *Der Politische Revisor* meiner Abendgesellschaften annimmt und sich dafür interessiert, ob auch Philosophen und Jakobiner kommen? Es sollten also Personen mein Haus betreten, die nicht der höchsten Achtung würdig sind? Noch haben sich diese Schreiberlinge nicht erkühnt, mich mit Namen anzugreifen, aber es liegt doch auf der Hand, gegen wen ihre Pfeile gerichtet sind.«

»Meine Dame«, bemerkte ein *Papagei* dazu, »bezüglich der Pressefreiheit hat doch Argüelles neulich in den Cortes ein wahres Wort gesprochen: ›Wo ein Gift ist, hat man auch ein Gegenmittel. Wenn sie mit Anspielungen kommen, dann geben wir sie ihnen doch zurück, und nicht so klein wie Nüsse, sondern dick wie Kürbisse, und nicht voller kaltem Blei, wie die Bomben des *Villantroys*, sondern voller Feuer und Schrot!‹«

»Was wollt Ihr denn damit sagen, mein kleiner Freund?«

»Daß wir den *Spanischen Robespierre*, den *Cafékobold* und das schelmische *Kurz und bündig* haben, die den ›Kerzenauspustern‹ schon die Meinung geigen werden.«

»Die Anspielungen, Señora Flora«, warf ein *Bischof* ein, »haben bestimmt ihren Ursprung in der Abendgesellschaft der Paquita Larrea, der Gattin des Herrn Bohl de Faber.«

»Sollte man da nicht eine Satire mit viel Pfeffer und einer lustigen Beschreibung der Teilnehmer dieser Gesprächsrunde an den *Robespierre* schicken?« schlug ein *Puter* vor.

»Ich möchte nicht, daß es heißt, eine solche Satire sei in meinem Hause fabriziert worden«, entgegnete Doña Flora. »Mein Wahlspruch ist immer noch: ›Mit aller Welt in Frieden leben‹, und wenn so viele achtbare und diskrete Personen zu meinen Abendgesellschaften kommen, dann doch nur, um dort auf kultivierte Weise ihre Zeit zu verbringen, und nicht, um sich in Intrigen zu verwickeln.«

»Es ist wichtig, die Freiheit auch in den Gesprächsrunden der Abendgesellschaften zu verteidigen«, meinte ein *Bischof* oder *Gemüsejunge*, so genau weiß ich das nicht mehr.

»Besser wäre es in den Schützengräben«, erwiderte Doña Flora. »Ich jedenfalls möchte mich nicht mit Paquita Larrea streiten. Wenn Leute wie Valiente, Ostolaza, Tenreyro, Morros und Norulles in ihr Haus kommen, so habe ich die Freude, solche Größen wie Argüelles, Toreno und Quintana zu empfangen – nicht, weil ich sie als sogenannte Liberale auserwählt hätte, sondern weil sie in ihren Ideen übereinstimmen.«

»Aber nehmt uns doch bitte nicht die Freude, wenigstens ein Gedicht über die Gesprächsrunden der Larrea zu verfassen«, sagte ein *Petersilienknabe.*

»Nein, mein Petersilienherr«, antwortete sie, »unterdrückt Euren liberalen Eifer, denn mir scheint, daß diese vermaledeite Pressefreiheit eine Geißel Gottes und eine Strafe für unsere Sünden ist, wie der gute Herr Congosto sagt.«

An dieser Stelle muß ich erklären, daß Doña Francisca Larrea, Gattin des gebildeten und achtbaren Deutschen Bohl von Faber, eine geschickte Schreiberin war, die sich in den Feinheiten der spanischen Sprache bestens auskannte. Aus ihrer Ehe ging *Cecilia Bohl* hervor, der wir eine wundervolle Beschreibung andalusischer Gebräuche verdanken und die nicht zuletzt eine unvergleichliche Romanschriftstellerin war, innerhalb und außerhalb Spaniens gleichermaßen geachtet – wie sich später *Fernán Caballero* ausdrückte.

Als die Wolke der *Papageien, Gürteltiere* und anderen Freiwilligen sich weiterhin in Artigkeiten erging, nutzte Doña Flora einen Moment aus, um mir zu sagen:

»Aber mein lieber Don Gabriel, du bist lange nicht in meinem Haus gewesen! Seit jener stürmischen Szene mit Don Pedro hat man dich kaum noch gesehen. Ich wurde damals ja ziemlich kompromittiert ...«

»Señora, um die Wahrheit zu sagen, ich fürchte, daß mich Don Pedro mit seinem großen Säbel lädieren wird, denn er ist eifersüchtig wie ein Türke, da habe ich gar keinen Zweifel. Seine Herrlichkeit der große Kreuzzügler wird schreckliche Rache für die Schmach üben, die ich ihm bereitete.«

Danach erzählte ich Lord Gray in kurzen Worten das damals Vorgefallene.

»Ach, du brauchst nichts zu befürchten«, meinte Doña Flora. »Ich wäre dir sehr dankbar, wenn du der Frau Gräfin in meinem Haus eine Nachricht, die mir sehr am Herzen liegt, überbringen würdest.«

»Mit Vergnügen! Aber wird Don Pedro auch dort sein?«

»Warum sollte er denn?«

»Na, dann ist ja alles gut.«

»Also, lauf zu meinem Haus und sage der Gräfin, daß sie

sofort zu den Cortes kommen soll, wenn sie Inés sehen und auch sprechen will. Sie hat eine Eintrittskarte für die Tribüne.«

»Was sagt Ihr da?« rief ich erstaunt aus.

»Nun, daß Inés im Nationalkongreß ist. Ja, man hat die drei frommen Mädchen nach San Felipe geführt. Kannst du dir das vorstellen? Ich bin doch eben erst aus dem Sekretariat des Hauptamtes für Konsolidierung und Rechnungsprüfung auf dem Platz San Augustín gekommen und habe Don Paco getroffen. Der gute Hauslehrer hat mir erzählt, daß die armen Mädchen die Gräfin María schon zwei Wochen lang gebeten hatten, ihnen doch einen Spaziergang an der Stadtmauer zu erlauben. Die vielen Wiederholungen dieser Bitte scheinen den Felsen der Unerbittlichkeit der gestrengen Dame ein wenig erschüttert zu haben, so daß sie ihren drei Lämmchen endlich erlaubte, heute auf eineinhalb Stunden nach draußen zu gehen, aber unter der Aufsicht von Don Paco und so gekleidet, als würden sie die *Erzgemeinschaft der Heiligen Nägel und Dornen der dienenden Schwestern des Armutsgelübdes* angehören. Sie erteilte ihnen den ausdrücklichen Befehl, nur vom Zollamt bis zur Bastei der Candelaria zu gehen, und zwar dreimal diese Strecke, ohne die kleinste Abweichung. Sie sollten auf keinen Fall andere Straßen betreten, auf denen, wie Señor Tenreyro es ausdrückt, sich alle Sünden und Untugenden in teuflischer Prozession tummeln, seitdem wir die Cortes in der Stadt haben. Aber was tun meine drei Schönheiten? Sobald sie die Basteistraße erreicht hatten, bedrängten sie Don Paco, sie doch zum Nationalkongreß zu führen, weil sie dieses Schauspiel unbedingt einmal sehen wollten. Der arme Erzieher brummte, die Mädchen kreischten. Er berief sich auf den Auftrag seiner Herrin, aber die Mädchen wurden störrisch, weigerten sich, zur Stadtmauer weiterzugehen und bearbeiteten ihn mit Kniffen und Nadelstichen. Presentación schlug sogar vor, ihn ins Meer zu werfen. Dann nahmen sie ihm den Hut weg und sagten, sie würden ihm dieses für einen Herrn so unverzichtbare Kleidungsstück nicht wiedergeben, wenn er sie nicht auf der Stelle zum Nationalkongreß führte. Eine von ihnen hatte eine Eintrittskarte für die Tribüne, die ihr bestimmt ein listiger Kavalier aus naheliegenden Gründen gegeben hatte. Ehemals, wenn die Kavaliere nicht mit ihren Angebeteten sprechen konnten, bestellten sie sie in Kirchen, wo die Dunkelheit das Austauschen von Briefchen, das Händedrücken und noch schlimmere Entgleisungen verbarg, während ihre Eltern ehrfurchtsvoll lehrreiche Bilder wie ›Die Seelen im Fegefeuer‹ betrachteten. Heutzutage, wenn kein Geplänkel am Fenstergitter oder Amorpost möglich ist, verabreden sich die Verehrer mit den Holden auf der Tribüne der Cortes. Eine heimtückische Erfindung, nicht wahr, Lord Gray? Wahrscheinlich ist das die neue Mode auf den Tribünen aller Parlamente, und sie führen sie jetzt in Spanien zur ›Verbesserung‹ der Sitten ein.«

Lord Gray, der den Ausführungen Doña Floras kaum Aufmerksamkeit geschenkt hatte, antwortete schalkhaft:

»Meine Dame, gestattet mir, daß ich mich jetzt entferne, denn ich habe auch eine wichtige Verabredung nicht weit von hier.«

»Geht nur. Ihr wollt bestimmt auch zu diesen Diskussionen der gesetzgebenden Schwätzer. Da ist dann viel Lärm, viel Trubel auf den Tribünen. Auf der Diplomatentribüne könnt Ihr Händchen mit den Schönen halten. Lauft nur, Adiós.«

So ließ mich Lord Gray in den Krallen Doña Floras zurück, die wie folgt fortfuhr:

»Der arme Don Paco verteidigte sich, bis er schließlich nicht mehr konnte. Der arme Señor! Es blieb ihm nichts mehr übrig, als vor der Übermacht die Waffen zu strecken und sie zum Nationalkongreß zu führen. Nachdem er mir das erzählt hatte, schlotterte er vor Angst, denn er rechnete mit Bestrafung, und sprach: »Ach, ich armer Tropf, wenn die Gräfin das erfährt! Verflucht seien die Cortes und der Hund, der das erfunden hat!«

»Sind sie denn noch dort?«

»Ja, lauf schnell und teile das der Gräfin mit. Die Arme setzt seit langem schon Himmel und Erde in Bewegung, um mit Inés in oder außerhalb ihres Kerkers zu sprechen. Das war bisher aber nicht möglich, denn sie wird dort ja nicht mehr empfangen. Es sind schon Monate vergangen, daß die Mädchen einen Spaziergang mit dem Hauslehrer machen durften. Aber was rede ich hier noch? Du wirst sie selbst nach San Felipe begleiten! Spute dich, mein Sohn, und dann zurück zu meinem Haus, denn ich muß noch mit dir reden. Wirst du heute mit uns speisen?«

Ich verabschiedete mich unverzüglich und ließ Doña Flora in den Händen der *Papageien* zurück, aber statt zur Calle de la Verónica zu laufen, um die Gräfin Amaranta zu benachrichtigen, trieb mich meine unbesiegbare Leidenschaft geradewegs zum Platz San Felipe, wo der Nationalkongreß tagte. Ich dachte nicht mehr an die Gräfin Amaranta oder an Doña Flora, denn ich hatte nur noch die drei Mädchen, Don Paco, Lord Gray und die Abgeordneten in heißer Diskussion über gesetzliche Privilegien im Kopf.

17

Ich erreichte den Platz und die Kirche, die damals als Tagungsgebäude für den Kongreß diente. Es waren wie immer viele Leute dort. Ich ließ meinen Blick über die Menge der Zuschauer schweifen, sah aber keine der von mir Gesuchten. Da ich annahm, daß sie nach oben gegangen waren, nahm ich die Tür zu den Tribünentreppen, aber im Vestibül wimmelte es von Menschen, die nach oben wollten. Ich schickte mich an, mich hineinzudrängen, als ich Presentación erblickte, die zwischen robusten Schultern und Rücken eingekeilt war und wohl schon bereute, sich in ein solches Gewühl begeben zu haben. Die anderen beiden und Don Paco waren nicht zu sehen.

Ich schob mich nun sofort zu Presentación hin, um sie aus ihrer mißlichen Lage zu befreien. Als sie mich erkannte, freute sie sich sehr und dankte mir für die Hilfe.

»Wo sind denn die beiden anderen und Don Paco?« fragte ich sie.

»Ach, ich weiß nicht ...«, brachte sie bekümmert hervor.

»Im Gedränge wurde ich von Inés und Asunción getrennt. Danach habe ich sie noch einmal dort drüben mit Lord Gray gesehen. Don Paco wollte hinter ihnen her. Jetzt sind alle verschwunden.«

»Na, dann müssen wir wohl weitersuchen«, meinte ich und hielt sie umschlungen, damit wir nicht getrennt werden konnten. »Wir werden sie schon wiederfinden.«

Die Kirche leerte sich ein wenig, als etliche Leute, die der Reden allmählich müde wurden, hinausgingen. Da entdeckte ich Don Paco, der die Treppe von den reservierten Tribünen herunterkam.

»Ich habe sie nicht finden können«, sagte der Alte besorgt. »Asunción und Inés sind einfach verschwunden. Sie müssen wieder auf die Straße gegangen sein. Lord Gray war zu ihnen gestoßen. Mein Gott! Die Plagen nehmen kein Ende! Habt Ihr sie vielleicht gesehen, Señor de Araceli?«

»Gehen wir doch nach oben. Da müssen sie sein.«

»Ich sagte Euch doch, daß sie nicht da oben sind. Eine schöne Schererei! Der heilige Schutzengel erbarme sich meiner! Diese Mädchen stürzen mich noch ins Unglück, Herr von Araceli. Ob sie vielleicht unten im Sitzungssaal sind?«

»Ich habe keine Eintrittskarte für die reservierten Tribünen. Aber gehen wir doch zu den öffentlichen hinauf. Von dort können wir ja sehen, ob sie auf den reservierten sind.«

»Ich sterbe noch vor Kummer!« rief der gute Lehrer aus. »Wo sind nur diese beiden Mädchen? Durch die Menge wurde ich zufällig von ihnen getrennt. Was sage ich da – zufällig? Da hat doch bestimmt der Teufel seine Hand im Spiel.«

»Ich jedenfalls gehe jetzt mit dem Madämchen hier zur öffentlichen Tribüne hinauf. Dann werden wir sehen, ob sie überhaupt im Gebäude sind.«

»Ich gehe derweil auf die Straße hinaus. Wenn ich sie da nicht finden kann, suche ich noch einmal die ganze Kirche nach ihnen ab. Ich werde sie finden, und wenn sie sich in der Glocke des Präsidenten oder in der Wahlurne versteckt haben!«

Darauf begann der bedauernswerte Alte wie ein Knabe zu weinen.

»Laßt uns nun hinaufgehen, Señor de Araceli«, ermahnte mich Presentación. »Ich möchte das hier wirklich gern sehen.«

In ihrem Eifer, den Nationalkongreß zu sehen, kümmerte sie sich nicht mehr um das Verschwinden ihrer Begleiterinnen.

»Nun, dann geht doch schon auf diese Tribüne«, meinte Don Paco, »und wartet dort auf mich. Ich werde erst einmal die Torwächter fragen.«

Presentación klammerte sich an meinen Arm, aber das war keine Erschwernis für mich, denn sie schien mich eher zu schieben, weil sie so begierig war, endlich nach oben zu kommen. Als wir dann schließlich, nicht ohne Mühe, auf der Tribüne angekommen waren, konnte ich an den geröteten Wangen und den verwunderten Augen des Mädchens die Aufregung erkennen, die dieses ungewohnte Schauspiel in ihr hervorrief. Als ich diese zum Versammlungssaal gewordene Kirche überblickte, konnte ich die Mädchen und Lord Gray weder auf der Damen- noch auf der Diplomatentribüne entdecken. Darüber war ich nun doch ein wenig enttäuscht und hatte schon die Absicht, sie draußen zu suchen, aber Presentación, die von dem Ernst der parlamentarischen Vorgänge und den Reden der Abgeordneten beeindruckt war, wollte mich davon abhalten und sprach:

»Don Paco sucht sie doch schon draußen. Ich bin hergekommen, um mir dieses Schauspiel anzusehen, Herr von Araceli. Bleibt doch noch etwas bei mir. Meine Schwester und Inés sollen doch machen, was sie wollen. Niemand hat ihnen befohlen, sich von mir zu trennen.«

»Aber könnt Ihr Euch denn nicht entsinnen, in welche Richtung sie mit Lord Gray gegangen sind?«

»Nein, das kann ich nicht«, erwiderte sie, ohne den Blick von den Geschehnissen um sie herum abzuwenden. »Herr von Araceli, das hier ist doch sehr interessant, nicht wahr? Das gefällt mir so sehr wie der Stierkampf.«

Ich versuchte, ihr einen Stuhl zu verschaffen. Dazu mußte ich einige Leute belästigen, die sich schon zu Beginn der Sitzung dort eingefunden hatten und die Debatten gespannt verfolgten. Einige brummten, andere murmelten, aber schließlich konnte ich doch noch einen leeren Sitz für Presentación und sogar noch einen für mich an ihrer Seite finden. Meine Unruhe und Besorgnis waren derart, daß ich immer wieder aufstand und versuchte, den Blick im ganzen Gebäude, also im unteren Sitzungssaal und auf den dichtbesetzten Tribünen, herumschweifen zu lassen. Die Leute, die uns auf der öffentlichen Tribüne umgaben, gehörten teilweise dem unteren Stand an und teilweise den Reihen der Kleinhändler und Journalisten, aber etliche waren auch Tagediebe von der Anchastraße und Mädchen von zweifelhaftem Ruf.

Die zum Sitzungssaal umgewandelte Kirche war nicht sehr groß. Die Abgeordneten saßen im Kirchenschiff und die Präsidentschaft im Presbyterium. Die Altäre wie auch die frommen Bilder waren als zeitweilig ihrer Funktion beraubte Objekte mit Damasttüchern bedeckt. Der Architekt Prast, der die Kirche provisorisch umgebaut hatte, war wohl auch der Ansicht gewesen, daß den Heiligen dergleichen Schauspiel nicht besonders gefallen würde. Einige der Zuschauer hatten gedacht, die Redner würden auf die Kanzel steigen, aber dem war nicht so. Die Abgeordneten sprachen, wie heutzutage auch, von ihren Sitzen aus, so daß die Kanzel weiter vom Holzwurm zerfressen werden konnte. Die Kirche hatte seitliche Galerien, die jetzt als Tribünen für Damen, Diplomaten und hochgestelltes Publikum dienten. Am Ende des Gebäudes waren zwei neue Tribünen aus Holz errichtet worden, die für das allgemeine Publikum bestimmt waren und von diesem auch von Beginn der Sitzungen an besetzt gehalten wurde. Von dort erhob sich ein Lärm, der das gesunde Maß der erst kürzlich errungenen Macht des Volkes bereits überstieg.

Presentación hatte nur noch Augen für die Präsidentschaft, die Abgeordneten, die Tribünen, die Parlamentsdiener, den Thronhimmel und das Bildnis des Königs. Nichts kümmerte sie mehr als dieses unterschwellige Beben, das in beratenden Versammlungen herrscht und das wie der Atem der Leidenschaft ist, inmitten eines stummen Brüllens von tausend Ideen, die immer gegensätzlich sind und in diesem erhitzten

Gehirn, das sich Sitzungssaal nennt, brodeln. Ich bemerkte das Erstaunen des Mädchens und fragte sie:

»Gefällt Euch dieses Spektakel?«

»O ja! Uns wurde erzählt, das sei alles sehr häßlich, aber in Wirklichkeit ist es doch schön! Wer ist denn der Herr da in dem Kreis?«

»Das ist der Präsident. Der leitet das alles.«

»Ach so – und wenn er etwas will, dann zieht er sein Taschentuch heraus und schwenkt es, ja?«

»Nein, Señorita Presentación. Das macht man beim Stierkampf so. Hier bedient sich der Präsident einer Glocke.«

»Und der Abgeordnete, der jetzt spricht, wo kommt der denn her? War er die ganze Zeit hinter dem Vorhang, oder kam er durch die Tür?«

»Der Abgeordnete kommt nirgendwo her. Hier gibt es weder Stierzwinger noch Vorhänge. Der Abgeordnete spricht von seinem Sitz aus. Er steht nur auf, wenn er sprechen will. Alle, die Ihr dort unten seht, sind Abgeordnete.«

Bei jeder Erweiterung ihrer Kenntnisse der Parlamentarismus-Gebräuche zeigte sich das Mädchen überrascht. Sie wandte sich nur kurz von der Szenerie ab, um mir Fragen zu stellen, die manchmal so originell und manchmal so naiv unschuldig waren, daß ich Mühe hatte, sie zu beantworten. Ihr fehlte absolut jede reale Vorstellung von dem, was sich da vor ihren Augen abspielte, und dieses Schauspiel beeindruckte sie tief, ohne daß dabei politische Ideen irgendeine Rolle gespielt hätten. Hier wirkte nur die Phantasie einer Kreatur, die in engstirnigen Kreisen aufgezogen worden war, aber dennoch Flügel besaß, die sich begierig spreizten, um den Banden der Sklaverei zu entfleuchen.

Sie war sensibel, sprunghaft, schelmisch und beherrschte – als Auswirkung ihrer Erziehung – die Kunst der Verstellung wie kaum eine zweite. Bisweilen war sie aber auch wieder so naiv und offenherzig, daß man in den geheimsten Winkel ihrer Seele hineinschauen konnte. Aus diesen Gründen, die zweifellos einen unbezwingbaren Wunsch nach Freiheit erkennen ließen, war sie manchmal auch unbeherrscht und ungeniert. Sie besaß eine überreiche Phantasie. Der Mangel an weltlichem Wissen zusammen mit dieser Eigenschaft ließen sie in zauberhafte Ungereimtheiten verfallen. Nicht nur bei dieser, sondern auch bei anderen Gelegenheiten bemerkte ich, daß, wenn Doña María einmal nicht in Sichtweite war und sie sich frei von dieser schweren Grabplatte der mütterlichen Autorität fühlte, sie vor Ideen, Gefühlen und Wünschen geradezu übersprudelte. Jetzt, beim Anblick dieser Parlamentsvorgänge, war sie berauscht, ihre Nerven waren aufs höchste angespannt.

»Señor de Araceli«, fragte sie mich nachdenklich, »was ist das hier eigentlich?«

»Der Nationalkongreß zusammen mit den Cortes.«

»Ja, das weiß ich nun auch – aber wozu dienen denn der Nationalkongreß und die Cortes?«

»Sie sollen die Völker Spaniens zusammen mit dem König regieren.«

»Ach, ich verstehe – ja, ich verstehe!« antwortete sie begeistert und schwenkte ihren kleinen Fächer. »Das will also heißen, daß alle diese Herren hier zusammenkommen, um zu predigen. Die Priester in den Kirchen predigen, daß wir gut sein sollen, und die Vertreter der Nation predigen andere Dinge. Das Volk kommt, hört sich das an – und das ist es dann wohl. Aber die Leute, die abends als Gäste zu uns in unser Haus kommen, sagen, daß diese Abgeordneten predigen, wir sollen schlecht sein. Das verstehe ich nun wieder nicht.«

»Diese Reden«, antwortete ich lachend, »sind keine Predigten. Das sind Debatten.«

»Ich habe ja auch schon den Verdacht gehabt, daß es keine Predigten sein können, denn der eine dieser Herren sagt eine Sache und ein anderer wieder etwas ganz anderes. Das sieht dann eher wie ein Streit aus.«

»Ja, ja, das ist es auch – eine Art von Streit. Jeder sagt, was er für das richtige hält, und dann ...«

»Ein solcher Streit gefällt mir sehr. Ich wollte, ich könnte jede meiner freien Stunden damit verbringen, mir diese Debatten anzuhören. Ich wünschte aber, sie würden sich anschreien und sich die Bänke an die Köpfe werfen.«

»Manchmal ...«

»Zur nächsten Sitzung möchte ich wiederkommen. Wird sie durch Plakate an den Straßenecken angekündigt?«

»Aber nein, die Politik ist doch keine Theatervorstellung!«

»Was ist die Politik denn dann?«

»Das hier.«

»Das verstehe ich nicht so recht. Aber wer ist denn dieser große, respekteinflößende Mann, der gerade spricht? Ich muß sagen, daß mir seine Art zu reden recht gut gefällt.«

»Das ist Señor García Herreros, Abgeordneter aus Soria.«

Die Aufmerksamkeit des Kongresses war auf diesen Redner gerichtet, einen der strengsten und wortgewaltigsten seiner Zeit. Tiefe Stille herrschte im Abgeordnetensaal und auf den Tribünen. Auch wir, Presentación und ich, schwiegen gebannt, denn die Worte von García Herreros, energisch und wohlklingend, waren von der Art, die sich Gehör schafft und alle Geräusche einer Versammlung zum Schweigen bringt.

Als Anklage der Frondienste führte er aus:

»Was erwartet wohl das Volk, das nicht länger die Knechtschaft auf sich nehmen will, das eine leuchtende Fackel ersehnt, von seinem Repräsentanten? Die Väter und die liebenden Mütter, die sich ihre Söhne vom Busen reißen müssen, werden sie mich für würdig halten, sie zu vertreten, wenn ich nicht alles für das Idol der Freiheit opfere? Ich bewahre in meiner Brust die lodernde Flamme, die mich darin bestärkt, daß das *numantinische* Volk keine andere Herrschaft anerkennt als die der Nation. Es will frei sein und kennt den Weg, der es zum Ziel führt!«

18

Rauschender Beifall von unten und ebensolcher Beifall, Fußstampfen und Schreie von oben übertönten die letzten Worte des Redners. Presentación schaute mich an, die Wangen tränenbenetzt.

»Oh, Señor de Araceli!« rief sie aus. »Dieser Mann treibt

mir die Tränen in die Augen. Wie schön er das doch ausgedrückt hat!«

»Señorita Presentación, kümmert es Euch denn gar nicht, daß weder Eure Schwester noch Inés oder Lord Gray irgendwo zu sehen sind?«

»Sie werden schon wieder auftauchen. Don Paco sucht doch nach ihnen und wird sie schon finden ... Jetzt spricht wieder ein anderer und behauptet, der Redner vor ihm habe unrecht. Wie soll man denn das alles verstehen?«

Ein anderer Redner war in der Tat zu Wort gekommen, aber nur für einen kurzen Moment.

»Es scheint so, als würden sie jetzt eine andere Angelegenheit behandeln«, kommentierte das Mädchen mit gespannter Aufmerksamkeit. »Jetzt steht ein weiterer auf, holt ein Papier heraus und liest es vor.«

»Ich glaube, das ist Don Joaquín Lorenzo Villanueva, ein Abgeordneter aus Valencia.«

»Das ist ja ein Geistlicher. Er scheint eine Druckschrift abzulesen.«

»Wohl eine der Zeitungen, die die Cortes wie Schulmeister abkanzeln. Einige pflegen hier die Schmierereien vorzulesen, die ein Teil der Presse über die Abgeordneten bringt, damit sie darauf antworten können.«

In der Tat: Villanueva, der darüber aufgebracht war, daß die Zeitschrift *Kurz und bündig* sich über seine Gesetzesvorlagen lustig machte, klagte sie vor dem Nationalkongreß an und erteilte ihr danach eine geharnischte Antwort. Das war eine der Ungereimtheiten dieser Nationalversammlung der ersten Legislaturperiode, die noch so naiv war, sich mit den Zeitschriften herumzustreiten und sogar strenge Strafen zu erteilen, die nicht mit der Pressefreiheit im Einklang standen.

»Es scheint dort einen Tumult zu geben«, bemerkte Presentación. »Heiliger Himmel! Da steht ja schon wieder ein Prediger auf ... Aber das ist doch Ostolaza! Seht Ihr ihn? Der gleiche Ostolaza, der immer zu uns kommt. Erkennt Ihr nicht sein rundes, rotes Gesicht? Seine Stimme ist wie eine Peitsche. Was für Gesten er doch macht, und wie böse er schaut!«

Mit Ostolazas Rede brausten Gelächter und Spottrufe auf,

oben und unten, ohne daß der Präsident sie zum Schweigen bringen oder der Sprecher sich verständlich machen konnte. Er machte eine verächtliche Geste zu den Tribünen hin, worauf der Tumult heftiger wurde, besonders auf unserem Balkon, wo etliche Individuen mit Schlapphut offenbar vergessen hatten, daß sie sich nicht auf den Tribünen einer Stierkampfarena befanden.

»Er sagt, daß er uns verachtet«, bemerkte Presentación leise. »Der ist ja rot wie eine Tomate geworden und droht unserer Tribüne, weil er ausgelacht wird. Ja, Señor Ostolaza, wir lachen über Euch ... Man muß sich doch einmal diesen Nußknacker, diese Vogelscheuche ansehen! Warum entzieht man ihm nicht das Rederecht? Das ist doch nur eine Art schlechter Dorfprediger ... Er beleidigt alle. Nur, weil ihm bei uns zu Hause alle andächtig zuhören, wenn er seine Tiraden losläßt, denkt er sich wohl, er könne das hier auch tun ...«

Ein Zuschauer auf den öffentlichen Tribünen schrie:

»Weg mit dem Kerzenauspuster!«

Der Lärm nahm solche Ausmaße an, daß die Türsteher drohten, uns alle auf die Straße zu werfen.

»Señor de Araceli«, sagte Presentación mit vor Erregung und Begeisterung gerötetem Gesicht. »Ich würde mich ja diebisch freuen ... Woran denkt Ihr denn? Ja also, ich würde mich totlachen, wenn der Herr Präsident jetzt aufstehen und dem Ostolaza zwei Stockschläge geben würde.«

»Hier ist es nicht Sitte, daß der Präsident die Abgeordneten schlägt.«

»Nein?« fragte sie verwundert. »Das sollte man aber schleunigst ändern. Darüber würde ich noch bis zum nächsten Morgen lachen – zwei Stockschläge, ja mein Herr! Oder besser noch vier – die hat er wirklich verdient. Ich verabscheue diesen Mann von ganzem Herzen. Das ist nämlich der, der Mama rät, uns nicht auf die Straße gehen, nicht mit andern reden, nicht lachen, noch nicht einmal mit den Wimpern zucken zu lassen. Asunción meint, er sei ein Dummkopf. Denkt Ihr das nicht auch?«

»Dem soll man doch endlich mal das Maul stopfen«,

ertönte eine blökende Stimme aus den hinteren Reihen der Galerie.

»Freundchen«, richtete sich eine andere Stimme an den Redner, »meinst du das wirklich alles im Ernst?«

»Meine Herrschaften«, rief ein gelbgesichtiger Zeitungsschreiber, »solch ein Skandal ist doch eines zivilisierten Volkes nicht würdig. Man kommt doch hierher, um zuzuhören, und nicht, um zu schreien.«

»Du Besserwisser«, antwortete ihm spöttisch ein alter Straßenwitzbold, »willst du dich etwa erdreisten, uns zu belehren?«

»Gebt ihm doch eins aufs Maul!« schrie ein anderer.

»Meine Herren, es kommt noch so weit, daß der Präsident uns auf die Straße werfen läßt, und dann entgeht uns das beste der Sitzung.«

»Señorita Presentación«, sagte ich zu dem Mädchen, »es wäre wohl besser, wenn wir jetzt gehen. Es scheint einen Aufruhr auf dieser Tribüne zu geben, so daß es nicht klug wäre, noch länger hierzubleiben. Außerdem scheint es jetzt klar zu sein, daß die Gesuchten nicht hier sind, so daß wir doch draußen suchen müssen.«

»Ach, laßt uns doch noch ein wenig warten ... Mal ganz ehrlich, Herr Gabriel«, sagte sie mir mit bezaubernder Unschuld, »warum sprechen und schreien all diese Männer denn so?«

Ich sagte ihr, was mir gerade so in den Sinn kam, aber sie verstand es nicht.

»Ostolaza spricht weiter. Seine Arme wirbeln herum wie Windmühlenflügel ... Alle lachen über ihn. So ein Kongreß ist genauso amüsant wie das Theater!«

»Das kann man wohl sagen.«

»Besonders lustig ist der Ostolaza ... Aber da scheint doch auch Señor de Tenreyro bei ihm zu sein ... Wenn der nun auch noch sprechen will! Aber sagt mal, wer ist denn der ›geschätztige Vorderreder‹, über den alle so schlecht reden?«

»Mit ›geschätzter Vorredner‹ ist der gemeint, der zuvor gesprochen hat.«

»Wenn wir wieder einen König haben werden, kommt der dann auch hierher, um zu predigen?«

»Das glaube ich nicht.«

»Und was bedeutet das, wenn sie sagen, daß im Kongreß Freiheit herrscht?«

»Das ist in wenigen Worten schwer zu erklären.«

»Also ich würde mir folgendes wünschen: Der Kongreß oder die Cortes müßten bestimmen, daß alle Spanier abends einen Spaziergang machen, einmal im Monat ins Theater gehen und recht oft auf den Balkon, daß die Familien nicht mehr als einen vollständigen Rosenkranz pro Tag beten, daß niemand gegen seinen Willen verheiratet wird und auch eine Ehe wieder aufheben kann, wenn er es wünscht, und daß alle Spaß haben, solange sie den Anstand nicht verletzen.«

»Der Kongreß und die Cortes werden das schon machen – und noch viel mehr.«

»Ach, Herr von Araceli, ich bin ja so froh!«

»Warum denn?«

»So genau weiß ich es eigentlich nicht. Jedenfalls habe ich Lust, laut zu lachen. Immer, wenn ich aus unserem Haus herauskomme und irgendwo ein wenig Freiheit spüre, ist mir, als ob meine Seele den Körper verlassen und wegfliegen möchte. Ich habe Lust, durch die ganze Welt zu hüpfen und zu tanzen. Die Atmosphäre berauscht mich, und das Licht verleiht mir Schönheit. Alles, was ich sehe, erscheint mir schön. Alles, was ich höre, sehe ich als wortgewandt an – mit Ausnahme der Aussprüche des Ostolaza –, alle Männer als gerecht und gut und alle Frauen als hübsch. Es kommt mir vor, als ob die Häuser, die Straße, der Himmel, der Kongreß mit seinem Präsidenten und Vorredner mich lächelnd grüßen. Ach, wie wohl fühle ich mich doch hier! Daß Inés, Asunción und Don Paco nicht zu sehen sind, kümmert mich nicht sehr. Je später sie kommen, desto besser. Aber nun etwas anderes ... Warum kommt Ihr denn abends nicht mehr zu uns? Wir haben so über Euch gelacht.«

»Über mich?« fragte ich bestürzt.

»Ja, weil Ihr Mama vorgespielt habt, ein Frömmling zu

sein. Wie gut Ihr diese Rolle beherrscht! Wir tun das aber auch, jawohl, auch wir!«

Mich erstaunte die Ungeniertheit, mit der die unglückliche Kleine gestand, ihre Mutter zu täuschen.

»Kommt doch wieder in unser Haus! Wir durften zwar nicht mit Euch sprechen, aber es war für uns eine Abwechslung, Euch zu betrachten!«

»Mich zu betrachten?«

»Ja, ja. Jeder, der zu uns kommt, wird überprüft – nach dem Aussehen, nach den Gesten, nach den Aussprüchen. Wenn wir dann wieder unter uns sind, erzählen wir uns, was wir von jedem einzelnen wissen: Wie seine Haare sind, seine Augen, der Mund, die Zähne, die Ohren, und wir wetteifern, welche von uns dreien sich am besten erinnert.«

»Na, das ist ja eine schöne Beschäftigung!«

»Wir drei sind doch immer zusammen. Señora de Leiva ist sehr krank, und da Mama sagt, sie wolle Inés unter ihrer Aufsicht haben, hat sie angeordnet, daß sie bei uns wohnt. Wir drei schlafen in einem Zimmer und unterhalten uns in der Nacht. Wißt Ihr, was mir Inés gesagt hat? Daß Ihr verliebt seid!«

»Was für ein Unsinn! Das stimmt doch gar nicht!«

»Ja, das hat sie uns gesagt. Auch wenn sie es nicht gesagt hätte ..., man merkt es.«

»Ihr habt es gemerkt?«

»Sofort. Ich erkenne es sofort, wenn ich eine Person sehe.«

»Wo habt Ihr denn das gelernt? Etwa in Romanen?«

»Niemals. Die lese ich nicht, ich erfinde sie.«

»Das ist ja noch schlimmer!«

»In jeder Nacht denke ich mir einen neuen aus.«

»Die selbst ausgedachten Romane sind schlimmer als die gelesenen, mein gnädiges Fräulein Presentación.«

»Kommt Ihr also abends wieder zu uns?«

»Ja, ich werde kommen. Aber Lord Gray müßte Euch zur Unterhaltung doch eigentlich genügen.«

»Lord Gray kommt ja auch nicht mehr«, antwortete sie bedauernd.

»Wenn die Gräfin María nun erfährt, daß Ihr hierhergegangen seid?«

»Ich glaube, dann wird sie uns umbringen. Aber sie wird es ja nicht erfahren. Wir werden schon etwas Glaubhaftes erfinden. Wir werden einfach sagen, daß wir ins Karmeliterkloster gegangen sind, wo der Bruder Pedro Advincula uns Geschichten von Heiligen erzählt hat. Wir haben ihr diese Lüge schon früher aufgetischt, und der Bruder Pedro Advincula hat uns nicht verraten. Das ist ein heiliger Mann, den ich sehr mag. Er hat feine weiße Hände, sanfte Augen, eine milde Stimme und eine schöne Ausdrucksweise. Er kann das *Olé* so schön auf einer hübschen kleinen Orgel spielen, und wenn Mama nicht in der Nähe ist, erzählt er uns nette Geschichten, aber mit aller Schicklichkeit.«

»Und der Bruder Pedro Advincula kommt auch zu Euch ins Haus?«

»Ja, er ist nämlich ein Freund von Lord Gray. Er ist es, der Inés geistlich auf die Ehe vorbereitet und Asunción auf das Nonnentum ... Ich glaube, daß er die Eintrittskarte für die reservierte Tribüne gebracht hat.«

»Bereitet er Euch auch auf etwas vor?«

»Ach nein«, erwiderte die Kleine tief betrübt. »Mich bereitet er auf nichts vor.«

Ich war ganz hingerissen von dieser verführerischen Unwissenheit, dieser kindlichen Listigkeit, dieser grenzenlosen Offenheit einer Seele, die, bedingt durch den Mangel an weltlicher Bildung, eine Aura der Unschuld umgab. Da sie ein hübsches Antlitz hatte und so spontan, munter und harmonisch sprach, war es eine reine Freude für mich, sie so anzuschauen und sprechen zu hören.

19

Als ich schließlich wieder zur Damentribüne hinüberschaute, die sich auf der Epistelseite befand, glaubte ich die beiden vermißten Mädchen zu erblicken.

»Dort sind sie ja endlich!« rief ich meiner Begleiterin zu.

»Ja, und auf der anschließenden Tribüne, die den Diplomaten vorbehalten ist, erkenne ich Lord Gray! Könnt Ihr ihn sehen? Er hat das Kinn auf die Hand gestützt und scheint wohl nachzudenken.«

»Er kann ja mit den Mädchen nicht sprechen, weil dort eine Trennwand ist. Sie müssen eben erst auf die Tribüne gekommen sein.«

Plötzlich tauchte Don Paco auf unserer Tribüne auf, rot wie der Pfeffer. Er zwängte sich durch die Menge der ›Galleristen‹ (wie man die Anhänger dieser Religion der Neugier nannte und wie sie auch jetzt noch abträglich in manchen Spottreden bezeichnet werden) und rief:

»Gott sei Dank, sie sind wieder aufgetaucht! Lord Gray hat sie getäuscht und erst in den Glockenturm, dann durch das Schiff und danach wieder auf die Straße geführt. Hat man jemals so etwas Infames gesehen? Ich koche vor Wut! Was werden sie wohl in der Zwischenzeit getan haben, Señor Araceli? Das frage ich mich ... Fräulein Inés war blaß wie eine Tote, und Fräulein Asunción rot wie der Klatschmohn ... Kommt, Fräulein Presentación, gehen wir von hier weg!«

»Ja, gehen wir«, wiederholte ich.

»*Ich* rühre mich nicht von der Stelle, mein kleiner Don Paco. Mir gefällt es hier. Sie haben aufgehört, Zeitungspassagen und andere Papierchen vorzulesen und machen mit den Reden weiter ... Wer spricht denn jetzt eigentlich?«

»Señor de Argüelles. Das ist genau der richtige! Schöne Dinge bekommt das Mädchen da zu hören!« stieß Don Paco mit lauter Stimme hervor. »Der versucht doch tatsächlich, nicht nur die Sonderjurisdiktionen abzuschaffen, sondern auch die Herrschaftsprivilegien, die Gewohnheitsrechte, die Inquisition und das Recht, den Galgen am Eingang eines Ortes aufzustellen und Richter zu ernennen! Auch die Frondienste und andere weise Praktiken, die zur Größe dieses Reiches beigetragen haben, sollen fallen!«

»Ja, weg mit all dem!« fiel Presentación zornig ein. »Ich werde hier nicht eher weggehen, bis das alles abgeschafft ist!«

»Das Mädchen weiß ja nicht, wovon es spricht!« rief Don Paco empört, wodurch er bei unseren Nachbarn zorniges

Gemurmel auslöste. »Jetzt soll also die Gräfin María nicht mehr den Bürgermeister von Peña Horadada ernennen dürfen, nicht mehr den ihr zustehenden Anteil von dem Mehl, das in der Mühle von Herrumblar gemahlen wird, oder die zwölf Hühner von Baeza erhalten und nicht mehr das Fischen im Bach verbieten dürfen! Auch den Eseln ihres Gutes will man verbieten, sich auf den Feldern der Nachbarn satt zu fressen!«

»Schulmeisterchen«, brüllte eine rauhe Stimme, während eine schwere Hand auf die rechte Schulter des Hauslehrers fiel, »setzt Euch endlich und haltet den Mund!«

»Mein Herr«, fragte ein anderer, »darf man erfahren, mit wem wir es hier zu tun haben?«

»Ich bin Don Francisco Xavier de Jindama«, erwiderte der alte Erzieher eilfertig und etwas beklommen.

»Ich frage deshalb, weil ich sofort Eulengeruch verspürte, als ich Euch sah.«

»Ihr seid wohl von der Bruderschaft der kläffenden Köter«, sagte ein Mädchen aus dem Volk. »Denn mit Eurem Gebell hindert Ihr uns daran, den Reden weiter zu folgen.«

»Nun aber Schluß!« forderte eine dritte Stimme. »Wir wollen in Ruhe zuhören. Hört auf mit dem Gejammer darüber, daß die Esel der Adligen sich ihre Bäuche nicht mehr auf den Feldern der Bauern vollschlagen dürfen!«

»Der Esel wird er wohl selber sein!«

»Ruhe und Ordnung!« rief ein Türsteher. »Andernfalls werde ich alle im Namen Seiner Majestät auf die Straße werfen!«

»Hier gibt es doch gar keine Majestät«, wagte Don Paco einzuwenden.

»Die Majestät sind der Nationalkongreß und die Cortes, du Vogelscheuche!« klärte ihn ein ›Gallerist‹ erzürnt auf.

»Das ist einer von der Sorte, die applaudiert, wenn Ostolaza sein Eselsgeschrei erschallen läßt«, kommentierte ein anderer und zeigte mit dem Finger auf Don Paco.

Da ich sah, wie die Stimmung sich verschlechterte, stand ich auf, um zu schlichten, aber das rief nur noch mehr Wirbel und Protest hervor. Gleichzeitig hörte man von unten, wie die

Abgeordneten sich über die Vorgänge empörten. Der Präsident gebot den ›Galleristen‹ Ruhe, was die Wogen ein wenig glättete, so daß der Abgeordnete Tenreyro zu Wort kommen konnte. Doch schon die ersten, von diesem guten Priester aus Algeciras gesprochenen Worte lösten einen Sturm des Gelächters und Protestes aus, und je mehr dieser Redner seine Stimme erhob, um so heftiger reagierten die Leute auf den Tribünen. Die Vielzahl von beißenden Zurufen, Spitznamen und ironischen Bemerkungen, die wie eine Lawine von den öffentlichen Tribünen hinunterrollten, zu wiederholen, ist mir unmöglich. Kein unbeliebter Schauspieler in Madrid war je auf der Bühne so heruntergeputzt worden. Es war wie eine logische Folge, die sich immer wiederholte: Wenn Tenreyro zu reden begann, rebellierte das sich souverän fühlende Volk. Und in seinem Eifer lispelte er auch noch! Welche wütende Gebärden vollführte er doch zu den Tribünen gewandt! Wie sich sein Gesicht verzog, wenn er solche Ungereimtheiten von sich gab, einmal die Inquisition zu verteidigen und dann eine Volkshoheit zu fordern, die sich aus einer Art Konzil von Priestern und Freischärlerführern zusammensetzen sollte! Er war ja auch wirklich eine Figur, die das Lachen heraufbeschwor.

Der Präsident wußte schon, daß eine Sitzung, in der Tenreyro zu Worte kam, eine verlorene Sitzung war, weil dann die öffentlichen Tribünen nicht mehr unter Kontrolle zu bringen waren. Es führte zwangsläufig zu Disputen zwischen gewissen Staatsvertretern und der Öffentlichkeit, und auch die Würdenträger der Kirche gerieten in Zorn.

So geschah es auch an jenem Tage, als der Cicero von Algeciras, den Blick gen Himmel gerichtet, wild gestikulierend und stammelnd vor Wut schrie:

»Man weiß ja, daß diese Leute bezahlt sind!«

Als die Menge auf den öffentlichen Tribünen das hörte, nahm der Lärm der Zurufe ein solches Ausmaß an, daß diese Kirche eher einem Käfig voller Verrückter glich. Auch die Abgeordneten gerieten in Erregung und machten sich, je nach Partei, gegenseitig für diesen Tumult verantwortlich. Es fielen Worte wie ›Kanaillen, Pöbel!‹, und die Türhüter begannen mit Ausweisungen. Eine Art Panik bahnte sich an. Presentación und ich wollten nun doch hinausgehen, aber es gelang uns nicht, weil sich vor der Treppe eine Mauer von menschlichen Leibern gebildet hatte, die den Anordnungen des Präsidenten nicht Folge leistete. Einige strebten nach draußen, aber dadurch verlor der Tumult nicht an Heftigkeit. Das schlimmste war, daß zwei oder drei Personen auftauchten, die die Partei des ausgepfiffenen Redners gegen das auspfeifende Volk ergriffen.

»Ihr seid doch Speichellecker und Kerzenausblaser!«

»Und ihr Franzosenknechte!«

»Dann seid ihr aber ...« – der Leser muß sich an dieser Stelle das Schlimmste vorstellen, was er auf Marktplätzen, in Tavernen oder in Spielhöllen gehört hat.

Aber es sollte noch schlimmer kommen. Als Don Paco sah, daß es welche gab, die den geschmähten Tenreyro verteidigten, wagte auch er es, als treuer Freund für ihn einzutreten. »Neid, schnöder Neid ist das, weil er den Leuten die Wahrheit sagt!« rief er aus.

Diese Worte waren schlecht gewählt. Wir sahen die magere Gestalt in einem Gewirr von Armen und Händen verschwinden.

»Die bringen den armen Don Paco ja um!« schrie Presentación.

Aber er konnte wohlbehalten durch die Tür entweichen oder wurde durch diese gestoßen. Danach beruhigte sich die Tribüne, auf der wir uns befanden, so daß wir als letzte in der Masse von Leuten, denen das alles nicht mehr geheuer vorkam, die Tribüne verlassen konnten. Wir wollten dem Hauslehrer zu Hilfe eilen, waren aber durch eine große Menschenmenge von ihm getrennt. Obwohl man ihn nicht mit Waffen bedrohte, erlitt er doch beträchtlichen Schaden durch Fäuste und Ellbogen. Es gelang ihm schließlich, über die Treppe nach unten zu fliehen, wobei er auch nicht gerade mit Tritten und Rippenstößen sparte.

Die Menschenmenge ermöglichte es uns nicht, zu ihm vorzudringen. Als wir dann schließlich unten ankamen, konnten wir ihn nicht mehr sehen. So sehr wir auch die Köpfe reckten, er war verschwunden. Wir fragten überall herum, aber niemand gab uns eine zufriedenstellende Antwort. Einige sagten: »Sie haben ihn wieder nach drinnen geschleift«; und andere meinten: »Der ist draußen weggeschleppt worden.«

»Oh, wie schrecklich! Was sollen wir nur tun?« jammerte das Mädchen. »Wo ist der arme Don Paco nur? Jetzt muß ich allein oder mit Euch nach Hause gehen.«

Auch auf der Straße wogte eine Menschenmenge, unter der ich einige jener Individuen entdeckte, die bei jedem Tumult wie Pilze aus dem Boden schossen, und die begierig waren, ihr Gewicht – nicht das ihrer Autorität, sondern das ihrer Knüttel – in die Waagschale des politischen Streites zu werfen. Armer Tenreyro, unglücklicher Ostolaza! Welche Ovation euch erwartete!

»Ach, laßt uns doch weiter nach diesem Unglücklichen suchen«, flehte meine hübsche Begleiterin, »damit ich nicht allein nach Hause gehen muß! Was soll ich nur sagen? Und meine Schwester und Inés, wo mögen sie wohl sein? Oh, Señor de Araceli, es wäre besser, die Erde würde sich öffnen und mich verschlingen!«

Schließlich konnte uns ein Soldat Auskunft über den unglücklichen Erzieher geben:

»Vier Männer haben ihn mitgenommen.«

»Wohin denn?«

Der Soldat zuckte die Achseln und richtete den Blick auf das San-Felipe-Tor. Von dort näherten sich etliche Abgeordnete. Dank des beherzten Eingreifens von Don Juan María Villavicencio ließen sich diejenigen, die dort wutschnaubend auf Tenreyro und Ostolaza warteten, nicht zu Handgreiflichkeiten hinreißen, aber gellendes Pfeifen und derbe Beleidigungen begleiteten die beiden über eine lange Strecke der Straße.

Dieses Ereignis war eines von vielen, die einen Schatten auf den Beginn der konstitutionellen Epoche warfen. Immerhin war es noch recht harmlos, verglichen mit dem berüchtigten Lardizábal-Vorfall, bei dem das Leben des absolutistischen Abgeordneten Don José Pablo Valiente auf dem Spiel stand. Er wäre vom Volk in Stücke gerissen worden, wenn Villavicencio ihn nicht heldenhaft aus dessen Klauen gerissen und sofort in Sicherheit gebracht hätte.

»Heilige Mutter Gottes!« klagte Presentación wieder. »Und die Mädchen sind auch nirgends zu sehen! Laßt uns schnell von hier verschwinden, denn da kommt Señor Ostolaza. Wenn der mich hier sieht …«

Wir eilten die Calle de San José entlang, um in die Jadinillo-Straße einzubiegen, aber es war schon zu spät, um den Augen dieses Herrn Ostolaza zu entfliehen, der uns von weitem anrief, so daß wir nicht anders konnten, als stehenzubleiben.

»Mein Fräulein«, sprach der verschlagene Kleriker, »was muß ich da sehen? Ihr auf der Straße, in Begleitung eines Grünschnabels? Die Frau Gräfin, Eure Mutter, muß ja wohl gestorben sein …«

»Um Himmels willen«, stieß das Mädchen schluchzend hervor, »sagt meiner Mama bitte nichts davon, Señor Ostolaza! Wir waren auf einem Spaziergang gewesen, haben uns verlaufen, und … Sagt bloß nichts meiner Mutter! Ach, lieber Herr Ostolaza, Ihr seid doch ein guter Mensch und werdet Mitleid mit mir haben.«

»Wirklich, Señorita, Ihr tut mir leid.«

»Bitte, bringt mich doch nach Hause, lieber Herr!« Dann versuchte sie, sich mit folgenden Worten bei ihm einzuschmeicheln: »Ich habe Eure Rede gehört und fand sie sehr schön … Wie gut Ihr doch reden könnt! Es ist wirklich eine Freude, Euch zuzuhören …«

»Genug der Schmeicheleien«, entgegnete der Kleriker, sah mich an und fügte hinzu: »Und Ihr, Herr Militärtheologe, welcher Dämon hat Euch denn eingeflüstert, dieses Fräulein zu entführen?«

»Ich habe diese Señorita nicht entführt«, verteidigte ich mich. »Ich habe sie nur begleitet, weil ich sie allein antraf.«

»Es ist alles nur wegen der vielen Menschen. Deshalb haben Don Paco und ich uns verlaufen … Ich will sagen, haben die Mädchen sich verlaufen.«

»Verstehe, verstehe.«

»Wißt Ihr, Herr Militärtheologe«, sagte er mir dann mit strengem Blick, »daß ich mich schleunigst mit der Justiz in

Verbindung setzen werde, noch bevor ich mich an die Gräfin wende?«

»Und *Ihr* solltet wissen, daß ich Euch eine gehörige Lektion erteilen werde, wenn Ihr weiterhin Eure Nase in die Dinge anderer Leute steckt!«

»Verstanden, verstanden«, erwiderte er, wobei sich sein häßliches Gesicht verzog. Mit einem heimtückischen Blick fuhr er dann fort: »Na, dann muß ich ja wohl die Turteltäubchen weitergurren lassen.«

Er machte sich eilig davon. Als er außer Sichtweite war, seufzte Presentación.

»Er nennt uns Turteltäubchen und glaubt, daß wir ein Liebespaar auf der Flucht sind ... Was sage ich jetzt bloß meiner Mama, wenn sie mich mit Euch kommen sieht? Ich muß etwas Geniales und Glaubhaftes erfinden.«

»Das beste wäre wohl, die Wahrheit zu sagen. Das wird die Señora weniger beleidigen, als alle Erfindungen, mit denen Ihr sie täuschen möchtet.«

»Die Wahrheit! Habt Ihr etwa den Verstand verloren? Auch wenn man mich totschlägt, werde ich niemals die Wahrheit sagen! Laßt uns schnell von hier verschwinden. Sind die anderen noch nicht aufgetaucht? Heiliger Himmel! Wenn die beiden eine andere Lüge als ich erzählen!«

»Deshalb ist es ja am besten, die Wahrheit zu sagen.«

»Auf keinen Fall! Mama würde uns umbringen. Was haltet Ihr davon, wenn ich zu Hause nur noch weine wie ein Schloßhund und gar nicht mehr aufhöre?«

»Nicht sehr viel.«

»Dann werde ich eben ganz verängstigt tun und sagen, daß Ihr ein Verräter seid, der mich entführen wollte.«

»Das wäre ja die Höhe! Warum sagt Ihr nicht, daß Ihr Euch verlaufen hättet und auf Lord Gray gestoßen wärt?«

»Den Engländer werde ich nicht erwähnen – niemals!«

»Nun, warum denn nicht?«

»Weil es momentan in unserem Haus keinen Unterschied macht, Lord Gray oder den Teufel zu erwähnen.«

»Ach – aber ich kann mir schon vorstellen, warum das so ist. Lord Gray ist in eine von Euch verliebt.«

»Oh, was sagt Ihr da?« rief sie bestürzt. »Wir ...«
»Seid Ihr es denn?«
»Nein – auch nicht meine Schwester.«
»Ich weiß, daß Señorita Inesita verrückt nach ihm ist.«
»O ja. Verrückt, ja, verrückt! Mein Gott, wir sind gleich da ... Ich bin schon halb tot vor Angst!«

Als wir in die Straße einbogen und uns dem Hause der Rumblars näherten, hob ich den Blick und sah hinter den Scheiben eines Erkers eine unheilverkündende Gestalt und dann zwei furchteinflößende Augen, die Blitze der Empörung ausstießen. Auch Presentación erblickte die bedrohliche Figur und stand kurz davor, ohnmächtig zu werden und in meine Arme zu fallen.

»Meine Mama hat uns gesehen«, stammelte sie. »Flieht, rettet Euch, Herr von Araceli, solange es noch Zeit ist!«

»Gehen wir hinauf, und sagen wir die Wahrheit. Damit werden wir uns beide retten.«

20

Im Korridor fiel Presentación vor ihrer Mutter, die uns entgegengekommen war, auf die Knie und rief mit ersterbender Stimme:

»Liebe Mutter, ich bitte Euch um Verzeihung! Ich habe nichts Schlechtes getan.«

»Weißt du eigentlich, wieviel Uhr es ist? Wo sind denn Don Paco und die anderen beiden?«

»Oh, liebe Mutter«, fuhr das Mädchen angsterfüllt fort, »wir waren zur Mauer gegangen, als plötzlich eine Bombe fiel und Don Paco in zwei Stücke riß ... nein, nein ... aber wir liefen davon, wurden getrennt, verliefen uns. Ich war vor Schreck ganz verwirrt ...«

»Was erzählst du da?« entgegnete die Mutter entrüstet. »Señor Ostolaza, der kurz vor euch ankam, sagt, er habe dich auf der Tribüne des Nationalkongresses gesehen!«

»Ja, wißt Ihr … ich war so verwirrt … da hat man mich zum Kongreß mitgenommen … *Danach* wurde Don Paco getötet.«

»Das muß doch eine infame Machenschaft sein!« erklärte die Gräfin und führte mich in den Salon. »Meine Herrschaften, es ist ja nichts mehr sicher! Anständige Leute können also gar nicht mehr auf die Straße gehen.«

Im Salon befanden sich Ostolaza, Don Pedro del Congosto und ein gutaussehender junger Mann von etwa vierunddreißig Jahren, den ich nicht kannte. Der Erstgenannte schaute mich mit durchdringendem Haß, der zweite mit Verachtung und der dritte mit Neugier an.

»Señora«, sagte ich zu der Gräfin. »Ihr habt Euch grundlos aufgeregt, weil Ihr einen Umstand falsch beurteilt, der an sich harmlos ist.«

Ich erzählte ihr dann das Vorgefallene, wobei ich allerdings die Aspekte, die für die armen Mädchen zu ungünstig sein könnten, etwas verschönerte.

»Mein Herr«, erwiderte sie scharf, »Ihr müßt entschuldigen, aber ich kann Euch keinen Glauben schenken. Ich werde mich später mit diesen unbesonnenen, närrischen Mädchen auseinandersetzen. Ihr werdet mir auch nicht ausreden können, daß Ihr und Lord Gray ein scheußliches Komplott ausgeheckt habt, um den Frieden meines Hauses zu stören. Meine Herren, habe ich nicht recht? Wir befinden uns in einer Gesellschaft, in der die Ehre der Familien und der Anstand erwachsener Personen keinen Schutz mehr genießen. Hier kann man doch nicht mehr leben! Ich werde mich bei der Regierung, bei der Regentschaft beschweren! Aber das wird wohl zwecklos sein, denn all dies kommt ja von höchster Ebene, auf der nur noch Treulosigkeit, Schamlosigkeit, Skandal und Nichtachtung herrschen!«

Die drei Männer, die wie Statuen in symmetrischem Abstand die Stirnseite des Salons zierten, bewegten ihre würdevollen Häupter zustimmend, und einer von ihnen schlug mit der dürren Hand auf die Stuhllehne.

»Señor de Araceli, es tut mir leid, Euch sagen zu müssen, daß ich mich in Eurem Charakter völlig getäuscht habe.«

»Señora, Ihr könnt mich beurteilen, wie Ihr wollt, aber mit den heutigen Vorfällen habe ich nicht das geringste zu tun.«

»Ich werde noch wahnsinnig!« erwiderte die gestrenge Dame. »Überall Hinterlist, Fallen, ruchlose Pläne. Es gibt keinen Schutz mehr. Alle Vorsichtsmaßnahmen sind nutzlos. Es hat keinen Zweck, die Mädchen abgeschirmt, von Gier und Verderben getrennt zu halten. Selbst in unserem abgeschiedenen Asyl sind wir vor der verräterischen Bosheit nicht sicher.«

Die drei Statuen gaben wieder ihre einmütige Zustimmung zu verstehen.

»Genug mit dieser Farce«, sagte Ostolaza schließlich. »Ihr braucht Euch vor Doña María nicht mehr zu entschuldigen, denn sie hat Euch durchschaut. Was machen übrigens Eure *Theologiestudien*?«

»Mit dem bißchen, was ich weiß«, entgegnete ich, »könnte immerhin jeder Küster in den Cortes Reden halten, die es wert wären, angehört zu werden.«

»Der Herr gehört wohl zu denen, die Tag für Tag auf den öffentlichen Tribünen lärmen. Das ist ein Beruf, von dem jetzt anscheinend viele leben.«

»Welch eine Unverschämtheit!« warf ein anderer ein. »Von diesen Tribünen aus wollt Ihr also das Reich regieren?«

»Ich möchte hier nicht um Entschuldigung für mein Verhalten bitten«, antwortete ich ruhig, »und will auch auf die Beleidigungen dieser Herren keine Antwort geben, denn dabei könnte ich den Respekt für Euer geistliches Gewand und für dieses Haus hier vergessen. Hier ist eine Person, die – sollte sie sich durch gewisse Umstände ein negatives Urteil von mir gebildet haben – mein Vorleben und meinen guten Ruf kennt. Señor Don Pedro del Congosto hört mich jetzt, und ich appelliere an seine Loyalität, all dies zu bestätigen, damit Doña María nicht länger fürchten muß, einen Unwürdigen in ihrem Hause empfangen zu haben.«

Als er das hörte, richtete sich Don Pedro, der sich auf eine Stuhllehne gestützt hatte, auf, strich sich den langen Backenbart und sprach feierlich:

»Meine Dame, mein Fräulein und meine Herren: Da dieser junge Mann an meine Loyalität appelliert, die schon hundert

Male bewiesen wurde, erkläre ich hier, daß ich nicht nur einmal, sondern sehr oft vernommen habe, wie sein Verhalten, seine Ritterlichkeit, sein soldatischer Mut und andere Zierden eines achtbaren Mannes, die ihm zahlreiche Freunde in und außerhalb der Armee eingebracht haben, öffentlich gelobt wurden.«

»Warum zweifelt Ihr dann noch?« rief Presentación aus, die ihre Gefühle nicht mehr unterdrücken konnte.

»Schweig, du Närrin«, wies die Mutter sie zurecht. »Deine Rechnung wird später beglichen.«

»Niemals«, fuhr der arme Tropf fort, »ist etwas an meine Ohren gedrungen, das diesen jungen Mann in einem ungünstigen Licht dargestellt hätte. Bei allen beliebt, hat er seine Karriere dem Verdienst und nicht der Intrige zu verdanken, seinem Mut und nicht seiner Schläue. Dies ist die reine Wahrheit, so wahr ich hier stehe, und ich stehe auch zu meinem Wort, denn mein Wort bedeutet mir etwas, und ich würde es jederzeit mit allen ehrlichen Mitteln verteidigen. Señora, Señorita, Caballeros, als Verfechter der Wahrheit, die der Leitstern der Guten ist, will ich jetzt, nachdem ich alles, was zugunsten dieses jungen Mannes anzuführen ist, gesagt habe, auch das aufzählen, was gegen ihn spricht.«

Während Don Pedro hustete und ein riesiges blau-rotes Taschentuch herausholte, um sich Mund und Nase zu tupfen, herrschte Schweigen im Salon, und alle schauten mich mit unverhohlener Neugier an.

»Nun denn«, fuhr der Kreuzzügler fort, »dieser junge Mann ist in einer Hinsicht ein Musterbeispiel der Tugend und in anderer Hinsicht ein Monstrum, jawohl, ein Monstrum – der größte Feind des häuslichen Friedens, ein Verderber von Familien, der Schrecken jeder ehrlichen Freundschaft.«

Alle waren erstaunt. Presentación schaute mich völlig entgeistert an.

»Ja. Welch andere Bezeichnung kann man jemandem verleihen, der die teuflische Kunst besitzt, alte Bindungen, die zwischen zwei Personen bestehen und sich allen Anfechtungen der Welt und den hinterhältigsten Intrigen widersetzt haben, zu zerreißen? Ich werde hier keine Namen nennen. Es genügt zu wissen, daß dieser junge Mann seine satanischen Künste anwandte und es ihm gelang, eine Person, die ein Musterbeispiel an Festigkeit, Anstand und Treue war, zu täuschen, zu bezirzen und an sich zu reißen – und sich zugleich über die von hohen Idealen beflügelte Bewunderung eines Mannes lustig zu machen, der ein Ausbund von Beständigkeit und Feingefühl war! Der Enttäuschte beweint jetzt in der Stille sein Unglück, und der siegreiche Laffe genießt unbekümmert die Freuden, die dieser schöne Schatz ihm bietet. Aber Achtung! Man soll nicht auf die kurzzeitigen Wonnen bauen! Zur unerwartetsten Stunde werden die Verbrecher mit der dräuenden Gestalt des Geschmähten, der das ihm zugefügte Unrecht rächen will, konfrontiert … Warum sollte dieser Verderber, der mit der Eroberung jener menschlichen Festung, die bezwungen zu haben noch kein Mann zuvor die Ehre hatte, seine schändliche Geschicklichkeit unter Beweis stellte, seine Kunst nicht auch bei unerfahrenen jungen Mädchen versuchen? Ihm die Türen eines Hauses zu öffnen bedeutet, sie der Untugend, der Verführung, der Unbesonnenheit zu öffnen. Das ist alles, was ich über den Señor de Araceli zu sagen habe.«

Presentación war hingerissen und Doña María völlig bestürzt.

»Frau Gräfin, mein Fräulein, meine Herren«, erwiderte ich und konnte mir ein Lachen nicht verkneifen. »Don Pedro del Congosto ist über einen Vorfall, den er eben zum besten gab, offenbar falsch unterrichtet worden. Dieser Ausbund von Schönheit ist in die Netze einer anderen Person geraten.«

»Ich weiß, was ich sage«, rief Don Pedro mit dröhnender Stimme, »und basta! Ich bitte die ehrenwerte Frau Gräfin um Erlaubnis, mich zurückziehen zu dürfen, denn wir befinden uns schon zu fortgeschrittener Stunde, und ich muß noch eine Expedition gegen die Franzosen in der Condado* de Niebla vorbereiten. Das Nichtstun belastet mich. Ich spüre in mir den Drang, etwas für das unterdrückte Vaterland zu unternehmen. Wir haben keine Regierung, keine Generäle, und die Cortes werden das Reich schnurstracks den perfiden Franzosen ausliefern ... Señor de Araceli, werdet Ihr auch in die Condado kommen?«

»Nein, Señor, ich werde den ganzen kommenden Monat über bei Matagorda in Stellung sein ... Aber auch ich ziehe mich zurück, denn die Frau Gräfin sieht es ja nicht gern, daß ich in ihrem Hause bleibe.«

»Das ist wohl wahr, Señor de Araceli! Wenn ich gewußt hätte ... Ich erkenne Eure guten Seiten als Soldat und Caballero an, aber ... Presentación, geh in dein Zimmer! Schämst du dich denn nicht, solche Dinge mit anzuhören? Aber ich möchte noch Gewißheit über Eure Begegnung mit meiner Tochter auf der Straße haben. Ich hoffe sehr, daß es noch Gerichte in Spanien gibt, nicht wahr, Don Calomarde?«

Dabei schaute sie den jungen Mann an, den ich vorstehend erwähnt habe.

»Mein Dame«, erwiderte dieser und verzog dabei seinen äußerst großen Mund zu einem breiten Lächeln, »in meiner Eigenschaft als Kundiger der Jurisprudenz erkläre ich Euch, daß die Angelegenheit sich doch noch regeln lassen kann. Ich habe in der Vergangenheit schon sehr spaßige Fälle untersucht, so daß mich nichts mehr überraschen kann. Hat es denn eine Verlobung gegeben?«

»Jesus, welch ein Gedanke!« rief die gestrenge Gräfin mit unbeschreiblicher Entrüstung aus. »Verlobung! Presentación, auf der Stelle verläßt du den Raum!«

Die Kleine gehorchte aber nicht.

»Denn in diesem Falle und unter Berücksichtigung der Tatsache, daß die beiden sich lieben, einen gemeinsamen Spaziergang machten und der Herr, was nicht zu verachten ist, ein guter Offizier ist – warum dann noch viele Umstände machen? Das beste wäre dann doch, sie zu verheiraten, damit alles in Frieden endet.«

Die Zornesröte auf Doña Marías Zügen wich einer Leichenblässe. Sie schloß die Augen und schnaufte stark. Die Entrüstung stieg ihr wie ein Wirbel zu Kopf, so daß sie fast ohnmächtig zu Boden gefallen wäre.

* Grafschaft (Anm. d. Übers.)

»Vom Señor Don Tadeo Calomarde habe ich solche Respektlosigkeiten nicht erwartet«, krächzte sie. »Don Tadeo Calomarde weiß wohl nicht recht, wer ich bin? Er erinnert sich wohl nur noch an solche verwerflichen Heiratspläne, die zu Zeiten des *Godoy* dazu dienten, Fortüne zu machen. Meine Würde erlaubt es mir nicht, mich mit diesem Fall hier weiter zu befassen. Ich bitte Don Tadeo Calomarde und Don Gabriel Araceli, mein Haus zu verlassen.«

Calomarde und ich erhoben uns. Presentatión schaute mich an, und in ihrem flehenden Blick las ich die Worte: »Nehmt mich mit!«

Als wir uns zurückzogen, betraten Inés und Asunción in Begleitung eines Mönches den Salon.

»Bruder Pedro Advincula, was soll denn das bedeuten?« fragte ihn Doña María. »Könnt *Ihr* mir jetzt endlich das Verschwinden der Mädchen erklären?«

»Meine Dame, nichts einfacher als das«, erwiderte der Mönch jovial: »Da kam eine Bombe – armer Don Paco! Wir haben nichts mehr von ihm gehört ... Sie kamen von der Stadtmauer ... die beiden Mädchen liefen und liefen ... die Armen! Wir nahmen sie bei uns auf, gaben ihnen Wasser und Wein. Welche Angst die armen Mädchen ausgestanden hatten! Das Fräulein Presentación konnten wir aber nicht finden ...«

»Die Spitzbübin ging zum Nationalkongreß ... Gerechtigkeit, Heiliger Himmel, Gerechtigkeit!«

Ich hörte nichts mehr, denn ich hatte den Salon schon verlassen. Von diesem Zeitpunkt an wurde ich ein Freund von Calomarde. Ob ich wohl eines Tages von ihm berichten werde? Ich glaube schon.

21

Die Zeit verging. Einen Monat lang nahm ich zusammen mit tapferen *Kanarienvögeln* aus Alburquerque an der Verteidigung von Lorenzo de Puntales teil. Es gab keinen Augenblick der Ruhe und auch keine Nachrichten aus Cádiz, keinen Lord Gray, keine Briefe der Amaranta, keine Ziereien der Doña Flora und keine Drohungen von Don Pedro del Congosto.

In Cádiz selbst sah man die Belagerung als einen Witz an und lachte über die Bomben. Die muntere Stadt, die immer ein Lächeln auf ihrem Antlitz zu tragen scheint, verfolgte von ihren Mauern aus den Flug dieser Moskitos. Obwohl diese stachen, empfingen die Einwohner sie mit frechen Liedchen. Als dann das Bombardement wirkliche Verwüstungen anrichtete, verloren sich die Klagen und Tränen in allgemeinem Gelächter. Aber für die, die es traf, war es natürlich schlimm. Eine Bombe tötete einen Engländer und beinahe auch Don Dionisio Alcalá Galiano, Sohn des Don Antonio, in den Armen seiner Amme. Abgesehen von diesen Fällen und einigen anderen, derer ich mich nicht mehr genau entsinne, war die Wirkung der feindlichen Artillerie eher lächerlich. Ein Projektil drang in eine Kirche ein, wo es die Nase eines lampentragenden Holzengels abriß, ein anderes zerstörte das Bett eines Mönches von San Juan de Dios, der sich in diesem kritischen Moment aber glücklicherweise außerhalb desselben befand.

Als ich nach langer Abwesenheit die Gräfin Amaranta wieder aufsuchte, fand ich sie verzweifelt, weil Inés' Exil im Hause der Gräfin María von Rumblar in der Amargurastraße den Charakter eines schrecklichen Sklaventums angenommen hatte. Mit inquisitorischer Strenge wurde jedem Außenstehenden der Zugang zu ihr verweigert, so daß es vermessen gewesen wäre, zu versuchen, die strenge Bewachung und Zensur zu überlisten. Die unglückliche Gräfin kleidete ihre Pein in folgende Worte:

»Gabriel, ich kann nicht länger in dieser traurigen Einsamkeit leben. Die Abwesenheit von dem Menschen, den ich am meisten auf der Welt liebe, und sein Unglück bereiten mir unsaglichen Schmerz. Ich bin entschlossen, mit allen Mitteln eine Zusammenkunft mit meiner Tochter zu erzwingen, bei der ich ihr alles erzählen werde. Ich hoffe, sie dazu bewegen zu können, die Fesseln der Sklaverei zu sprengen und mit mir zu fliehen. Es bleibt mir jetzt nur noch der Weg der Gewalt übrig, und ich hoffte, daß du mir dabei helfen würdest, aber mit deiner dummen Eifersucht hast du alles noch schlimmer gemacht. Weißt du, was ich nun vorhabe? Mich Lord Gray anzuvertrauen, damit mein Wunsch erfüllt wird. Dieser Engländer ist von grenzenloser Tollkühnheit. Er schreckt vor nichts zurück und wäre imstande, mir Doña María wie eine Löwin im Käfig auszuliefern. Glaubst du nicht auch, daß er dazu fähig wäre?«

»Dazu und noch zu viel mehr.«

»Aber Lord Gray ist nirgendwo aufzutreiben. Keiner kennt seinen Aufenthaltsort. Er nahm an der Condado-Expedition teil, und obwohl man glaubt, er sei nach Cádiz zurückgekehrt, kann ich ihn nirgends finden. Such ihn, Gabriel, um Gottes willen! Bring ihn zu mir oder richte ihm aus, daß ich ihn in einer Angelegenheit sprechen möchte, bei der es um Leben oder Tod geht.«

Tatsächlich wußte niemand, wo sich der adlige Engländer aufhielt, obwohl vermutet wurde, er sei in Cádiz. Wie schon gesagt, hatte er an der Expedition zur Conadado de Niebla teilgenommen, um die Franzosen dort an ihrer rechten Flanke anzugreifen; eine Expedition, die, obwohl weniger berühmt als die Chiclana-Expedition mit der Schlacht beim *Cerro de la Cabeza de Puerco**, nicht weniger beklagenswert endete. Dort ereignete sich ein Vorfall, der würdig ist, in den Geschichtsbüchern erwähnt zu werden, da unser heroischer und ruhmbegieriger Don Pedro del Congosto eine jammervolle Niederlage erlitt. In der heißesten Phase eines Kampfes nahe dem Ort San Juan de Puerto griff er mit seinen rot und gelb gewandeten Kreuzzüglern ein, was – den Berichten zufolge – bei den Franzosen ungeheures Gelächter hervorrief. Man verprügelte

* der Schweinskopfhügel (Anm. d. Übers.)

ihn nach allen Regeln der Kunst, so daß er in einem kläglichen Zustand nach Cádiz zurückgebracht wurde. Dort behauptete er, daß die Schlacht nur verloren worden sei, weil sein Pferd ein Hufeisen verloren habe, denn die französischen Bataillone seien vor seinen Mannen schon wie die Kaninchen geflohen. Diese Idee setzte sich in seinem überspannten Hirn fest, so daß er nicht aufhörte, sich zu brüsten: »Wenn mein Pferd nicht ein Hufeisen verloren hätte ...«

Von Lord Gray erzählte man sich Wundertaten anläßlich dieses Unternehmens, aber nach seiner Rückkehr nach Cádiz tauchte er in keiner der bekannten Stätten wieder auf, so daß einige schon meinten, er sei tot. Ich ging zu seinem Haus, wo mir der Diener erklärte:

»Mylord lebt und ist gesund, jedenfalls körperlich. Er schloß sich zwei Wochen lang ein, ohne jemanden zu empfangen. Danach befahl er mir, alle Bettler von Cádiz herbeizuholen. Nachdem ich das getan hatte, führte er sie in den Speisesaal und bewirtete sie wie Könige. Er gab ihnen die köstlichsten Weine zu trinken. Einige der armen Gestalten lachten, andere weinten, aber alle betranken sie sich. Danach mußten sie mit Fußtritten wieder aus dem Haus gejagt werden, und wir hatten drei Tage lang zu tun, das Haus zu reinigen, denn sie hatten uns Flöhe und noch Schlimmeres hinterlassen.«

»Aber wo ist denn Mylord jetzt?«

»Mylord wird wohl zum Karmeliterkloster gegangen sein.«

Ich lenkte meine Schritte also zum Kloster Carmen Calzado, dessen großen Säulengang an der Alamedastraße die Fremden so bewundern. Nicht daß diese Fassade nun gerade ein ausgesprochenes Meisterwerk unserer Architekturgeschichte wäre, aber die tausend Details, mit denen sie von der wohl durch die Nähe des Meeres inspirierten Erfindungskraft des Baukünstlers geschmückt worden war, verleihen ihr eine gewisse Schönheit. Ich weiß nicht, warum ich immer eine gewisse Ähnlichkeit zwischen diesem Frontispiz und den großen Bugs der alten Schiffe sah. Es erschien mir sogar, als würde es sich munter auf den Wellen im Winde wiegen. Die Heiligenfiguren ähneln gigantischen Laternen. Die bogenförmigen Nischen, die Vorsprünge, die Gitter, die weichen Linien der gewundenen Säulen, all dies schien mir zur alten Marinebaukunst zu gehören.

Es wurde Abend. Die guten Mönche kehrten emsig wie Bienen in ihre Zellen zurück. Die niederen Bäume der Alameda warfen kaum Schatten, so daß die untergehende Sonne die Giebelseite völlig vergoldete. Die kleine Mauer des Klosters ragte in gerade Linie auf. An ihrem Ende befand sich eine kleine Pforte, die zum Kreuzgang führte. Sie war verdeckt von dunklen Gestalten, von denen einmal ein dumpfes Rumoren und dann wieder ein Kreischen ausging, wie man es vom Pöbel, der ungeduldig wird, kennt. Es waren die Armen, die die Almosensuppe erwarteten.

In Cádiz gab es nicht so viele zerlumpte, halbnackte Bettler wie an anderen Orten, nicht diese Schwadronen von krätzigen, von Geschwüren bedeckten und invaliden Menschen, die uns heutzutage in den Städten Aragóns und Kastiliens begegnen. Da Cádiz eine Handelsstadt von großem Reichtum und beträchtlicher Kultur war, wies sie normalerweise ein solch jammervolles Attribut kaum auf, aber in diesen Kriegszeiten flüchteten sich viele Landstreicher, die die Landstraßen Andalusiens bevölkerten, in die improvisierte Hauptstadt. Damit Cádiz auch wirklich zum wahren Abbild des Spaniens jener Tage werden konnte, vermehrte sich also dort auch ›die Bruderschaft der Lumpen und Läuse‹, die in unserer Gesellschaftsgeschichte immer eine Rolle spielte und Einheimischen wie Ausländern stets Anlaß zur Entrüstung lieferte.

Ich näherte mich den Unglücklichen und erkannte, daß alle Klassen vertreten waren: die einen verstümmelt, andere geistig beschränkt, die meisten abgemagert und in Lumpen; alle aber fordernd, murrend, kreischend, als ob das Bettlertum – mehr als das Unglück – bei ihnen zu einem Metier geworden war, das ihnen mangels Entlohnung ein heiliges Recht verlieh, vom Rest der Menschheit Achtung zu verlangen. Da kam der Laienbruder mit dem Kessel voller Speisereste heraus, und man mußte es gesehen haben, wie sie sich drängelten, stritten, schoben, die Ellbogen gebrauchten, und mit welcher

Hast, Gier und fordernden Worten sie den verbeulten Napf hinstreckten. Nach links und rechts schüttete die Kelle den Fraß in die elenden Gefäße, wobei so mancher sich auch nicht scheute, mit Fußtritten zu versuchen, die Ration des anderen zu erhaschen. Mit dem gefüllten Napf zog sich dann jeder zurück, um den Inhalt hinunterzuschlingen.

Ich schaute ihnen mitleidig zu, als ich in einer Türnische eine Gestalt entdeckte, deren Anblick mich erstarren ließ. Ich glaubte, meinen Augen nicht trauen zu können, und schaute wieder und wieder hin, ohne mich überzeugen zu können, daß das, was ich da erblickte, die Wirklichkeit war. Dieser Bettler (denn es war unzweifelhaft einer) trug die zerschlissensten, schmutzigsten und extravagantesten Lumpen, die man sich vorstellen kann. Das war keine Kleidung mehr, sondern eine Zusammenstellung von körperbedeckenden Fetzen, die sich bei jeder Bewegung des Individuums verschoben. Seinen Umhang konnte man eigentlich nicht als einen solchen bezeichnen. Er war eine Art Mosaik aus verschiedenfarbigen Flicken, die so schlecht zusammengeheftet waren, daß der Wind durch tausend Öffnungen dieses Werkes einer tölpelhaften Nadel pfeifen konnte. Sein Hut verdiente diese Bezeichnung nicht mehr, denn es war ein Objekt zwischen Teller und Blasebalg, zwischen Futteral und leerer Kissenhülle. Vom gleichen Stil waren auch die übrigen Kleidungsstücke. Alles zusammen zeigte den letzten Grad des Elends und der Resignation an, als ob sich hier jemand mit den Lumpen bedeckt habe, die die anderen Bettler längst abgelegt hatten.

Äußerst erstaunlich aber war die unverhältnismäßig kecke Haltung des Trägers, wie er sich das Gebilde auf seinem Kopf in die Stirn schob, den Umstehenden listig zuzwinkerte und dem guten Almosenverteiler ein Kompliment machte. Viel erstaunter als über diesen vogelscheuchenartigen Aufzug war ich aber über das Gesicht des Bettlers. Ja, meine Herrschaften, das war doch wirklich das Gesicht des leibhaftigen Lord Gray!

22

Ich glaubte zu träumen, schaute ihn mir noch einmal genauer an und wagte erst, ihn anzusprechen, als er mich grüßte, denn ich glaubte immer noch, es müsse sich um eine Halluzination handeln.

»Mylord«, sagte ich, »ich weiß nicht, ob ich jetzt lachen oder zornig werden soll, einen Mann wie Euch beim Almosenausteiler zu sehen.«

»So ist die Welt eben«, erwiderte er, »an einem Tag ist man oben, an einem anderen ganz unten. Der Mensch muß alles durchlaufen. Wie oft habe ich beim Anblick solch armer Menschen Neid gespürt. Ihre Gemütsruhe, ihr absoluter Mangel an ängstlicher Vorsorge, Ansprüchen an das Leben, gesellschaftlichen Verpflichtungen und Kompromißzwängen erweckten in mir den Wunsch, auch diesen Zustand anzunehmen, in diese Eklipse der Persönlichkeit, diesen wahrhaftigen Traum des Gesellschaftsverachters abzutauchen.«

»Also, ich muß schon sagen, Mylord, solche Extravaganz habe ich noch nie bei einem Engländer gesehen – und überhaupt bei keinem anderen Menschen.«

»Das mag wie eine geistige Verirrung erscheinen«, erklärte er mir, »aber die Verirrung liegt bei Euch und allen, die so denken wie Ihr. Mein lieber Freund, obwohl es widersinnig erscheinen mag: Um sich über alles zu erheben, gibt es nichts Besseres, als dort hinabzusteigen, wo ich jetzt bin ... Das muß ich Euch wohl noch besser erklären. Ich hatte erst einmal den Hammerlärm von London satt und verfluchte das abstoßende Land, in dem man Nägel, Scharniere und Kasserolen herstellen muß, um leben zu können. Gesegnet ist dieses Land hier, wo der Boden einen ernährt und wo die Atmosphäre ungeahnte Substanzen enthält ... Mein Körper rebellierte gegen den scheußlichen Fraß, den unsere Köche, diese ruchlosen Vergifter des Menschengeschlechts, zusammenbrauen. Ich hatte schon seit langem eine Wut auf diese englischen Schneider, die imstande wären, der Statue des Apoll

Gehrock, Weste und Krawatte zu verpassen, wenn man sie ließe. Ich hatte eine starke Abneigung gegen die Häuser und Städte, die in unserer grandiosen Epoche nur dazu geschaffen zu sein scheinen, um den Artilleristen als Ziel zu dienen. Ich hasse die gegenwärtige Gesellschaft, die sich aus einer Masse von Gehröcken zusammensetzt, die Höflichkeitsfloskeln austauschen. Es widert mich an, von Nationen, Politik, religiösen Gegensätzen, Kriegen und Kongressen reden zu hören – alles Erfindungen der menschlichen Dummheit, die Gesetze, Stände, Privilegien und Dogmen geschaffen hat, aber gleichzeitig auch Kanonen und Gewehre, um alles wieder zu zerstören. Ich verabscheue die Bücher, die beweisen wollen, daß es auf der ganzen Welt keine zwei Menschen gibt, die das gleiche denken, und den Umstand, daß unter den Händen eines Handwerkers eine andere Art von Büchern entstanden ist, wie das Schießpulver unter den Händen eines Mönches, die mehr ins Auge springt, aber dennoch nichts anderes als Verwirrung darstellt.«

Lord Gray war aufs äußerste erregt. Ich nahm seine Hand und bemerkte, daß sie glühend heiß war.

»Dann sah ich dieses gesegnete Land hier, und mein aufgebrachter Geist beruhigte sich angesichts dieser Stabilität, dieser starken Gelassenheit, dieses wohltuenden Schlafes der spanischen Gesellschaft. Meine Augen ergötzten sich an der Weite der Landschaft mit den Silhouetten der großen Klöster, in deren Schutz ein Volk, für das all dieses geschaffen worden war, seine mächtige Phantasie durch die Gefilde der Träume schweifen lassen und das Ideal in dem einzigen Bereich, in dem es existiert, suchen kann, ohne sich darum zu kümmern, mehr oder weniger schwierige Rollen in der Gesellschaft zu spielen, ohne sich um die Pflege der eigenen Person zu scheren, ohne die lästigen Merkmale der menschlichen Bühne, die sich Position, Repräsentation, Namen, Titel, Reichtum, Ruhm und so weiter nennen ... Ich wollte meinen Durst stillen, diesen gesegneten Zustand kennenlernen – und jetzt ist es mir gelungen. Oh, mein Freund, während dieser letzten Tage habe ich so weit weg von der Gesellschaft gelebt, als hätte man mich auf einen anderen Planeten gebracht. Ich habe die

Schönheit eines Sonnentages, die Reinheit der Natur, die tiefe Melancholie der Nacht – das Meer, in dem die Gedanken nach Herzenslust wandern, ohne je ein Ufer zu erreichen – kennengelernt. Ich habe die unbeschreibliche Befriedigung erlebt, Hunderte von Menschen in Kitteln, Röcken und mit Hüten der verschiedensten Formen, aber alle häßlicher als der, den man in Ägypten dem Ochsen Apis aufsetzt, an mir vorbeigehen zu sehen, ohne gegrüßt zu werden. Ich habe die reine Verzückung erfahren, die Minuten, die Stunden, die Tage dahinziehen zu sehen wie eine Prozession von sanften Schatten, die in ihren weichen Händen das Leben tragen wie jene antiken Gottheiten, die in ihren Armen die Seelen der Gerechten in den Himmel bringen. Ich habe die Freuden gekostet, nirgendwo absichtlich hinzugehen, meine Schultern jeglicher Pflicht bar zu fühlen, um mein Hirn herum nicht mehr diesen weißglühenden Reif zu spüren, den wir in unserer Sprache mit den Worten ›und danach‹ ausdrücken, und der eine Welt von Pflichten, Sorgen und Belästigungen einschließt.«

Nach einer kurzen Unterbrechung fuhr er fort:

»Diese Leute, die mich umgeben, haben die gleichen Leidenschaften wie die Bessergestellten, aber sie verstellen sich nicht. Das ist ein Vorteil. In der oberen Gesellschaftsschicht gibt es so viele Unterschiede, hier hingegen ist alles einfach und primitiv, wie die Steine, die noch kein Hammer zerschlagen hat, um eine Straße zu bauen. Es gibt hier in dieser Umgebung Grausamere als *Gloucester*, größere Lügner als *Walpole*, Stolzere als *Cromwell* und erhabener Poeten als Shakespeare – und fast alle sind Gauner. Ich ergötze mich an der wilden Manifestation ihrer Leidenschaften und gebe vor, ihre Schurkereien nicht zu durchschauen. Dieser Alte da, der gerade das Kreuz über dem Suppentopf schlägt, hat mir alle Golddublonen, die ich in meiner Geldbörse hatte, geraubt. Wir haben zusammen lange Nächte an der Stadtmauer verbracht. Er erzählte mir die Lebensläufe von spanischen Heiligen. Ich tat so, als sei ich bei seinen mystischen Berichten eingeschlafen, und da steckte er mir ungeniert die Hand in die Tasche, um mir das Geld herauszuholen. Ich genoß seine Habgier, wie man sich daran erfreut, einen Abgrund, einen Sturm, einen

Brand oder irgendein anderes erhabenes Naturschauspiel zu erblicken. Jene Zigeuner dort, die gerade den Rosenkranz beten, haben mir im wahrsten Sinne des Wortes diebische Freude bereitet, indem sie mir ihre genialen Methoden des Stehlens verrieten. Ja, mein Freund, auch hier gibt es eine höhere Gesellschaftsschicht, die die Zeit munter mit Konzerten, Festen und Aufführungen verbringt. Die maurischen Romanzen, die diese Alte da rezitiert – diejenige dort hinten, die wie die Märchentante aussieht, was sie in Wahrheit ja auch ist –, haben mich mehr gepackt als die Fadheiten aller Theaterautoren unserer Tage. Hier gibt es ein blindes Mädchen, das la Tiñosa* genannt wird und den ›Jaleo‹ und den ›Ole‹ mit solcher Kunstfertigkeit singt, daß ich mich in die höchsten, die entferntesten Regionen des Idealen emporgetragen fühlte. Dieser hinkende und dieser einarmige Knabe da, in deren großen schwarzen Augen der Geist des großen Volkes zu funkeln scheint, das sieben Jahrhunderte lang mit den Mauren kämpfte und danach Regionen und Kontinente entdeckte, eroberte und beherrschte – diese Kinder also sind das anmutigste Diebespaar, das ich je erlebt habe. Wieviel Genie, Einfallsreichtum und Frechheit die Natur auch auf Spitzbuben von Madrid, Scharlatane aus Mexiko, Lazzaroni aus Neapel, Haderlumpen aus Andalusien, Schurken aus Paris und ›Pickpockets‹ aus London verwendet haben mag, so ist das nichts im Vergleich zu ihrer großen Wissenschaft. Wenn man denen noch eine nach unseren Vorstellungen höhere Bildung zuteil werden ließe, das heißt, den natürlichen Lauf ihrer Instinkte korrumpieren und verdrehen würde, möchte ich wissen, wo Pitt, Talleyrand, Bonaparte und all die anderen großen Männer unserer Epoche bleiben würden.«

»Mein Freund«, entgegnete ich, ohne meinen Zorn unterdrücken zu können, »es dauert mich, Euch unter diesen unglücklichen Menschen sehen zu müssen, aber noch mehr betrübt es mich, daß Ihr diesen traurigen Zustand auch noch verherrlicht.«

»Alle halten sich doch um so viel besser als diese Leute

* die Grindköpfige (Anm. d. Übers.)

hier. Seitdem es in Spanien Philosophen, Politiker und Federfuchser mit staatsmännischen Ambitionen gibt, hat man diesen meinen Freunden wie auch den Wegelagerern der Landstraßen, die doch allesamt nichts anderes sind als ein Protest gegen die Privilegien der Absahner, den Krieg erklärt – und auch den guten Mönchen, die der Grundstein dieser beneidenswerten Harmonie, dieses wohltätigen Systems sind, in dem alle bescheiden leben, ohne sich gegenseitig zu belästigen.«

Bei diesen seinen Worten kam eine Alte auf uns zu, der es gerade gelungen war, ihren Napf gefüllt zu bekommen. Nachdem sie mich erfolgreich um ein Almosen angebettelt hatte, legte sie zärtlich eine ausgemergelte Hand auf die Schulter des englischen Lords und sagte:

»Geliebtes Jüngelchen, welch guter Wind hat dich denn heute abend hergetragen? Freue dich und spucke wieder eine gelbe Münze aus, ein Stück Sonne, wie gestern, als du mich für meine uneigennützigen Dienste entlohnt hast.«

»Was erzählst du da, Tante Alacrana, du Musterbeispiel der Gaunerinnen?«

»Solche häßlichen Vokabeln habe ich nicht verdient. Was denn, habe ich in meinem Leben vielleicht irgend etwas getan, das nach Tücke auch nur gerochen hat? Die Ihr hier seht, die Eufrasia de Hinestrosa y Membrilleja, ist von edlem Geschlecht, und mein Verblichener war Bediensteter der Eintreibungsstelle für Kirchen- und Abortabgaben. Aber kommen wir doch zum eigentlichen Thema.«

»Bist du dort gewesen, du listige Hexe?«

»Zum siebenten Male. Und wie gut kenne ich doch jetzt meine Doña María! Eine solche Señora gibt's ja in ganz Cádiz nicht mehr. Nicht was die Großzügigkeit betrifft, sondern den Standesstolz, erhebt sie sich über alle, die ich kenne, und das ist immerhin die halbe Welt. Sie gibt mir einige kleine Münzen und den Rest aus ihren Töpfen, der – ohne in das Laster übler Nachrede zu verfallen – den Magen wenig füllt. Dann hat sie mir noch ein paar Kreuzchen von den Bettelmönchen und ein paar geweihte Knochenperlen für Rosenkränze gekauft. Heute habe ich mich so richtig an sie herangemacht, und die noble Dame ließ sich herab, mich zu bitten, ihr meine Geschichte zu erzählen. Da diese zu den pathetischsten und rührendsten gehört, weinte sie auch ein Weilchen. Als sie dann den Raum verließ, um ihren Beschäftigungen nachzugehen, blieb ich mit den drei Mädchen allein, so daß mein Geschick zur Geltung kommen konnte. In den vierzig Jahren, die ich damit verbracht habe, junge Mädchen zu beeinflussen, Wünsche zu wecken und galante Botschaften zu überbringen, was habe ich da nicht alles gelernt, mein Freund! Es gibt wohl keine Fäden, die ich nicht gesponnen, keine Listen, die ich nicht erfunden und keine Kunstgriffe, die mir nicht geläufig sind wie die einfachsten Verrichtungen des täglichen Lebens. Wenn mich also der Teufel reitet, wie sollte ich da nicht eine herrische Edelpute wie die Gräfin María umgarnen können, die man doch schon mit einem inbrünstig gebeteten Glaubensbekenntnis und einigem Geschwätz über die alten Zeiten und Sitten hinters Licht führen kann, natürlich ohne zu vergessen, das Gesicht immer mit ein paar Tränchen zu garnieren, häufig ein Kreuz zu schlagen, den schmachtenden Blick nach oben zu richten und klagend auszurufen: »O Herr, befreie uns von den Schlechtigkeiten und Untugenden dieser modernen Zeiten!«

»Deine Scharlatanerie gefällt mir nun wirklich nicht, Alacrana. Welche Nachricht bringst du mir also?«

»Welche Nachricht? Drei Tage lang mußte ich meine hohe Kunst anwenden. Was soll die Arme denn auch tun? Ich glaube schon, daß sie bereit ist, mit dir zu fliehen, wohin du sie bringen willst. Um in das Heiligtum ihres Schlafzimmers einzudringen, hast du ja die Schlüsselchen, die du nach den Wachsabdrücken, die ich dir gemacht hatte, anfertigen ließest. Du hast Glück, Jüngelchen, denn Doña María schläft in dem Schlafzimmer rechts, und die drei Mädchen in einem der inneren Zimmer. Der Salon und zwei weitere Zimmer trennen also das Schlafzimmer der Alten von dem der Mädchen. Es besteht demnach keine Gefahr.«

»Aber hat sie dir keine Botschaft gegeben?«

»Sie hat mir gewiß etwas gegeben, mein kleiner Señor, denn sie ist ein viel zu höfliches Mädchen, um dir nicht zu antworten. Auf dieser Buchseite hier hat sie Tag, Stunde und Ort angegeben, wo sie in die Arme dieses zerlumptesten der …«

»Schweig und gib sie mir!«

»Aber nur Geduld! Heute hat mir die bärbeißige Gräfin gesagt, daß sie wie ein Murmeltier schläft, was ein Zeichen für ein reines Gewissen sei. Gott segne sie dafür! Aber bevor ich dir jetzt die Botschaft gebe, mußt du mir die Goldmünzlein aushändigen, die du mir versprochen hast.«

Lord Gray reichte der Alten etliche Münzen und erhielt dafür ein Papier, das er in seiner Brusttasche verbarg.

Dann erhob er sich, um mit mir wegzugehen.

»Weg von hier«, sagte ich ihm, »oder ich erwürge diese verdammte Alte noch.«

»Das ist doch eine respektable Frau, die Eufrasia«, entgegnete er ironisch. »Ein bewundernswerter Charakter, der für mich die unvergleichliche Tragikomödie von *Rodrigo Coata* und *Fernando de Rojas* aufleben läßt.«

Dann wandte er sich dem elenden Haufen zu und sprach in halb ernstem, halb spaßhaftem Tonfall:

»Adiós Spanien; Adiós, ihr Soldaten von Flandern, ihr Eroberer von Europa und Amerika, belebte Asche eines Volkes, das das Feuer in der Seele hatte und sich an seiner eigenen Hitze verbrannte. Adiós, ihr Poeten, Helden, Autoren der Romanzen; Adiós ihr, die ihr vom berühmten *Almadrabas de Tirita,* Potro von Córdoba, Vistillas von Madrid, Azognejo von Segovia, Materia von Valladolid, Perchel von Málaga, Zocodover von Toledo, Coso von Zaragoza, Zacatin von Granada und den anderen so gut beschrieben wurdet. Adiós, ihr Tagediebe, die ihr in einem Jahrhundert die Geschichte ermüdet habt. Adiós, ihr Bettler, Abenteurer, Bigotte, die ihr Lumpen am Körper tragt und eure Phantasie in Purpur kleidet. Ihr habt der Welt mehr Poesie geschenkt und mehr Ideen als England Nägel, Töpfe, Wollstrümpfe und Baumwollmützen. Adiós, ihr ernsten und stolzen Leute, unverschämt und jovial, fruchtbar an Kunstgriffen und Listen, voller Einbildungskraft und Würde und mit mehr Funken im Hirn als die Sonne Strahlen hat. Aus eurem Teig sind Heilige, Krieger, Dichter und tausend andere bedeutende Männer geknetet worden. Ist dieser Teig denn nur noch eine verfaulte Masse, die zu nichts mehr nütze ist? Solltet ihr für immer verschwinden, um etwas anderem Platz zu machen, oder seid ihr fähig, den Makel des Gaunertums von euch zu schleudern, edle Nachkommen von *Guzmán de Alfarache*? Adiós, Señor Monipodio, Celestina, Garduña, Justina, Estebanillo und Lázaro – Adiós!«

Es bestand kein Zweifel mehr, Lord Gray war verrückt geworden. Ich mußte dennoch lachen, während ich ihm zuhörte, und daran denken, daß die Ideen, die er da von sich gab, bei Ausländern, die nach Spanien kamen, typisch waren. Ob sie richtig oder falsch sind, werden meine spanischen Leser beurteilen können.

»Mein Freund«, wandte sich der Lord an mich, »eine der zauberhaftesten Freuden meines Lebens besteht darin, lange Stunden zwischen Ruinen zu verbringen.«

So wanderten wir langsam die Stadtmauer in Richtung der Barquillas de Lope entlang, bis wir zwei Patern des Karmeliterklosters begegneten, die diesem zustrebten.

»Adiós, Señor Advincula«, sagte Lord Gray.

»Heiliger Simeon!« rief einer der beiden aus. »Das ist doch der Mylord! Wer sollte ihn wohl in einem solchen Aufzug wiedererkennen?«

Beide Karmeliter lachten schallend.

»Ich werde dieses königliche Gewand jetzt wieder ablegen.«

»Wir dachten, Mylord wären wieder nach England gegangen.«

»Und ich hatte mich darüber gefreut, ja Señor – darüber gefreut«, sprach der jüngere von beiden, »denn ich mag keine Kompromisse, Ihr aber zwingt mich zu solchen. Jetzt hat es also ein Ende mit dieser gefährlichen Nachgiebigkeit.«

»Nun gut«, entgegnete der Lord verächtlich.

Der ältere wollte noch wissen:

»Seid Ihr nun endlich in den Schoß der katholischen Kirche gekommen?«

»Warum denn?«

»Dieser Aufzug«, meinte Bruder Pedro de Advincula listig,

»zeigt doch an, daß Ihr Euch auf eine schmerzliche Buße vorbereitet ... Ich sehe, daß Ihr alles selbst in die Hand nehmt und keiner Freunde bedürft.«

»Señor Advincula, ja, ich brauche sie nicht mehr. Wißt Ihr, daß ich morgen weggehe?«

»So? Und wohin denn?«

»Nach Malta. Hier in Cádiz habe ich nichts mehr verloren. Die Stadt soll mitsamt ihren Einwohnern zum Teufel gehen.«

»Das freut mich zu hören. Gräfin María verteidigt ihr Haus also gut. Das ist für Galane und Möchtegernliebhaber eine uneinnehmbare Festung. Wißt Ihr, daß sie das auf meinen Rat getan hat?«

»Schelm!«

»Ist da wirklich nichts mehr?«

»So ist es.«

»Euer Entschluß steht also fest? Konvertiert doch zum Katholizismus, und ich verspreche Euch, alles zu regeln.«

»Dazu ist es schon zu spät.«

Advincula lachte freundlich, reichte dem Lord die Hände, und beide Mönche verabschiedeten sich mit liebevollen Gesten von ihm.

23

Zwei Stunden später stand Lord Gray in seiner gewohnten Kleidung im Salon seines Hauses, nachdem er mit Wasser und Seife die Spuren seiner Abenteuer in der Bettlerwelt getilgt hatte.

Als er wieder in der Eleganz und dem Luxus, die ihm eigen waren, erstrahlte, ordnete er an, das Abendessen aufzutragen, und ließ durch einen Diener zwei Personen einladen, mit denen er sprechen wollte. Bis zu ihrem Eintreffen ging er in dem großen Gebäude hin und her. Bisweilen richtete er einige Worte an mich, unzusammenhängende Fragen ohne Sinn, bisweilen setzte er sich wieder zu mir, als ob er mit mir sprechen wollte – aber er sprach dann doch nichts.

Da Gold Wunder im Haus des Reichen vollbringt, bot die Tafel (es waren nur vier Gedecke aufgelegt) eine verschwenderische Fülle. Hunderte von Lichtern brannten in vergoldeten Kandelabern und spiegelten sich in verschiedenfarbigen Funken in geschliffenen Gläsern und kunstvollen Gefäßen mit Blumen und Früchten. Eine gewisse Unordnung, die überall herrschte, wo Lord Gray sich niederließ, machte das vorbereitete Festmahl nur noch blendender.

Schließlich sagte der Engländer ungeduldig:

»Jetzt müßten sie aber doch kommen.«

»Die Freunde?«

»Es sind Freundinnen, zwei Mädchen.«

»Die, mit denen Frau Alacrana zu tun hatte?«

»Araceli«, erwiderte er unruhig, »Ihr habt also das Gespräch, das ich mit jener Frau führte, mitgehört? Das ist eine Indiskretion. Gute Freunde schließen die Ohren, wenn sie etwas hören, was sie nichts angeht.«

»Ich stand doch so nahe, und Señora Alacrana scherte sich wenig um die Gegenwart eines Fremden, so daß ich meine Ohren einfach nicht schließen konnte. Ich mußte alles mit anhören.«

»Das ist gar nicht gut«, bekräftigte er bitter. »Jeder, der sich damit brüstet, etwas zu wissen, das ich sogar vor Gott verbergen möchte, ist mein Feind. Habe ich Euch das nicht neulich schon gesagt?«

»Also schlagen wir uns, Lord Gray!«

»Ja, schlagen wir uns.«

»Für solch eine Lappalie?« fragte ich dann doch und tat, als würde ich es als Scherz auffassen, denn es paßte mir nicht, in dieser ungünstigen Situation mit ihm zusammenzustoßen. »Ich bin doch der verschwiegenste und vorsichtigste aller Menschen. Ihr selbst habt mich doch von Euren beabsichtigten Abenteuern in Kenntnis gesetzt. Kommt, guter Freund, seien wir doch offen miteinander. Habt Ihr mir denn nicht selbst gesagt, daß Ihr sie nach Malta entführen wollt?«

Lord Gray lächelte.

»Das kann ich Euch doch nicht erzählt haben«, murmelte er.

»Ja, Ihr selbst! Und ich versprach Euch, Euch dabei zu helfen, als Ausgleich dafür, daß *Ihr* mir helfen würdet, meinen verhaßten Rivalen Currito Báez zu töten.«

»Ach ja«, entgegnete er lachend. »Nun gut, mein Freund. Bringen wir Currito um, und rauben wir das Mädchen. Ich kann also auf Euch zählen, falls ich Hilfe brauche?«

»Auf jeden Fall! Ich muß nur wissen, für welchen Zeitpunkt Ihr den großen Schlag geplant habt.«

»Welchen Schlag?«

»Na, die Entführung.«

Lord Gray überlegte lange. Offensichtlich schwankte er, sich mir anzuvertrauen.

»Für die Entführung brauche ich niemanden«, versicherte er schließlich, »aber sehr wohl für die Flucht aus Cádiz, denn die wird nicht einfach sein.«

»Ich werde Euch dabei behilflich sein. Dazu muß ich wissen, wann …«

»Wann?«

»Na, ich muß doch rechtzeitig Urlaub von meiner Truppe beantragen.«

»Ja, das ist wahr. Aber ich reiße mir dennoch lieber die Zunge heraus, als Euch den Ort und die Person zu verraten.«

»Das will ich auch gar nicht wissen. Für mich ist nur der Zeitpunkt wichtig …«

»Gewiß … Aber ich wiederhole, daß Ihr weder den Ort noch die Person erfahren werdet. Also, ich sage jetzt nur …«

Dabei holte er das Blatt Papier hervor, das ihm die Alacrana gegeben hatte, und sprach:

»Auf diesem Blatt hier stehen Tag und Uhrzeit. Es wird morgen abend sein.«

»Das genügt. Das ist alles, was ich wissen muß. Also morgen abend.«

»Mehr sage ich selbst meinem Schatten nicht. Überall muß ich Verrat und Fallen vermuten, so daß ich auch meinen besten Freunden nicht traue.«

»Ich möchte ja auch gar nicht indiskret sein und Euch mit weiteren Fragen belästigen. Für mich ist das nicht wichtig. Es genügt mir zu wissen, daß ich morgen abend nach Cádiz kommen muß, um einem Freund, den ich sehr achte, behilflich zu sein.«

Ich dachte, Lord Gray würde das Papier, das ihm so seltsame Nachrichten gebracht hatte, verbergen. Aber zu meiner großen Überraschung zeigte er es mir. Es war eine Buchseite, an deren Rand sich einige Bleistiftstriche befanden.

»Das ist der Brief? Ich muß sagen, daß ich diese Nachricht nicht verstehe.«

»Aber ich verstehe sie gut … Diese Striche beziehen sich auf bestimmte Buchstaben der Seite. Mit etwas Geduld lassen sie sich entziffern. Aber ich denke, Ihr wißt jetzt genug. Also bewahrt Stillschweigen – und jetzt wollen wir nicht mehr von dieser Angelegenheit sprechen. Es demütigt und erzürnt mich, es macht mich nervös, daß jemand nun einen Teil meines Geheimnisses kennt. So, und jetzt wollen wir uns nur noch mit Currito Báez befassen. Freund, ich spüre den unwiderstehlichen Wunsch, einen Mann zu töten.«

»Ich auch!«

»Wann wollen wir ihm den Garaus machen?«

»Morgen abend werde ich es Euch sagen.«

»Möchtet Ihr zuvor noch einige Unterweisungen im Fechten?«

»Nichts lieber als das. Her mit den Floretten! Ich hoffe, bis morgen soviel Geschick zu erlangen wie mein Meister.«

Wir begannen zu fechten.

»Oh, wie gut Ihr seid, Freund!« sagte er, als er einen Hieb von mir empfing.

»Ja, schlecht bin ich nicht.«

»Armer Currito Báez!«

»Ja. Armer Currito! Morgen werden wir sehen.«

Da hörten wir von der Treppe her Lärm, hielten inne und warteten mit den Floretten in der Hand. Kurz darauf traten zwei Mädchen ein, die zum Besten gehörten, was Andalusien bieten konnte. Kennen Sie sie eigentlich schon? Es waren María Encarnación, genannt *die Fesche*, und Pepilla *la Poenca*, die so genannt wurde, weil sie eine Nichte des Schenkwirtes Poenco war.

»Schäm dich!« rief eine aus und hüpfte leichtfüßig auf meinen Freund zu. »So lange ist es her, daß man dich zu Gesicht bekommen hat. Wußtest du denn nicht, daß ich vor Sehnsucht nach dir fast gestorben bin?«

»Miloro wird sich hier versteckt haben, weil er nichts mehr mit den Leuten aus der Schenke zu tun haben will.«

»Ihr liebenswerten Kanaillen«, sprach der Engländer, »setzt euch. Na, setzt euch doch schon, damit wir speisen können.«

Wir vier nahmen an der Tafel Platz, und es geschah dann nichts mehr, das der Rede wert gewesen wäre, so daß ich nicht mehr davon berichten möchte, um Ihre Aufmerksamkeit auf wichtigere Dinge lenken zu können.

24

Am Nachmittag des folgenden Tages weckte mich Don Diego de Rumblar in meinem Militärquartier. Ich hatte in der Nacht nicht schlafen können und auch den Vormittag mit fieberhaften Träumen verbracht, so daß ich von ihm aus tiefem Schlaf gerissen wurde. Meine traurige Seele schlug lahm mit den Flügeln und war zu keinem Flug mehr imstande. Sie war so über ihren eigenen Unwert erschüttert, daß sie kaum noch den alten Schmerz spürte, der zu ihrem Niedergang geführt hatte, so daß sich ihrer eine stumpfe Gleichgültigkeit bemächtigt hatte. Tolerant gegenüber allen Fehlern, aller Irrungen, sogar gegenüber der Untugend, wurde sie von Stunde zu Stunde demütiger. Don Diego sprach mich wie folgt an:

»Ich teile dir mit, daß am kommenden Samstag zwei Ereignisse im Hause meiner Mutter stattfinden werden: Ich werde heiraten, und meine Schwester wird als Novizin ins Kapuzinerkloster von Cádiz eintreten.«

»Na, da gratuliere ich!«

»Ich habe jetzt meine Skrupel, die von übermäßiger, lächerlicher Zurückhaltung herrührten, abgelegt. Meine Mutter sagte mir, ich wäre ein Esel, wenn ich nicht die Gelegenheit beim Schopfe ergreifen würde.«

»Sie hat recht.«

»Außerdem muß ich dir mitteilen, daß meine Mutter mir mit der Aushungerung gedroht hat.«

»Mit der Aushungerung?«

»Ja, Mann. Sie sagte, unsere Reichtümer seien durch den Krieg aufgezehrt worden, und fügte hinzu: ›Wenn du nicht heiratest, Sohn, weiß ich nicht mehr, wovon wir leben sollen!‹ Also bekam ich keinen einzigen Real mehr für meine persönlichen Ausgaben. Mein großzügiger Kamerad, du Zierde des Vaterlandes, wenn du dem Grafen von Rumblar vier Duros leihen könntest, würde dir ganz Europa auf ewig dankbar sein.«

Ich gab ihm die vier Duros.

»Tausend Dank, du berühmter Soldat! Ich zahle sie dir zurück, nachdem ich geheiratet habe. Sage mal: Tue ich nicht gut daran, lästige Skrupel abzuwerfen?«

»Welchen Zweifel hast du denn?«

»Lord Gray hat sich in unserem Hause nicht mehr sehen lassen. Niemand weiß, wo er ist, so daß man annehmen muß, daß er sich auf den Weg nach England gemacht hat.«

»Ich glaube auch, daß er in seine Heimat zurückgekehrt ist.«

»Ich muß dir sagen, daß meine Braut mich nicht ausstehen kann – aber das tut nichts zur Sache. Meine Mutter belagert mich zu Wasser und zu Lande, und ich ergebe mich, Junge, ergebe mich bedingungslos, denn mit meiner Mutter ist nicht zu spaßen. Wenn du wüßtest, wie sie mir zusetzt! Ich mußte mir neue Schlüssel machen lassen, um nachts weiter ausgehen zu können. Und wie sie erst meine Schwester und meine Braut behandelt! Seit mindestens zwei Monaten wissen die schon nicht mehr, wie es auf der Straße aussieht. Sie dürfen noch nicht einmal mehr zur Messe gehen, von Spaziergängen ganz zu schweigen. Sie kleben an den Fenstern der Erker und dürfen auch kein Papier, Tinte und Federn in ihrer Nähe haben. Es kann einem richtig leid tun, wie sie so verwelken und verkümmern. Sie würden bestimmt das schlimmste Leben in Freiheit dem vorziehen, was sie jetzt führen müssen. Die Prügel eines Ehemannes oder die Strenge einer Äbtissin würden sie wohl gern gegen die dunklen Mauern unseres Hauses eintauschen. Sie bekommen keine anderen Männer als mich und Don Paco zu sehen. Kannst du dir vorstellen, wie sie sich fühlen müssen?«

»Du verläßt das Haus immer noch in der Nacht?«

»Ja, weißt du, ich gehe jetzt jede Nacht zu einer Versammlung von Junggesellen, wo man über Politik spricht. Die ist ja fesselnd, diese Politik! Wir treffen uns in einem Hause in der Calle de la Santísima Trinidad und verbringen dort Stunde um Stunde mit Gesprächen über Demokratie und Knechtschaft, verfassen Schmähreden auf die Mönche und schreiben Artikel für dieses ausgezeichnete satirische Blatt *Der Cafékobold*. Wir unterhalten uns über alle Aspekte des Lebens und kritisieren erbarmungslos. Aber am schönsten sind die witzigen Tiraden gegen die Priester der Inquisition, den Papst, die heilige Kirche und das Konzil von Trient. Man könnte sich ausschütten vor Lachen.«

»Dort wird wohl auch der große *Gallardo* hinkommen?«

»Wenn meine Mutter das erführe, würde sie mich am Kronleuchter des Salons aufhängen, denn ein schlimmeres Verbrechen wird es in ihren Augen kaum geben. Ich gehe nun zur Gesprächsrunde, denn sie findet jetzt auch am Tage statt. Heute werden wir ein Feuilleton verfassen, als Antwort auf ›Das handliche Diktionär zur Erleuchtung gewisser Schriftsteller, die irrtümlicherweise in Spanien geboren wurden‹. Kennst du dieses Werkchen? Das ist eine Ansammlung von Dummheiten. Ostolaza brachte es zu uns ins Haus, und abends lesen er, Tenreyro und Mama darin und ergötzen sich an den albernen Witzen und Grobheiten. Na, wartet nur, was als Antwort darauf kommt!«

»Um die Zeit totzuschlagen, werde ich wohl mitkommen«, sagte ich und machte mich fertig.

»Heute abend«, fügte er hinzu, »gehen wir zum Poenco. Ich lade dich auf ein paar Gläschen ein.«

»Eine wunderbare Idee! Wenn die Gräfin María schläft, dann schleicht Ihr Euch hinaus, steckt den Schlüssel in die Tasche – und ab zum Poenco.. Wir werden eine lustige Nacht verbringen. Ich weiß, daß María Encarnación und Pepilla la Poenca dort sein werden.«

»Wenn ich das höre, läuft mir das Wasser im Mund zusammen. Da darf ich natürlich nicht fehlen! Meine Mutter schläft wie ein Murmeltier und merkt nichts von meinen Eskapaden.«

»Erzählen ihr denn Eure Schwesterchen nichts davon?«

»Die animieren mich ja noch, dorthin zu gehen, damit ich ihnen hernach alles erzählen kann, was während der Nacht passiert ist. Ich gehe ja auch ins Theater. Die armen Kleinen führen schon ein jammervolles Leben! Da die drei zusammen in einem Zimmer schlafen, unterhalten sie sich des Nachts mit leiser Stimme über das, was ich ihnen erzählte.«

Wir kamen zur Calle de la Santísima Trinidad. Dort hatten sich in einem dunklen Raum mit niedriger Decke Personen verschiedenen Alters versammelt. Die jüngeren waren aber in der Mehrzahl – munter und fidel wie Studenten. Die meisten waren lässig gekleidet, obwohl ich auch einige in Soutane sah, wenn ich mich recht erinnere. Es ist mir unmöglich, die geräuschvolle, angeregte Atmosphäre zu beschreiben, die dort herrschte, die verschiedenartigen Gesichter, die Gesten, die Scherzworte und das Lachen. Einige setzten sich auf wacklige Stühle, andere standen auf Tischen, die so zu Tribünen wurden wie in einem Parlament. Wieder andere diskutierten eifrig in den Ecken, und es fehlten auch nicht einige Kniende und solche, die neben den Beinen der Redner auf den Tischen hockten. Das war ein Nest von Journalisten, Advokaten, Agitatoren und Bediensteten verschiedener Einrichtungen, die so frei von der Leber weg redeten, daß es eine Freude war.

Es kam mir vor wie ein elitärer Club, eine Zeitungsredaktion, eine Parlamentarierrunde und noch vieles mehr. Was für ein Schmelztiegel! Wie viele leidenschaftliche Überzeugungen, wie viele Krisen, wie viele Revolutionen gab es da! Die Kokons der Raupen öffnen sich nicht schneller, um ihren winzigen Inhalt hinauszulassen, damit er sich in der Frühlingssonne zum buntschillernden Schmetterling verwandelt, als sich diese unschuldigen Embryonen der Politik entwickelten. Ihre Unausgegorenheit erstaunte, und wenn man sie so hörte, hätte man annehmen können, sie wären in der Lage, es mit dem Universum aufzunehmen.

Don Diego und ich wurden sofort wie alte Kameraden behandelt.

»Jetzt kommt der berühmte Bibliothekar der Cortes«, sagte einer. »Er wird uns aus seinem Werk vorlesen.«

»Ich sehe schon, wie die fetten Mönche und die dickbäuchigen Domherren zittern werden. Ich meine, seine Worte müßten Buchstabe für Buchstabe in die Wände eingemeißelt und mit Gold und Silber ausgelegt werden.«

»Da ist er ja, der große Gallardo!«

Er war sehr groß, mager, unansehnlich, hatte eine gelbliche Gesichtsfarbe, große abstehende Ohren, aber lebhafte Augen. Ein bemerkenswerter Mann! Fünfzig Jahre später konnte man ihn noch in den Straßen von Madrid sehen, verändert durch diese fünf Jahrzehnte. Er fiel aber immer noch durch seine Größe und Haltung auf. Gelb im Gesicht war er auch noch, nun aber eher abweisend als jovial, in einer Art von grauem Überzieher, in den Taschen alte Bücher, den Wachstuchhut, der ihn vor Regen und Sonne schützte, in die Stirn gerückt. Und wenn Sie vielleicht einmal zur Alberquilla, einem Landgut in der Nähe von Toledo gekommen wären, dann hätten Sie ihn vergraben in seiner Bibliothek sehen können, wo er, wie Don Quijote in den Rittergeschichten, in der Welt der Folianten versunken war. Er blieb wochenlang eingeschlossen, ohne etwas zu sich zu nehmen, außer einer täglichen Ration Milchsuppe. Etwas mußte aber in diesem Hirn gefehlt haben, das soviel Bücherweisheit aufgespeichert hatte, so viele Stichwörter, Daten und Anmerkungen, denn niemals kam etwas Großartiges dabei heraus.

Sie kennen Gallardo aber nicht, wie ich ihn kannte, auf dem Höhepunkt seines Klerikerhasses. Sie hörten ihn nicht wie ich aus dem berühmten ›Lexikon der Burleske‹ lesen, das beißendste, unverschämteste Buch, das je in Spanien gegen die Religion und die Frömmler geschrieben wurde. Er war von einer dichterischen Begeisterung ergriffen und stellte die erste Muse jener streitbaren, progressiven Poesie dar, die viele Jahre lang die Jugend anfeuerte und sie davon überzeugte, daß die Freiheit darin bestünde, Pfaffen umzubringen.

»Vorlesen, vorlesen!« schrien sechs oder sieben Stimmen.

»Hast du schon den Artikel über das Christentum fertiggestellt?«

»Beruhigt euch doch und macht mich nicht verrückt«, erwiderte Gallardo und holte einige Blätter hervor. »Das geht doch alles nicht so schnell.«

»Als du etwa die Mitte erreicht hattest, du begnadeter Bibliothekar, hättest du eigentlich auch den Buchstaben ›I‹ behandeln müssen. Du hast uns aber noch nicht den Absatz über die *Inquisition* vorgelesen.«

»Weil für mich ›Inquisition‹ mit dem griechischen ›I‹, dem Ypsilon, beginnt.«

Dröhnendes Gelächter.

»Wartet mal einen Moment. Was haltet ihr denn von der Erklärung des Begriffes ›Konstitution‹ oder ›Verfassung‹?« sagte er und nahm Platz, während sich ein Kreis um ihn formierte. »Ihr wißt ja wohl, daß der schreibende Esel des ›Handlichen Diktionärs‹ von der Verfassung sagte: ›Das ist ein Gebilde von Wortklaubereien des *Condillac*, zusammengeheftet mit grobem Faden ...‹ Hört mal, wie ich dagegen das Christentum beschreibe: ›Heiße Liebe für Zuwendungen, Ehren und Privilegien der Kirche Jesu. Diejenigen, die von dieser Liebe ergriffen sind, verstehen es, alle Extreme zu vereinigen, und sind so geschickt im Verknüpfen der Enden, daß sie kraft der Liebe zur Gattin Christi zwei Schatzämtern dienen: dem des Hofes von Spanien und dem des heiligen Hofes von Rom.‹ Was ich über den Patriotismus gesagt habe, habt ihr ja wohl auch schon gehört ...«

»Bartolillo«, fragte jemand, »und auf solchen Erguß wie ›Die Seele ist wie ein Knöchelchen oder Knorpel in der Gehirnmasse oder, gemäß anderen, im Zwerchfell, der so wirkt wie ein Steg einer Geige‹ hast du nichts geantwortet?«

»Nur Geduld! Hier habe ich etwas für *Fanatismus*: ›Philosophisch-moralische Krankheit, die Grausamkeit und Verzweiflung erzeugt, weil diejenigen, die von ihr befallen sind, das Gegenmittel mehr verabscheuen als die Krankheit. Sie ist ähnlich der Tollwut, die die Eingeweide zersetzt, besonders bei denen, die Talare tragen. Die Symptome sind Verwirrung, Krämpfe, Delirium, Wahnsinnsanfälle, und zum Ende hin degeneriert er in Welt- und Menschenfeindlichkeit. In diesem Stadium spürt der Befallene den unwiderstehlichen Drang, ein großes Feuer anzuzünden, um darin die halbe Menschheit zu verbrennen.«

»Das ist richtig ausgedrückt, aber ein wenig kühl.«

»Hart muß man denen gegenüber sein, hart! Was fiel dir wohl beim Stichwort *Mönche* ein?«

»*Mönche*? Wartet mal …«, fuhr der Vorlesende fort, »ja, hier hab ich's: ›Eine Art von niederen, verachtenswerten Tieren, die auf Kosten des Schweißes ihrer Artgenossen in einer Art von Schenke leben, wo sie sich allen Arten von Vergnügungen hingeben, ohne selbst viel mehr zu tun, als sich den Bauch zu kratzen …«

Hier ließen die Zuhörer ihrer Begeisterung freien Lauf. Das Stimmengewirr, das Händeklatschen und Füßestampfen wurde so laut, daß Vorübergehende auf der Straße stehenblieben.

»Herrschaften, jetzt werde ich nicht mehr weiterlesen«, erklärte Gallardo und ordnete seine Blätter stolz, »sonst gibt es ja keine Überraschungen mehr, wenn das alles einmal veröffentlicht wird.«

»Ach, Bartolo, laß doch mal was über *Bischöfe* hören!«

»Bartolo, lese uns doch die Erklärung für *Papst* vor!«

»Das kommt morgen dran.«

»Die Nichtsnutze und Ausbeuter lassen die Köpfe schon hängen bei dem Gedanken, daß dein ›Lexikon‹ bald erscheinen wird.«

»Bartolo, schreibst du heute auch etwas gegen Lardizábal?«

Lardizábal, Mitglied der Regentschaft, hatte sich im Jahr zuvor aus diesem Gremium zurückgezogen und in jenen

Tagen, die ich hier beschreibe, eine haßerfüllte Verunglimpfung der Cortes verfaßt.

»Der ist es doch noch nicht einmal wert, eine Antwort zu erhalten.«

»Wir müssen aber doch die Herrschaft des Volkes, der Nation, verteidigen!«

»Wenn ich nicht mehr Feinde als den Lardizábal hätte, könnte ich es vor Wohlergehen gar nicht mehr aushalten. Den reiche ich dir auf einer Kehrrichtschaufel ...«

»Morgen kommt die neue Nummer unseres *Kobolds* heraus.«

»Wenn ich erst einmal Abgeordneter bin«, sprach einer, der eher wie ein Milchbart aussah, »werde ich fordern, daß alle Mönche in Spanien zum Drehen der Wasserschöpfwerke eingesetzt werden!«

»Auf diese Weise könnten wir sehr gut die trockene Mancha bewässern.«

»Meine Herren, vergeßt nicht, daß morgen Ostolaza und vielleicht auch Don José Pablo Valiente sprechen.«

»Da müssen wir auf die Tribüne gehen!«

»*Ich* werde auf der Straße warten, um seinen Abgang dort mitzuerleben.«

»Hallo, Antonio ... Halt uns doch mal 'ne Rede!«

»Ja, so eine Rede wie gestern abend, über die Demokratie.«

»*Das handliche Diktionär* sagt über die Demokratie, es sei ›eine Art Kleiderschrank, in dem Strümpfe, Gamaschen, Stiefel, Schuhe, Socken und Wämse zusammen mit Fracks, Gehröcken, Jacketts, bombastischen Umhängen, runden Hüten, Dreispitzen, Mänteln und *einigen Ungeheuerlichkeiten der Natur, die man Abbégewänder nennt*, in wirrer Unordnung hineingestopft wurden‹.«

»So will man also die Cortes darstellen!«

»Die Demokratie«, sagte ein anderer Milchbart mit eifriger, aber lispelnder Stimme, »issst *eine Regierungsphorm, in der das Vvvolk, in Ausübung ssseiner Macht sssich ssselbst regiert, da alle vor dem Gesssetz, dasss ja auch von ihm ausssgeht, gleich sssind als aussgestossene Söhne Evas vor Gott*.«

»Mann, wiederhole das doch noch mal, denn das ist wirklich gut. Ich möchte es auswendig lernen, um es meinem Papa beim Abendessen aufzusagen. Mein Papa ist nämlich liberal, und ihm gefallen solche Sachen.«

Ich fühlte mich dort nicht wohl, in diesem unausstehlichen Wirrwarr der verschiedenartigsten Stimmen, diesem Labyrinth von Meinungen, Unausgegorenem und Halbwahrheiten, die in unharmonischem Chor zum Ausdruck kamen und einen härteren Kopf als den meinen verwirrt hätten. Ich sagte Don Diego, daß ich gehen wolle, aber er bat mich inständig, doch bis zum Ende bei ihm zu bleiben.

»Ich höre mir das alles aufmerksam an, um es in den Cafés und Schenken wiederholen zu können«, erklärte er mir. »Auf diese Weise erwerbe ich mir einen Ruf als großer Politiker, so daß man bei meinem Eintritt sagt: ›Ach, Don Diego, was ist denn Eure Meinung über die heutige Sitzung?‹«

Wir blieben noch ein Weilchen, aber dann gelang es mir nach großen Anstrengungen doch, ihn hinauszuziehen, und wir gingen, frische Luft an der Stadtmauer zu schöpfen.

»Was wird wohl Doña María sagen«, fragte ich ihn, »wenn ich jetzt in ihrem Hause auftauchen würde?«

»Weißt du, ich glaube nicht, daß meine Mutter dich verabscheut. Ostolaza erzählt zwar viel Nachteiliges über dich, aber Mama möchte nicht, daß man vor ihr schlecht über andere redet ... Immerhin, du hast in unserem Hause den Ruf eines gewaltigen Frauenhelden. Es wäre also doch besser, wenn du nicht dorthin kommen würdest. Du Schelm, man weiß ja, daß dir meine Schwester Presentación gefällt. Sie fragt mich doch täglich nach dir. Wenn es nach mir gehen würde, wenn du sie liebst ... Ich weiß ja, daß du ein Ehrenmann bist.«

»Sie gefällt mir wirklich.«

»Deshalb hast du sie ja auch wohl an jenem Nachmittag zu den Cortes geführt. Weißt du noch, als sie einmal Ausgang hatten, die Bombe fiel und Pater Advincula Hilfe leistete. Der arme Don Paco war danach fünf Tage krank. Er kam voller blauer Flecke zurück ... Aber das ist doch recht eigenartig, nicht wahr? Der Bombeneinschlag hatte bei ihm Spuren wie nach einer Tracht Prügel hinterlassen!«

»Der arme Hauslehrer! Aber vergeßt nicht, daß Ihr heute abend zum Poenco kommen müßt!«

»Als ob ich das vergessen könnte! Ich zittere ja jetzt schon vor Wonne! Du sagtest, daß *Pepilla la Poenca* kommen wird ...?«

»Und noch ein paar andere Schönheiten.«

»Ich kann es gar nicht erwarten, daß meine Mutter endlich schlafen geht!«

»Ich werde an der Puerta de Tierra, der Landpforte, warten.«

»Himmelspforte müßte sie heißen. Wird die *Churriana* auch kommen?«

»Ja, die auch.«

»Also, selbst wenn ich wüßte, daß meine Mama die ganze Nacht wach bleibt ... Adiós, ich gehe jetzt nach Hause zum Abendessen und Rosenkranzbeten. Innerhalb von eineinhalb Stunden werde ich dort sein ... Freundchen, ich werde Presentación berichten, daß ich dich gesehen habe. Wie die sich freuen wird!«

Nachdem wir uns getrennt hatten, suchte ich wieder Lord Gray auf. Da er sich gerade zum Ausgehen angezogen hatte, sagte ich ihm:

»Mylord, die Gräfin Amaranta beauftragte mich gestern, Euch zu bitten, sie aufzusuchen.«

»Na, dann werde ich doch gleich einmal zu ihr gehen. Habt Ihr heute nacht frei?«

»Ja, und ich stehe völlig zu Eurer Verfügung.«

»Es wird schon sehr spät sein, wenn ich Eure Hilfe brauche. Wo werden wir uns treffen?«

»Wir brauchen gar keinen Ort zu verabreden«, erwiderte ich, »denn ich bin sicher, daß wir uns auf jeden Fall treffen werden. Ich habe aber eine Bitte an Euch: Mein Degen ist ziemlich schlecht. Könnt Ihr mir Eure herrliche Toledaner Klinge borgen, die Ihr als Wandschmuck benutzt?«

»Mit Freuden. Hier habt Ihr sie.«

Er gab mir den Degen und erhielt dafür den meinen.

»Armer Currito Báez!«, bemerkte er lachend. »Ich sehe, Ihr habt das Duell für heute nacht angesetzt. Aber, mein Freund, ich kann nicht überall sein. Heute nacht kann ich beim Tode dieses Mannes nicht zugegen sein.«

»Aber wir könnten das mit der Zeit doch einteilen.«

»Nun, dann gebt mir den Zeitpunkt an.«

»Das ist nicht nötig. Wir werden uns schon begegnen. Adiós.«

»Auf baldiges Wiedersehen.«

Es war schon Abend, und ich eilte zur Schenke des Poenco. Don Diego ließ auf sich warten. Es verging eine Stunde, dann zwei, und ich starb fast vor Besorgnis und Ungeduld. Endlich sah ich ihn und beruhigte mich etwas.

»Poenco!« rief er und schlug auf einen Tisch. »Bring Manzanillawein! Gibt's Fisch für den Gaumen, um Durst zu machen? Lieber Gabriel, wohlwollender und hilfreicher Freund, ich muß dir leider mitteilen, daß ich, als ich auf dem Wege hierher durch die Calle del Burro, die Ochsenstraße, ging, Lust bekam, das Haus von Pepe Caifas aufzusuchen, und dort verlor ich die vier Duros, die du mir heute nachmittag gegeben hast. Kann ich deinen Großmut aufs äußerste strapazieren und dich bitten, mir noch einmal vier zu geben? Du weißt doch, daß ich bald heirate.«

Ich gab sie ihm.

»Señor Poenco, wo ist denn die Pepilla?«

»Die ging zur Beichte und tut jetzt Buße.«

»Zur Beichte? Deine Tochter geht zur Beichte? Laß sie doch nicht in die Nähe dieser Kuttenträger kommen! Du weißt doch, daß die Mönche *niedere und verachtenswerte Tiere sind, die faul und nutzlos in einer Art Schenke leben, wo sie sich allen Arten von Freuden hingeben …*«

»Alles, was wir heute trinken und essen, zahle ich, Onkel Poenco«, sagte ich. »Bringt den Jerez herbei!«

»Danke, du tapferer Soldat! Du bist schon immer großzügig gewesen. Also kann ich mich betrinken … Poenco, kannst du mir nicht sagen, wo María Encarnación heute abend ist?«

»Señor Don Diego«, antwortete der Spitzbube, »ich kann Euch nicht sagen, wo María Encarnación sich jetzt aufhält, auch wenn Ihr mir die vier Münzen aus mexikanischem Silber gebt, weil sie mit Currito Báez mein Etablissement verlassen hat und mit ihm in Richtung der Calle del Torno de Santa María gegangen ist.«

Es kamen mehrere gestandene Männer des Volkes herein, die wir schon kannten, und Don Diego lud sie zum Trinken ein, was sie mit Freuden annahmen.

»Kommst du aus den Cortes, Vejarruco?« fragte Don Diego einen von ihnen.

»Ja, und was für einen Zirkus die da mit dem Ladizábal gemacht haben!«

»Alle, alle sind doch Schschschurken!« rief Lombrijón. »Wasch für Unsinn dieser angepperische, grosche Kerl doch da verzappte ...«

»Was verstehst du denn schon davon, Lombrijón. Der hat doch gesprochen über ...«

»Hab's doch immer noch in den Ohren, Vejarruco. Dasch war doch von der *Memokrakie* ...«

»Da ist doch einer von euch ungebildeter als der andere«, bemerkte Don Diego stolz. »Das heißt Demokratie und nicht ›Mokratikie‹. Das ist *die Regierungsform, mit der das Volk in Ausübung seiner Macht sich selbst regiert, weil alle Bürger vor dem Gesetz gleich sind* ...«

»Donnerwetter! Wie gut doch dieses Herrchen schwatzen kann! Wenn isch die Macht hätte, würde er morchen Appgeornetter sein.«

»Eines Tages werdet ihr mich auch wählen«, meinte mein Freund, der durch die Einwirkung des Alkohols schon den Dunst des eitlen Ehrgeizes in sich aufsteigen fühlte.

»Die Mädchen und die Gitarren sollen doch endlich kommen!« stimmte der junge Graf von Rumblar zu, der inzwischen nur noch über die Hälfte seiner an und für sich schon nicht beträchtlichen Vernunft verfügte.

»Poenco, wenn du sie bringst ...«

»Ja, wenn du sie bringst, dann machen wir dich zum Abgeordneten!«

»Wasch, nur Appgeodnetter? Minischter! Ein Hoch auff die Feilheit der Presche und den Minischter Don Poenco!«

Während sich auf diese Weise die Gemüter dieser Zechbarbaren erhitzten, verging viel Zeit, viel mehr, als mir lieb war, ohne daß ich meine Absichten zur Ausführung bringen konnte. Es schlug neun, zehn und war dann schon fast elf Uhr.

Obwohl er nicht viel im Kopf hatte, widerstand dieser Körperteil meines Freundes den Wellen des geistigen Getränkes noch verhältnismäßig gut, aber als dann die Mädchen kamen und die Musik begann, glitt der edle Tagedieb schließlich doch aus den Steigbügeln seiner Beherrschung und gab sich mit Leib und Seele einer der größten Orgien hin, die eine andalusische Schenke dem Besucher bieten kann. Er tanzte, sang, hielt politische Ansprachen auf einem Tisch, imitierte den Truthahn und das Schwein und ließ schließlich, als ich mich vor Ungeduld und Nervosität kaum noch halten konnte, seinen adligen Corpus zu Boden fallen. Da lag er dann so bewegungslos wie ein Weinschlauch. Die Mädchen vergnügten sich mit Vejarruco und Lombrijón, die Gitarren zogen zum anderen Ende der Taverne ab. Der Schenkenbesitzer Poenco schnarchte hinter seiner Theke, und die Situation wurde günstig für mich. Ich nahm Don Diego die zwei Schlüssel aus der Tasche und rannte wie ein Wahnsinniger aus der Schenke.

Das lärmende Miniatur-Volksfest hatte sich lange hingezogen – es war schon fast zwölf Uhr nachts.

25

Ich lief schon nicht mehr, sondern flog, so daß ich in kurzer Zeit in der Calle de la Armagura war, angetrieben von der Angst, zu spät zu kommen. Ein Mann, der sich verzweifelt ins Verbrechen stürzt, spürt wohl im Augenblick seines ersten Raubes oder sogar Mordes nicht die Erregung, die ich empfand, als ich den Schlüssel in die Haustür steckte. Als ich ihn dann vorsichtig umdrehte, um jedes Geräusch zu vermeiden, und sich die Tür langsam öffnete, konnte ich die Geschicklichkeit ermessen, die Don Diego so oft hatte anwenden müssen. Im Hausflur war ich zuerst wegen der rabenschwarzen

Dunkelheit orientierungslos, aber ich konnte mich zum Innenhof durchtasten, wo das schwache Mondlicht mir doch einige Anhaltspunkte gab. So gelangte ich zu der zur Treppe führenden Tür. Ich schlich vorsichtig nach oben.

Das Herz schlug mir bis zum Halse. Ich fühlte, ob der Degen noch an meinem Gürtel hing und ob er leicht aus der Scheide gezogen werden konnte. In den Schatten, die mich umgaben, glaubte ich immerzu die Gestalt von Lord Gray und einer anderen Person, die fluchtartig dieses Haus verließen, zu erkennen. Ehrlich gesagt war mir zu diesem Zeitpunkt das Ziel der Expedition nicht ganz klar. Wollte ich meinen Rachedurst an Lord Gray stillen? Würde ich mich über mein eigenes Unglück erheben oder den Plan der verrückten Liebenden durchkreuzen? Ich wußte es in diesem Moment nicht. In meiner Brust rangen die wildesten Gefühle miteinander, und meine Stirn glühte von dem heißen Ring, der sich um meinen Kopf gelegt hatte. Die Eifersucht packte mich mit ihren scharfen Krallen und hob mich mit ihren schwarzen Flügeln empor, so daß ich das Ende meiner Reise nicht absehen konnte.

Als ich zum Korridor kam, der um den ganzen Innenhof verlief, konnte ich in dem durch die Fenster dringenden Mondlicht meine Umgebung besser erkennen. Da stieg nebelhaft ein Plan in mir auf und ich sagte mir:

»Ich werde mich hier irgendwo verbergen. Lord Gray kann noch nicht angekommen sein. Ich werde auf ihn warten, und wenn er erscheint, stelle ich mich ihm in den Weg.«

Ich horchte angestrengt und glaubte, ein vages Geräusch zu hören. Es erschien mir wie das Rauschen von Röcken und sehr vorsichtigen Schritten. Ich wartete ab und sah dann eine Frauengestalt aus einer entfernten Tür auf den Korridor kommen. Ich hatte mich im Schatten eines großen Schrankes verborgen. Als die Gestalt näher kam, erkannte ich sie. Es war Inés! Sie kam immer näher und ging schließlich an meinem Versteck vorbei. Ich drückte mich an die Wand und wünschte, in diese hineinkriechen zu können.

In dem spärlichen Licht konnte ich erkennen, daß Inés sehr erregt war. Sie ging zur Treppe, kam wieder zurück, um dann doch wieder dorthin zu gehen. Ihre Bewegungen zeigten große Besorgnis an; ach, mehr als Besorgnis – Verzweiflung. Sie stieß tiefe Seufzer aus und richtete den Blick nach oben, als ob sie vom Himmel Hilfe erflehte. Dann blieb sie stehen, stützte das Kinn in nachdenklicher Gebärde in eine Hand und verfiel darauf wieder in ihre unruhigen Bewegungen.

»Sie erwartet ihn bestimmt«, sagte ich mir. »Lord Gray wird noch nicht gekommen sein.«

Dann ging Inés abrupt ins Zimmer zurück und kam kurz darauf mit einem dunklen Umhang über dem Kopf wieder hinaus. Sie ging sehr vorsichtig, ihre zarten Füße schienen die Fliesen des Bodens kaum zu berühren. So kam sie wieder an mir vorbei, auf dem Weg zur Treppe. Schließlich ging sie wieder zurück.

»Sie muß völlig verwirrt sein«, dachte ich, »und will jetzt allein entfliehen. Bestimmt wird er auf der Straße warten.«

Das Mädchen stieg zwei oder drei Stufen hinab und wandte sich dann um, um wieder hinaufzusteigen. Dabei konnte ich ihr Gesicht klar erkennen. Es war sehr verändert. Sie flüsterte etwas, das mir wie ein Ausdruck ihrer Seelenpein erschien. Dann konnte ich folgende Worte deutlich vernehmen: »Ich habe Angst!«

Als sie dann wieder an mir vorbeikam, muß ihr mein Atem aufgefallen sein oder ein leichtes Schleifen meines Körpers an der Wand, denn es war mir nun unmöglich geworden, absolut ruhig zu bleiben. Sie schrak auf und blickte in meine Ecke. Ich war sicher, daß sie mich sah, das heißt ein schwarzes Bündel, ein Gespenst, einen Eindringling, irgendeines dieser eingebildeten Geschöpfe der Nacht, die Kinder und schüchterne Mädchen erschrecken. Auf dem Höhepunkt ihres Schreckens hatte sie aber noch soviel Geistesgegenwart, nicht zu schreien. Sie wollte weglaufen, aber ihre Kräfte versagten. Automatisch verließ ich mein Versteck und machte einige Schritte auf sie zu. Ich sah sie erzittern. Mit weitgeöffneten Augen streckte sie die gespreizten Hände vor. Ich trat näher an sie heran und sprach mit leiser Stimme:

»Ich bin es doch! Erkennst du mich nicht?«

»Gabriel«, erwiderte sie, wie jemand, der aus einem Alptraum erwacht. »Wie bist du denn hier hereingekommen? Was willst du denn hier?«

»Du hast *mich* ja wohl nicht erwartet?«

Ihre Überraschung war jedoch nicht mit Ablehnung oder gar Zorn gepaart. Schließlich fügte sie hinzu:

»Ich glaube, daß Gott dich mir zur Hilfe geschickt hat. Komm mit, ich muß zur Straße hinunter!«

»Zur Straße!« rief ich verwundert aus.

»Ja«, erwiderte sie, und die Angst, die ich zuvor an ihr bemerkt hatte, überfiel sie wieder. »Ich möchte sie zurückbringen, und wenn ich sie an den Haaren herbeiziehen müßte ... Ach, Gabriel, ich bin so besorgt, daß ich gar nicht weiß, wie ich dir alles erzählen soll. Aber komm schnell mit. Ich wage es nicht, zu dieser Zeit allein hinauszugehen.«

Dabei ergriff sie meinen Arm und schob mich zur Treppe.

»Dieses Haus ist entehrt! Was für eine Schande! Wenn Doña María morgen aufwacht und sie hier nicht mehr findet! Komm, komm schnell. Ich hoffe, daß sie auf mich hören wird.«

»Wer denn?«

»Asunción. *Die* will ich doch zurückholen.«

»Wo ist sie denn?«

»Aus dem Haus entflohen ... mit Lord Gray ... Draußen werde ich dir alles erzählen ...«

Wir flüsterten uns die Worte ins Ohr. So schnell es uns die Dunkelheit erlaubte, schlichen wir die Treppe hinunter, öffneten die Türen und standen auf der Straße.

»Ach!« stieß sie aus, als sie mich von außen die Tür abschließen sah. »In meiner Verwirrung habe ich nicht daran gedacht, daß ich ja gar keine Schlüssel gehabt hätte, um die Tür aufzuschließen.«

»Wohin willst du nun? Wo gehen wir denn jetzt hin?«

»Laß uns laufen«, antwortete sie nur und ergriff meinen Arm.

»Wohin denn?«

»Zum Haus von Lord Gray.«

Dieser Name entflammte wieder mein Blut, so daß ich argwöhnisch fragte:

»Aber wozu denn?«

»Um Asunción zu suchen. Vielleicht kommen wir noch rechtzeitig, um ihre Flucht aus Cádiz zu verhindern ... Das Mädchen ist verrückt, verrückt, verrückt ... Gabriel, warum kamst du eigentlich ins Haus? Wolltest du zu mir? Läßt meine Cousine mir etwas durch dich ausrichten?«

»Aber wie ist das denn mit Lord Gray ... Erkläre mir das doch einmal.«

»Heute nacht kam Lord Gray heimlich ins Haus. Asunción erwartete ihn. Sie stand ganz leise auf und kleidete sich an. Davon bin ich aufgewacht. Dann kam Asunción an mein Bett, küßte mich und flüsterte: ›Liebste Inés, Adiós. Ich verlasse dieses Haus.‹ Ich sprang aus meinem Bett und wollte sie aufhalten, aber die Spitzbübin war darauf vorbereitet und entschwandt behend. Ich wollte schreien, hatte aber Angst davor. Der Gedanke, daß Doña María aufwachen würde, ließ mich erzittern ... Sie verließen das Haus sehr leise, und als ich allein war ... Ach! Die Unbesonnenheit dieses Mädchens, das alle für eine Heilige halten, machte mich wütend. Lord Gray hat sie getäuscht und wird sie auch wieder verlassen ... Komm, komm nur schnell!«

»Ja, träume ich denn? Dann ist es also Asunción ... Aber was sollen wir denn nun tun, was können wir Asunción und Lord Gray sagen?«

»Und das fragt mich ein Mann, ein Caballero, ein Offizier, der einen Degen trägt? Als ich sie weggehen sah, kam Zorn in mir auf. Ich wollte ihnen nachlaufen. Dann dachte ich auch daran, die anderen im Haus aufzuwecken, aber schließlich hielt ich es für das beste, zu versuchen, die Flucht zu verhindern und Asunción ins Haus zurückzubringen, damit die Gräfin nichts erfährt. Ich flehte den Himmel um Hilfe an und schrie innerlich: ›Gnädiger Gott, was kann ich, eine arme, schwache Frau, denn gegen die Tücke, List und Stärke dieses vermaledeiten Engländers ausrichten? Allmächtiger Gott, hilf mir doch!‹ Als ich das flüsterte, entdeckte ich dich.«

»Und was willst du jetzt tun?«

»Ich wußte nicht, ob ich ihnen nachgehen sollte oder nicht. Ich hielt es für verrückt, so ganz allein hinauszulaufen.

Was hätte ich allein auch vollbringen können? Nichts. Jetzt liegen die Dinge anders. Ich werde das Haus dieses Banditen betreten und versuchen, diese Unglückliche vor dem elenden Schicksal zu warnen, das sie erwartet. Oh, nie hätte ich sie einer derart scheußlichen Handlung für fähig gehalten. Ich werde alles tun, um sie wieder nach Hause zu bringen ... Jetzt begleitet mich ja ein Mann, so daß ich vor Lord Gray keine Angst zu haben brauche. Wir werden sehen, ob er in deiner Gegenwart noch auf seinen niederträchtigen Plänen besteht.«

»Er wird auf nichts bestehen. Was hier vorgeht, ist ein wunderbarer Plan der Vorsehung!«

»Die arme Asunción ist eine Närrin. Im Grunde ist sie ja gut, aber die strenge Frömmigkeit, das Eingeschlossensein und Lord Gray haben ihre Vorstellungswelt völlig durcheinander gebracht. Ich habe mit liebevollen Vorhaltungen mehr bei ihr erreicht als ihre Mutter mit ihrer Strenge und die ganze katholische Kirche mit ihrer Frömmigkeit ... Ja, sie wird mit uns zurückkommen. Was für ein Wagnis! Sie und ich außerhalb des Hauses! Laß uns schnell laufen. Das Haus dieses Mannes ist doch so weit weg!«

»Lord Gray wird seine Beute schon freigeben. Bald werden wir dort sein. Er wird die Strafe erhalten, die er verdient!«

»Dein Wort in Gottes Ohr! Arme Asunción, arme Freundin! So gut und so närrisch! Es würde mir das Herz zerreißen, sie entehrt und für immer verloren zu sehen! Wir werden sie den Händen ihres Verführers entreißen ... Nein, nein, sie wird nicht aus Cádiz fliehen ... Es dauert noch Stunden bis zum Tageslicht ... Komm nur, schnell!«

26

Wir erreichten endlich das Haus von Lord Gray. Ich schlug heftig an die Tür, worauf ein schläfriger, mürrischer Diener uns öffnete.

»Der Herr ist nicht im Hause«, informierte er uns.

Da ich ihm nicht glaubte, stieß ich ihn zur Seite, ging ins Haus und rief:

»Er ist doch da! Ich werde mich davon überzeugen!«

Weil Lord Grays Haus ein Treffpunkt von Abenteurern war und dort oftmals Männer und Frauen zu den verschiedensten Tages- und Nachtzeiten ein und aus gingen, leistete der Diener keinen Widerstand, als wir eindrangen. Er führte uns sogar in den Salon, zündete Kerzen an, hörte jedoch nicht auf zu beteuern:

»Der Herr ist bestimmt nicht hier. Er war den ganzen Abend nicht hier!«

Inés ließ sich entkräftet in einen Sessel fallen. Ich lief durchs ganze Haus und mußte mich davon überzeugen, daß Lord Gray wirklich nicht anwesend war. Inés und ich schauten uns verwundert an, enttäuscht über die Nutzlosigkeit unseres Wagnisses.

»Sie sind nicht hier, Inés. Lord Gray wird Vorsichtsmaßnahmen getroffen haben, so daß es unmöglich ist, die Flucht noch zu verhindern.«

»Unmöglich!« rief sie voller Schmerz aus. »Ich weiß gar nicht, was ich denken soll. Bring mich wieder ins Haus zurück. Mein Gott, wenn man mich in deiner Begleitung sieht! Wenn die Gräfin inzwischen aufgewacht ist und gemerkt hat, daß Asunción und ich nicht dort sind! Das war doch der reine Wahnsinn! Oh, unglückliche Asunción – so gut und so närrisch!«

Inés beweinte in einem neuen Anfall des Schmerzes das Unglück ihrer Freundin.

»Mir ist, als sei sie gestorben«, fügte sie hinzu, »Gott möge ihr verzeihen!«

»Da sie stets so fromm tat, hätte ich nie geglaubt, daß sie von einer derart blinden Leidenschaft für einen Mann ergriffen werden könnte.«

»Ihre Scheinheiligkeit ist größer, als alles, was man sich vorstellen kann. Sie hat gelernt, ihre Gefühle so geschickt zu verbergen, daß sich alle in ihr täuschten.«

»Ich kann es dir nicht verschweigen, Inés. Ich dachte, daß *du* diejenige wärst, die Lord Gray liebt. Alle glaubten wir das, auch die Gräfin Amaranta.«

»Ich weiß. Deshalb trage ich ja auch die Schuld an alldem, denn ich wollte verhindern, daß Doña María Asunción grausam bestraft. Deshalb schwieg ich die ganze Zeit über und mußte leiden, weil der Verdacht auf mich fiel. Mir gegenüber war man toleranter. Da es sich ja auch nur um Briefchen und kleine Dummheiten handelte, tat ich nichts, um dem entgegenzuwirken. Einige Male nahm ich absichtlich die Fehler von Asunción auf mich, weil ich sie zu meinem Nutzen verwenden konnte. Verstehst du das? Mein Bestreben war doch, Don Diego zu verstehen zu geben, daß ich ihn nie heiraten werde.«

»Und er erwartet, daß du ihm bald deine Hand geben wirst!«

Da hörte ich sie zum ersten Male in dieser Nacht lachen.

»Ich wußte also«, fügte sie hinzu, »daß jeder Verdacht auf mich fallen würde, und schwieg. Niemals hätte ich die arme Asunción verraten. Ich hatte gehofft, ihr diese Verrücktheit ausreden zu können, und einmal glaubte ich sogar, Erfolg zu haben … Lord Gray machte aber alle meine Strategien zunichte. Weißt du, was an jenem Tage geschah, als wir zum Nationalkongreß gingen? Eine wirklich seltsame Geschichte! Ich hoffte, daß du am Abend in unser Haus kommen würdest, damit ich dir alles erzählen könnte. Es sind aber Tage und schließlich Monate vergangen. Allein und von allen im Stich gelassen, mußte ich mich ganz auf mich selbst verlassen, in der Hoffnung, eines Tages frei zu sein … Aber laß uns rasch wieder gehen! Jesus, wie spät es schon ist!«

»Inés, ich habe dich wiedergefunden! Du bist wieder mein, nachdem ich dich schon verloren geglaubt hatte«, brach es aus mir hervor, ohne daß ich einen Gedanken an unsere prekäre Situation verschwendete. »Es ist, als ob du für mich wiederauferstanden wärest. Meine Liebste, nehmen wir uns doch an Asunción und Lord Gray ein Beispiel und fliehen wir aus dieser Stadt!«

Sie sah mich ernst an.

»Willst du denn in dieses scheußliche Gefängnis zurückkehren, das noch verschlossener und düsterer als das Haus der Requejos ist?« frage ich sie erregt und ergriff ihre kleinen Hände.

»Es ist besser zu warten«, antwortete sie. »Bring mich jetzt wieder ins Haus zurück.«

»Wieder zurück!« rief ich aus und nahm sie in die Arme, die so gern eine undurchdringliche Mauer des Schutzes für sie gewesen wären. »Wieder in dieses Haus! Dann werde ich dich wohl nicht wiedersehen. Die Türen dieser von der Gräfin María geleiteten Hölle werden sich hinter dir schließen, und dann Adiós für immer. Meine Liebste, laß uns doch zur Gräfin Amaranta gehen! Dort wirst du dich davon überzeugen, daß es ein Fehler wäre, in dieses Haus zurückzukehren. Du wirst etwas erfahren, was dir wichtiger als alles andere auf der Welt sein wird.«

Inés machte eine ungeduldige Gebärde.

»Nur noch einen Moment, einen einzigen! Es werden gewiß Monate vergehen, bis wir uns wiedersehen. Weißt du, was geschehen wird? Die Regierung hat beschlossen, eine Expedition nach Cartagena auszuschicken, um unsere Truppen in Kastilien zu unterstützen. Ich soll daran teilnehmen, also muß ich gehorchen. Demnach werden wir uns lange nicht mehr sehen – vielleicht niemals mehr. Geh in dieser Nacht nicht mehr fort von mir. Ich werde dich von hier zu deiner gräflichen Cousine Amaranta führen.«

»Nein, nach Hause, nach Hause!«

»Es kommt mir so vor, als sei die Tür jenes Hauses die Platte zu deinem Grab. Wenn sie sich hinter dir schließt, ist alles zu Ende.«

»Nein, ich will dieses Haus nicht wie Asunción verlassen, indem ich den Schlaf ihrer Mutter zur Flucht nutze. *So* will ich mein Gefängnis nicht verlassen, sondern im hellen Tageslicht, wenn alle Türen geöffnet sind und mich jedermann sehen kann. Gehen wir also. Was für eine Torheit habe ich doch heute nacht begangen, mein Gott! Asunción, wo bist du? Bist du schon für mich und die anderen gestorben? Ich kann keinen Augenblick länger hierbleiben. Mir ist, als hörte ich den Ruf Doña Marías, so daß mir die Haare vor Schreck zu Berge stehen.«

Inés ging zur Tür. In diesem Augenblick hörten wir das Geräusch einer Kutsche auf der Straße. Wir warteten und vernahmen, wie jemand die Treppe heraufkam. Schließlich öffnete sich die Tür, und Lord Gray trat ein. Er sah finster und erregt aus.

Als er uns erblickte, war er überrascht. Er gab sich Mühe zu lächeln, konnte aber seinen Zorn nicht unterdrücken. Er zitterte geradezu vor Wut und ging wie ein Tier in seinem Käfig hin und her. Einmal schaute er uns an, sagte etwas Unzusammenhängendes, und dann sprach er wieder in einsilbigen, unverständlichen Worten, in denen sich die englische Sprache mit der spanischen mischte, mit sich selbst. Endlich nahm er sich zusammen und sagte:

»Herr von Araceli, ich wünsche Euch einen guten Abend. Euch ebenso, mein Fräulein. Was macht Ihr eigentlich hier? Ach so, mein Haus dient als Zuflucht für Liebende ... Ihr seid besser dran als ich ... Ewige Verdammnis den scheinheiligen Mädchen! Ein Mann wie ich hätte doch nicht ... Beim heiligen Jorge und San Patricio!«

»Lord Gray«, entgegnete ich, »wir sind aus einem ganz anderen Grunde, als Ihr denkt, hierhergekommen.«

»Wo ist denn Asunción?« fragte Inés. »Sie beide dürfen nicht aus Cádiz fliehen! Ich werde die ganze Stadt in Aufruhr versetzen!«

»Asunción?« erwiderte der Engländer keuchend vor Zorn und hob die Faust. »Ich bin ein Tor gewesen! Aber morgen werden wir sehen ... Der Teufel soll mich holen, wenn ich nachgebe! Was sagtet Ihr noch? Asunción, das ist ein äußerst achtbares und sittsames Mädchen! Verdammte Scheinheiligkeit! Viele Tränchen, viele Schluchzerchen, viele Seufzerchen!

So ein Pech! Was wolltet Ihr noch mal? Verzeiht … ich bin schrecklich nervös, strahle Feuer und Elektrizität aus … Also, wie ich schon sagte, Asunción …«

»Ja, wo ist sie denn? Ihr seid ein Tunichtgut!«

»Die arme Kleine ist schon wieder zu Hause und betet *Confiteor* mit ihren gekreuzten Händen vor dem Altärchen. Verflucht seien die frommen Damen! Es scheint, daß ihr Wille wie Stein und die Kirche wie Wachs ist. Also ja, sie ist wieder zurück in ihrem Haus. Dieses Engelchen hat Angst, mit mir an einem fremden Ort zu sein. Sie fühlt sich anscheinend nur in der Sakristei wohl. Das war ein Weinen und Jammern! Sie wollte sich umbringen und rannte aus dem Hause der berühmten Doña Mónica, in das ich sie gebracht hatte … So eine habe ich noch nicht erlebt! Wie das arme Kätzchen miaute! Was für flehende Gesten und Schreie wegen ihrer Ehre! Man muß also Mönch oder Küster werden … Na ja, jetzt ist sie ja wieder in ihrem Käfig. Aber wie ich sehe, seid Ihr, Señorita Inesita, ein entschlossenes Fräulein. Ihr habt es gewagt, mit diesem wackeren Jüngling zu fliehen, ohne danach ein solches Theater aufzuführen. Gräfin Amaranta hat mir heute abend alles erzählt. Sie bat mich, Euch aus Eurem Gefängnis zu befreien, und ich versprach es ihr. Aber nun habt Ihr ja die Sache schon selbst in die Hand genommen. Die Mißgeschicke und Widerwärtigkeiten sind heute nacht nur für mich reserviert. Aber morgen … Ich werde Vorsichtsmaßnahmen treffen … Entweder schuf Luzifer die bigotten Damen, um sich über die Liebhaber lustig zu machen, oder Gott, um sie zu bestrafen … Wenn ich daran denke … Gott, Gott!«

»Laß uns sofort gehen!« mahnte mich Inés. »Dieser Mann ist ja wahnsinnig. Wenn die Unglückliche tatsächlich im Hause ist, werden wir das ja bald wissen.«

In einem plötzlichen Entschluß sagte ich zu dem Engländer:

»Mylord, leiht mir Eure Kutsche!«

»Sie steht vor dem Hause.«

»Also gehen wir!«

Wir stiegen hinunter. Ich nahm Inés in meine Arme und

hob sie in die hochrädrige Karosse, eine der Eigentümlichkeiten von Cádiz, die Lord Gray eingeführt hatte, und gab dem Kutscher die Anweisung:

»Zum Haus der Señora de Cisniego in der Calle de la Verónica.«

27

»*Wo* bringst du mich hin?« frage mich Inés erschreckt, als ich mich neben sie in die Kutsche setzte, die sogleich losfuhr.

»Das hast du doch gehört. Frag mich aber nicht warum. Wenn wir dort sind, wirst du es erfahren. Ich habe diese Entscheidung getroffen, und niemand wird mich davon abbringen. Das ist kein törichter Einfall, das ist eine Pflicht.«

»Was sagst du da? Ich ging aus dem Haus der Gräfin María, um die Ehre meiner Freundin zu retten, und ich bin es jetzt, die ihre Ehre verliert!«

»Inés, höre zu, was ich dir zu sagen habe. Bist du entschlossen, Don Diego zu heiraten?«

»Ach, rede doch nicht einen solchen Unsinn.«

»Dann schweig und finde dich damit ab, daß ich dich woanders hinbringe. Eine Reihe von Zufällen hat dich zu mir geführt, und ich glaube, ich würde ein Verbrechen begehen, wenn ich dich wieder in dieses abscheuliche Gefängnis bringe, wo du schließlich doch das Opfer des fanatischen Egoismus und der unerträglichen Herrschsucht derjenigen werden würdest, die kein Recht hat, dich zu quälen. Du Arme, präge dir genau ein, was ich dir sage! Später wirst du diese meine vermeintliche Torheit segnen. Nein, du wirst nicht mehr dorthin zurückkehren! Vergiß die Gräfin María. Beantworte mir doch einmal folgende Fragen: Habe ich dich jemals getäuscht? Habe ich dich nicht stets verehrt, seit wir uns kennen, so daß ich dich nie beleidigen könnte? Hast du neben der brennendsten Liebe, die ein Mensch empfinden kann, in mir nicht einen Respekt, eine Hochachtung für dich, die sich über alle menschlichen Schwächen erhebt, erkannt? Inés, du bist das Opfer eines großen Irrtums. Du fürchtest dich vor Doña María, vor Leiva, diesen düsteren Figuren, die dich ständig mit ihren schrecklichen Augen bewachen? Dann hör einmal: Diese beiden Personen sind für dich nicht mehr als Schreckgespenster für kleine Kinder. Wenn du nahe an sie herangehst und sie berührst, wirst du sehen, daß sie nur Papierdrachen sind.«

»Ich weiß nicht, was du damit sagen willst.«

»Ich will damit sagen«, fuhr ich fort, »daß du Familienrücksichten, Pflichten und Bande geschmiedet hast, die auf einem Irrtum beruhen. Man hat dich getäuscht. Sie nutzen deine Güte, deine Sanftheit für verabscheuungswürdige Ziele aus, und da sie deinen trefflichen Charakter nicht dem ihren anpassen können, verändern sie ihn allmählich, meine Liebste. Schüttele das ab, denke nicht mehr an sie! Betrachte dich als frei! Du wirst unter dem Schutz der einzigen Person leben, die ein Recht hat, dir etwas vorzuschreiben. Du wirst frei sein, die unschuldigen Freuden der Natur genießen können. Du wirst den Himmel betrachten dürfen und die Werke Gottes bewundern. Du wirst gut sein dürfen ohne Heuchelei, lustig ohne Reue. Du wirst umgeben sein von Personen, die dich wirklich lieben, wirst leben können, mit gutem Gewissen und in Ruhe. Dein Schlaf wird nicht mehr unterbrochen werden durch die Sorge, welche Ausflüchte und Listen du am nächsten Tage anwenden mußt, damit man dich nicht bestraft. Du wirst nicht mehr dem quälenden Zwang ausgesetzt sein zu lügen. Das Damoklesschwert, die erzwungene Heirat mit einem von dir verabscheuten Mann, wird nicht mehr über dir schweben. Du wirst nicht mehr der furchtbaren Wahl ausgesetzt sein, entweder als entehrt angesehen zu werden oder in diesem kurzen Leben tief unglücklich zu sein, bevor die Unendlichkeit des anderen beginnt.«

»Gabriel«, erwiderte sie unter Tränen, »ich verstehe nicht, was du mir da erzählst. Nein, ich glaube nicht, daß du imstande wärst, mich zu belügen. Was du da sagst – ist das nun eine Torheit oder was sonst? Wo bringst du mich denn hin? Oh, um Gottes willen, mach keine Dummheit! Kutscher, Kutscher, zur Calle de la Amargura!«

»Nichts da, das Ziel dieser Fahrt bestimme ich!« rief ich mit lauter Stimme, um den Lärm des Gefährtes zu übertönen. »Freue dich doch, meine kleine Inés. Von dieser Nacht an wird sich dein Schicksal ändern. Wie viele Schmerzen, mein kleines Mädchen, wie viele Schicksalsschläge und Wechselfälle in so wenigen Jahren! Auf der einen Seite du – auf der anderen ich. Wir beide waren so vielen Qualen ausgesetzt, wurden von dieser ungeheuren Welle erfaßt, die uns emporhob, hinunterstieß, trennte, wieder zusammenführte und so fort ...!«

»Ja, das ist wohl wahr!«

»Meine arme kleine Freundin, wer hätte dir wohl vorausgesagt, daß du in deiner gehobenen Position so unglücklich wie im tiefsten Elend sein wirst?«

»Ja, das stimmt, das ist die Wahrheit! Aber ich lasse mich von deiner Tollheit nicht mitreißen. Bringe mich doch, um Gottes willen, in mein Haus! Danach werden wir beschließen ...«

»Es ist schon alles beschlossen.«

»Aber meine Familie. Ich habe doch Namen und Familie.«

»Darauf kommen wir noch zu sprechen.«

»Nein, ich kann das nicht zulassen. Du kannst mich nicht täuschen ... Nach Hause, nach Hause! Was werden die über mich reden! Heilige Jungfrau!«

»Sie werden nichts sagen.«

»Ich habe einen Plan.«

»Mein Plan ist besser. Deine Cousine wird ihn dir erklären. Zum Teufel mit der Gräfin María und der Leiva!«

»Sie ist doch das Oberhaupt der Familie und befiehlt.«

»Jetzt befehle ich, Inés. Gehorche und schweig! Hast du schon vergessen, daß du in allen wichtigen Momenten deines Lebens meiner Hilfe bedurftest? Heute ist ein solcher Moment ... Ich habe dich die ganze Zeit über im Auge behalten. Ich wollte dich entführen, wie ich dich aus dem Haus der Requejos entführte – und habe es geschafft. Soll die Gräfin María doch versuchen, dich mir wieder zu entreißen!

Alles andere wird dir deine Cousine sagen. Wir sind gleich da.«

Entweder siegte ihr Vertrauen in mich, oder sie ergab sich in ihr Schicksal, das sie schon so manches Mal in meine Hände gelegt hatte. Jedenfalls machte sie keine Anstrengungen, sich zu widersetzen, als ich mit ihr in das Haus der Gräfin Amaranta eintrat und sie nach oben führte, wobei wir die Herrschaften und das Personal aufweckten. Die Gräfin war sehr erschrocken, als sie zu so später Stunde mein lautes Klopfen an der Tür und die Rufe hörte, mit denen ich uns bemerkbar machte. Deshalb waren Doña Flora und die Gräfin völlig bestürzt, als wir uns gegenüberstanden.

»Was sehe ich da? Wie hast du denn dieses Haus verlassen können?« rief die Gräfin aus und küßte Inés zärtlich. »Dieses gute Werk haben wir bestimmt Gabriel zu verdanken.«

»Welch eine Freude, wieder bei Euch zu sein, liebe Cousine!« sprach Inés und setzte sich auf dem Sofa des Salons so dicht neben die Gräfin, daß sie fast auf ihren Knien saß. »Die Freude läßt mich den Fehler vergessen, den ich begangen habe, indem ich aus meinem Hause floh. Ich werde nur ein kleines Weilchen bleiben – ein kleines Weilchen und nicht mehr.«

»Gabriel«, wandte sich Amaranta mit tränenüberströmtem Antlitz an mich, »wann wird die Expedition auslaufen? Ich werde um Erlaubnis bitten, sie begleiten zu dürfen, und wir werden Inés mitnehmen.«

»Fliehen?« rief das Mädchen erschrocken aus. »Dann stehe ich ja wie eine schamlose Kreatur da, die ihre Familie entehrt! Ich kehre in das Haus der Gräfin María zurück.«

»Schluß mit dem Theater!« rief ich dazwischen. »Sieh dich doch um. *Das hier* ist deine Familie!«

Die Gräfin wollte mir mit ihrem durchdringenden Blick Schweigen gebieten, aber ich konnte nicht mehr schweigen. Ich mußte die Gedanken, die so fieberhaft in meinem Kopf kreisten, über die Lippen bringen.

»Inés, hat dir die tiefe Liebe, die dir die Person entgegenbringt, in deren Armen du dich jetzt befindest, nicht zu denken gegeben? Als du aus dem Schatten deiner Kindheit in das

Licht der Jugend tratest, welche Arme umschlangen dich da zärtlich? Welche Stimme tröstete dich? Welches Herz antwortete dem deinen? Wer machte dir die Einsamkeit deines adligen Standes erträglich? Gewiß wirst du verstanden haben, daß zwischen ihr und dir Bande bestehen, die enger sind, als die Welt vorgibt. Du wirst das gespürt haben und weißt es. Dein Gefühl und dein Verstand können dich nicht getäuscht haben. Muß ich dir eigentlich noch mehr sagen? Die Stimme der Natur wird es dir bei allen früheren Gelegenheiten – und jetzt mehr als je zuvor – gesagt haben. Frau Gräfin, schließt sie in Eure Arme als wahre Herrin ihres Schicksals! Inés, ruhe dich unbesorgt an dieser Brust aus, die weder Egoismus noch Intrigen kennt, sondern nur Liebe! Sie ist für dich das Heiligste, das Edelste, das Liebenswerteste – denn sie ist deine Mutter!«

Dann schwieg ich, erschöpft wie Gott, nachdem er die Welt geschaffen hatte. Ich war so zufrieden, endlich gesprochen zu haben, daß die Tränen, die Verwirrung, die stille und tiefe Erregung dieser beiden Frauen, die sich eng aneinandergedrückt in den Armen lagen, als wollten sie eine einzige Person werden, mich mehr in Hochstimmung versetzten als der Applaus der Menge und das Delirium des Triumphes den wortgewaltigsten Redner. Die letzten Worte hatte ich ausgestoßen wie etwas, das uns die Kehle zuschnüren will.

28

Während Mutter und Tochter den Gefühlen ihres Herzens freien Lauf ließen, saß ich (sechs Stunden später, zu schon vorgerückter Vormittagsstunde) Doña Flora von Angesicht zu Angesicht gegenüber. Zwischen uns befand sich nur ein Tisch, auf dem zwei Tassen heißer Schokolade standen. Wir sprachen über das Ereignis, das ich meinen Lesern soeben berichtet habe. Dann lenkte die Dame das Gespräch geschickt auf etwas, das ihr am Herzen lag:

»Amaranta hat mir erzählt, du würdest dieses Mädchen, das du uns heute nacht gebracht hast, nicht mit unfreundlichen Augen betrachten. Was ist denn das für ein Benehmen, du Schlingel? Was sollen die Leute denn von einem Jüngelchen halten, das sich für junge Dinger seines Alters entflammt, anstatt seine Unerfahrenheit mit Hilfe reiferer Personen zu überwinden? Sei doch nicht so dumm, und höre auf die Stimme der Vernunft.«

»Das tue ich ja, Doña Flora. Ich empfinde auch große Reue über meine Torheit. Der Teufel hat mich geritten und ... Aber ich höre Schritte und glaube, daß es diejenigen des ehrenwerten Don Pedro del Congosto sind.«

»Jesus, Maria und Josef! Und wir sitzen hier und trinken Schokolade! Was mache ich bloß – meine Ehre, der Anstand!«

Sie konnte nicht weitersprechen, weil Don Pedro eintrat. Er trug zahllose Verbände und Pflaster als Andenken seiner ›brillanten‹ Teilnahme am Condado-Feldzug. Doña Flora erhob sich bestürzt und rief aus:

»Oh, Señor Don Pedro ... das ist nur ein Zufall, glaubt mir ... daß dieser junge Mann sich jetzt hier befindet ... Man ist ja nie vor Verleumdungen geschützt ... Dieser Jüngling ist doch so töricht, so unbedacht ...«

Don Pedro sah mich zornig an, nahm einen Stuhl und sprach:

»Wollen wir diese Frage einmal beiseite lassen und zu gegebener Zeit behandeln ... Ich komme, um Euch den Besuch der Gräfin von Rumblar anzukündigen. Sie hat sich bereits mit mehreren achtbaren Personen, die als Zeugen dienen werden, auf den Weg gemacht.«

»Mein Gott! Die Justiz in meinem Haus!«

»Es scheint, daß Lord Gray gestern nacht das Fräulein Inesita entführte und hierherbrachte.«

»Das ist ein Irrtum! Aber, sagt einmal, kommt die Gräfin María wirklich? Ich zittere schon. Da ist soeben jemand ins Haus gekommen.«

Sie hatte den Satz noch nicht beendet, als auch ich ein Geräusch von unten hörte. Hier oben herrschte große Aufregung. Gräfin Amaranta und Inés erschienen und äußerten verschiedene Ansichten, aber es überwog die Meinung, daß María von Rumblar angemessen empfangen werden und ihr auf ihre Anschuldigungen, wenn sie solche vorbringen sollte, entsprechend geantwortet werden sollte.

Abgesehen von Inés versammelten wir uns alle im Salon, und bald darauf trat auch die düstere Prozession unter der Leitung der Gräfin María ein, die einen Pomp und die beleidigte Miene einer Majestät zur Schau stellte, daß Königinnen und Kaiserinnen hätten neidisch werden können. Einen Augenblick lang herrschte tiefe Stille in dem Salon, die dann aber von der Gräfin María gebrochen wurde, welche den Vulkan, der in den Tiefen ihrer Brust brodelte, nicht mehr unterdrücken konnte. Ohne Zeit für eine Begrüßung zu verlieren, sprach sie:

»Frau Gräfin, wir kommen in Euer Haus auf der Suche nach einer jungen Dame, die meiner Obhut anvertraut worden war und die in der letzten Nacht von einem Mann, von dem wir annehmen, daß es sich um Lord Gray handelte, aus meinem Hause entführt wurde.«

»Ja, meine Dame, sie ist hier«, erwiderte Amaranta. »Es ist Inés. Wenn sie der Obhut fremder Menschen anvertraut worden war, so beanspruche ich sie jetzt, denn sie ist meine Tochter.«

Zitternd vor Wut antwortete die Gräfin María darauf: »Gewisse Behauptungen haben vor dem Gesetz keine Geltung. Das Gesetz erkennt Euch nicht als Mutter dieser jungen Dame an.«

»Aber ich weiß es und erkläre es hier vor allen Anwesenden, damit das Recht zur Geltung kommt. Wenn Ihr Euch auf *ein* Gesetz beruft, berufe ich mich auf ein anderes, und inzwischen wird meine Tochter mein Haus nicht verlassen, weil sie spontan und aus freien Stücken zu mir gekommen ist – nicht von einem Liebhaber entführt, sondern mit der vorbedachten Absicht, an meiner Seite zu leben, als meine gehorsame und zärtliche Tochter.«

»Das Verhalten des Lords überrascht mich nicht«, sprach die Gräfin María. »Die Adligen Englands pflegen die Gastfreundschaft, die sie in achtbaren Häusern genossen haben, auf diese Weise zu vergelten. Aber ich darf ihm nicht allein die Schuld geben, denn er ist ein den irdischen Dingen verbundener Mann, dem religiöse Gedanken abhold sind und der blind ist für das Licht der wahren und einzigen Kirche. Was kann denn ein Blinder anderes tun als straucheln? Nein, *sie* ist die wahre Schuldige. Was mich am meisten wundert, ist die Leichtfertigkeit dieses törichten Mädchens. Wirklich, Frau Gräfin, ich beginne zu glauben, daß Ihr recht daran tut, sie Eure Tochter zu nennen. Der Apfel fällt ja bekanntlich nicht weit vom Stamm.«

»Doña María«, entgegnete die Gräfin Amaranta mit zitternder Stimme, so daß ihre Worte kaum zu verstehen waren. »Meine Tochter wurde nicht von Lord Gray entführt. Sie kam in seiner Begleitung und der eines anderen, dessen Name nichts zur Sache tut, aus eigenem Antrieb hierher. Ich bin sehr froh darüber, denn so ist die Person, die ich am meisten auf der Welt liebe, von dem schlechten Beispiel zweier scheinheiliger Mädchen befreit worden, die ihre Liebhaber unter den Brokatgewändern der Heiligen, die sie in ihrem Betzimmer haben, verbergen.«

Doña María fuhr auf, als ob der Stuhl unter ihr zusammengebrochen sei. Ihre Augen funkelten, ihre Hakennase wurde spitzer und nahm eine grünliche Farbe an, so daß sie wie der Schnabel eines majestätischen Adlers aussah. Sie machte Anstalten zu sprechen, vollführte zunächst aber eine herrische Handbewegung, wie die Königinnen der Gotendynastie, wenn sie ein großes Urteil sprachen, zeigte auf die andere Gräfin und stieß dann verächtlich hervor:

»Gehen wir weg von hier! Dies ist kein Ort, an dem ich mich noch länger aufhalten kann. Ich habe mich geirrt. Frau Gräfin, ich wollte vermeiden, daß sich die Angelegenheit zuspitzt, wollte Euch den Besuch der Vertreter des Gesetzes ersparen. Aber Ihr verdient es nicht anders, und ich werde hier nicht die Aufgabe übernehmen, die Polizisten und Gerichtsbeamten zukommt.«

»Da Ihr in Rechtshändeln so firm seid«, entgegnete die Gräfin Amaranta, »und dergleichen Leute gut zu kennen scheint, könnt Ihr in deren Familien ja auch eine Frau für

Euren würdigen Sohn, den Herrn Grafen, suchen, dieser wackere Nachtschwärmer, der in den Schenken und Spielhöllen von Madrid wohlbekannt ist. Vielleicht kann er im Montespiel das verschleuderte Erbe wiedergewinnen, damit er nicht gezwungen ist, mit gewaltsamen Mitteln eine junge Majoratserbin zu heiraten.«

»Laßt uns schnell von hier verschwinden, meine Herren! Ihr seid Zeuge dessen, was sich hier abgespielt hat«, fauchte Doña María und ging auf die Tür zu.

Ohne ein weiteres Wort zu verlieren, verließ sie den Salon und das Haus, gefolgt von ihren Begleitern, an deren Ende Don Paco schritt.

Eine Zeitlang herrschte Stille im Salon. Amaranta, die ihrem seit langen aufgestauten Zorn endlich Luft gemacht hatte, schaute nachdenklich drein, und es kam mir so vor, als würde sie ihre Worte bereuen. Auch Doña Flora machte einen besorgten Eindruck, und Congosto, der auf den Fußboden starrte, wälzte gewiß hehre Gedanken. Aus dieser Bestürzung wurden alle durch einen Besuch gerissen, den keiner erwartet hatte und der deshalb allgemeine Verwunderung auslöste. Lord Gray erschien plötzlich im Salon.

Auf seinem Gesicht waren die Spuren der Aufregung von vergangener Nacht zu erkennen, und aus seiner Stimme konnte man entnehmen, daß dieser bemerkenswerte Geist seine Gemütsruhe noch nicht wiedererlangt hatte.

»Ihr kommt zu einem ungünstigen Zeitpunkt, Mylord«, sagte Don Pedro in scharfem Ton. »Soeben ist Doña María hinausgegangen, deren Empörung über Eure Schurkereien so heftig wie gerecht ist.«

»Ich habe gesehen, wie sie das Haus verlassen hat«, erwiderte der Engländer. »Deshalb bin ich ja gekommen. Ich wollte mich erkundigen. Werde ich verdächtigt, Frau Gräfin? Beschuldigt man mich …?«

»Man brauchte Euch gar nicht zu beschuldigen, Mann Gottes!« rief Don Pedro; »denn Gräfin María sieht ja das Resultat. Ihr habt doch Señorita Inesita entführt, wenn auch mit der Einwilligung derjenigen, die sich ihre Mutter nennt!«

»Ach so, dann bin ich ja beruhigt«, bemerkte Lord Gray

dazu. »Ich sehe, daß man mir die Taten dieses Schelms Araceli in die Schuhe schiebt, aber meine eigenen darüber vergißt. Dieser Irrtum wird sich aufklären, obwohl ich gern all die Verdienste, die man mir in dieser Angelegenheit zuschreiben will, in Anspruch nehmen würde. Die Frau Gräfin wird aber zufrieden sein.«

Gräfin Amaranta antwortete nicht.

»Leugnet es nur«, meinte Don Pedro. »Macht nur andere für Eure schändlichen Taten verantwortlich.«

»Es schmerzt mich«, entgegnete Lord Gray liebenswürdig, »auf dem Antlitz von Señor de Congosto die Pflaster und Salben, das Ergebnis seiner glorreichen Taten bei der Condado-Expedition zu sehen.«

»Mylord«, konterte der Held zornig, »es schickt sich für einen Caballero nicht, sich über zufällige Mißgeschicke anderer lustig zu machen! Ehe *ich* so etwas täte, würde ich erst einmal mein eigenes Gewissen prüfen, ob ich frei von Fehlern bin. Ich jedenfalls brauche mich nicht gewisser Gaunereien zu schämen, wie sie sich in der letzten Nacht ereigneten.«

»Welche denn?«

»Das wißt Ihr sehr genau. Wir haben eben die empörten Worte der Gräfin von Rumblar gehört«, fügte die Vogelscheuche hinzu, die allmählich immer wütender wurde. »Ich behaupte hier und werde es weiterhin behaupten, daß das eine große Schurkerei war.«

»Das müßte *Euch* doch sehr betroffen machen, Araceli.«

»Nein, *Euch* Lord Gray«, fauchte Congosto, »denn *Ihr* habt doch die junge Dame aus diesem ehrenwerten Haus, dem Hort der eisernen Prinzipien, entführt, dem Schutz der Gräfin María entzogen, deren Frommheit und Selbstlosigkeit alles in ihrem Umkreis veredelt.«

»Das ist also eine große Schurkerei?« wiederholte Lord Gray ironisch. »Das bedeutet doch, daß es da auch einen großen Schurken geben muß?«

»Aber natürlich – einen ganz großen Schurken!«, bekräftigte Don Pedro und ereiferte sich so sehr, daß die Falten in seinem Gesicht den Höckern und Einbuchtungen einer Paprikaschote aus Riojo ähnelten. »Und hier ist Don Pedro del Congosto, der jetzt und immerdar dafür einsteht, was er gesagt hat.«

»Oh, Don Pedro!« rief da Lord Gray begeistert aus. »Welch große Freude Ihr mir damit bereitet! Seitdem ich diesen edlen Boden betrat, suchte ich begierig nach dem großen Don Quijote de la Mancha. Ich wollte ihn sehen, ihn sprechen und die Kraft meines Armes mit der seinen messen. Aber, ach – bisher habe ich vergebens geforscht. Halb Spanien habe ich nach ihm abgesucht, aber nirgends war Don Quijote zu finden. Ich glaubte schon, ein solch edler Typ sei ausgestorben – aber nein, er befindet sich hier! Endlich begegne ich ihm! Es ist zwar ein etwas degenerierter Don Quijote, aber dennoch ein Don Quijote, den man nur in Spanien finden kann.«

»Spottet nur, Señor. *Mir* aber ist es ernst«, entgegnete Don Pedro. »Ich übernehme die Verteidigung dieser beleidigten Dame, die soeben das Haus verlassen hat. Ich werde das ihr geschehene Unrecht rächen und den Schandfleck mit dem Blut des Verräters abwaschen. Das verkünde ich hier und jetzt. Ihr werdet sehen ... Aber in diesem Haus versteht man mich nicht. Ganz offenbar sind hier die philosophischen, atheistischen und freimaurerischen Ideen eingezogen, die der Ehre, der Größe, dem Edlen und Gerechten ein Ende bereitet haben, damit es nur noch Gaunereien, Liberalismus, Pressefreiheit, Gleichheit vor dem Gesetz und andere Verwerflichkeiten gibt ... Was ich gesagt habe, habe ich gesagt! Diese Kleidung, die ich trage, beweist, daß ich die Verteidigung der Grundsätze übernommen habe, in deren Namen die Nation gegen Bonaparte aufgestanden ist. Oh, wenn alle es mir gleichtäten! Ja, alle – angefangen mit der Kleidung –, dann würden wir das Werk bald vollendet haben! Genug der Worte. Wählt Zeit und Ort. Eine derart schändliche Handlung darf nicht ungesühnt bleiben.«

»Don Quijote, ja er ist es!« sprach der Engländer begeistert. »Ein abartiger, aus Kreuzungen hervorgegangener Don Quijote, aber einer, der noch etwas von dem edlen Blut des Vaters bewahrt, wie beim Maultier, in dem noch ein wenig von der Würde und dem Adel des Pferdes vorhanden ist.«

»Was? Ihr vergleicht einen Mann wie mich mit einem

Maultier?« schrie Congosto und griff wie rasend nach seinem Degen.

»Nein, ehrenwerter Caballero. Ich wollte damit nur andeuten, daß der spanische Quijotismus von heute dem der Vergangenheit ähnelt, so wie das Maultier dem Pferd. Eure Herausforderung nehme ich im übrigen an. Wir werden uns zu Pferd und zu Fuß, mit dem Säbel, dem Degen, der Lanze, der Schleuder, der Armbrust, der Muskete oder wie Ihr es sonst noch wünschen solltet, schlagen. Ich werde Cádiz bald verlassen. Vielleicht schon morgen. Verfügt also über mich, wann es Euch gefällt.«

»Wirklich, Ihr reist ab?« fragte die Gräfin, die aus ihrer Betäubung erwacht war.

»Ja, meine Dame. Ich bin entschlossen. Ich werde mich von Euch natürlich noch verabschieden, falls Don Pedro das nicht verhindert.«

»Was gesagt ist, ist gesagt! Ich werde Euch meinen Sekundanten schicken.«

»Ja, was gesagt ist, ist gesagt. Auch mein Sekundant wird zu Euch kommen.«

Don Pedro verließ den Raum, nachdem er uns mit einem hochmütigen, überlegenen Blick bedacht hatte, der bei allen Gelächter auslöste, außer bei Doña Flora, die dem Engländer Vorwürfe machte, weil er das erschütterte Gerippe des Helden von Condado erneuten Prüfungen aussetzen wollte. Danach zog mich die Gräfin Amaranta, die unsere Belustigung angesichts dieser komischen Szene, die auf die Tragödie gefolgt war – wie das ja so oft auf dieser Welt geschieht –, ebenfalls nicht teilen konnte, zur Seite und sprach betrübt:

»Ich fürchte, ich habe mich im Zorn zu einigen unbedachten Äußerungen gegenüber der Gräfin María hinreißen lassen. Ich bin zu weit gegangen, und jedes Wort lastet mir nun auf dem Gewissen. Sie wird sich dafür rächen. Wenn sie das Gesetz in Anspruch nimmt, so glaube ich, daß es mir nicht günstig sein wird. Ich traf keine Vorsichtsmaßnahmen, als die Anerkennung von Inés erfolgte.«

»Diese und andere Schwierigkeiten werden wir bewältigen, Señora.«

»Ich würde einen Vergleich mit ihr und meiner Tante eingehen, wenn sie mir nur Inés ließen. Wenn ich Doña María einen Teil meiner Majoritätsrechte abtrete, werde ich diese Furie wohl besänftigen können.«

»Möchtet Ihr, daß ich der Gräfin María diesen Vorschlag unterbreite? Es könnte wohl nichts schaden. Ich weiß aber nicht, ob sie mich empfangen wird. Dennoch werde ich versuchen, ihr diese Nachricht zu überbringen. Glücklicherweise ist sie über meine Beteiligung an dem Vorfall von letzter Nacht nicht informiert.«

»Das ist eine gute Idee. Ja, es würde auch nichts schaden, wenn ich mich für die Scheußlichkeiten entschuldige, die ich ihr an den Kopf geworfen habe. Ich werde ihr schreiben ... Ach nein, was für ein Wirrwarr! Mein Gott, ich weiß nicht, was ich machen soll!«

»Jeder dieser Wege erscheint mir annehmbar.«

»Meinst du, *ich* sollte dorthin gehen?«

»Heute wäre es wohl nicht angebracht. Der Streit würde nur erneut aufleben, denn dieser Vulkan wird noch eine ganze Zeitlang Feuer, Rauch und Lava ausspeien. Es wäre wohl klüger, wenn ich erst einmal dort erscheine und der Gräfin María diesen Vorschlag unterbreite, damit Ihr Eure Tochter nicht ein zweites Mal verliert.«

»Ja, so machen wir es. Ich werde derweil mit meiner Tante, der Marquise, verhandeln, die ja das Familienoberhaupt ist. Aber vielleicht sollte man vorher ausloten, wie die Gräfin von Rumblar sich dazu stellt.«

»Vor allem sollte ich die Gräfin davon überzeugen, daß es Euch leid tut, bei jenem Zusammentreffen so hart gewesen zu sein.«

»Ja, ich verlasse mich auf dich und halte mich im Hintergrund. Wenn sie dich unfreundlich empfängt, darf dir das nichts ausmachen. Solange sie dich sprechen läßt, mußt du ihre Verachtung und ihren Hochmut dulden.«

Ich berichte deshalb so ausführlich von dieser Unterredung mit der Gräfin Amaranta, damit der Leser den Grund des seltsamen Besuches versteht, den ich einen Tag nach den geschilderten turbulenten Ereignissen der Gräfin María abstattete.

29

So begab ich mich also zu einer Zeit, die mir günstig erschien, zum Haus der Gräfin María, obwohl ich befürchtete, nicht empfangen zu werden. Ich hatte mir aber fest vorgenommen, alles zu unternehmen, um mit der stolzen Dame zu sprechen. Ich traf dort Don Diego an, der mich wider Erwarten sehr freundlich mit folgenden Worten empfing:

»Du wirst ja schon von den Skandalen erfahren haben. Lord Gray ist eine Kanaille. Als ich beim Poenco eingeschlafen war, nahm er die Schlüssel aus meiner Rocktasche. Ich wüßte nicht, wer es sonst getan haben sollte. Sahst du ihn eigentlich hereinkommen?«

»Don Diego, ich möchte mit der Frau Gräfin über eine Angelegenheit sprechen, die für ihre Familie sowie der der Leivas von großer Wichtigkeit ist. Würde Eure Mutter die Güte haben, mich zu empfangen?«

Mutter und Sohn berieten sich eine Weile in einem anderen Raum. Schließlich geruhte die Frau Gräfin, mich zu empfangen. Sie saß mit ihren beiden Töchtern im Salon. Die Mutter trug auf dem hochmütigen Antlitz immer noch die Spuren der Aufregung und Entrüstung des vorherigen Tages, was ihre Züge älter erscheinen ließ. Presentación zeigte eine gewisse kindliche Freude, als sie mich erblickte. Asunción machte den traurigen, niedergeschlagenen und verschlossenen Eindruck einer von Mystik oder Leidenschaft Ergriffenen.

Nachdem die Gräfin Presentación befohlen hatte, sich zu entfernen, begrüßte sie mich mit erbitterter Strenge und fügte hinzu:

»Ich dürfte mich eigentlich überhaupt nicht mehr mit diesem Haus beschäftigen, das ich gestern betrat, aber die Höflichkeit gebietet es mir, Euch anzuhören, aber nur für kurze Zeit.«

»Señora«, sagte ich, »ich werde gleich wieder gehen. Ich erinnere mich sehr wohl daran, daß Ihr mich batet, Euer Haus nicht mehr zu betreten. Aber es ist die Pflicht, die mich hierherführt, ein starker Wunsch, den Frieden und die Harmonie zwischen den Angehörigen einer Familie wiederherzustellen … und …«

»Was geht Euch das eigentlich an?«

»Meine Dame, obwohl ich in diesem Hause ein Fremder bin, hat mich doch das Mißgeschick, das diese erhabene Familie traf, die ich sehr achte und bewundere, betroffen gemacht. Obwohl meine verleumderischen Feinde Euch das Gegenteil glauben machen, fühle ich mich sehr zu Eurer Seite hingezogen. Señora, ich komme, um Euch mitzuteilen, daß die Gräfin Amaranta ihre harten Worte bereut.«

»Was, sie bereut ihre Worte? Ich kann das nicht glauben, Caballero! Bitte sprecht mir nicht mehr von dieser Frau. Wenn es das ist, was Ihr mir sagen wolltet … Die Justiz ist bereits informiert. Sie wird sich darum kümmern, daß Inés wieder dem Oberhaupt der Familie unterstellt wird.«

Asunción hob den Blick und schaute ihre Mutter an. Sie schien etwas sagen zu wollen, war aber zu verängstigt. Schließlich nahm sie doch all ihren Mut zusammen und sprach mit einer klagenden, sehr traurigen Stimme, die einen seltsamen Eindruck machte:

»Liebe Mutter, erlaubt mir, etwas zu sagen.«

»Meine Tochter, was wirst du denn zu sagen haben? Du verstehst doch von all dem nichts.«

»Liebe Mutter, ich möchte einen Gedanken äußern, der mir gekommen ist.«

»Vor einem Fremden will ich dir das nicht verweigern. Sprich also!«

»Ich glaube, liebe Mutter, daß Inés keine Schuld hat.«

»Don Gabriel, Ihr seht hier ein Musterbeispiel an Herzensreinheit, ein zartes, frommes Wesen, das eine himmlische Unwissenheit über die vulgären Sphären der Sterblichen erhebt und das unfähig ist zu verstehen, daß es verderbliche Leidenschaften in der Gesellschaft gibt. Meine Tochter, gesegnet sei deine Unwissenheit!«

»Inés ist unschuldig, das muß ich wiederholen«, bekräftigte Asunción. »Lord Gray kann sie nicht aus diesem Hause geholt haben, weil er sie nicht liebt.«

»Er liebt sie wohl nicht, weil er es dir nicht gesagt hat? Was weißt *du* denn davon, mein Schäfchen? Hast du denn auch nur eine entfernte Ahnung von den Listen, der abgrundtiefen Schlechtigkeit, den Täuschungen und boshaften Künsten, derer sich die Verführung bedient?«

»Inés ist unschuldig«, wiederholte sie und faltete die Hände. »Es war ein anderer Grund, der sie dazu veranlaßt hat, uns zu verlassen, nicht die Liebe zu Lord Gray. Nein, Lord Gray liebt sie nicht. Ihr glaubt doch an die Evangelien? So wahr wie die Evangelien ist das, was ich hier gesagt habe!«

»Bei einer anderen Gelegenheit hätte ich mich darüber erzürnt«, sprach die Mutter, »daß du dein Wohlwollen derart übertreibst. Heute aber ist mein Geist so angegriffen, daß ich mich nach Ruhe sehne und dir verzeihe.«

»Darf ich noch etwas sagen?«

»Nun komm aber endlich zum Schluß.«

»Ich möchte Inés sehen.«

»Sie sehen!« rief die Gräfin zornig aus. »Meine Töchter schätzen ihre Ehre offenbar nicht hoch ein.«

»Liebe Mutter, ich möchte Inés sehen und mit ihr sprechen«, beharrte Asunción mit flehendem Tonfall. »Wenn sie eine Schuld trifft, bin ich sicher, daß sie es mir gestehen wird. Wenn sie, wie ich glaube, unschuldig ist, so werde ich das Glück haben, den wahren Grund ihrer Flucht zu erfahren und sie mit der Familie wieder zu versöhnen.«

»Daran darfst du noch nicht einmal denken! Jeder muß sich mit seinem eigenen Gewissen auseinandersetzen. Wenn es dir durch Frömmigkeit, Selbstbeherrschung und auch dank der Strenge meiner weisen Autorität gelungen ist, deine Seele auf eine gewisse Höhe der Seligkeit zu erheben, die nur wenigen zuteil wird, so darfst du dich doch nicht ereifern, die anderen zu entschuldigen. Die Tugend ist selten. Wenn sie in einigen Häusern noch wie der kostbarste Schatz bewahrt wird, so darf sie nicht durch den Kontakt mit der Unverschämtheit verunreinigt werden. Ein unglückliches Geschick hat Inés in mein Haus geführt. Ich möchte sie nicht mehr sehen und sprechen, solange sie nicht mehr in diesem Haus ist. Deine erhabene Tugend muß sich damit zufriedengeben, ihr zu verzeihen.«

»Nein, ich möchte sie sehen, ich möchte zu ihr gehen!« flehte das junge Mädchen und vergoß einige Tränen. »Ich muß mit ihr sprechen. Inés ist eine gute Seele. Wir sind getäuscht worden. Sie kann keine schlechte Tat begangen haben, liebe Mutter. Lord Gray liebt sie nicht und kann sie auch nicht lieben. Wer etwas anderes behauptet, ist ein Verleumder, der es verdient, in der Hölle zu schmoren.«

»Asunción, beruhige dich«, entgegnete die Mutter weniger streng, als sie bemerkte, daß das unglückliche Mädchen von einer fieberhaften Erregung ergriffen war, die wie die ersten Anzeichen einer schweren Krankheit wirkte. »Warum denn dieser Eifer? Deine Hände glühen ja. Deine Augen scheinen aus dem Kopf treten zu wollen. Und jetzt wirst du leichenblaß ... Tochter, ein Übermaß von religiöser Ergriffenheit hat dich wohl in diesen Zustand versetzt. Man darf aber die Gesundheit des Körpers dabei nicht vergessen! Deine schlaflosen, mit frommen Gedanken verbrachten Nächte, deine endlosen Meditationen, die starke Leidenschaft für die Religion, die dich verbrennt, haben dich in wenigen Tagen dahinwelken lassen.«

Zu mir gerichtet fügte sie hinzu:

»Ich fand es ja auch nicht angemessen, daß sie sich so sehr in ihre Inbrunst hineinsteigerte, aber ich konnte sie nicht davon abhalten. Ihre Seele ist so heftig. Als es mir gelungen war, sie auf das heilige Ziel zu richten, das ich für sie ausersehen habe, wurde sie von einer ungeheuren Frömmigkeit ergriffen. Ihr Geist ist wie ein loderndes Feuer, kein vorübergehender warmer Hauch, und sie wird Großes in der Welt der Mystik leisten, in die sie so begierig eintreten möchte.«

»Um Gottes und aller Heiligen willen bitte ich Euch, liebe Mutter, mich mit Inés sprechen zu lassen! Sie ist meine Freundin, meine Schwester. Ich bin stolz auf ihre Tugend, und die schlechte Meinung, die man jetzt in diesem Hause von ihr hat, beleidigt auch mich. Ich möchte ein gutes Werk tun und ihr wieder zu Ehre verhelfen. Warum muß die Justiz in diese Angelegenheit eingreifen, wenn sie sich mir anvertraut und ich sie ins Haus zurückbringe? Die Justiz ist der Skandal. Ich möchte mit Inés sprechen und werde mit einem Wort mehr erreichen als die ganze Kurie mit einem Berg von Papieren. Mutter, was ich hier sage, ist mir von Gott eingegeben. Diese Worte kommen aus der Tiefe meiner Seele. Ich fühle in mir ein sanftes Murmeln, als ob die Stimme eines Engels sie mir diktierte. Bitte widersetzt Euch nicht diesem göttlichen Willen, denn es ist dieser göttliche Wille, der mich antreibt.«

Die Gräfin von Rumblar überlegte, sah zur Decke hinauf, dann mich an, darauf ihre Tochter und sagte schließlich mit einem tiefen Seufzer:

»Würde und Standhaftigkeit haben ihre Grenzen, und der Verstand kann bisweilen tiefen Gefühlen und der Frömmigkeit nicht widerstehen. Asunción, du kannst gehen, um mit Inés zu sprechen. Don Paco wird dich dorthin bringen.«

Das Mädchen lief eilfertig davon, um sich für den Ausgang anzukleiden.

»Also, wie ich Euch schon angedeutet habe, Frau Gräfin ...«, sprach ich wieder, in Anknüpfung an meine unterbrochene diplomatische Erklärung.

»Ihr habt nichts angedeutet, Caballero. Es ist zwecklos. Wenn der Zweck Eures Besuches darin besteht, mir eine Botschaft oder Vorschläge der Gräfin Amaranta zu überbringen, so könnt Ihr Euch zurückziehen.«

»Die Frau Gräfin beeilt sich, Euch zuzugestehen, daß ...«

»Ich will nicht, daß sie mir irgend etwas zugesteht. Das Oberhaupt ihrer Familie ist die Marquise von Leiva, und diese hat jetzt die notwendigen Maßnahmen getroffen, damit alles wieder seine Ordnung bekommt. Mir bleibt nichts mehr zu tun.«

»Die Gräfin Amaranta bereut ihre Worte so sehr ...!«

»Möge Gott ihr verzeihen. Ich lehne jede Verantwortlichkeit ab. Aber warum denn diese Tricks, Señor de Araceli? Glaubt Ihr denn, ich würde Euch nicht durchschauen?«

»Meine Dame, bei dem, was ich Euch hier vortrage, handelt es sich nicht um einen Trick.«

»Mich täuscht man nicht so leicht. Ich wäre doch recht dumm, wenn ich nicht merken würde, daß all diese angeblichen Botschaften der Gräfin Amaranta nur ein Vorwand für Euch sind, in dieses Haus hineinzukommen, um meine Tochter Presentación zu sehen, in die Ihr so verliebt seid.«

»Aber Frau Gräfin, ich habe nie ...«

»Ihr brennt vor Liebe, was ja an sich kein Verbrechen ist. Aber Ihr müßt verstehen, daß ich meine Tochter für die Ehelosigkeit bestimmt habe. Auch sie will nicht heiraten. Überdies, wenn ich auch wiederholt erfahren habe, daß Ihr keine schlechte Person seid, so genügt das nicht. Denn seien wir doch ehrlich: Wer seid Ihr denn? Woher stammt Ihr?«

»Ich glaube aus dem Bauch meiner Mutter.«

»Soll das die einzige Empfehlung sein? Also gebt Eure vermessenen Hoffnungen auf.«

»Meine Dame, Ihr irrt Euch gewaltig.«

»Ich weiß, was ich sage. Bitte geht jetzt.«

»Aber ... laßt mich doch bitte noch berichten ...«

»Ich bitte Euch, Euch zurückzuziehen!« wiederholte sie streng.

Ich ging also hinaus. Auf dem Korridor öffnete sich eine Tür einen Spaltbreit, so daß ich das hübsche Gesicht von Presentación und ein weißes Händchen, das mir zuwinkte, erkennen konnte.

30

Bald darauf war ich wieder im Haus der Doña Flora. Nachdem ich der Gräfin Amaranta das Ergebnis meines Besuches berichtet hatte, sagte ich zu Inés:

»Asunción wird hierherkommen. Sie ist schon auf dem Wege, in Begleitung Don Pacos.«

Kurz darauf trat die Genannte ein, und die beiden Freundinnen fielen sich weinend in die Arme. Die Gräfin und ich verließen den Raum, damit die beiden sich nach Herzenslust aussprechen konnten, aber hinter der Tür flüsterte mir die Gräfin zu:

»Ich bleibe hier, um alles mit anzuhören, denn ich bin neugierig, was sie sich zu sagen haben. Du weißt ja, daß ich schon im Palast einiges erreicht habe, indem ich hinter Vorhängen lauschte.«

»Das ist aber kein Staatsgeschäft, das die beiden da aushandeln. Ich ziehe mich zurück.«

»Bleib doch, du Dummkopf, und höre zu ... Weil man nicht lauschen wollte, sind die Freundschaften in El Escorial zerbrochen ... Es könnte doch von dir gesprochen werden.«

Ich muß gestehen, daß mir zwar der Anstand gebot, die Ohren zu schließen, aber die Neugier mich dazu trieb, sie wieder zu öffnen. Es siegte also die Neugier oder – besser gesagt – die hinterlistige Amaranta, die es nicht lassen konnte, Hofdame zu spielen. Die Mädchen sprachen recht laut, so daß wir alles verstehen konnten. Ab und an war es uns auch möglich, einen verstohlenen Blick auf die Szene zu werfen.

»Mama wollte nicht, daß ich dich aufsuche, Inés«, berichtete Asunción. »Was für eine eigenartige Situation! Ich verabschiedete mich neulich im Glauben, dich nie wiederzusehen, und jetzt bin ich wieder zu Hause und du nicht. Du Scheinheilige, du hattest also schon alles vorbereitet, mir aber nichts davon erzählt!«

»Du irrst dich«, entgegnete Inés. »Ich habe das Haus nicht wie du verlassen. Aber ich will dich hier nicht beschuldigen, weil du ja deinen großen Fehler bereut hast und ins Haus deiner Mutter zurückgekehrt bist. Hast du deinen Fehler eingesehen, deine Augen geöffnet und den Abgrund des Verderbens erkannt, in den du beinahe gefallen wärst oder vielleicht auch schon gefallen bist?«

»Ich weiß nicht, was mit mir vorging«, sprach Asunción und drückte die Hände ihrer Freundin. »Ich bin erschreckt über das, was ich tat. Ich muß verrückt geworden sein. In meinem Hirn loderten Flammen, die mir keine Ruhe mehr ließen, und obwohl ich das Übel erkannt hatte, war es mir unmöglich, es zu vermeiden. Schon seit langem wollte mich Lord Gray aus dem Haus herausholen. Schließlich dachte ich so stark an diese große Sünde, zu der er mich verleiten wollte, daß sich der Gedanke, sie zu begehen, in meinem Hirn festsetzte. Ohne zu wissen wie, beging ich sie dann auch. Warum nahmst du mich nicht in deine Arme, um mich daran zu hindern, das Haus zu verlassen? Jetzt komme ich, damit du mir Kraft verleihst. Ich kann nicht von dir entfernt leben und weiß, daß wenn ich nicht schon früher in die Falle lief, ich das nur deiner Freundschaft zu verdanken habe. Und jetzt sollen wir uns trennen? Dann werde ich aber sehr unglücklich sein, meine Liebe! Komm, um Gottes willen, nach Hause zurück, und ich schwöre dir, daß ich mit allen Kräften meiner Seele kämpfen werde, um Lord Gray zu vergessen, wie du es wünschst.«

»Ich werde jetzt nicht erreichen können, was ich vorher nicht erreichen konnte«, erwiderte Inés. »Asunción, trete gleich morgen ins Kloster ein. Wenn du durch die Tür des heiligen Hauses schreitest, lasse alle weltlichen Dinge hinter dir und bitte Gott, dich von der großen Krankheit, die deine Seele befallen hat, zu befreien. Versuche, dich wieder zu fangen, und sei eine andere Frau als jetzt.«

»Ach!« rief Asunción schmerzlich aus und fiel vor ihrer Freundin auf die Knie. »All das habe ich doch schon versucht, aber je mehr ich mich anstrenge, nicht mehr an ihn zu denken, desto mehr tue ich es doch. Welchen Zweck hat es schon, daß ich bete, wenn mir bei dem Gedanken an Gott und die Heiligen immer wieder sein Bild vor Augen steht? Ach, Inés! Du kennst ja das Leben, das wir im Haus meiner Mutter führen. Du kennst die fürchterliche Einsamkeit, Traurigkeit und Langeweile, die wir erleiden. Du weißt sehr gut, daß man dort beten will, aber nicht kann, arbeiten will, aber nicht kann, gut sein will, aber auch dies nicht kann. Dank der Strenge meiner Mutter arbeiten die Hände, aber nicht der Verstand, betet der Mund, aber nicht die Seele. Die Augen kann man schließen, aber nicht den Geist. Die tausend Verbote, die uns überall bedrücken, erwecken doch in unserer Brust das Verlangen, alles zu wissen, alles zu ergründen. Wie wir zu täuschen verstehen und jede in Wirklichkeit zwei Leben führt: eines für Mama und ein anderes für uns selbst, ein Leben mit seinen Nöten und Freuden, das jeder ganz allein gehört. In dem Maße, in dem wir uns von der wirklichen Welt absondern, schaffen wir uns unsere eigene kleine Welt und schüren das Feuer unserer Phantasie. Dort schmieden wir alles, was uns fehlt. Du weißt das ja alles, liebe Freundin. Habe ich also die Schuld? Wir können es doch nicht ändern. In uns ist ein Dämon gefahren, ein ungeheurer Dämon, Inés, den wir nicht mehr loswerden können!«

»Du und deine Schwester, ihr seid sehr unglücklich.«

»Ja, seit wir kleine Kinder waren, hat unsere Mama jeder von uns ihren Posten in der Gesellschaft vorgeschrieben: ich als Nonne, meine Schwester als ein Nichts. Ich wurde für das Kloster unterrichtet, meine Schwester, um ein Nichts zu sein. Unser Verstand, unser Wille durfte nicht von dem Weg abweichen, der für uns bestimmt worden war: für mich der Weg ins Kloster, für Presentación der Weg ins Nichts. Welch traurige Kindheit! Wir wagten nicht, etwas zu sagen, nicht einmal zu denken, was Mama nicht vorbestimmt hatte. Wir konnten in ihrer Gegenwart kaum atmen, und ihre Befehle und Vorwürfe erfüllten uns mit so viel Furcht, daß das Leben für uns unmöglich war. Ach, um leben zu können, mußten wir sie täuschen – und das taten wir! Gott, oder ich weiß nicht wer, flößte uns täglich tausend Einfälle ein, so daß wir beide ein beachtliches Talent für die Täuschung entwickelten. Ich bemühte mich aber trotzdem, fromm zu sein, und betete zu Gott, mir die Kraft zu geben, nicht zu lügen, und mich heilig zu machen. Das betete ich jede Nacht, wenn ich allein war und mit dem Herzen beten konnte. Vor Mama betete ich nur mit den Lippen. Irgendwann erreichte ich dann das, worum ich Gott gebeten hatte: Ich begann, mich für heilige Dinge zu begeistern, ein warmes Gefühl für die Religion zu hegen, so wie jetzt für eine ganz andere Sache. Ich betrachtete mich als glücklich und betete zu der heiligen Jungfrau, mir diesen angenehmen Zustand zu erhalten. Damals besserte ich mich auch für eine gewisse Zeit: Die Täuschungen hörten auf, und ich fühlte die große Befriedigung, mehrmals mit meiner Mutter zu sprechen, ohne etwas zu sagen, das nicht aus meinem Herzen kam. Quellen der Wahrheit, des Glaubens, der friedlichen und mystischen Liebe für die Heiligen sprudelten in mir und ich dachte: ›Welch Glück habe ich doch, daß man mich für das Kloster bestimmt hat!‹ Meine Träume waren sanft und erbaulich und meine Vorstellung wie ein Himmelszelt bevölkert von Engelchen. Ich schloß die Augen und sah Gott ... ja, Gott – lache nicht! Gott selbst mit seinem weißen Bart und seinem Umhang, so wie man ihn darstellt.«

»Das dauerte so lange, bis du Lord Gray mit seinem blonden Haar und seinem dunklen Umhang sahst«, bemerkte Inés dazu.

»Du hast mir die Worte aus dem Mund genommen«, stimmte Asunción zu, die immer noch kniete und die Hände in denen ihrer Freundin hatte. »Lord Gray kam ins Haus, ich betrachtete ihn und sagte mir, daß er wie der Erzengel Michael aussieht, der in meinem Gebetbuch abgebildet ist. Man sagte ihm, daß ich sehr fromm sei, und er deutete an, daß er diese Haltung bewundere. An den darauffolgenden Abenden begann er dann, von den wunderbaren Abenteuern seiner Reisen zu erzählen, und ich lauschte ihm mit mehr Andacht als dem besten Prediger der Welt bei der Beschreibung der Schönheiten des Himmels. An jenen Abenden sah ich um mich herum nur noch afrikanische Tiger, amerikanische Wasserfälle, ägyptische Pyramiden und die Lagunen von Venedig. Ich war bezaubert und dankte Gott, daß er so viele schöne Dinge geschaffen hatte, einschließlich Lord Gray. Oh, Lord Gray bemächtigte sich immer mehr meiner Gedanken. Wenn ich seine Schritte hörte, konnte ich meine Freude kaum verbergen. Wenn er auf sich warten ließ, wurde ich traurig. Wenn er mit euch sprach, und nicht mit mir, hätte ich vor Zorn zerspringen können ... Sie sagten ihm immer, daß ich sehr fromm sei, und du wirst dich erinnern können, daß er mich sehr dafür lobte. Mama hatte ihm ja erlaubt, mit uns dreien zu reden. Unter dem Vorwand der Frömmigkeit sprach er mit mir in eurer Gegenwart vor allem über religiöse Themen. Eines Abends aber, als er mit mir allein sprechen konnte, sagte er mir, daß er mich liebe ... Ich verlor den Boden unter den Füßen. Mir war, als habe sich die Erde unter uns aufgetan. Ich starrte ihn an, und er erwiderte meinen Blick. Ich war so fasziniert, daß ich nicht antworten konnte. Drei Abende hintereinander fragte ich mich, ob ich ihn auch liebe. Am dritten

Abend antwortete ich ihm schließlich, daß es so wäre ... Du weißt ja, wie wir uns verständlich machten. Lord Gray sagte mir: ›Ich werde mit Inés in deiner Nähe sprechen. Gib acht, was ich ihr sage, denn diese Worte sind eigentlich an dich gerichtet. Sprich du mit deinem Bruder und versuche, mir mit Worten, die du an ihn richtest, zu antworten.‹ Wir hatten außerdem tausend Geheimzeichen. Du warst ja so gut, bei dieser Sache mitzuspielen. Wenn du nur nicht so willig gewesen wärest! Als mir Lord Gray Briefe durchs Fenster warf und du die Schuld dafür übernahmst, um mich vor grausamer Strafe zu schützen, hat mich das auf meinem Weg zum Abgrund nicht aufgehalten, sondern noch bestärkt. Mama hat nie etwas davon erfahren. Wenn sie es doch nur erfahren hätte! Erinnerst du dich an den Tag, an dem ich mit ihr ins Karmeliterkloster ging? Es geschah dies auf Einladung des Bruders Pedro Advincula und hatte den Zweck, von einer Tribüne dem Festgottesdienst zu Ehren der Heiligen Jungfrau beizuwohnen. Nach dem Gottesdienst führte uns ein Laienbruder zur Besichtigung des Kapitelsaals. Ich weiß nicht wie es kam, aber plötzlich wurde ich von den anderen getrennt und befand mich in einer kleinen dunklen Zelle. Ich hatte Angst. Plötzlich erschien Lord Gray vor mir, nahm mich in die Arme und wiederholte mir in leidenschaftlichen Worten, daß er mich sehr liebe. Es war nur eine Sekunde, aber in dieser Sekunde teilte mir Lord Gray mit, es sei unbedingt notwendig, daß ich mit ihm fliehe, weil ich sonst vor Verzweiflung sterben würde.«

»Davon hast du mir ja gar nichts erzählt.«

»Ich hatte Angst. Aber laß mich weiter berichten. Ich traf kurz darauf wieder mit meiner Mutter und dem Laienbruder zusammen. Diese Bitte – oder soll ich es einen Befehl nennen? – mit ihm zu fliehen, setzte sich in meinem Hirn fest wie ein Dorn. Ich konnte nicht mehr schlafen, nicht mehr meinen Tätigkeiten nachgehen, ohne daran zu denken. Es erschien mir wie ein schreckliches Verbrechen, so daß ich den Gedanken weit von mir wies. Abe dann mußte ich wieder daran denken, daß ich ohne ihn einfach nicht mehr leben konnte. Glaub nicht, daß ich mich von der Frömmigkeit gelöst hätte –

im Gegenteil. Die Meditation war mein Entzücken. Beim Meditieren war ich glücklich. Ach, aber Lord Gray war überall. Lord Gray auf den Altären der Kirche und auf meinem eigenen Hausaltar. Lord Gray auf dem kleinen Stück der Straße, das wir von unserem Zimmer aus sehen können. Lord Gray in meinen Gebeten, in meinem Gebetbuch, in der Dunkelheit, im Licht, unter Menschen und in der Einsamkeit. Die zur Messe läutenden Glocken erzählten mir von ihm. Die Nacht war von ihm erfüllt. Oh, Inés, wie unglücklich ich doch bin!«

Eine Weile schwiegen die beiden. Dann fuhr Asunción fort:

»Wir verständigten uns schließlich in einer Weise, die du nicht für möglich gehalten hättest. Es erscheint absurd, daß ein solches Geheimnis so lange bewahrt werden konnte, ohne daß auch nur eine einzige Person dahinterkam. Ich hatte Lord Gray gesagt, daß ich ihn verabscheuen würde, wenn irgend jemand durch seine Unachtsamkeit oder Prahlerei davon erführe. Seit dem Tage, an dem ich im Nationalkongreß mit ihm sprach, und er darauf bestand, daß ich mit ihm an Bord eines Schiffes fliehe, seit jenem Tage also sah ich ihn eine Zeitlang nicht mehr. Meine Mutter verdächtigte dich und verbot ihm das Haus. Kannst du dich an diese arme alte Frau entsinnen, die ins Haus kam, um Rosenkränze zu verkaufen? Sie war es, die mir Nachrichten von ihm brachte und ihm die meinen übergab. Ich machte dazu gewisse Zeichen mit einem Bleistift auf eine Seite, die ich aus dem ›Leitfaden für Sünder‹ oder dem ›Traktat über Heimsuchungen‹ ausgerissen hatte, so daß der große Klosterbruder Luis de Granada und der Pater Ribadeneira unsere Eilboten waren. Er schrieb mir herrliche und leidenschaftliche Dinge, die mich immer mehr entzückten und verwirrten. Er schilderte mir, wie unglücklich er ohne mich sei und welch großes Glück Gott für uns vorbestimmt habe. Eine Zeitlang zweifelte ich noch. Ich glaube, wenn ich ihn gesehen und gesprochen hätte oder mich in der Gesellschaft verschiedener anderer Leute hätte ablenken können, hätte sich mein Geist von diesem Brausen, diesem Brodeln, diesen Stürmen, die ich in mir fühlte, erholt. Aber ach, das lange Eingeschlossensein, die Einsamkeit, die Vorstellung, für immer in einem Kloster begraben zu werden, waren mein Verderben … Inés, du mußt wissen, daß ein Herz zerreißen kann, daß durch die Unterdrückung der Natur alles, Seele und Körper, zerspringt. Es ist ein Zustand der Unruhe, der mit keinem anderen vergleichbar ist, weil es sich um den Durst des Geistes handelt, der trinken will, um einen Brand, der fortschreitend schlimmer wird, ein Schwindelgefühl, das alles um uns herum verzerrt, einen Impuls, einen Wahn, ein unwiderstehliches Bedürfnis, denn es ist ein Bedürfnis, den Eisenring zu sprengen, der uns einschließt. Stell dir dies alles vor, und du wirst mich entschuldigen … Ich sagte: ›Ja, mein Gott, ich werde mit ihm gehen!‹ Momente der Freude und Traurigkeit wechselten einander ab. Glück und Verzweiflung folgten schnell aufeinander. Ich zweifelte, sehnte und fürchtete, bis ich mir eines Tages sagte: ›Ich weiß, daß ich selbst das Urteil über mich sprechen werde, aber das macht mir nichts aus …‹ Dann begann ich wieder zu weinen, als ich an die Schande für meine Familie dachte. Schließlich überwog meine Liebe alle anderen Erwägungen, so daß ich einen Entschluß faßte. Mit Wachsabdrücken, die ich ihm geschickt hatte, ließ Lord Gray die Schlüssel des Hauses anfertigen. Ich teilte ihm dann Tag und Stunde mit. Er kam, und ich floh mit ihm. Aber, ach, als ich außerhalb des Hauses war, kam es mir vor, als fiele der Himmel mit allen seinen Sternen über mir zusammen … Lord Gray brachte mich in ein Haus, das sich nahe dem unsrigen in der Calle de la Novena befindet. Es war nicht sein Haus. Eine ältere Dame empfing uns. Ich fühlte mich beklommen und betäubt, fing an zu weinen und bat Lord Gray flehentlich, mich wieder zurückzubringen. Er wollte mich trösten, aber das Gefühl meiner Ehre entzündete sich in mir mit ungewöhnlicher Kraft. Die Scham erfüllte meine Seele wie zuvor die Leidenschaft. Ich wollte sterben und suchte nach einer Waffe, um meinem Leben ein Ende zu bereiten. Lord Gray wurde wütend. Er sagte mir einige harte Worte. Ich versprach ihm, ihn noch stärker zu lieben, wenn er mich nach Hause zurückbringen würde. Als ich merkte, daß er meine flehentliche Bitte nicht erfüllen wollte, fing ich an zu schreien. Die alte Dame eilte herbei und sagte, die Nachbarschaft sei aufgeschreckt worden, so daß wir woanders hingehen müßten. Lord Gray wurde zornig und drohte der alten Frau, sie zu erwürgen. Danach schien er meinem Wunsch nachzugeben und brachte mich – freilich unter tausend Vorwürfen – wieder in mein Haus zurück. Auf dem Weg versicherte er mir, daß er bald nach England abreisen würde und mich vorher noch einmal sprechen wolle. Ich versprach ihm eine Zusammenkunft, denn obwohl mich der Gedanke an meine Schande bedrückte, schmerzte mich sein Entschluß, nach England zurückzugehen, doch sehr. Ach, Inés, was für eine Nacht das war! Ich glaubte, meine Mutter zu sehen, wie sie auf der Treppe mit einem feurigen Schwert wartete ... Es dauerte mehr als eine Stunde, bis ich wieder in unserem Schlafzimmer war, denn ich schlich ganz langsam, um ja kein Geräusch zu machen. Als ich dann endlich dort war, lief ich an dein Bett, um dir alles zu erzählen, aber ich fand es leer. Du kannst dir wohl meine Verwirrung vorstellen.«

»Ich war aufgewacht«, berichtete Inés, »und glaubte Schritte im Haus zu hören. Dann sah ich dich fortgehen, und einen Moment lang lähmte mich die Furcht so sehr, daß ich zu keiner Bewegung und keinem Entschluß fähig war. Dann wollte ich dir nachlaufen. Ich wußte, daß ich genug Überzeugungskraft hatte, um dir deine Halluzination auszureden. Außerdem vertraute ich auf deine Zuneigung zu mir und darauf, daß du in meiner Schuld standest, weil ich dich von den Verdächtigungen deiner Mutter befreit hatte. Der Gedanke an deinen Fehltritt machte mich fast wahnsinnig ... Also machte ich mich auf, dich zu suchen. Was dann folgte, brauchst du nicht zu wissen. Ich bin nicht Doña Marías Sklavin, so wie du, denn das da drüben ist ja nicht mein Haus. Das Haus, in das ich gehöre, ist hier. Asunción, liebe Freundin und Schwester, wir trennen uns heute vielleicht für immer.«

»Geh nicht weg von mir!« flehte Asunción, umarmte ihre Freundin und küßte sie zärtlich. »Wenn du auch noch weggehst, weiß ich nicht, was aus mir werden soll. Denke daran, was ich heute nacht getan habe ... Inés, verlaß mich nicht! Komm ins Haus zurück, und ich verspreche dir, daß ich nichts mehr ohne deinen Rat tun werde. Ich werde mich völlig deinen Entscheidungen unterwerfen und dadurch wenigstens einen Teil der heiligen Gemütsruhe, die dich auszeichnet, erlangen. Ich bin nur gekommen, um dir das zu sagen. Versprich mir, daß du zurückkommst.«

»Gott schickt dich und mich auf verschiedene Wege. Asunción, hör mir gut zu: nimm keine Briefe oder andere Mitteilungen von Lord Gray mehr an. Denke an deine Würde. Ergebe dich dem Klosterleben, und du wirst sehen, daß du nach einiger Zeit von dieser großen Last befreit sein wirst.«

»Nein, das kann ich nicht. Das Leben im Kloster schreckt mich ab. Weißt du warum? Weil ich sicher bin, daß ich ihn im Kloster noch mehr lieben werde, noch viel mehr. Das weiß ich aus Erfahrung. Die Einsamkeit, das viele Beten, die Buße, die Meditation, das Hin und Her sowie die schmerzlichen Gedanken in meinem Hirn würden die Leidenschaft, die immer noch in mir glimmt, wieder hell entfachen. Daß weiß ich sehr gut. Ich habe Lord Gray geliebt, weil er sich meiner wie die Versuchung bemächtigt hat. Nein, ich werde nicht ins Kloster gehen, denn ich werde ihn dort immer wieder vor Augen haben wie den Chor und den Altar. Ach, liebe Freundin! Glaubst du mir das? Bist du überhaupt imstande, solch eine fürchterliche Profanation zu glauben? Aber es ist so, es ist die Wahrheit, denn es war in der Kirche, wo diese unsinnige Leidenschaft begonnen hat. Alles, was mit Devotion und frommer Inbrunst zusammenhängt, hat auf mich eine solche Wirkung, daß ich immer, wenn ich eine Orgel höre, vor Rührung erzittere. Die Kirchenglocken lassen meine Brust mit einem heißen Verlangen erbeben. Das trübe Licht der Kirche betäubt mich, und Jesus Christus, den Gekreuzigten, kann ich nur lieben, wenn ich ihn mir mit dem gleichen Gesicht vorstelle, das ich überall erblicke. Das ist doch fürchterlich, nicht wahr? Das muß doch eine Krankheit sein. Habe ich vielleicht ein unheilbares Leiden? Hoffentlich sterbe ich morgen daran! Dann hätte ich endlich Ruhe. Ich möchte, daß meine Gedanken bald hierhin, bald dorthin fliegen, mich zerteilen, indem ich überall ein Partikelchen von mir lasse, an jeder Blüte, an jedem Dorn. Meine Heilung wird die Welt sein, liebe Freundin, die Welt mit all dem Guten, das sie einschließt: die Gesellschaft, die Freundschaft, die Künste, die Reisen, die vielen Eindrücke und Laute. Es ist doch wirklich so, daß das meiste, was wir in der Außenwelt sehen und hören, achtbar, empfehlenswert und hoffnungsvoll ist, obwohl meine Mutter das Gegenteil glaubt ... Ich muß mich lösen von dieser Umgebung, die der Grund meines Fehltritts war, von den Meditationen, dem Brüten, dem ständigen Kreisen der Gedanken um die gleiche Achse. Wenn es eine Heilung gibt, so ist sie nicht in den Klöstern zu finden. Liebe Freundin, ich bin ganz sicher, daß ich, wenn ich ins Kloster gehe, Lord Gray noch viel leidenschaftlicher lieben werde, weil es dort nichts gibt, was ihn vor den wachen und gierigen Augen meines Geistes verbirgt. Und wenn es diesem Mann einfällt, mich auch im Hause Gottes zu verfolgen, wie er das so gut versteht, werde ich meine Schwüre nicht halten können, die Gitter und Verpflichtungen brechen und nach dem ersten Seil, das er mir durch das Fenster meiner Zelle heraufwirft, greifen, um mich zur Straße hinunterzuschwingen. Ich kenne mich sehr gut, ich weiß in diesem dunklen Buch meiner Seele zu lesen und täusche mich nicht.«

Inés bewunderte den Scharfsinn und die Selbsterkenntnis dieses unglücklichen Mädchens und fühlte großes Mitleid.

»Dann fasse Mut! Sag deiner Mutter, daß du nicht Nonne werden willst«, riet sie ihr.

»Mit deiner Unterstützung könnte ich das tun – alleine wage ich es nicht. Sie würde dies als eine Schande ansehen, und mein Kloster wäre fortan das Haus, weil sie mich für immer einsperren würde.«

»All das kann überwunden werden. Als erstes mußt du dich von Lord Gray distanzieren.«

»Das kann ich tun, wenn ich ihn nicht sehe, wenn er mich nicht verfolgt.«

Asunción hatte den Satz kaum zu Ende gesprochen, als wir die Schritte von Lord Gray vernahmen.

»Er ist es!« rief sie erschreckt aus.

»Verstecke dich und verlasse anschließend das Haus.«

Die Gräfin führte Lord Gray in ein Zimmer und rief mich zu sich. Der Engländer gab vor, ruhig zu sein, aber man merkte doch, daß er aufgeregt war. Er fürchtete wohl, daß die Gräfin seine Absicht erraten könnte.

»Ich weiß schon, warum Ihr kommt«, sagte sie ihm schließlich auch. »Ihr wißt, daß Asunción hier ist. Um Gottes willen, Lord Gray, zieht Euch zurück! Ich möchte keine neuen Unannehmlichkeiten mit Doña María.«

»Liebste Freundin«, erwiderte er vehement. »Ihr beurteilt mich falsch. Wollt Ihr verhindern, daß ich mich von ihr verabschiede? Nur zwei Worte, nicht mehr. Wißt Ihr, daß ich heute nacht abreisen werde?«

»Ist das wahr?«

»So wahr, wie die Sonne wieder scheinen wird. Die arme Asunción! Auch sie wird sich freuen, mich zu sehen ... Also, ich werde hier nicht weggehen, bevor ich mich nicht von ihr verabschiedet habe.«

»Ehrlich gesagt, Mylord«, bemerkte die Gräfin, »ich glaube nicht an Eure Abreise.«

»Señora, ich versichere Euch, daß ich morgen in der Frühe wegfahre. Mich hat nur noch der Streich aufgehalten, den wir dem Congosto spielen wollen ... Herr Araceli wird Euch das bestätigen.«

Die Gräfin schob die spanische Wand zur Seite, und die beiden Mädchen erschienen.

Asunción konnte ihre Unruhe nicht verbergen und wollte sich zurückziehen.

»Geht Ihr weg, weil ich hier bin?« fragte Lord Gray sie scharf. »Bald werde ich Cádiz und überhaupt ganz Spanien verlassen, um nicht länger auf diesem Boden der Undankbarkeit zu schreiten. Die Enttäuschungen, die ich hier erlitten habe, treiben mich zur Flucht, obwohl mein Herz nirgendwo Ruhe finden wird.«

»Asunción kann nicht länger hierbleiben, um Euch anzuhören«, sprach Inés. »Sie muß schnellstens nach Hause zurück.«

»Verdiene ich noch nicht einmal zwei Minuten der Aufmerksamkeit?« stieß der edle Lord hervor. »Gewährt man mir noch nicht einmal die Gunst eines Wortes? Nun gut, ich will mich nicht beschweren.«

»Jetzt glaube auch ich, daß Ihr abreisen werdet«, meinte die Gräfin.

»Meine Dame, Adiós!« rief Lord Gray. »Auf Wiedersehen, Araceli und Inés, meine Freunde! Versucht, diesen Elenden zu vergessen. Auch Euch, Asunción, die ich Euch nach Eurem strengen Blick zu urteilen so gekränkt habe, rufe ich Adiós zu.«

Die Unglückliche brach in Tränen aus.

»Ich hatte von Euch die letzte Gunst einer Unterredung erbeten, um mich von der Dame zu verabschieden, die ich so geliebt hatte, aber ich hoffe nicht mehr, sie gewährt zu bekommen. Ich bin ein Tor gewesen ... Ihr tut gut daran, mich mit jener Abscheu zu überschütten, die ich in Euren schönen Augen lese ... Ich Elender! Ich habe etwas Unerreichbares angestrebt! In meinem Wahn hielt ich es für möglich, diese edle Seele aus der Frömmigkeit zu reißen, zu der sie seit ihrer Geburt neigt. Ich habe das Unmögliche versucht, nämlich gegen Gott anzukämpfen, dem einzigen Liebhaber, der in der unermeßlichen Größe dieses Herzens wohnt ... Adiós, kehrt zurück zu Euren frommen Beschäftigungen, steigt wieder zu diesen himmlischen Höhen auf, von denen ich Infamer Euch herunterholen wollte. Tretet ins Kloster ein ... Möge mir Gott meine abwegigen Gedanken verzeihen ... Jeder hat sein Schicksal – Engel im Himmel, Elende und Schwache auf der Erde ... Vorher Liebe, heißes Verlangen – jetzt Achtung und Zucht. Morgen wie heute werdet Ihr in meinem Herzen leben, aber heute, edle Frau, seid Ihr darin heiliggesprochen worden. Adiós, Adiós.«

Er drückte die Hände des jungen Mädchens mit Inbrunst und ging mit einer Miene hinaus, die uns darauf schließen ließ, sein Herz sei gebrochen. Wir alle empfanden tiefes Mitleid mit ihm.

Kurz darauf trat Asunción in Begleitung ihres Hauslehrers wieder auf die Straße, um in das mütterliche Haus und zu ihrem Altar zurückzukehren.

Meine Leser werden den Worten von Lord Gray entnommen haben, daß der listige Verführer wirklich abreisen und sein in der Nacht fehlgeschlagenes Unternehmen aufgeben wollte. Weit gefehlt! Lesen Sie noch ein wenig weiter, und Sie werden sehen, daß dieser Abschied nur ein bewundernswerter strategischer Schachzug zur Täuschung des verwirrten Mädchens und zur Vorbereitung jenes Ereignisses (man sollte es eher Katastrophe nennen) diente, das noch in der darauffolgenden Nacht stattfinden und das seltsame Abenteuer beenden sollte.

31

Ich werde jetzt Schritt für Schritt berichten. Am darauffolgenden Tage, als die Abenddämmerung einsetzte, betrat ich in aller Ruhe das Haus von Doña Flora. Diese, Amaranta und ihre Tochter kamen mir in großer Aufregung entgegen.

»Wißt Ihr nicht, was vorgefallen ist?« fragte mich Doña Flora. »Dieser Tunichtgut von Lord Gray hat ›die Heilige zusammen mit dem Almosen genommen‹. Asunción ist letzte Nacht wieder aus dem Haus ihrer Mutter verschwunden.«

»Das geschah aber mit Gewalt«, fügte Iñes hinzu, »denn man fand Don Paco an das Treppengeländer angebunden. Sie wollte sich wehren. Auf ihre Schreie hin wachte die Gräfin María auf, aber als man in ihr Schlafzimmer kam, war sie schon nicht mehr da. Heute morgen beichtete die von ihrer Mutter bedrängte Presentación von der Liebe ihrer Schwester.«

»Man soll mir nicht weismachen, daß Asunción sich gewehrt hat«, warf Doña Flora ein. »Lord Gray ist ein Kavalier und ein gutaussehender Bursche. Wozu noch diese Heuchelei? Das Mädchen ging mit ihm, weil sie es wollte.«

»Doña María wird sich über das Benehmen ihrer Töchter freuen«, äußerte die Gräfin lachend. »Jetzt sollte sie doch ihr Sprüchlein wiederholen: ›Ich erziehe meine Töchter so, wie man mich erzogen hat.‹«

»Ist denn Lord Gray mit ihr abgereist?«

»Er schickt sich an, dies zu tun.«

»Eben erst ist ein Schiffskapitän hiergewesen, der mir mitteilte, daß Lord Gray die Brigg *Deucation* gechartert hat, die morgen ausläuft.

»Werden wir denn nichts tun, um das zu verhindern?« fragte Inés verzweifelt. »Noch ist Zeit!«

»Das müssen wir der Gräfin María überlassen.«

»Dann müssen wir ihr doch mitteilen, daß die *Deucation* bald ausläuft und daß Lord Gray sie gechartert hat.«

»Ja, wir müssen sie benachrichtigen!« stimmte Inés energisch zu. »Ich werde selbst hingehen.«

»Gabriel kann das doch erledigen.«

»Warum nicht? Obwohl die Gräfin María mich gestern aus ihrem Haus werfen ließ, macht es mir nichts aus, ihr diesen Dienst zu erweisen.«

»Also dann, verliere kein Zeit ... Ich sterbe vor Ungeduld«, rief Inés.

»Ja, beeilt Euch, denn das Mädchen sitzt auf glühenden Kohlen.«

»Nun gut ... Ich dachte wirklich nicht, daß ich noch einmal die Füße in dieses Haus setzen würde. Das Schiff heißt also *Deucation* und ist einen englische Brigg? Ich glaube nicht, daß wir sie noch aufhalten können.«

Ich lief also zum Haus der Gräfin von Rumblar. Als ich eingelassen wurde, merkte ich sofort, daß dort die größte Bestürzung herrschte. Don Diego und Don Paco saßen im Korridor, einer neben dem anderen, und blickten sich wie traurige Nachtvögel an. Die Striemen an den Handgelenken des letzteren verwiesen auf die Leiden, die ihm vor kurzem zugefügt worden waren. Von Zeit zu Zeit erfüllte der unglückliche Alte die Luft mit tiefen Seufzern, die als Antrieb für die Segel eines Linienschiffes hätten dienen können. Als ich eintrat, erhoben sich beide, und der Hauslehrer sagte mir:

»Wir wollen mal sehen, ob wir sie jetzt ansprechen können. Es ist das siebente Mal.«

Die Gräfin von Rumblar und ihre jüngere Tochter verbargen ihren Schmerz und ihre Scham in einem neben dem Salon liegenden Kabinett. Im Salon saß die Marquise von Leiva in einem Tragestuhl, und die Herren Ostolaza, Calomarde und

Valiente diskutierten lebhaft über den Vorfall. Als ich die zornige Stimme der Marquise von Leiva hörte, sagte ich mir:

»Jetzt geht es dir an den Kragen, Gabriel, denn die Marquise wird dich wiedererkennen!«

Dennoch trat ich entschlossen ein.

»Der Engländer kann sich also ungestraft über ganz Spanien lustig machen ...«, sagte die Marquise gerade.

»In der Botschaft haben sie laut gelacht, als ich ihnen das erzählte«, bemerkte Valiente. »Sie sagten: ›Das sieht dem Lord ähnlich!‹«

»Ich habe doch schon immer gesagt«, warf Don Ostolaza wütend ein, »daß das Bündnis mit den Engländern sehr abträglich für Spanien sein wird.«

Ich unterbrach das Gespräch mit den Worten:

»Ich habe Nachrichten von Lord Gray.«

Die Marquise musterte mich von unten bis oben, wies verächtlich mit dem Hausschuh auf mich und fragte:

»Wer seid Ihr denn eigentlich?«

»Das ist der Señor de Araceli«, klärte sie Ostolaza mit einem spöttischen Lächeln auf.

»Ach ja, ich kenne diesen Caballero«, erwiderte die Marquise boshaft. »Steht Ihr immer noch in den Diensten meiner Nichte?«

»Es ist mir eine Ehre.«

»Kommt Ihr jetzt aus jenem Hause? Will Inés nun endlich zurückkommen? Nehmt zur Kenntnis, daß der Gouverneur von Cádiz sie heute abend persönlich herausholen wird!«

»Davon weiß man dort nichts«, entgegnete ich bestürzt.

»Soweit ich weiß, ergeben sich juristisch gesehen keine Schwierigkeiten, nicht wahr, Señor Calomarde?«

»Absolut keine. Das Mädchen wird Euch, dem Oberhaupt der Familie zurückgegeben werden. Alle rechtlichen Finessen können daran nichts ändern.«

»Vielleicht kann sich die Gräfin Amaranta auf einen bisher noch unbekannten Umstand berufen«, meinte ich.

»Jedes Detail ist berücksichtigt worden, nicht wahr, Señor Calomarde? Meine Nichte wird mir dankbar sein, daß ich nicht beantragt habe, sie ins Gefängnis zu werfen ... Aber Ihr habt uns noch nicht gesagt, was es Neues von Lord Gray gibt, Herr, Herr von wie?«

»De Araceli«, erklärte Ostolaza mit spöttischer Verachtung.

Ich erzählte ihnen daraufhin, was ich wußte.

»Da muß man doch die Marinekommandantur benachrichtigen!« erwiderte die Marquise lebhaft. »Bringt mir Feder und Papier!«

In diesem Augenblick betrat eine ernste Persönlichkeit, die alle mit dem größten Respekt begrüßten, den Salon. Es war Don Juan María Villavicencio, Gouverneur der Stadt, ein höchst ehrenwerter Caballero und großer Patriot, von hoher Bildung, mit einer Neigung zur Philosophie und erfahren im Umgang mit Menschen.

»Wir haben jetzt konkrete Hinweise, Señor Villavicencio«, rief die Marquise und teilte ihm die letzten Neuigkeiten mit.

»In dieser Angelegenheit, Señora«, erwiderte der hohe Beamte und senkte die Stimme, »muß man sehr vorsichtig sein. Bevor ich mich mit Lord Gray befasse, werde ich mich darum kümmern, daß Fräulein Inés heute abend wieder in Euer Haus gebracht wird.«

Mir blieb das Herz stehen, als ich das hörte.

»Immer zu, mein Freund«, sagte die rheumakranke Marquise, »denn ich fürchte, daß die mir auch entflieht. Die Leute verlassen in Scharen dieses Haus, daß man meinen könnte, es sei ein Theaterstück. Wir hatten erst gedacht, sie sei von Lord Gray entführt worden, aber die Schelmin ging von allein!«

»Was Lord Gray betrifft«, fügte Villavicencio etwas verlegen hinzu, »so fürchte ich, daß wir nichts gegen ihn tun können. Die kleine Asunción wird zu ihrer Mutter oder dorthin gehen, wo Ihr es wünscht. Doch was die Verhaftung und Bestrafung von Lord Gray betrifft ...«

»Aber ...«

»Meine Dame, wir können uns auf keinen Streit mit der britischen Botschaft einlassen. Ihr kennt doch die Situation. Wellesley ist schnell beleidigt. Das Bündnis ...«

»Verflucht sei dieses Bündnis!«

»Das sagt eine große spanische Dame«, erklärte Villavicencio mit Begeisterung, »an dem Tage, an dem wir die

Nachricht von einer heldenhaften Schlacht, von einem großen Sieg der Spanier, Engländer und Portugiesen auf den Feldern von Albuera erhalten haben!«

»Wieder eine Schlacht!« rief die Marquise überdrüssig aus. »Immer neue Schlachten, und der Krieg hört niemals auf.«

»Ich glaube, daß sie sehr blutig war«, meinte Calomarde.

»Wie alle, die wir schlagen«, erwiderte Villavicencio stolz. »Wir haben fünftausend Mann verloren, aber mehr als zehntausend Franzosen getötet! Das ist doch ein herrliches Ergebnis! Zwei französische und zwei englische Generäle wurden getötet, und in unseren Reihen wurden *Don Carlos España* und der berühmte *Blake* verwundet.«

»Aus all dem ergibt sich also, daß wir nichts gegen Lord Gray unternehmen können«, äußerte die Marquise angewidert.

»Nichts, meine Dame. Man wird *Georg III.* ein Denkmal errichten. Die spanische Botschaft ... Wellesley ... Oh, diese Schlacht von Albuera wird die Bindungen zwischen beiden Ländern noch enger gestalten.«

»Ein großer Sieg also«, bemerkte Valiente. »Dann werden wir ja wohl in Extremadura wieder Mut schöpfen.«

»An der Ebrofront steht es aber sehr schlecht. Tortosa ist in die Hände des Feindes gefallen ...«

»Verrat, reiner Verrat durch den Grafen von Alacha.«

»Die Franzosen haben auch das Fort San Felipe im Coll de Balaguer erobert.«

»In Taragona wird aber noch Widerstand geleistet.«

»Und auch anderswo.«

»Wie steht es denn jetzt in Manresa?«

»Es steht fest, daß die Stadt niedergebrannt worden ist.«

»Nichts von dem ist für uns jetzt wichtig«, bemerkte die Marquise dazu und unterbrach damit das eifrige patriotische Gespräch. »Señor Villavicencio, wenn also der Mylord mit diesem Schiff ausläuft ...«

»Was können wir schon tun? Niemand weiß übrigens, wo er sich zur Zeit aufhält.«

»Heute abend werden wir weitersehen«, meinte Valiente,

»denn für zehn Uhr haben sich Lord Gray und Don Pedro de Congosto zu einem Duell nach Art des Don Quijote verabredet, das den Leuten zu lachen geben soll, wie ich gehört habe.«

»Das sind nur Gerüchte. Konkret gesagt, werte Marquise: Wellesley hat mir versprochen, daß das Mädchen zurückkommen wird, aber Lord Gray dürfen wir nicht anrühren. Ich glaube im übrigen, daß in diesem Falle eine andere Person als Lord Gray eine Rolle spielt.«

»Glaubt Ihr das wirklich? Ich bin der Ansicht, daß Inés von sich aus gegangen ist.«

»Ich habe da meine Zweifel.«

»Oder mit Lord Gray. Dieser englische Herr hat sich wohl vorgenommen, unsere Häuser zu entvölkern.«

»Da ist noch ein anderer Vogel im Spiel, meine Dame, und ich werde nicht eher ruhen, bis ich erfahren habe, wer das ist. Die beiden Entführungen stehen in so engem Zusammenhang.«

»Also sucht ihn«, stimmte die Marquise zu, »und laßt ihn die ganze Schwere des Gesetzes spüren, die wir Lord Gray leider vorenthalten müssen.«

»Ich hoffe, heute abend großen Nutzen aus meinen Nachforschungen ziehen zu können.«

»Es ist also wirklich besser«, meinte Calomarde, »um einen Zusammenstoß mit der britischen Botschaft zu vermeiden, sich auf den armen Komplizen zu stürzen – wenn man seiner habhaft werden kann – und zu schreien: ›Hier haben wir den Dieb!‹«

»Wenn das spanische Gerechtigkeit sein soll«, spottete die Marquise.

»Wollen wir doch abwarten, was sich ergibt«, meinte Villavicencio. »Ich werde jetzt in der Calle de la Verónica einen Besuch abstatten. Ich denke, daß meine Autorität genügen wird, um ...«

Plötzlich stürzte Don Paco in den Salon. Keuchend rief er aus:

»Hier ist sie! Hier ist sie endlich!«

»Wer denn?«

»Señorita Asunción! Das arme Mädchen! Sie lehnt an der Treppe und traut sich nicht herauf. Die Arme ist halb tot vor Angst.«

32

Es herrschte Grabesstille. Alle schauten auf die Tür an der hinteren Seite, durch die die Gräfin María kam. In würdevollem Schweigen, ohne Tränen, zeigte die Dame ihren tiefen Schmerz. Die weiße Farbe ihres Gesichts war in eine pergamentartige Blässe übergegangen. Ihre Stirn war gerunzelt, ihre Augen funkelten, wenn sie nicht gerade unter den gesenkten Lidern verschwanden. Aber es war nicht die feierliche Stille, die gelbliche Blässe und die Falten auf der Stirn, die unsere Aufmerksamkeit erregten. Die Haare der Gräfin, die noch vor wenigen Tagen graumeliert gewesen waren, waren jetzt schlohweiß.

»Sie ist hier!« wiederholte Don Paco.

»Wirst du dich weigern, sie aufzunehmen?« fragte die Marquise erschüttert, denn sie erriet die Gedanken Doña Marías.

»Nein, sie soll herkommen!« antwortete die Mutter energisch. »Ich möchte diejenige sehen, die einmal meine Tochter war. Habt Ihr sie schon gesehen? Ist sie allein?«

»Ja, sie ist allein, Señora!« rief Don Paco aus. »Und in welch bedauernswerten Zustand! Ihre Kleidung ist zerrissen, an ihrem schönen Köpfchen hat sie mehrere Wunden, und ihre Stimme und ihren Gesten kann man entnehmen, daß sie alles furchtbar bereut. Sie hat nicht heraufkommen wollen und lehnte kraftlos an der Treppe.«

»Sie soll hierherkommen!« ordnete die Marquise an. »Die Unglückliche beginnt jetzt, ihre Schuld zu büßen. María, der Augenblick der Strenge ist vorbei. Jetzt ist es an der Zeit, Nachsicht zu üben. Wenn sie von der Welt verstoßen worden ist, so darf sie nicht noch von dir verstoßen werden.«

»Ziehen wir uns zurück, um ihr die Verlegenheit zu ersparen, vor uns allen hier zu erscheinen zu müssen«, sagte Valiente.

»Nein, alle sollen hierbleiben!«

»Don Francisco«, befahl Doña María dem Hauslehrer, »bringt Asunción herein.«

Der Hauslehrer seufzte und ging hinaus.

Bald darauf hörten wir Asunción schreien:

»Man soll mich töten, ja töten! Ich will nicht, daß meine Mutter mich sieht!«

Bald darauf betrat das unglückliche Mädchen den Salon, halb geführt, halb gezogen und fast getragen von Don Diego und dem Hauslehrer. An der Tür warf sie sich zu Boden. Ihre wirren, aufgelösten Haare fielen ihr über das Gesicht. Alle stürzten wir auf sie zu, hoben sie auf, trösteten sie mit liebevollen Worten, aber sie schrie unentwegt:

»Tötet mich doch endlich! Ich möchte nicht mehr leben!«

»Die Gräfin wird Euch verzeihen«, redeten wir auf sie ein.

»Nein, meine Mutter wird mir nicht verzeihen. Ich bin für immer verflucht.«

Doña María, die bisher eine unversöhnliche, ablehnende Haltung eingenommen hatte, taute allmählich auf. Ihre große Seele konnte sich des Mitleids bei diesem jammervollen Anblick nicht erwehren. Nachdem sie lange mit ihrer Mutterliebe gekämpft hatte, wollte sie diese schließlich doch nicht die Oberhand gewinnen lassen. Energisch rief sie aus:

»Habe ich gesagt, daß ihr sie hierhertragen sollt? Ich habe mich geirrt. Ich möchte sie nicht sehen, denn sie ist nicht mehr meine Tochter. Bringt sie dahin, wo sie hergekommen ist! meine Tochter ist gestorben.«

»Señora«, jammerte Don Paco und kniete vor ihr nieder, »wenn Señorita Asunción nicht im Hause bleiben darf, verurteilt Ihr Euch selbst. Was hat sie denn schon getan? Doch nur einen Spaziergang gemacht! Nicht wahr, mein Fräulein?«

»Nein, meine Mutter verzeiht mir nicht!« schrie das Mädchen verzweifelt. »Bringt mich weg von hier. Ich bin es nicht wert, dieses Haus zu betreten. Meine Mutter verzeiht mir nicht! Es wäre besser, wenn man mich endlich töten würde!«

»Beruhige dich, meine Tochter«, sagte die Marquise. »Deine Schuld ist zwar groß, aber wenn du auch die Liebe deiner Mutter und die Achtung der Menschen nicht zurückgewinnen kannst, wirst du doch nicht mit deinem Schmerz allein gelassen werden. Erhebe dich. Wo ist Lord Gray?«

»Ich weiß es nicht.«

»Kam er mit deinem Einverständnis?«

Die Unglückliche bedeckte das Gesicht mit den Händen.

»Sprich Mädchen! Ich muß die Wahrheit wissen«, sagte die Marquise. »Vielleicht ist deine Schuld nicht so groß, wie es erscheint. Gingst du aus freiem Willen?«

Doña María atmete schwer. Es klang wie ein stummer Schrei. Dann hörten wir jedoch deutlich folgende Worte, die aus der Kehle einer Löwin zu kommen schienen:

»Ja, aus freiem Willen ... freiem Willen!«

»Lord Gray«, bestätigte Asunción, »hatte mir geschworen, daß er am folgenden Tag zum Katholizismus übertreten würde.«

»Und daß er dich heiraten würde – armes Ding!« sprach die Marquise.

»Wie immer ... die alte Geschichte«, flüsterte Calomarde mir ins Ohr.

»Meine Herrschaften«, sagte Villavicencio, »ziehen wir uns doch zurück. Mit unserer Gegenwart steigern wir ja nur die Verwirrung dieses unglücklichen Mädchens.«

»Ich wiederhole mich nur ungern, aber jeder bleibt an seinem Platz«, sagte die Gräfin von Rumblar mit Grabesstimme. »Ich will, daß alle dabei zusehen, wie die Ehre meines Hauses zu Grabe getragen wird. Asunción, sprich weiter und gestehe alles!«

»Er versprach mir, zum Katholizismus zu konvertieren ... er wollte Cádiz für immer verlassen, wenn ich nicht ... ich glaubte ...«

»Schluß jetzt!« befahl Villavicencio. »Diese arme Kreatur muß sich erst einmal etwas erholen.«

»Aber dieser niederträchtige Kerl hat sie verlassen!«

»Er hat sie aus seinem Haus geworfen!« warf Don Paco ein.

Ein Aufschrei des Schreckens schallte durch den Salon.

»Heute morgen«, begann Asunción wieder und rang nach Atem, um weiterreden zu können, »ließ mich Lord Gray allein in dem Haus, in das er mich gebracht hatte. Ich zitterte vor Angst. Dann tauchten mehrere Frauen auf, solche von der Sorte die … was für schreckliche Leute! Mit ihren Schreien machten sie mich fast taub, mit ihren Händen belästigten sie mich. Alle lachten über mich, sie rissen an meinen Kleidern und sagten furchtbare Dinge. Dann aßen und tranken sie an einem Tisch, den der Diener des Lords für sie gedeckt hatte. Sie stritten sich, welche von ihnen der Lord am meisten lieben würde. Da erkannte ich, in welchen Abgrund ich gefallen war … Lord Gray kam zurück, und ich machte ihm Vorwürfe. Er war einsilbig und finster, nahm einen Pantoffel und schlug damit den garstigen Frauen ins Gesicht. Dann überhäufte er mich mit Aufmerksamkeiten und erzählte, er würde mich nach Malta mitnehmen. Ich lehnte das ab, fing bitterlich an zu weinen und rief den Heiland um Hilfe an. Die Frauen, die inzwischen hinausgegangen waren, kamen mit einigen häßlichen Männern zurück. Einer von denen wollte sich auf mich stürzen, aber Lord Gray schlug ihm mit einem Stuhl auf den Schädel. Das Blut floß. O mein Gott, wie schrecklich!«

Sie hielt inne. Nach einer Weile fuhr sie mit großer Anstrengung fort:

»Lord Gray teilte mir mit, daß er nicht den katholischen Glauben annehmen könne und daß es ihm gewiß eine große Freude gemacht hätte, mich aus einem Kloster zu entführen, wenn ich dort eingetreten wäre. Ich wollte hinausgehen, aber sein Diener kam und kündigte die Ankunft einer Dame an. Diese machte einen sehr vornehmen Eindruck und ereiferte sich über die Undankbarkeit des Lords. Sie lachte über mich und sagte, ich sei das devoteste Fräulein von ganz Cádiz. Dann bat sie mich, doch Lord Gray in meine Gebete einzuschließen. Ich schämte mich und suchte nach einem Messer, um meinen Tagen ein Ende zu bereiten. Danach …«

Wir waren alle erschüttert über die pathetische Erzählung des unglücklichen Mädchens, dem wir ein besseres Schicksal gegönnt hätten.

»Danach … kamen wieder einige Männer herein. Was für

Männer! Sie trugen die Tracht der Kreuzzügler um Don Pedro del Congosto und erinnerten Lord Gray daran, daß letzterer ihn herausgefordert hatte. Schließlich gesellten sich die Freunde des Lords dazu, und lachten sehr über die Herausforderung des Don Pedro. Später bat mich der Lord wieder, mit ihm nach Malta zu fahren. Ich flehte ihn an, mir den großen Gefallen zu tun, mich zu töten. Er lachte schallend, spielte mit einem Dolch und tat, als ob er mich erstechen wollte. Das flößte mir eine solche Furcht ein, daß ich schreiend aus dem Haus floh. Er hörte nicht auf zu lachen. Ein Diener kam mir nach und sagte: ›Mylord hat mir befohlen, Euch zu Eurem Hause zu begleiten.‹ Als wir aber vor der Haustür standen, fügte er hinzu: ›Ich möchte doch nicht so weit mitkommen. Geht allein!‹ Dann schloß er die Haustür ... Ich machte einige Schritte ... Eine wütende Frauensperson, die rief, sie habe durch mich die Gunst des Lords verloren, wollte mich angreifen ... Ach, ich war halb tot, so daß ich mich schlagen ließ ... Als sie endlich von mir abgelassen hatte, lief ich völlig verstört durch die Straßen und verlor die Orientierung. Dann suchte ich die Stadtmauer, um mich von dort ins Meer zu stürzen. Nach vielen Umwegen kam ich wieder zum Haus des Lords. Dort fanden mich Don Paco und mein Bruder ... Ich wollte nicht mehr zurückkommen, aber sie schleiften mich schließlich doch wieder in dieses Haus, aus dem ich als Schuldige floh und in das ich jetzt als Bestrafte zurückkehre, denn alle Qualen des Fegefeuers und der Hölle können nicht schlimmer sein als das, was ich heute erlitten habe. Dennoch verdiene ich keine Gnade. Meine Schuld ist groß. Mir bleibt nur noch der Tod, und ich bitte flehentlich zu Gott, daß dieser Tod mich noch heute abend ereilen wird, denn diese Scham und Schande ertrage ich keinen Tag länger. Liebe Mutter, Adiós! Liebe Schwester, Adiós! Ich möchte nicht mehr leben!«

Dann sagte sie nichts mehr und fiel ohnmächtig zu Boden.

Gerührt und gespannt wandten wir uns der Gräfin María zu, die das Kinn auf die Hand gestützt, in ihrem Sessel saß, zunächst schweigsam, mit undurchdringlichem Gesicht wie eine Sibylle von Michelangelo, und dann gerührt, denn selbst die Berge erbeben unter dem Blitz. Die Tränen liefen in Strömen über ihr Gesicht, ihr Antlitz schien sich aufzulösen, und ihre Klagen klangen wie berstendes Metall.

»Meine Tochter«, sagte die Marquise, »geh auf dein Zimmer, um dich auszuruhen. Don Francisco und du, Diego, Ihr werdet sie dort hinbringen.«

So entschwand der Anblick der unglücklichen Asunción unseren Augen.

»Meine Damen«, sagte Villavicencio, »meine Seele ist zerrissen. Ich ziehe mich zurück.«

»Ich bedauere sehr …«, murmelte Ostolaza und verließ den Salon.

»Das war für mich ein regelrechtes Gefühlsbeben«, erklärte Valiente und folgte den anderen.

»Wenn ich noch etwas tun kann«, meinte Calomarde und verabschiedete sich gleichfalls.

Alle gingen, aber mich hielt eine unsichtbare Kraft in diesem Salon zurück. Meine Gedanken kreisten ständig um die jammervolle Szene, deren Zeuge ich gewesen war. Vor mir saß die Gräfin von Rumblar in unveränderter Pose. Ihre Klagen erstaunten mich. Die Marquise von Leiva zu meiner Seite weinte ebenfalls.

Wir drei waren nicht die einzigen in diesem Salon. Es war noch eine sonderbare Gestalt eingetreten, eine Vogelscheuche aus alten Zeiten, eine Karikatur des Rittertums, des Adels und der Würde Spaniens aus vergangenen Epochen. Als ich diese Witzfigur, die zu einem völlig unpassenden Zeitpunkt erschien, erblickte, sagte ich mir:

»Was will Don Pedro del Congosto denn hier? Er wird doch wohl nicht glauben, daß er hier auch nur annähernd von Nutzen sein könnte!«

Die Marquise von Leiva öffnete die Augen, sah diese bombastische Witzfigur, tat, als ob sie ihr nicht die geringste Bedeutung beimessen würde, wandte sich an mich und sprach:

»Was haltet *Ihr* denn von Lord Gray?«

»Er ist ein niederträchtiger Charakter, meine Dame.«

»Wird er ungestraft bleiben?«

»Nein, das wird er nicht!« fauchte ich zornig.

Don Pedro del Congosto machte ein paar Schritte, stellte sich vor der Gräfin auf, hob einen Arm und sagte mit einer Stimme, die zugleich komisch und tragisch klang:

»Gräfin María ... heute abend ... um elf Uhr ... in der Caleta!«

»Oh, gelobt sei Gott!« rief die adlige Dame aus und erhob sich mit einem Ruck. »Anscheinend gibt es in Spanien doch noch einen Caballero. Vier gestandene Männer haben der jammervollen Szene beigewohnt, und keinem ist es in den Sinn gekommen, die Bestrafung dieses Elenden auf sich zu nehmen.«

»Meine Dame«, sprach Congosto mit hohler Stimme, die nun eine gewisse Beklemmung in mir hervorrief, »Lord Gray wird sterben!«

Diese Worte dröhnten in meinem Hirn. Ich schaute Don Pedro an, und er kam mir wie verwandelt vor. Diese Vogelscheuche, dieser Abklatsch heroischer Zeiten erschien mir nicht mehr wie eine Karikatur, sondern wie der schicksalhafte Arm der Gerechtigkeit.

»Aber Ihr Don Pedro«, wandte die Marquise de Leiva ungläubig ein, »könnt das doch nicht auf Euch nehmen!«

»Gräfin María«, wiederholte der lächerliche Tropf, der durch die fixe Idee seiner Ehrenpflicht, der Ritterlichkeit und Gerechtigkeit über sich hinauswuchs. »Heute abend, um elf Uhr, in der Caleta! Alles ist vorbereitet.«

»Oh! Tausendmal gesegnet sei die einzige Stimme, die sich in dieser gleichgültigen Gesellschaft zu meiner Verteidigung erhebt! Es gibt in diesen abscheulichen Zeiten doch noch etwas Edles und Erhabenes!«

Diese Lobeshymne auf Don Pedro, die unter anderen Umständen lächerlich gewesen wäre, bereitete mir jetzt eine vage Furcht.

»Tausendmal gesegnet sei er«, fuhr die Gräfin María fort, »der einzige Arm, der sich erhoben hat, um die Beleidigung meiner Ehre in dieser verdorbenen und feigen Generation, die keines erhabenen Gefühls mehr fähig ist, zu rächen!«

»Señora, Adiós!« rief Don Pedro. »Ich muß mich vorbereiten.«

Er verließ eiligen Schrittes den Salon.

»María«, wandte sich die Marquise der Gräfin zu, »beruhige dich. Du mußt versuchen zu schlafen.«

»Ich kann mich nicht beruhigen«, entgegnete diese, »und auch nicht schlafen … O mein Gott! Wenn du es zuläßt, daß der Elende straffrei ausgeht! Ich empfinde Genugtuung, wenn ich an die Worte denke: ›Heute abend, um elf Uhr, in der Caleta!‹«

»Du darfst doch von Don Pedro nichts anderes als Lächerlichkeiten erwarten. Komm doch zu dir, beruhige dich! Ich habe gehört, daß das Duell zwischen Lord Gray und Don Pedro zu einem Don-Quijote-Schwank werden soll. Nicht wahr, Caballero?«

»Ja, meine Dame«, erwiderte ich. »Es ist schon zehn Uhr … Ich bin ein Freund des Lords und darf nicht fehlen.«

Ich verabschiedete mich respektvoll von den Damen und verließ den Salon. Auf der Treppe kam mir Don Diego keuchend entgegen und sagte:

»Gabriel, man bringt mir dieses Schätzchen Inesita wieder!«

»Wer denn?«

»Der Gouverneur. Heute abend kommen alle verirrten Schäfchen in den Stall zurück. Ich komme gerade von dort … Das hättest du sehen sollen! Die Gräfin Amaranta weinte unentwegt und kniete vor Villavicencio nieder, aber sie konnte nichts erreichen. Das Gesetz und immer wieder das Gesetz! Ich kann nicht verhehlen, daß die arme Gräfin mir leid tat. All die Tränen! Inés hingegen wirkte gefaßt und ergab sich in ihr Schicksal. Wenn du noch ein wenig länger hierbleibst, wirst du sie zurückkommen sehen. Aber es ist besser, wenn du nie mehr hierherkommst. Villavicencio fragte vor allem nach dem Wie und Wann der Flucht von Inés, und man sagte ihm darauf, daß *du* sie aus dem Haus geholt hättest. Er läßt dich suchen, weil er dich nicht kennt. Nach seiner Ansicht bist du ein Komplize von Lord Gray und der wahre Verbrecher. Verleumdung, reine Verleumdung, aber du solltest besser nicht versuchen, deine befleckte Ehre zu retten. Mach dich lieber aus dem Staub, denn mit dem Villavicencio ist nicht gut

Kirschen essen, obwohl dich das Militärrecht noch schützt. Also ab mit dir, und komm in den nächsten drei Monaten nicht mehr nach Cádiz!«

»Es stimmt ja. Ich war es, der Inés aus diesem Haus holte.«

»Was, du?« rief Don Diego erstaunt und wütend zugleich aus. »Ach ja, ich hatte nicht mehr daran gedacht, daß du einmal im Dienst meiner famosen Verwandten, der Gräfin Amaranta gestanden hast. Also *du* hast sie entführt?«

»Und ich würde es wieder tun!«

»Du machst wohl Witze. Denk nicht, daß du mir angst machen kannst. Glaubst du, daß ich darauf bestehe, sie zu heiraten? Jetzt solltest du aber erst recht die Beine in die Hand nehmen, denn ich werde Mama von deiner Tat erzählen. Ich dachte wirklich, es sei eine Verleumdung. Jetzt weiß ich auch, warum Villavicencio so zornig auf dich war. Er sagte, du seist der Drahtzieher von allem, und daß man dir das Handwerk legen müßte.«

»Mir?«

»Er entschuldigte Lord Gray ... Es scheint mir, daß sie an *dir* ein Exempel statuieren und Mylord in Ruhe lassen wollen.«

»Habt Ihr denn Lord Gray gesehen? Wo kann ich ihn finden?«

»Soeben habe ich erfahren, daß man ihn allein an der Mauer gesehen hat. Verdammter Engländer! Er wird für alles bezahlen! Vorhin schimpfte mich Inés noch einen Feigling, weil ich das Unrecht der vergangenen Nacht ungerächt lassen wolle, und sagte, wenn sie ein Mann wäre ... Die Kleine war so wütend. Natürlich werde ich Lord Gray suchen, und wenn ich ihn sehe, werde ich ihn anschreien: ›Ihr seid ein Schurke!‹, Auch mit dir müßte ich eigentlich abrechnen. Aber Adiós.«

Ich hielt mich nicht weiter mit ihm auf, denn mich quälte ein Gedanke. Ich richtete meinen Willen wieder auf das Ziel, von dem mich nichts abbringen konnte.

33

Eine Viertelstunde später stieß ich an der Mauer vor dem Karmeliterkloster auf Lord Gray. Er hielt in seinem Lauf inne und sprach:

»Oh, Señor de Araceli! Endlich jemand, der mir Gesellschaft leisten kann. Ich bin siebenmal durch Cádiz gelaufen, die ganze Mauer entlang. Nichts als Verdruß und Verzweiflung!«

»Seid Ihr traurig?«

»Meine Seele ist nur noch ein schwarzes Loch … dunkler als die Nacht«, entgegnete er. »Ich laufe ohne Unterlaß, komme aber aus diesem Teufelskreis nicht heraus. Cádiz ist wie ein runder Kerker, dessen Wand sich wie ein Reif um das Hirn legt. Ich sterbe hier.«

»Gestern noch glücklich und heute zu Tode betrübt«, bedauerte ich ihn.

»Ich, glücklich?« rief er und sah mich erstaunt an. »Wie begrenzt sind doch unsere Möglichkeiten und wie winzig das Universum! Der Allmächtige hat das Beste für sich reserviert und uns die Schlacke gelassen. Wir können aus diesem verfluchten Kreis nicht hinaus – es gibt keinen Ausweg. Das Unendliche bedrückt unsere Seele, und vergeblich suchen wir nach Erleichterung … Hin und her … wie bei einem Maultier. Mal in die eine, mal in die andere Richtung …«

»Aber Lord Gray, Gott hat Euch doch alles gegeben, und Ihr werft diese Schätze weg und schimpft Euch unglücklich, ohne es sein zu müssen.«

»Freund«, sprach er darauf und drückte meine Hand so fest, daß ich dachte, er würde sie zerquetschen, »ich bin wirklich sehr unglücklich. Habt doch ein wenig Mitleid mit mir.«

»Wenn dies ein Unglück sein soll, wie soll man dann die schreckliche Agonie eines Wesens nennen, das Ihr mit Scham und Schande beladen habt?«

»Habt Ihr sie gesehen? Armes Mädchen! Ich flehte sie an, mit mir nach Malta zu gehen, aber sie wollte nicht.«

»Eine gute Entscheidung!«

»Arme kleine Heilige! Als ich sie kennenlernte, war es nicht so sehr ihre Schönheit, oder ihre Begabung, sondern ihre Frömmigkeit, die mich fesselte. Alle sagten, sie sei vollkommen, und daß sie es verdiene, auf den Altären gepriesen zu werden. Das entflammte mich noch mehr. In das Mysterium dieser heiligen Seelengewölbe einzudringen, zu erkunden, was in diesem Tresor der Zurückgezogenheit, der Frömmigkeit, des Schweigens, der Bescheidenheit, der heiligen Hingabe existiert; mich ihr zu nähern und dieses himmlische Bild einer heiligen Frau mit meinen Händen zu berühren; ihren Schleier zu lüften, um zu sehen, ob es etwas Menschliches hinter den mystischen Nebeln gab; mir etwas zu nehmen, was für keinen anderen Mann bestimmt war, und mir anzueignen, von dem alle sagten, daß es Gott gehöre ... Welch großes Entzücken, welch erhabener Zauber! Ach, ich simulierte und täuschte ... Verfluchte Familie! Gegen sie zu kämpfen ist so, als würde man gegen eine Nation antreten ... Um sie anzugreifen, reichen meine Intelligenz und mein Geschick nicht aus. Tausendmal sei die Geschichte verdammt, die solche uneinnehmbaren Festungen errichtete!«

»Die Kühnheit und Unbekümmertheit eines Mannes sind stärker als die Geschichte.«

»Aber es verschwindet doch alles! Was gestern noch Wert hatte, ist heute wertlos, und sein Zauber entflieht wie ein Dunst, wie ein Schiff am Horizont, wie der Schatten. Das schöne Mysterium löste sich auf. Die Realität tötet alles. Ach, ich erwartete etwas Außerordentliches, unermeßliches Großes und Erhabenes, als dieses religiöse Wesen in meine Arme fiel. Ich hoffte, einen Schatz von Idealen für meine Seele, die von unstillbarem Durst geplagt ist, zu finden, einen himmlischen Eindruck zu empfangen, der mich in die höchsten Sphären tragen würde. Aber – verfluchte Natur! Das seraphische Wesen, das ich von goldenen Wolken und Engeln umgeben sah, verschwand, löste sich auf wie das Bild einer optischen Vorrichtung, wenn der Vorführer sagt: ›Das ist das Ende, ich wünsche einen guten Abend.‹ Alles verschwand. Das Rauschen der Engelsflügel tönte noch in meinen Ohren, aber ich sah nichts mehr, absolut nichts mehr als eine Frau … eine Frau, wie jede andere, von gestern, von vorgestern …«

»Man muß sich mit dem zufriedengeben, was Gott für uns bereithält und nicht nach mehr verlangen. Also, Ihr habt Asunción aus ihrem Haus geholt und ihr geschworen, zum Katholizismus zu konvertieren und sie zu heiraten?«

»Ja, das stimmt.«

»Und werdet Ihr diese Versprechen halten?«

»Ich denke nicht im Traum daran, zu heiraten.«

»Na dann …«

»Ich habe ihr doch gesagt, daß ich sie nach Malta mitnehmen möchte.«

»Sie wird nicht mitkommen.«

»Aber ich werde dorthin gehen.«

»Mylord«, sprach ich und versuchte so ruhig wie nur möglich zu bleiben, »werft diese melancholische Laune ab! Neben Eurer Phantasie, die so reich wie verrückt ist, besitzt Ihr ein Herz aus echtem Gold, nicht aus Katzengold wie Eure Taten.«

»Was wollt Ihr damit sagen?«

»Daß eine ehrenwerte Persönlichkeit wie Ihr einen Weg finden wird, Euren letzten und schwersten Fehler wiedergutzumachen.«

»Araceli«, antwortete er mir scharf, »Ihr seid unverschämt. Seid Ihr etwa Bruder, Ehemann oder Liebhaber der beleidigten Person?«

»Mir ist, als ob ich es wäre«, entgegnete ich und brachte ihn dazu, seinen fieberhaften Gang zu unterbrechen.

»Was veranlaßt Euch denn, Euch in etwas einzumischen, was Euch nichts angeht? Das ist doch die reinste Donquichotterie!«

»Ein Gefühl, das ich nicht beschreiben kann und das mich mit ungeheurer Wucht antreibt«, erwiderte ich. »Ein Gefühl, von dem ich glaube, daß es die Liebe zu der Gesellschaft, in der ich lebe, und zur Gerechtigkeit, die ich anstrebe, einschließt. Ich kann es nicht unterdrücken. Vielleicht irre ich mich, aber ich sehe in Euch eine Gefahr – wenn auch eine beeindruckende –, die verfolgt und bestraft werden muß.«

»Ja, seid Ihr denn die Gräfin María«, stieß er mit aufgerissenen Augen und verzerrtem Gesicht hervor, »die männliche Gestalt angenommen hat, um sich an mir zu rächen? Nur ihr bin ich Rechenschaft schuldig.«

»Ich bin der, der ich immer war. Wenn auch die Mutter des Opfers einen Teil der Schuld trägt, so verringert das die Eure nicht. Aber es gibt hier nicht nur *ein* Opfer, sondern viele. Die brutale Leidenschaft eines Rücksichtslosen, für den es auf der Welt kein Gesetz, kein Gefühl, keine Sitten gibt, verletzt alle, die mit ihm in Berührung kommen. Euch ist es zu verdanken, daß unschuldige Personen gedemütigt und verfolgt werden. Auch ich werde für Fehler verantwortlich gemacht, die ich nicht begangen habe.«

»Kommt zur Sache, Araceli. Was sollen all die schönen Reden?« fragte er in einem Tonfall und mit einem Gesichtsausdruck, die mich an das Trinkgelage in der Schenke des Poenco erinnerten.

»Ich will damit sagen«, entgegnete ich heftig, »Daß Ihr abscheulich seid und daß ich Euch hasse, wenn ich Euch so vor mir sehe, Lord Gray. Ich glaube, das genügt.«

Mir war, als ob heiße Lava durch meine Adern strömte. Ich wollte die in mir aufkommende Mordlust unterdrücken, aber der Gedanke an das unglückliche Mädchen, das ich noch vor so kurzer Zeit vor Augen gehabt hatte, peitschte meine Nerven auf, ließ mich die Fäuste ballen, und mein Herz wollte mir schier aus der Brust springen. Ich war nicht mehr bei Vernunft: Alles, was meine Handlung in diesem Augenblick bestimmte, war blinde Wut.

»Araceli«, fügte er hinzu und atmete dabei schwer, »ich bin heute abend nicht zum Scherzen aufgelegt. Haltet Ihr mich denn für Currito Báez?«

»Auch mir ist nicht zum Scherzen zumute, Lord Gray«, gab ich zurück.

»Ich hatte noch nicht das Vergnügen«, sagte er mit bitterer Verachtung, »einen Gekränkten, der zugleich als Beschützer fremder Damen auftritt, zu töten.«

»Ich sei verdammt, wenn das, was in diesem Moment mein Herz bewegt, nicht edel und neu ist.«

»Araceli!« rief er in einem plötzlichen Wutanfall aus. »Willst du, daß ich dich töte? Ich spüre ein Verlangen, jemanden umzubringen!«

»Ich bin bereit, Euch dieses Vergnügen zu bereiten.«

»Wann?«

»Auf der Stelle.«

»Ach!« sagte er und lachte schallend. »Da hat doch aber Señor Don Quijote de la Mancha den Vortritt. Spanien, ich werde mich verabschieden, indem ich mit deinen Helden kämpfe!«

»Das macht nichts. Auf den Scherz kann dann der Ernst folgen.«

»Wir werden uns schlagen. Möchtet Ihr vorher noch die letzten Fechtlektionen erhalten?«

»Nein, danke. Ich bin jetzt erfahren genug.«

»Armer Knabe! Ich werde dich töten! Aber es ist jetzt halb elf. Meine Freunde erwarten mich.«

»Nun, dann auf zur Caleta!«

»Werden wir auch für unseren Kampf Sekundanten wählen?«

»Dazu wird es an Freunden nicht mangeln.«

»Also, gehen wir!«

»Sofort.«

»Ich dachte«, rief er entzückt aus, »daß es in Cádiz keinen anderen Quijote als Don Pedro del Congosto gäbe ... O Spanien, welch köstliches Land!«

34

Als wir uns dem Caleta-Tor näherten, sahen wir von weitem die Lichter auf dem Baraquillas-Platz neben dem Theater und in den Marktbaracken. Eine jubelnde Menschenmenge drängte sich an diesen beiden improvisierten Festorten, wo sie den Sieg von Albuera feierte.

Wir warteten. Die Freunde des Lords und die von Don

Pedro hatten sich in zwei getrennten Gruppen auf der Stadtmauer versammelt.

»Sind die Knüttel eigentlich da?« fragte ein Freund von Lord Gray geheimnisvoll.

»Ja, es sind eigentlich lederne Ochsenziemer, damit er verprügelt werden kann, ohne tödliche Verletzungen zu erleiden.«

»Sind auch Windfackeln vorhanden?«

»Und die Raketen?«

»Alles ist hier«, sagte einer, ohne sein Schmunzeln verbergen zu können. »Der Sekundant mit all diesen Waffen, mit denen sich Lord Gray schlagen will, wartet in dem Haus dort drüben. Das wird eine einmalige Vorstellung. So etwas hat Cádiz noch nicht gesehen.«

»Aber Don Pedro ist nirgends zu sehen.«

»Doch, da kommt er gerade. Er ist von seinen Kreuzzüglern umringt.«

»Alles muß so vor sich gehen, wie ich es angeordnet habe«, sprach der Engländer. »Ich will mich mit schallendem Gelächter von Cádiz verabschieden.«

»Es ist eigentlich schade, daß dies nicht auf einer Theaterbühne stattfindet!«

»Meine Herren, der Zeitpunkt rückt näher. Kommt Ihr mit, Araceli?«

»Sofort.«

Wir stiegen alle von der Mauer. Ich hielt an, denn ich wollte mich etwas entfernen, um meine Gedanken zu ordnen. So schlenderte ich zwischen dem Tor und der Kapuziner-Plattform umher, als ich auf der Stadtmauer undeutlich eine dunkle Gestalt gewahrte, die sich in Richtung Strand bewegte und auf die Zuschauer und Helden dieses burlesken Duells hinunterschaute. Ich war neugierig, wer das wohl sein könnte, aber da die Zeit drängte, konnte ich mich nicht länger aufhalten und ging weiter.

Zwei große Gruppen bildeten sich am Strand. Es waren in der Regel jüngere Leute, mit Ausnahme von einigen Figuren in Kreuzzüglerkleidung. Unter den Leuten des Lords sah ich eine Gestalt, die von Kopf bis Fuß in einer Metallrüstung steckte und einen Federschmuck auf dem Helm trug, der einem Indianerhäuptling alle Ehre gemacht hätte. Die Umstehenden gaben der Gestalt einige Anweisungen, worauf diese erwiderte:

»Ich weiß, was ich zu machen habe. Es ist schon eine traurige Sache, sich töten zu lassen, auch wenn es zum Spaß ist ... Ich werde ihm ›Achtung‹ zurufen. Dann sage ich in Kauderwelsch-Englisch: ›Pliquis, miquis‹, stoße ein Blöken aus und so weiter und so fort.«

»Versuche ja, meine Bewegungen und meine Stimme gut zu imitieren«, mahnte ihn Lord Gray.

»Keine Angst, Miloro!«

Einer der Anwesenden ging auf die andere Gruppe zu und rief:

»Seine Exzellenz Lord Gray, Herzog von Gray, ist bereit. Wir werden die Sonne spalten. Aber da die Sonne nicht da ist, werden die Sterne zerspringen ... Laßt uns einen Blitz im Sand erzeugen!«

»Ich meinerseits bin auch bereit«, sagte Don Pedro und betrachtete den gepanzerten Ritter, der sich dem zuvor gebildeten Kreis näherte. »Es erscheint mir, als ob Ihr zittert, Lord Gray.«

Und wirklich, der angebliche Lord Gray zitterte.

»Gott stehe mir bei!« rief Congosto mit hohler Stimme. »Möge dieser Arm die Gerechtigkeit verteidigen und die schweren Beleidigungen noch gewaltiger rächen als der *Cid* ... Lord Gray, gesteht Ihr euren Fehler ein, und seid Ihr bereit, das von Euch begangene Unrecht zu sühnen?«

Señor Poenco, denn niemand sonst steckte in der Rüstung, hielt es für klüger, mit den beiden Worten zu antworten, die er für Englisch hielt:

»*Pliquis miquis* ... Neiiiin, du alberner Congosto ... Neiiin!«

»So sei es denn!« sprach Don Pedro und zog seinen Degen aus der Scheide. »Möge Gott dem Besseren zum Sieg verhelfen!«

Die klingen schlugen aufeinander. Don Pedro holte einige Male mächtig aus, so daß er den Poenco gespalten hätte, wenn dieser nicht so schnell zurückgewichen wäre. Den Umstehenden fiel es nicht leicht, das Lachen zu unterdrücken, denn das Duell nahm die Form eines Tanzes an, in dem Don Pedro nach allen Richtungen sprang, um den vermeintlichen Lord Gray unter seine Klinge zu bekommen. Nach vielem Gehüpfe fiel letzterer schließlich zu Boden und brüllte:

»Ich bin tot!«

Sofort schloß die Menge Don Pedro ein. Etliche Ochsenziemer und Ruten prasselten auf ihn nieder. Dazu riefen mehrere Stimmen:

»Ein Hoch auf den großen Don Pedro del Congosto, den tapfersten Ritter Spaniens!«

Die Windfackeln wurden entzündet, und es begann eine infernalische Szene. Einer stieß ihn auf eine Seite, ein anderer zurück. Sie wollten in hochheben, konnten ihn aber nur herumzerren. Währenddessen bezogen der unglückliche Tropf und zwei oder drei seiner Kreuzzügler, die ihm zu Hilfe geeilt waren, unzählige Hiebe.

»Ein Hoch auf den heldenhaften, den unbesiegbaren Don Pedro del Congosto, der Lord Gray getötet hat!«

»Zurück, Kanaillen!« schrie er und versuchte, sich zu verteidigen. »Wenn ich ihn getötet habe, so wird euch das gleiche widerfahren, ihr unverschämtes Pack!«

Geprügelt, gekniffen, gestoßen und geschoben, wurde er in einem grotesken Triumphzug zum Tor gezerrt, bis sie ihn dann – wahrscheinlich aus Mitleid – schließlich doch hochnahmen und wie in einer Prozession zur Stadt trugen. Einige bliesen Hörner, andere schlugen auf Pfannen und Töpfe, wieder andere läuteten Kuhglocken. Der Lärm und der Anblick der Windfackeln machte den Eindruck einer gespenstischen Szene aus den Zeiten der Hexenbeschwörungen und Zauberer. Oben auf der Stadtmauer hoben sie ihn auf ihre Schultern, und der Vorbeimarsch vor den Baracken war ein köstliches Schauspiel. Don Pedros Degen blieb im Sand stecken. Es war, wie ich schon erwähnte, die Waffe von *Francisco Pizarro,* dem großen Eroberer Amerikas. So weit war es also in Spanien gekommen …

Lord Gray, ich und noch zwei andere waren am Strand geblieben.

»Noch ein Scherz gefällig?« fragte Figueron, einer der beiden Sekundanten.

»Regeln wir es ein für alle Mal«, stieß Lord Gray ungeduldig hervor. »Ich muß meine Reise vorbereiten.«

»Vergebt Euch doch gegenseitig«, schlug der andere vor, »dann könnt Ihr einen schlimmen Kampf vermeiden.«

»Araceli ist der einzige, der um Vergebung bitten muß«, erklärte der Engländer.

»Nichts da, Lord Gray ist der Schuldige!«

»Also dann – in Ausgangsstellung. Achtung!« rief er wütend. »Ich werde mich von Cádiz verabschieden, indem ich einen Freund töte.«

»Achtung!« rief auch ich und zog meinen Degen.

Die Vorbereitungen dauerten nur kurze Zeit. Dann zischten die Klingen mit schwachem Silberschein durch die Nacht.

Plötzlich rief einer der Sekundanten:

»Halt, es schaut uns jemand zu. Dort hinten lauert eine Gestalt!«

»Ja, wirklich. Verflucht sei dieser Neugierige!«

»Wenn das nun der Villavicencio ist, der von dem Scherz erfahren hat und herkommt, um ihn zu vereiteln, statt dessen aber auf das wahre Duell stößt?«

»Nein, das scheint eine Frau zu sein!«

»Es ist wohl doch eher ein Mann. Die Gestalt bleibt jetzt stehen und beobachtet uns.«

»Weiter!« rief Lord Gray. »Soll uns doch die ganze Welt zuschauen!«

»Also weiter.«

Die Klingen kreuzten sich wieder. Ich fühlte mich beim zweiten Angriff stark. Lord Gray war ein äußerst geschickter Fechter, aber sehr erregt, wogegen ich meine Gemütsruhe nicht verloren hatte. Meine Hand schoß blitzschnell vor, man hörte das Scheppern von Stahl auf Stahl, Lord Gray schrie auf und fiel zu Boden.

»Ich sterbe«, murmelte er und legte die Hand auf die Brust. »Araceli, Ihr seid ein guter Schüler, der seinem Meister alle Ehre gemacht hat.«

35

Ich warf den Degen hin und wollte zu dem Verwundeten stürzen, um ihm zu helfen, aber Figueron hielt mich zurück.

»Da ist nichts mehr zu ändern ... Araceli, ergreift die Flucht! Verliert keine Zeit. Der Gouverneur ... die Botschaft ... Wellesley ...«

Ich erkannte, in welch gefährlicher Situation ich mich befand, und lief auf die Mauer zu, als sich mir plötzlich eine Person in den Weg stellte.

»Der Gouverneur Villavicencio!« schoß es mir durch den Kopf, bevor ich die seltsame Gestalt besser erkennen konnte. Dann aber, beim Näherkommen, wurde ich gewahr, daß es sich um jemand ganz anderen handelte. Völlig überrascht rief ich aus:

»Doña María! Ihr hier und zu dieser Zeit?«

»Er ist gefallen«, sprach sie und schaute angestrengt in die Richtung, wo Lord Gray lag. Dann erkannte die Gräfin, daß es nicht Don Pedro gewesen war, der dieses Werk vollbracht hatte. »Ihr ...?«

»Meine Dame«, unterbrach ich sie schnell. »Lobt mich nicht für diese Tat ... ich möchte vergessen ... vergessen, daß diese Hand ...«

»Ihr habt diesem Schurken die gerechte Strafe zuteil werden lassen und der Ehre zum Sieg verholfen.«

»Das bezweifle ich sehr, Señora. Der Stolz über meine Tat ist eine Flamme, die mir das Herz verbrennt.«

»Ich möchte ihn sehen«, murmelte die Dame.

»Wen?«

»Lord Gray.«

»Aber ich nicht!« rief ich entsetzt aus, denn ich wollte so schnell wie möglich diesen Ort verlassen.

Die Gräfin trat auf den am Boden Liegenden zu und betrachtete ihn aufmerksam, zur großen Überraschung derjenigen, die sich um den Verletzten bemühten.

»Ich brauche noch einen Verband«, sagte einer von ihnen.

Doña María warf ein Tuch auf den Verwundeten. Dann zog sie einen schwarzen Schal unter ihrem Mantel hervor, zerriß ihn und warf die Fetzen in den Sand.

Lord Gray öffnete die Augen und sprach mit schwacher Stimme:

»Doña María! Warum habt Ihr für eure Rache die Gestalt dieses Freundes angenommen? Wenn eure Tochter in das Kloster eintritt, hole ich sie wieder heraus!«

Darauf entfernte sich die Gräfin von Rumblar eiligen Schrittes.

Vom Mitleid ergriffen, ging auch ich auf Lord Gray zu. Diese schöne Gestalt dort auf den Boden geschleudert zu sehen, dieses leichenblasse Antlitz zu betrachten, bereitete mir tiefen Schmerz. Als er mich sah, richtete er sich auf, hob eine Hand und sprach Worte, die ich niemals vergessen werde. Es waren so seltsame Worte!

Anschließend entfernte ich mich rasch von diesem Ort. Als ich durch das Caleta-Tor schritt, rief mir die Gräfin von Rumblar, die mir eilig gefolgt war, zu:

»Bringt mich zu meinem Haus. Wenn Ihr Euch verbergen müßt, werde ich für alles Notwendige sorgen. Villavicencio will Euch verhaften, aber ich lasse es nicht zu, daß ein so aufrechter Caballero in die Hände der Justiz fällt.«

Ich bot ihr meinen Arm an, und wir gingen weiter. Ich sagte kein Wort.

»Caballero«, fuhr sie fort, »oh, wie ich mich freue, Euch so anreden zu können! Dieses schöne Wort, das in unserer verdorbenen Gesellschaft so wenig Anwendung findet.«

Ich antwortete ihr nicht. Auf dem Wege stimmte sie noch mehrmals diese Lobeshymne an. Ich begann, Abscheu vor meiner angeblich so überaus ritterlichen Tat zu empfinden. Das Blut von Lord Gray sprudelte wie ein furchtbarer Springbrunnen vor meinen Augen.

»Heute, tapferer junger Mann, habt Ihr den höchsten Grad meiner Achtung errungen. Ich werde es Euch beweisen.«

Ich gab keine Antwort.

»Als ich meine Tochter in dem jammervollen Zustand sah, dessen Zeuge Ihr ja ebenfalls geworden seid, rief ich Gott um

Strafe für diesen Schänder unserer Ehre an. Ich entrüstete mich, daß unter all den Männern, die in meinem Hause versammelt waren, nicht ein einziger die Pflichten erkannte, die die Ehre einem Caballero auferlegt. Als ich sah, daß sich der gute Congosto bereit erklärte, die Schande zu rächen, glaubte ich fest daran, daß Gott ihn dazu auserkoren hatte. Man sagt, Don Pedro sei lächerlich, aber – ach – da die Ritterlichkeit, der Adel des Herzens und die erhabenen Gefühle in unserer Gesellschaft zu einer Ausnahme geworden sind, nennen die Leute jemanden lächerlich, der nicht ihrer niedrigen Gesinnung entspricht. Ich weiß nicht, warum ich an den Erfolg von Don Pedro Congosto glaubte ... Ich sehnte mich danach, ein Mann zu sein, und verzehrte mich vor Schmerz. Ich glaubte, die Harmonie der Welt könne nicht wiederhergestellt werden, solange sich Lord Gray noch auf dieser befindet, und eine ungeheure Neugier überfiel mich. Ich konnte nicht schlafen. Meine Gedanken kreisten immer wieder um das Duell, und ich konnte es nicht erwarten, das Ergebnis zu erfahren.«

»Frau Gräfin«, sprach ich endlich und versuchte, das große Gewicht von meiner Seele zu wälzen, »Ihr männlich tapferer Geist überrascht mich. Aber wenn Ihr noch einmal zur Welt kämt und noch einmal Töchter hättet ...«

»Ich weiß, was Ihr sagen wollt ... Ja, ich sollte sie dann viel strenger behandeln, sie noch nicht einmal einen Mann ansehen lassen. Ich bin zu tolerant gewesen. Aber laßt uns schnell von hier weggehen. Der Lärm dieser Kanaillen schmerzt in meinen Ohren.«

Das sind doch Patrioten, die den Sieg von Albuera und die Verkündung der Verfassung in den Cortes feiern.«

Sie hielt einen Augenblick inne. Als wir dann weitergingen, sprach sie mit düsterer Stimme:

»Ich bin tot – ja, ich bin schon tot. Die Welt hat für mich zu existieren aufgehört. Ich überlasse sie den Scharlatanen. Mein Geist richtet sich nur noch nach innen – mehr brauche ich nicht. Ich bedaure es sehr in diese schändliche Epoche hineingeboren worden zu sein. Ich gehöre ihr nicht an – nein! Von dieser Nacht an wird mein Haus wie ein Grab geschlossen sein. Doch bevor ich mich von Euch verabschiede, tapferer junger Mann, werde ich Euch einen Beweis meiner Dankbarkeit bieten.«

Ich schwieg. Lord Gray spukte in meinem Kopf herum.

»In meinen Augen«, fuhr sie fort, »tragt Ihr von jetzt an einen Heiligenschein. Ihr habt auf meine inbrünstigen Wünsche reagiert wie der Arm auf den Gedanken.«

»Verfluchter Heiligenschein!« sagte ich innerlich zu mir. »Verfluchter Arm und verfluchter Gedanke!«

»Ich werde Euch auf folgende Weise belohnen. Ich weiß ja, daß Ihr die Studentin liebt – die Marquise von Leiva hat es mir erzählt.«

»Wen meint Ihr denn mit ›Studentin‹?«

»Die Studentin ist Inés, die Tochter – lassen wir doch alle Verschleierungen beiseite, denn Ihr kennt ja die Wahrheit –, die Tochter meiner famosen Verwandten, der Gräfin Amaranta und eines Studentleins mit Namen Don Luis. Ich habe versucht, etwas aus dieser Frucht zu machen, aber es ist nicht möglich. Ihre niedere Abstammung vereitelt jeden Versuch. Habt Ihr sie wirklich aus meinem Hause geholt?«

»Ja, meine Dame. Ich holte sie heraus, um sie zu ihrer Mutter zu führen. Ich bilde mir auf diese Tat mehr ein als auf jene, der Ihr soeben beigewohnt habt.«

»Und Ihr liebt sie?«

»Ja, Señora.«

»Das ist eigentlich schade, denn die Studentin ist Euer nicht würdig. Ich schenke sie Euch also. Vergnügt Euch mit ihr. Sie wird wie ihre Mutter werden. Sie hat eine jämmerliche Erziehung erhalten, von Leuten der untersten Schichten. Sie hat also Zeit gehabt, alle Bosheiten kennenzulernen.«

Mit Entrüstung lauschte ich diesen Worten, gab aber keine Antwort.

»Ich wundere mich selbst über meine Dummheit. Oh, mein Sohn kann ein solches Mädchen nicht heiraten! Die Gräfin Amaranta will sie haben, nennt sie ihre Tochter und durchkreuzt damit den weisen Plan für die Zukunft des Mädchens, der nicht zuletzt die Schande ihrer Mutter verschleiern sollte. Die Gräfin Amaranta verlangt sie also ... Welchen Namen wird sie dann tragen? Von jetzt an ist Inés eine unglückliche, uneheliche geborene Kreatur, der kein Caballero in würdiger Weise seine Hand anbieten würde.«

Ich ging schweigend weiter. Mein Geist war wie betäubt und gelähmt.

»Ja«, fuhr sie fort, »alles ist jetzt zu Ende. Ich werde klagen, denn das Majoratserbe steht mir zu. Die Familie Leiva hat keinen Nachfolger. Ich glaube, daß auch Ihr einem solchen Mädchen Euren Namen nicht geben könnt ... aber nehmt sie mit – schnell! Ich möchte eine solche schändliche Kreatur nicht auch noch im Hause haben. Ein Mädchen ohne Namen ... ein uneheliches Kind! Welch furchtbares Beispiel für meine arme Presentación, die einzige mir noch verbliebene Tochter!«

Doña María stieß einen Seufzer aus, der aus den Tiefen ihrer Seele zu kommen schien, und sagte auf dem Rest des Weges nichts mehr. Auch ich blieb stumm.

Wir erreichten das Haus der Gräfin María, wo Don Paco seine Herrin ungeduldig und besorgt erwartete. Schweigend stiegen wir die Treppe hinauf. Ich wartete einen Augenblick im Salon, worauf die Gräfin mit Inés hereinkam und mir sagte:

»Hier habt Ihr sie. Ihr könnt sie mitnehmen, aus Cádiz fliehen ... Euch vergnügen, ja, vergnügt Euch mit ihr. Ich versichere Euch, daß sie wenig wert ist. Nach der Erklärung ihrer Mutter versichere ich auch, daß weder die Marquise von Leiva noch ich irgend etwas unternehmen werden, um sie zurückzuholen.«

»Laß uns gehen, Inés!« stieß ich hervor. »Laß uns für immer aus diesem Haus und aus Cádiz fliehen!«

»Wollt Ihr etwa nach Malta fahren?« fragte mich die Gräfin mit einem Lächeln, das so furchtbar war, daß es mit Worten nicht zu beschreiben ist.

»Darf ich nicht einmal das Zimmer betreten, »fragte Inés weinend, »in dem Asunción eingeschlossen ist, damit ich von ihr Abschied nehmen kann?«

Als Antwort zeigte die Gräfin nur auf die Tür. Wir verließen den Salon und stiegen die Treppe hinunter. Als die Gräfin von Rumblar aus unserem Leben verschwand, als das Licht der Lampe, die sie hochhielt, ihr Gesicht nicht mehr beleuchtete, war es mir, als ob diese Gestalt aus einem Gemälde getilgt worden war oder eine Seite dem Blick entschwand, nachdem man das Buch zugeschlagen hatte.

»Weg, meine Liebste, weg von diesem verdammten Haus, von Cádiz und der Caleta«, keuchte ich und drückte die Hand meiner Geliebten.

»Und Lord Gray?«

»Schweig. Frag mich nicht! Es ist besser, wenn du Abstand von mir hältst. Meine Hände sind blutbefleckt.«

»Ich verstehe. Die infame Tat dieses Mannes ist also gerächt worden. Ist Lord Gray denn tot?«

»Frag mich nicht«, wiederholte ich und beschleunigte den Schritt. »Lord Gray ... Ich hatte in diesem Duell eben mehr Glück als er. Morgen wird man sagen, daß die Ehre ... man wird mich in den Himmel heben. Aber ich Verdammter! Der Unglückliche fiel blutüberströmt zu Boden. Als ich dann auf ihn zutrat, sprach er zu mir: ›Glaubst du etwa, daß ich gestorben bin? Das ist eine Illusion! Ich sterbe nicht. Ich kann gar nicht sterben, denn ich bin unsterblich!«

»Dann ist er also nicht tot?«

»Fliehen wir, halte dich nicht auf! Ich kann nicht mehr klar denken. Ist diese Gestalt, die eben an uns vorbeigegangen ist, nicht Lord Gray gewesen?«

Inés schmiegte sich noch fester an mich und stimmte zu:

»Ja, fliehen wir! Meine Mutter und ich werden dich verstecken, und wir werden dann gemeinsam fliehen.«

September / Oktober 1871

ENDE

Klassiker des historischen Romans

In dieser Reihe erscheinen alle zwei Monate Meisterwerke aus dem Genre des historischen Romans. Es handelt sich durchweg um Autoren, die in ihrer Zeit großes Gewicht in der literarischen Öffentlichkeit besaßen. Die Reihe umfaßt neben Klassikern der deutschen Literatur auch repräsentative Werke aus England, Frankreich, Spanien, Holland, Amerika, und zwar in vollständigen und neu erstellten oder neu überarbeiteten Übersetzungen. Die Mehrzahl der Autoren gehört dem 19. Jahrhundert an, als der Historismus über Jahrzehnte hinweg das geistige Leben in Europa bestimmte. Die thematische Vielfalt der ›Klassiker‹ erstreckt sich vom alten Ägypten bis zur Französischen Revolution, von der Sporenschlacht in Flamen bis zur Seeschlacht von Trafalgar 1805, von der Fronde bis zum amerikanischen Unabhängigkeitskampf. Ziel dieser Reihe ist es, die einseitige und bequeme Werkauswahl zu korrigieren, die der Buchmarkt seit Jahren bei den Klassikern vornimmt, indem er von bestimmten Schriftstellern immer wieder die gleichen Romane neu veröffentlicht. Alle Bände dieser Reihe sind mit erläuternden Anmerkungen zu wichtigen Namen, Daten und Begriffen der Romane sowie mit fachkundigen Essays zu Leben und Werk des Autors versehen.

Nr. 13 841 / DM 14,90
Charles Dickens
Barnaby Rudge
764 Seiten

Unter dem Eindruck der sozialen Unruhen seiner Zeit schrieb Charles Dickens in den Jahren 1840/41 diesen großen historischen Roman über die sogenannten Gordon-Aufstände von 1780: eine antikatholische Erhebung, die die Stadt London erschütterte und in der Erstürmung des berüchtigten Newgate-Gefängnisses gipfelte.

Während der erste Teil des Romans den Leser auf den verschlungenen Pfaden von Liebesgeschichten und Intrigen in die alte Zeit zurückführt, entfaltet der zweite Teil ein eindringliches Psychogramm von Rädelsführern und Schergen, von Demagogen und leicht verführbaren Menschen, das bis heute nichts von seiner Gültigkeit verloren hat.

›Barnaby Rudge‹ hat aber auch unheimliche Momente: Sie knüpfen sich vor allem an die faszinierende Gestalt des sprechenden Raben, der später Edgar Allan Poe zu seinem großen Gedicht ›The Rave‹ inspirierte. Nicht zufällig spricht Stephen King in seinem Vorwort zur ›Green Mile‹ seine uneingeschränkte Bewunderung für den großen britischen Romancier aus und erinnert daran, daß sich Dickens' Leser einst sogar ins Hafenwasser stürzten, um an die neueste Fortsetzung eines seiner Meisterwerke zu gelangen. So viel Wagemut erfordert guter Geschmack heute nicht mehr: Wir können Charles Dickens im Trockenen lesen.

Nr. 13 744 / DM 12,90
Victor Hugo
1793
oder Die Verschwörung in der Provinz Vendée
412 Seiten

Auf dem Höhepunkt der Französischen Revolution wird Marquis de Lantenac nach Jersey verbannt, gilt er doch als Königstreuer. Aber der Marquis entkommt seinen Wächtern und kehrt in die Provinz Vendée zurück. Für die Bauern dort ist er immer noch der große Fürst. Am Tage seiner Landung schart er achttausend Mann um sich, innerhalb von einer Woche sind dreihundert Gemeinden in Aufruhr.

In Paris ist man überzeugt: Nur der republikanische Offizier Gauvain, der schon in der Rheinarmee Großes geleistet hat, kann den Marquis stoppen. Aber der junge Offizier ist der Großneffe des Marquis von Lantenac. Er nimmt den Kampf dennoch auf. Allerdings stellt man ihm mit Cimourdain einen alten, erfahrenen Revolutionär zur Seite. Niemand in Paris ahnt, welche Konflikte damit heraufbeschworen werden.

Dieses Werk war Hugos letzter Roman und ist eine Art erzählerisches Testament: packend und ohne Scheu vor grellen Effekten erzählt, stringent im Handlungsaufbau, aber durchsetzt mit funkelnden Aphorismen und originellen geschichtsphilosophischen Reflexionen.

›Eine fesselnde Geschichtsstunde‹ (Freundin)

Nr. 13 743 / DM 12,90
GEORG EBERS
EINE ÄGYPTISCHE KÖNIGSTOCHTER
538 Seiten

Ägypten, im sechsten Jahrhundert vor unserer Zeit: Der Pharao Amasis verwaltet umsichtig das Reich am Nil. Um den Frieden mit den immer mächtiger werdenden Persern zu besiegeln, will Amasis seine hübsche Tochter Nitetis dem persischen Thronfolger zur Frau geben. Aber sein Sohn, der Wachs in den Händen der fremdenfeindlichen Priester ist, arbeitet diesem Plan mit aller Macht entgegen. Und er verfügt auch über die Mittel, seinen Vater zu erpressen: Weiß er doch, daß die hübsche Nitetis in Wahrheit gar nicht die Tochter des Amasis ist …

Dieser Roman war eines der meistgelesenen Bücher des 19. Jahrhunderts und löste eine Ägyptenmode aus: 400.000 Exemplare wurden von der ›Ägyptischen Königstochter‹ zwischen 1864 und 1920 verkauft. GEORG EBERS war einer der größten Ägyptenkenner seiner Zeit, unternahm ertragreiche Forschungsreisen an den Nil und hielt sich in seinen Romanen sehr eng an die historische Überlieferung. Dennoch löste das Erscheinen dieses Buches unter Ebers' Professorenkollegen erhebliche Irritationen aus.

Nr. 13 746 / DM 14,90
JAMES F. COOPER
DER LOTSE
504 Seiten

Im westlichen Flügel eines Herrenhauses an der englischen Küste werden zwei junge Frauen in einer Art sanfter Gefangenschaft gehalten. Der Mann, der als Verwandter und Vormund über sie wacht, ist Oberst Howard, ein bedingungsloser Untertan der englischen Krone und ein Feind aller Unabhängigkeitsbestrebungen in den englischen Kolonien.

Oberst Howard schreckt nicht wenig auf, als ihm das Gerücht zu Ohren kommt, daß John Paul Jones, der Seeheld der aufbegehrenden Kolonien in Übersee, der Freibeuter und Pirat, an der Küste sein Unwesen treiben soll. Howard sieht jetzt nicht nur sein Land in Gefahr, er bangt auch um die Loyalität seiner beiden weiblichen Schutzbefohlenen, die dem berüchtigten Seehelden und seinen Freunden verbotene Gefühle entgegenbringen.

›Ein vielfach nachgeahmter Roman ... liegt jetzt als gut kommentiertes Taschenbuch vor.‹ (Rheinische Post)

Nr. 13 741 / DM 12,90
Honoré de Balzac
Die Chouans
oder Die Königstreuen
380 Seiten

Die Liebe in den Zeiten der Revolution – mit diesem Stoff erzielte Honoré de Balzac 1829 seinen Durchbruch als Schriftsteller. Da die ›Chouans‹ in der ›Comédie humaine‹ unter der Rubrik mit dem abschreckenden Titel ›Scènes de la vie militaire‹ zu stehen kam, wurde der Roman lange Zeit kaum beachtet.

Marie de Verneuil ist eine selbstbewußte und hübsche Frau – und eine entschiedene Anhängerin der Französischen Revolution. Als im Westen der Republik die Aufstände unter der weißen Fahne der Chouans die neue Ordnung gefährden, wird Marie de Verneuil von Paris in die Bretagne ausgesandt. Als Spionin soll sie vor allem auskundschaften, welchen Anteil der geheimnisvolle Marquis de Montauran an diesen Aufständen hat. Der Auftrag scheint der Marie de Verneuil auf den Leib geschrieben zu sein – aber sie weiß bald nicht mehr, wo ihre Rolle aufhört und wo ihre Gefühle anfangen.

›Packend‹ (Freundin)

Nr. 13 745 / DM 12,90
Hendrik Conscience
Der Löwe von Flandern
344 Seiten

Dieser spannende Roman über den Freiheitskampf der Flamen gegen die Franzosen im 13. Jahrhundert ist in Holland und Belgien der Klassiker schlechthin!

Hendrik Conscience (1812–83) gelang mit dem ›Löwen von Flandern‹ ein besonderer Geniestreich, schrieb er den Roman doch in einer Sprache, die es im 19. Jahrhundert offiziell gar nicht gab: in Flämisch. Ob in Schulen, öffentlichen Versammlungen oder Zeitungen – im Flandern des 19. Jahrhunderts durfte nur das Französische gepflegt werden. HENDRIK CONSCIENCE mußte sich die flämische Sprache als Autodidakt aneignen, bevor er seine großen historischen Romane schreiben und seinen Landsleuten ihre Sprache zurückgeben konnte.

Nr. 13 742 / DM 12,90
WILLIAM M. THACKERAY
DIE GESCHICHTE DES HENRY ESMOND
474 Seiten

WILLIAM M. THACKERAYS Zeitgenossen rühmten ›Henry Esmond‹ als ›den besten historischen Roman‹, der je geschrieben worden sei. Auch heute fasziniert das 1832 entstandene Meisterwerk mit betörend schönen Frauen, Degen schwingenden Helden, mit gedämpftem Schlachtenlärm, Intrigen und geheimen Fluchtwegen.

Thackeray stellt einen frei erfundenen Helden in einen interessanten Abschnitt der englischen Geschichte und läßt ihn mit historischen Persönlichkeiten wie Königin Anna, Marlborough, Addison und Steele zusammentreffen. In Form dieser fiktiven Autobiographie erzählt Henry Esmond die Geschichte seiner Familie, die Glück und Leben der verlorenen Sache der Stuarts opferte.

›In überaus farbigen, an Humor nicht armen Szenen durchläuft er einen Erkenntnis- und Desillusionierungsprozeß, in dessen Verlauf die Auffassung von der Geschichte als einem heroischen Geschehen als Mythos entlarvt wird.‹ (Wochenblatt, Altdorf)

Ein bedeutender Roman vom Autor des ›Jahrmarkts der Eitelkeiten‹.

Nr. 13 834 / DM 14,90
WILHELM WALLOTH
DAS SCHATZHAUS DES KÖNIGS
284 Seiten

Memphis, Ägypten, zur Zeit des mächtigen Ramses II.: Isaak lebt mit seinem Vater im ärmlichen Judenghetto. Auf dem Sterbebett enthüllt der Vater seinem Sohn, daß er in seiner Jugend beim Bau eines großen Schatzhauses mithelfen mußte. Als das geheime Gebäude vollendet war, ließ der damalige König Sethos alle Arbeiter töten, damit nichts verraten werden konnte. Nur Isaaks Vater entkam mit Glück. Jetzt will er seinem Sohn den Weg zu den verborgenen Schätzen weisen, aber er kommt nicht dazu, die Zeichnung zu vollenden. Isaak und eine Schwester aber werden durch die Aussicht auf Reichtum zu anderen Menschen, die vor keinem Abenteuer mehr zurückschrecken.

WILHELM WALLOTH (1852–1932) war einer der ganz wenigen deutschen Autoren, die Errungenschaften des Naturalismus für den historischen Roman fruchtbar machten. Er war auf dem Weg, einer der erfolgreichsten deutschen Schriftsteller des 19. Jahrhunderts zu werden – bis die Staatsanwaltschaft sein Werk entdeckte und WILHELM WALLOTH einen skandalösen Prozeß bereitete.

Nr. 13 851 / DM 12,90
ALFRED DE VIGNY
CINQ-MARS
ODER DER REBELL DES KÖNIGS
474 Seiten

Henri d'Effiat alias Cinq-Mars geht aus Liebe zur Prinzessin María de Gonzaque an den Hof Ludwigs XIII. und will dort Karriere machen. Er rückt schnell zum besonderen Günstling des Königs auf und wird sein erster Stallmeister. Aber als Sohn einer entmachteten Adelsfamilie verfolgt Henri noch ein zweites Ziel: Er will mithelfen, Kardinal Richelieu zu stürzen, jenen Mann, der im Hintergrund die Fäden der Politik zieht und dessen Skrupellosigkeit zunehmend Widerstand hervorruft.

›Cinq-Mars‹, der hier in neuer Übersetzung vorgelegt wird, gilt als der erste große historische Roman der französischen Literaturgeschichte: ›Der umfangreiche Stoff ist zu einer dramatischen

Handlung gestaltet und psychologisch so sorgfältig ausgearbeitet, daß die einzelnen Kapitel spannende Akte werden – ein großes Sprachkunstwerk‹ (Kindlers Lexikon der Weltliteratur).

Nr. 13 858 / DM 15,00
Benito Pérez Galdós
Trafalgar / Die Abenteuer der Pepita González
426 Seiten

›Der führende Realist im Spanien des 19. Jahrhunderts‹, ›der größte Epiker seit Cervantes‹, ›der beste Chronist der spanischen Geschichte‹ – so und ähnlich lauten die Urteile der Literaturkritik über Benito Pérez Galdós (1843–1920), der immer wieder im Zusammenhang mit dem Nobelpreis für Literatur erwähnt wurde, den er jedoch vermutlich aufgrund seiner starken Kritik an der Kirche nie erhielt. In seinen groß angelegten ›Episodios nacionales‹ hat er die Geschichte Spaniens im 19. Jahrhundert zu unvergleichlich packend und anschaulich erzählten Romanen verdichtet, die so mustergültig recherchiert sind, daß sie ihrerseits schon wieder Quellen für Geschichtsforscher wurden. Die Stellung von Benito Pérez Galdós in der spanischen Literatur ist der des Francisco Goya in der spanischen Kunstgeschichte vergleichbar: Beide waren leidenschaftliche, aber auch um Objektivität bemühte Chronisten der Umwälzungen und des Terrors ihrer Zeit und verfügten über eine überragende künstlerische Erfindungskraft.

Erstmals werden nun die Romane des Hauptwerks von Pérez-Galdós, die ›Episodios nacionales‹ ins Deutsche übertragen.

Als seine Mutter stirbt und das Joch seines Onkels, der ihn erziehen will, unerträglich wird, weiß Gabriel Araceli, daß er in eine fremde Stadt fliehen muß: Der Familienvater, dem er dort seine Dienste anbietet, ist ein leidenschaftlicher, aber hochbetagter Seeheld. Ihn begleitet der junge Gabriel nach Trafalgar, zur entscheidenden Seeschlacht mit dem legendären Nelson.

Nach diesem Abenteuer wendet sich ›Gabrielto‹ nach Madrid, wo er sich als Diener einer berühmten Schauspielerin verdingt. Aber er steckt voller Ehrgeiz und sucht um jeden Preis Zugang zum Königshof, wo er in der Tat bald denkwürdige Abenteuer erleben wird …

Nr. 13 880 / DM 24,00
MAX EYTH
DER SCHNEIDER VON ULM
938 Seiten (im Schuber)

Von Kindheit an hängt Berblinger dem Ikarus-Traum an. Während er tagsüber dem Schneiderhandwerk nachgeht, experimentiert er nachts heimlich mit Flugversuchen. Im Mai 1811 besteigt er den eigens für ihn errichteten Flugturm in Ulm und schwingt sich mit künstlich erstellten Flügeln in die Luft – unter den kritischen Augen des Königs.

MAX EYTH hat sich in seinem großen Roman eng an die historische Überlieferung gehalten. In seinem abenteuergesättigten und mitreißenden Epos erscheint der Schneider von Ulm als ein Mann, der seiner Zeit weit voraus war. Gleichzeitig entwirft dieser Roman ein lebendiges Bild der Zustände in deutschen Fürstentümern im napoleonischen Zeitalter. Obwohl der Roman ein riesiger Erfolg und später immer wieder Vorlage für Filmadaptionen wurde, ist das Werk dieses Autors in Deutschland in den letzten Jahrzehnten auf geradezu skandalöse Art und Weise vernachlässigt worden. Die einzige Erklärung hierfür ist wohl das Fehlen von Erben.

Nr. 13 921 / DM 12,90
FANNY LEWALD
DIE ABENTEUER DES PRINZEN LOUIS FERDINAND
464 Seiten

Die Welt schien ihm offenzustehen und nur darauf zu warten, daß er sich in ihr verwirkliche: Prinz Louis Ferdinand (1772 bis 1806), Neffe Friedrichs des Großen. Er war ein feinsinniger und gerngesehener Gast in den literarischen Salons jener Zeit und leidenschaftlich den Reformbewegungen zugetan.

Als er die zehn Jahre jüngere Henriette Fromm, eine Frau aus einfachsten bürgerlichen Verhältnissen, verführte, gab es einen Skandal. Aber seiner Beliebtheit tat das um so weniger Abbruch, als der Prinz sich wagemutig in den Kampf gegen die napoleonischen Truppen stürzte, die die deutschen Fürstentümer besetzten …

Fanny Lewald (1811 bis 1881) war eine der ersten deutschen Schriftstellerinnen, die mit Erfolg Frauenthemen aufgriff. 1850 überraschte sie mit diesem historischen Roman über eine umstrittene und – auch heute noch – sehr modern anmutende Gestalt der deutschen Geschichte.

Nr. 13 927 / DM 16,90
Anthony Trollope
Eine Liebe in Frankreich
576 Seiten

Frankreich 1792: Der junge Adolphe Denot hat sich in Agatha Larochejaquelin verliebt, die Tochter eines betagten Adligen aus der Provinz. Obwohl sie freundschaftliche Gefühle für den Verehrer hegt, kann sie diese Liebe nicht erwidern. Für Denot eine unerträgliche Demütigung. Seine Liebe, die von berechnenden Momenten nie frei war, nimmt die Form einer Besessenheit an. Durch heroische Taten hofft er Agatha doch noch für sich einzunehmen. Die Bedingungen dafür scheinen günstig: In den Provinzen führen Bauern und Adlige einen verzweifelten Kampf zur Rettung des Königtums.

Als Chronist und Romancier des Viktorianischen Zeitalters erlangte Anthony Trollope dauerhaften Weltruhm. In Eine Liebe in Frankreich, seinem einzigen historischen Roman, stellt er am Beispiel mehrerer Liebesbeziehungen exemplarisch dar, wie die Menschen in Krisenzeiten zerbrechen – oder über sich hinauswachsen.

Nr. 13 943 / DM 16,90
GEORG EBERS
UARDA, DIE ÄGYPTERIN
576 Seiten

Bent-Anat, Tochter des Pharaos Ramses II, hat ohne Absicht mit einem Karren ein junges Mädchen angefahren und schwer verletzt. Das Mädchen heißt Uarda, und um ihre Herkunft ranken sich abenteuerliche Gerüchte. Nefert, ein fähiger Arzt, pflegt Uarda aufopferungsvoll wieder gesund. Im Gegenzug verlangt er dafür von Uardas Großvater, der dem als unrein abgewerteten Berufsstand der Leichenöffner angehört, einen hohen Preis: Er soll ihm heimlich ein menschliches Herz beschaffen, daß er, Nefert, sezieren würde, um die Geheimnisse des Lebens zu ergründen. Nefert weiß, daß der alte Mann des Todes ist, sobald der Frevel bekannt wird ...

Nr. 14 138 / DM 15,00
BENITO PÉREZ GALDÓS
NAPOLEON IN CHAMARTÍN
ZARAGOZA
490 Seiten

Spanien im Winter 1808: Während Napoleons Truppen unaufhaltsam auf Madrid zurücken, versucht der mittellose Gabriel Araceli verzweifelt, sich die große Liebe seines Lebens aus dem Kopf zu schlagen: Denn seit die vornehme Herkunft der schönen Inés aufgedeckt worden ist, schirmen deren Schutzbefohlene sie hermetisch von ihm ab. Bald verschlägt das Schicksal den jungen Abenteurer nach Zaragoza, ins Herz von Aragonien. Dort erlebt Gabriel die legendäre Belagerung durch die Franzosen mit, die bei der Bevölkerung einen beinahe übermenschlichen Widerstandsgeist und Behauptungswillen hervorruft.

BENITO PERÉZ GALDÓS (1843–1920) ist einer der bedeutendsten spanischen Autoren überhaupt. Sein Hauptwerk, der große Zyklus historischer Romane, wird hiermit erstmals ins Deutsche übertragen. Die Romane NEPOLEON IN CHAMARTÍN und ZARAGOZA bestechen durch ein ganzes Panoptikum unvergeßlicher Charaktere, von debilen Adligen über kauzige spanische Freimaurer und bis zu verblüffend wehrhaften Priestern.